益爱海蓓家庭教育丛书

如何指导家庭教育

（上册）

孙云晓　陆士桢等　编著

河南科学技术出版社
·郑州·

《如何指导家庭教育》编委会

主编　孙云晓　陆士桢

编委　孙云晓　陆士桢　王群英

葛　云　王朝庄　王文湛

王宝祥　李兆良　刘凤华

刘淙雨　李文道

序言

近些年来，最激动人心的教育莫过于家庭教育。因为与学校教育相比，家庭教育是最悠久、最丰富、最有个性也最具潜力的教育，却似乎是刚刚被发现。家庭教育主要是生活教育，多年来却异化为知识教育，于是，出现了许多值得探讨的问题。这也是本书问世的背景之一。

书的产生有多种方式，多数是写出来的，也可以是讲出来的。有经验的人都会明白，讲出来的书更不容易，因为讲的时候一般不能看稿子，所以只有烂熟于心才能侃侃而谈。或者说，与听众面对面、眼对眼说出来的，往往是专家比较真实和个性化的观点，是内心里较为认同的思想，也因为这样讲话容易存在不够全面严谨的缺陷。

本书是几位专家关于家庭教育的讲课实录，其中有清华大学教授、教育部基础教育司原司长王文湛，中国青年政治学院教授、原党委书记陆士桢，中国青少年研究中心家庭教育首席专家孙云晓研究员，北京市家庭教育研究会原副会长王宝祥研究员，吉林大学心理学教授李兆良，首都师范大学家庭教育研究中心副主任李文道副教授，河北省教育科学研究所研究员刘凤华老师等专家。

再好的讲课实录要达到出版的要求，都必须经过仔细推敲，才能对得起读者。当我修改自己的讲课实录《新时代需要新家庭教育》（本书第一章）的时候，才发现这是一个颇为复杂的工作，因为讲课时太口语化了，而且有许多不够准确的表达，还有一些地方需要补充一些内容才容易理解。于是，面对这五万多字，我花了好几天的时间，进行逐字逐句的推敲修改。于是，我体会到了各位专家的辛苦。最辛苦的可能是陆士桢教授，因为她讲了两个系列，七十多岁的老专家，要推敲修改十万字！

阅读本书稿的时候，印象最深的是八旬专家王文湛教授的讲稿。我与他结识于1993年，那一年我发表《夏令营中的较量》一文，他时任教育部基础教育司司长，根据中央领导的要求，具体组织了《中国教育报》关于此文的大讨论，对推动教育改革产生了深远的影响。由于基础深和站位高，他的讲稿信息量极为丰富，从国际到国内，从高层到民间，从教育到多学科，最后聚焦家庭教育，做出的分析与提出的建议特别深刻。对于广大读者特别是教育系统的人士来说，读其讲稿既可以把握全局又能够明确方向。例如，王文湛教授说："当前和今后相当长的时间内，教育战线，尤其是基础教育的中心工作，一是提高质量，二是促进公平。促进公平主要是政府的责任，提高质量主要是学校和家庭的责任。所以，我今天主要对家长和学校老师讲话，所以着重讲提高质量的问题，需要家庭和学校紧密地配合。两个车轮，一个车轮是家庭，一个车轮是学校，要两个车轮一起前进，教育好孩子，才能提高质量。"

总之，这是一本具有特殊价值的书，对于广大父母、教师尤其是家庭教育工作者来讲值得一读。当读到此书的时候，我们还应该感谢益爱海蓓教育科技公司和相关人员，是他们组织了一系列家庭教育的培训活动，邀请来诸多家庭教育名家，才促成了这本书的问世。

孙云晓

2019年5月1日于北京云根斋

（作者系中国青少年研究中心家庭教育首席专家、二级研究员，中国教育学会家庭教育专业委员会常务副理事长，首都师范大学特聘教授。）

目录

第一章 新时代需要新家庭教育

孙云晓

大家看到这个题目可能会意外，什么是新家庭教育？什么是旧家庭教育？其本质上是探索真正有益于人成长的家庭教育。

今天的家庭教育受到社会各方面的高度重视。党和国家领导人一再号召，教育部也发布专门文件，可以说现在家庭教育搞得轰轰烈烈，但是大家是不是有一个发现，我们的家庭教育当中出现了一个现象，即家庭似乎变成了第二课堂。父母似乎成为老师的助教，许多教育都为了学好功课，围绕着学校的学业要求去做家庭教育。这是真正的家庭教育吗？这个是值得反思的。就说家校合作，它的方向不是把家庭变成学校，而是让家庭更像家庭，更有魅力。因为只有这样的家庭，这样的教育，才能够真正有利于孩子的成长。所以2016年12月，我在中国教育30人论坛（北京）上发表了新家庭教育宣言。我们要反思一些问题：到底什么是真正的健康的家庭教育？什么是科学的家庭教育？

第一节　新家庭教育宣言

什么是新家庭教育？所谓新和旧，并不是说真的就是时间差异，比方说时间最近的最新的就叫新家庭教育，不是这样的，实际上是指那种合乎孩子成长规律的，有利于家庭建设的，这样的家庭教育，是一种真正的家庭教育。

举个例子，大教育家卢梭说，教育就是要浪费时间。好多父母听了都吓坏了，谁敢浪费时间？为了不输在起跑线上而争分夺秒，课外都不让孩子去玩，就要多上各种辅导班。其实，卢梭的意思是，对孩子的成长要有等待，要给他自由的空间，他才能够健康地发展，不能安排得过紧，要给他玩耍游戏的时间。你说这需不需要？那么卢梭离开我们几百年了，你能说他这个思想是旧的思想吗？这是一个新的思想，在今天都还是个新的教育观。

再说陶行知，中国的教育家。陶行知说，春天不是读书天。你说做父母的做老师的不吓坏了吗？春天不读书，一年之计在于春，春天多么宝贵，那么陶行知老先生这个说法的用意是什么？他的意思是说，春天当然要读书，

但是春天来了，万物复苏，孩子这个时候应该走向自然，拥抱自然，熟悉大自然，亲近大自然，对他的成长更有好处。这些思想都是属于新的教育思想，也是新家庭教育的思想。所以说，我们现在要对家庭教育有一个新的定位，我们要寻找那些科学的、艺术的、真正有利于孩子发展的教育，我们把它称为新家庭教育，这是我们新时代的父母、老师在思考家庭教育的时候的一个新的定位。我相信一个好的家庭教育一定是最有利于孩子发展的教育，最有利于家庭幸福的教育。

一、我们要有新的家庭观，要捍卫家庭

为什么首先谈新的家庭观？因为没有好的家庭就没有好的教育。2000多年前，中国的思想家孟子就讲过，国之本在家，没有家就没有国，家是国最为坚实的基础。

大家一定会发现，凡是发展好的孩子，他的背后一定有一个健康和谐的美好的家庭；凡是出问题的孩子，背后很可能有一个有问题的家庭。那么新的家庭观是什么意思？就是说家庭很重要，我们要维护家庭、支持家庭，让家庭生活变得很有魅力，让孩子感到很舒心、很暖心，这样的家庭才真正有利于孩子的发展。但是，大家想想，社会上是不是有一种倾向，舆论总是强调工作重要，强调集体重要，讲到一个模范人物的时候，总习惯于讲他多少次临门不顾，家里老人病在床上、孩子生病他都不管，他去忙事业，等等。这种报道往往是一种明贬实褒，实际上是赞扬。所以说，这样的观念我们要改变。我们要把孩子的发展，把家庭的幸福看得更重要，要尽可能处理好。

中国一个特别大的问题就是留守儿童多。原来说有6000多万，后来国务院的有关部门进行调查，确立新的标准，即父母双方外出打工的孩子才叫留守儿童，有900多万，其中还有独居的留守儿童30多万。大家想想这多可怕。什么叫独居儿童？就是父母都不在，也没有其他成年人的监护陪伴。贵州毕节，留守儿童四兄妹自杀，这四兄妹就是独居儿童。老大，13岁，最小的四五岁，就是说很小的孩子，都跟着这个哥哥生活。他们后来自杀了，但是这个悲剧耐人寻味的是什么？

他们并不缺吃、不缺穿。他们死的时候账户上还有3000多块钱，而且

当地也不能说不尽责任。就在他们自杀的那天晚上，当地的干部和老师还去家访。但是，为什么小小年纪的兄妹会自杀呢？就是因为他们没有爱，没有一个真正的家。父母都不在，父母即使回来，有时候也经常打孩子，孩子觉得很绝望。所以我把这样的家庭说成是崩溃的家庭，那么，在这种崩溃的家庭，受伤害最大的就是未成年人。

我们还有一部分流动儿童，跟着爸爸妈妈在城里生活。据了解，许多父母忙于生计，也顾不上孩子，有各种各样的情况发生。我到南方的一个很大的未成年犯管教所去调研，发现里边有很多都是流动儿童，这让我非常震惊。所以，我们的家庭教育要特别重视家庭建设。

习近平总书记在谈到家庭教育的时候说，不论时代发生多大变化，不论生活格局发生多大变化，我们都要重视家庭建设，注重家庭，注重家教，注重家风。这说明家庭建设是家庭教育的根本基础和前提，所以我们要有一个新的家庭观。

我们在法律上、在社会服务上、在教育的导向上都要重视家庭，给家庭以支持。比方说瑞典，它就颁布了父亲法，规定父亲要参与孩子的养育，你一年至少要参与多少时间，参与之后你享受一种福利，这就是对家庭的支持。我们中国也在不断地进步，鼓励父亲进产房陪伴妻子分娩，不断延长新当妈妈的妇女的哺育期，等等。

我觉得在家庭教育中，要特别去发现那些幸福美好的家庭。因为这样的家庭，其成员生活得有滋有味，家庭生活丰富多彩，充满魅力，这样的家庭就是好的家庭，有利于孩子成长的家庭。我做过多年的《少年儿童研究》杂志的总编辑，有一篇稿子给我的印象非常非常深，就是有一个家庭，它居然有一个家庆节，我知道有国庆、校庆、厂庆，还有什么店庆，但我很少知道有家庆。什么家庆呢？它的家庆就是父母的结婚纪念日。每到这一天，兄弟姐妹从四面八方都赶回来，隆重地过家里最重要的节日——家庆，并且坚持多年。我觉得这是个美好家庭，这对孩子具有非常深远的影响。为什么？家，哪里来的家？一对男女，相亲相爱，组成家庭，繁衍后代。因此父母的结婚日是每个家庭的最重要的起点，它是值得庆贺的，值得珍惜的。孩子是看着父母的背影长大的，他从妈妈身上去认识什么是女人，什么是妻子，什

么是母亲；从父亲身上去认识什么是男人，什么是丈夫，什么是父亲；从父母的身上，从他们的关系上，去认识什么是爱情与婚姻。你说这是不是一个好的家庭？这是个好的榜样，好的教育，甚至包括性的教育。所以我们非常需要捍卫家庭，我们要树立新的家庭观。

二、我们要有新的儿童观，要尊重儿童的权利

从儿童教育的角度说，我们跟过去有一个最鲜明的差别，就是说我们要认识并且尊重儿童的权利。中国政府1990年签署了《联合国儿童权利公约》，而且中国于1991年颁布了《中华人民共和国未成年人保护法》。这两部法律，一部国际法，一部国内法，都强调了18岁以下的任何人作为未成年人或者儿童，他们拥有很多权利，概括出来，他们拥有四种权利：①生存权；②发展权；③受保护权；④参与权。我认为我们现代的教育观念，我们最重要的教育观念，就是要尊重儿童的权利，就说你给孩子最好的教育，给孩子最好的生活条件，最好的保护，这不是恩赐，是儿童的权利，是父母应尽的责任、法律义务。可以说新的儿童观，尊重儿童权利是新家庭教育观最重要的基石。

但是，非常遗憾的是，据全国妇联开展的第二次全国家庭教育调查（2015年），发现认真学习过儿童法律的父母不超过一成。也就是说，90%的父母都不太熟悉儿童权利，所以侵犯儿童权利的现象比比皆是。

比方说，2017年8月12日，作家陈岚在网上谴责南京南站某年轻男子竟然当众猥亵一名小女孩，引发全社会强烈愤慨。这是非常典型的侵害未成年人权利的事件。一个不满14岁的女孩，在候车室玩手机，一个20岁左右的"哥哥"，过来抱着这个女孩，把手放在女孩的裙内，在其胸部玩弄，这是一种赤裸裸的猥亵行为。

但是，这个女孩的养父母就在身边，正在玩手机聊天，对此置若罔闻。养父母是有监护责任的，监护人居然视而不见。大家想想看，儿童受保护的权利已经被侵犯到什么程度！而且在公开场合能这么做，那就意味着在平时生活中还不知道有多少丑陋的事情发生，谁来保护儿童的权利？8月14日，警方抓获了涉案小伙。

其实这样的事情很多，900多万留守儿童，还有不少流动儿童，权利被侵犯的非常之多。即使家庭完整的孩子，也可能受到侵犯。所以我们需要确立一个新的儿童观。我认为，捍卫儿童的权利，这是新家庭教育的一个重要的基石，区别于过去的家庭教育。现代的父母要学习有关的法律，尊重儿童的权利，这是我们的一个必修课，是家庭教育必须遵循的一个原则。

三、我们需要新的教育观，要倡导生活教育

大家一定会发现，今天很多的青少年不会做饭，只知道叫外卖；不会整理内务，房间可能乱七八糟，自己不会料理自己的生活。那么为什么会这样呢？是因为我们的家庭教育中有一个倾向，好像是学习好了就什么都好了。有的父母就公然对孩子说，你只要把学习搞好了，别的什么都不用你管。我认为这是一个反教育的宣言，这是一种短视，这是一种误区。对儿童的家庭教育来说，最基本的内容是生活的教育。只有爱生活、会生活，生活才是一种健康、和谐的状态。

不会做饭，讨厌家务，这是一种病态的生活方式。我们要正本清源，就是我们的家庭教育一定要重视生活教育。有的教育家说得非常明确，好的生活就是好的教育，坏的生活就是坏的教育。我们是不是给孩子好的生活好的教育了呢？这是值得我们反思的一个问题。

我非常地感慨，我那九旬父母，他们没有给我讲很多道理，但是他们勤勤恳恳地生活，很认真地生活，每个节气都很认真地对待，就给予我最好的教育。我母亲是一个服装师，做裁缝的。过去帮助人家做衣服，她把剩的边边角角的布都做成什么？枕巾等。给我做的沙包，做的很多套袖，都是各种花布拼接的。我老家在青岛，青岛人喜欢吃海鲜，吃海鲜就有好多壳，好多好多刺。我母亲在这个时候就拿出一些纸盒，这些纸盒就是平时用那些广告纸做的，她都把它折叠成一个一个纸盒，作为垃圾盒。有的时候我跟母亲在一块看电视聊着天，她就在那儿手不停地折叠纸盒。我觉得这种生活态度就是很珍惜一切资源，变废为宝，而且很有生活的智慧。

前两天我见到一个湖南的朋友，这是个美女。她说她特别难忘的是，妈妈是一个织毛衣的能手，她小的时候毛衣毛裤毛背心，各种各样的衣服好多

都是妈妈织的，而且很好看，各种各样的领子，各种各样的图案。你看这个女孩子以妈妈为骄傲，并且从中悟出很多生活的道理，这就是生活的魅力。

我还认识一个从贵州出来的布依族女子，已经是南方某公司高管的她说，最难忘的是妈妈给她做的七彩糯米饭。这个饭要用一年的时间准备，按照布依族的传统，一年四季采集各种花，各种果实，然后把它们晒干，取它们各自的颜色，最后和米饭放在一起是七种颜色。通过一年四季采集来的，你想这有多么珍贵。所以很多父母的生活态度，对孩子有很大的影响。

2018年3月30日，我应邀出席国务院妇女儿童工作委员会办公室与联合国儿童基金会驻华办事处联合举办的儿童工作智库年会，并做大会发言。题目是《发展食育应成为国家战略》。我认为，食育是健康之育，是自然之育，也是道德之育。毫无疑问，食育是生活教育极为重要的组成部分。

人们有一个很有感情的说法叫作怀念“妈妈的味道”。我担心，今后的孩子是否还能吃到“妈妈的味道”，因为不会做饭的年轻人越来越多。孩子为什么不会做饭，其实大家发现没发现，孩子在小的时候都爱做饭，你洗菜他过来要洗，你包饺子他过来要包，他要尝试，想参与。可是，好多父母是什么态度呢？“去去去，还不够添乱的，你好好学习就行了，这不是你的事，一会儿吃饭就行了。”父母们一次一次地排斥孩子，拒绝孩子，那么后来孩子说“这不是我的事儿”，后来你再叫他过来，他也不过来了，他说“自己的事自己做”。好多小孩都会写文章说“我帮妈妈干活”，好像干活不是他的责任。

其实每个人都是家庭的一个成员，都要尽一份责任，这是完全应该的，而且在这种日常的生活中，就受到了最好的教育，最真实的、最有生命力的、最和谐的教育，最自然的教育。美国心理学会前主席斯滕伯格教授认为，生活实践智力是人成功的三大智力之一（另外两个是分析性智力和创造性智力），并且是特别重要的组成部分。我很感慨：其实对父母来说，最重要的责任、最大的优势就是生活教育，最大的困难可能是知识与信息教育，可我们为什么舍本求末、舍近求远呢？把最宝贵的资源抛弃了，这绝对是一个扭曲的状态。全国妇联2015年的调查发现，40%以上的父母发愁辅导不了孩子的功课，其实家庭教育的主要方法是用日常生活来教育。孩子和你一块

做饭，和你一块整理家务，和你一块去买菜，和你一块去享受生活，我想这就是最好的教育。

四、我们需要新的代际观，与孩子一起成长甚至向孩子学习

我们进入了一个信息化的时代，信息时代引发代际关系的显著变化。孩子对网络和各种各样的电子产品非常熟悉，如鱼得水，个个都是高手。但我们很多父母，特别是爷爷奶奶、姥姥姥爷，就可能觉得很吃力。即使那些年轻的父母，也未必了解自己的孩子，孩子有很多新的观念、新的想法。这是父母感到很陌生的。早在20年前，我就发出一个感慨：没有任何一个时代的父母像今天这样需要与孩子一起成长，甚至需要向孩子学习。所以，我在中国青少年研究中心主持做了“向孩子学习”的课题研究。事实证明，你不与孩子一起成长，你就很难教育好孩子。所以，你就需要去学习，学习教育孩子的知识，学习教育孩子的能力，学习这个时代的教育方法。

不仅要与孩子一起成长，可能还要向孩子学习。在信息化时代向孩子学习已经成为一个普遍的需求。为什么这么说？因为这个时代的孩子掌握了很多新的知识、新的信息，孩子的天性中还有很多美好的东西，这些都值得我们去学习。比方说，我回到青岛家乡的时候，我跟我那个小侄外孙女玩，她那天给我看一幅画，这一幅画里居然涉及20多个游戏，我都看不懂，她妈妈也未必看得懂。这个10岁女孩说，她班里很流行设计游戏，她设计的还不是最多的，这让我这个儿童研究者大跌眼镜。

20年前，我们做“向孩子学习”研究的时候，联合《光明日报》《中国妇女报》《少年儿童研究》共同发起征文。有妈妈在征文里说，有一天，5岁的女儿问她一个问题：妈妈，女的能当国家主席吗？妈妈听了很高兴，孩子这么小，就有远大志向，还想当国家主席，就说有啊，哪个国家女的是总统，哪个是总理，女的可以当国家主席。女儿说：那我长大了要当国家主席。听女儿这么一说，妈妈接着就说了一句：那好啊，你当了国家主席，我就是皇太后。女儿听了却说：那可不对，我是国家主席，你还是老百姓，跟你没关系。妈妈听了感慨万千，你想想看，为什么女儿一说国家主席自己马上联想到皇太后了，是不是宫廷戏看多了，怎么那么多封建思想。其实你会

发现，我们的成年人有很多时候，观念是比较陈旧的，迷恋封建时代的一些生活，可孩子就不这么认为。

再举个耐人寻味的例子。著名学者周国平，他写了一些和他小女儿对话的书，因为跟孩子对话如同跟天使对话，谈论的很多都是哲学问题，如：我是谁？我从哪里来？我要去哪里？很深奥。没想到的是，书出版后的某一天，只有四五岁的女儿说："爸爸，你这些书不能写'周国平著'，因为这里边有很多是我的话，你是和我说话，好多我的话在里边，怎么能说你一个人著？应该是周国平和我两个人著。"我们2017年开会的时候，周国平感慨万千地讲述了这件事情，说你看四五岁的孩子提出的什么问题，著作权问题，平等的问题！你说孩子厉害不厉害？要不要向孩子学习？当然，四五岁的孩子可能还不知道什么叫著作权，她也不一定知道平等这个概念，但是她本能地感觉到不对，不公平。所以，孩子有一种天生的童真，一种求真的，稚气的，又是那么执着的，不受污染的天性，他觉得应该是这样的。

在未来学家玛格丽特·米德看来，人类的文化形态分为三种：第一种叫作前喻文化，就是年轻人向老年人学习。第二种是并喻文化，同龄人相互学习。第三种是长辈要向晚辈学习。今天这个时代，有很多事是需要长辈向晚辈学习的。我自己的新浪的博客，访问量几千万。我的新浪微博粉丝有540多万，但是我要特别感谢我的女儿，因为在我最初开博客的时候，是她鼓动我开的，我说我不会，她主动来教我，说给我做技术总监。开博客还促使我换笔，改为用电脑写作。女儿，就是我的老师，在我不知道博客为何物的时候，她教给我什么叫博客，说你是公众人物，你应该开博客服务大家。你看这是不是很美好的代际关系？所以我坚信好父母要与孩子一起成长，有些时候还要向孩子学习。向孩子学习，不是我们的无能，而是成年人的睿智。因为你越向孩子学习，亲子关系越好，关系越好越有利于孩子的发展，有利于两代人的共同成长。中国教育学会曾经举办2016家庭教育国际论坛，在我的积极倡议下，论坛主题确定为"与孩子一起成长"。

五、我们需要新的文化观，提高文化自信

教育的深层是文化，是我们的价值观。文化自信对一个人，对一个民族

都是至关重要的。中国改革开放以后，我们有很大的进步。但是在文化自信方面还是存在一些问题。

实际上，我们作为中国人，作为中华民族文化的继承人，要看到我们中华民族的文化是非常地丰富灿烂。在家庭教育中，尤其要看到这一点，因为中国的家庭文化在世界上最为博大精深。当然，你说我们的文化中有没有糟粕？肯定有很多。为什么有鲁迅和巴金，为什么有“五四运动”，当我站在巴金上海故居的时候，我就想这个问题。我们今天不能够说简单地回到古代，回到封建时代，那是绝对不对的。包括广为流传的《弟子规》也是有很多糟粕的。但是我们要看到我们的文化中有很多至今都是生机勃勃的底蕴深厚的精华。

比方说，我国的老子、孔子、孟子、孙子、墨子、王阳明，等等，都具有人类的大智慧，为全世界许多专家学者所景仰。中国2016年发射了一颗卫星，命名为“墨子号”，这就是纪念我国伟大的古代思想家墨子，他是重视科学的。谈及与家庭教育密切相关的家训文化，中国更是世界第一。

但是，我觉得弘扬中国的优良文化传统，仅仅在思想和教育领域是远远不够的，还有一个极其丰富并且特别适合青少年发展需要的领域，就是我们的文学艺术。央视近年创办的《中国诗词大会》引起的强烈反响，足以说明这一点。

从中国的楚辞汉赋、唐诗宋词元曲到明清小说，有很多非常珍贵的动人心魄的艺术作品。2017年，央视播了一个六集专题片《苏东坡》，我看了不止一遍。在山东诸城（宋代为密州）、浙江杭州、广东惠州、湖北赤壁、江苏常州等地旅行，我都在寻找苏东坡的踪迹。苏东坡绝对是中国的文化伟人，一个热爱生活的榜样，一个人格健康的楷模。苏东坡那么多的好作品，而他最好的作品几乎都写在被贬官流放的时候。为什么叫苏东坡？他父母没给他起这个名字，这是因为他被流放到湖北一个地方的时候，一家人没法生活。有朋友给他求了一块荒地。苏东坡非常感激，一家人勤奋劳作，结果获得丰收，获得好的生活。他由此把自己叫作“东坡”。当晚年总结一生时，苏东坡居然留下千古名句：问汝平生功业，黄州惠州儋州。这三个州是他被贬官流放的地方，一个比一个离京城远。你看这位大诗人的心理素质多好。

我的文化自信来源之一就是非常喜欢唐诗宋词。我有一次在衡山上住了几天，闻鸟语花香，与白云为伴，那个感觉非常好，就想起宋代词人辛弃疾的一句词：一松一竹真朋友，山鸟山花好弟兄。你说这句词说得多么恰如其分，而且是那么自然贴切，那么深入骨髓的一种共鸣感，这种融入自然、天人合一的感觉多么美妙！回到北京，我请诗人、书法家钱光培教授写下这首词，装裱后挂在客厅里，反复品味，犹如人生座右铭一般。

我相信，许多人都会有自己特别喜欢的杰出人物，有自己特别喜欢的诗词名句，这些都可能会对人的一生产生支柱般的作用。所以说，当我们有了这种文化自信，当这种传统文化融入心中，融入我们的血脉之后，怎么可能没有自信？

某一年，我三次去诸城——山东的一个县级市去讲课，去参加一些会议。有人感到奇怪，说："你总往那么个小地方跑值得吗？"我说："你知道诸城是什么地方吗？苏东坡在这儿当过太守，苏东坡很多著名的词是在那儿写的，知道吗？'明月几时有，把酒问青天'，就是在这个地方写的。苏东坡还写过《江城子·密州出猎》：'老夫聊发少年狂，左牵黄，右擎苍。锦帽貂裘，千骑卷平冈。'"

说起苏东坡的这首词我的感受特别深切，因为我童年时代在家乡青岛，在山上就体验过这种生活。我们跟着大哥哥们去打猎，就是这个样子。左牵黄就是左手牵着狗，右擎苍就是右手架着鹰。然后我们小孩子就在前面跑，去高高的草丛里驱赶小动物，什么野兔、野獾的，一旦发现猎物，就把鹰撒出去。我曾为《中国教育报》写过《狂野童年成就丰盛人生》，就写过这样一段生活。苏东坡的很多作品与情感，在我们今日的生活中都可以体会到，这是多么神奇的心灵沟通！

提高文化自信，需要真正读懂文化经典。我听北师大教授陈建翔讲解《道德经》很有启发，他认为这是一部教育的圣经。比如，老子说：强梁者不得其死。这什么意思？所谓强梁，就是不从实际出发，非要这样，非要那样，过于强硬，过于古板，缺少灵活变通，这样就不能得到一个好的结果。各位想想看，在今日的中国，多少父母都是强梁者！必须考前五名前十名，别人进北大清华，你一定要进耶鲁哈佛，必须的，没有任何退路！可是，你

知道孩子的潜能与兴趣在哪里吗？你知道孩子更适合做什么吗？许多教育悲剧就是忽视了对孩子的了解，做了一个强梁者，不得其死。老子给予我们的启示太深刻了！

以上，我们从新的家庭观、新的儿童观、新的教育观、新的代际观、新的文化观等五个方面，来探讨了什么是新家庭教育。我想，新家庭教育会把我们带到一个新的境界，这是真正有益于家庭建设，真正有利于孩子成长的一种教育。这就是我们的追求。

第二节　良好习惯缔造健康人格

一、教育的核心目标是培养健康人格

教育的核心目标是培养健康人格，或者叫全面和谐的发展。而实现它的一个重要途径，就是要培养良好的习惯，对于年龄越小的孩子来说，这个关系就越重要。

进入21世纪的第一个10年，我曾经在中国青少年研究中心连续主持教育部的一个国家课题，叫作“少年儿童行为习惯与人格的关系研究”。这个课题又分成好多子课题，当时全国有500多个学校参与，我们每年开两次课题会。经过10年的研究，包括后来我个人继续的研究，也有五六年的时间，有很多的发现值得和大家来探讨。

无论是成功者还是失败者，究其深层原因，都是人格在起作用。比方说，名校的高才生出现一些极端的惨案，往往都是人格扭曲的结果。例如，西安音乐学院的高才生，钢琴弹得非常棒的学生药家鑫，居然是残忍的杀人犯，后来被执行了死刑。看上去是温顺的、乖巧的、勤奋的一个小伙子，他为什么会犯这个罪？他夜里开着车出去，路过西安郊区的时候，不小心撞了一个农村妇女，把人撞倒了。后来他自己交代：我第一个感觉是农村人难缠，我可不能让她缠上我。正好我带着防身用的刀就下车了，结果那个受伤的妇女哀求：别杀我，别杀我，我还有个两岁的孩子，别杀我！他不听，捅

人家八刀，八刀下去，万劫不复。那他为什么会做这种事情？我们都知道，一个人交通肇事本来不是一个非常严重的罪过，虽然也要受到法律的惩处，但是没那么重；你杀人了，你就得把命搭上才行。他为什么这样？后来他父亲反思说，这孩子是一个从小不敢犯错误的孩子。爸爸很严厉，把他关到地下室练钢琴，练得不好不让吃饭，训斥甚至打骂他。

这个悲剧带给我们一个什么启发？如果小孩子不敢犯错误，他将来有可能犯更大的错误，而且有可能是用一个更严重的错误掩盖一个本来不严重的错误。药家鑫事件就是这样一个人格悲剧。

当然，很多健康的人也是有人格奠基的。2017年秋天，有一个姓陈的女记者也是个女作家来采访我。我很感动的是这个女孩子的顽强不屈，从农村出来的一个初中毕业的女生，因为爱文学出来闯世界。

她十几岁到兰州，到那里去打工，吃尽了苦，也险些被坏人伤害，很不容易。但是她居然就不屈不挠，干了各种工作，推销产品、自己开店、帮人写东西，后来终于独立成为一个作家。现在她已经出版了四部长篇小说，一直在作品中探讨女性的命运。她在北京已经生活好多年了，儿子也已进入大学读书。

她采访我，其实我也在观察她。我想她之所以能够成功，就是因为她有一种对文学的追求，有一种梦想的力量，而且有一种健康的人格，所以她能够克服重重困难。她现在在北京当记者，而且过得也很好。我想她为什么能够走到这一天，最根本的原因就是有一个健康的、乐观的、自信的人格。

我们还可以说一个更知名的案例，央视《开讲了》节目曾经邀请的嘉宾赵小兰。有一张照片，爸爸妈妈和六个女儿坐在楼梯上，这是一个全世界知名的华人家庭——赵小兰的家。六个女儿都非常有出息，咱虽然不以上高校为标准，但是四个女儿读哈佛，两个女儿读的也都是名校，关键是这个家庭的成员都非常地奋发有为、健康向上。赵小兰在布什担任总统的美国政府里当劳工部长，在特朗普担任总统的美国政府里做运输部长。华人进入美国内阁的是很少有的，赵小兰可能是第一人。

赵小兰为什么如此成功？得益于良好的家教和自己的奋斗。我举几个细节，来看看什么叫良好的家教，什么叫良好的习惯。他们家来客人了，只

要门铃一响，六个姐妹都会从自己的房间跑出来去迎接客人，叔叔好，阿姨好，把客人领到房间坐下，沏茶倒水。然后，爸爸妈妈招待客人吃饭，这六个女儿端盘子上碗，像服务员一样地站在身后。各位看看，我们现在多少家庭，父母的客人来了，孩子根本不出来，似乎跟自己没关系，这是没有礼貌的。

赵家经过奋斗改善了生活，有了自己的别墅，住在这里，要修私家路。柏油路多难修啊，而且是夏天，更难修，柏油又热又黏，是很难做的事情，父母却让几个女儿自己做！赵家女儿们的信念：我们绝对不能做让父母丢人的事情。我们要对得起我们的家族，要为家庭赢得荣誉，我们都要很好地安排自己的生活。我觉得赵家这种奋斗精神，这种自律，这种向上，代表了中国的良好的家风。这样的孩子让父母感到骄傲，让社会感到欣慰，这是一个非常好的榜样。

二、好习惯是健康人格之基

我们从习惯这个角度上来讲习惯，看看习惯是怎么影响孩子一生，甚至决定孩子一生的；习惯是怎么养成的，要有什么样的方法。

首先谈什么是习惯。习惯，就是一个人稳定的自动化的行为，是习以为常的行为。我可以给大家讲一个最通俗的例子，来听课的老师们、父母们，你们很多人大概都带着手机，那么用手机就成了现代人的一个非常突出的习惯。大家发现没发现，你会不知不觉地掏出手机看。你用手机的频率很可能超过了你的实际需要。很多人的生活都是这样，早晨醒来赶快打开手机看看，白天无数次地看，有时甚至过马路都看，到了晚上临睡前还依依不舍地看着手机，甚至午夜梦醒时都会再看看手机有什么信息。这就是习惯，你不知不觉就会这么做。2016年夏天，团中央的北戴河培训基地请我去讲课，我下海游泳时最让我震惊的是，居然有很多人在海里边看手机！有的抱着救生圈看手机，有的躺在救生圈上看手机。我想，一个人一年有几天在海里游泳啊，这段时间还看手机？海边也提供服务，几块钱塑封一下不进水了。但是我觉得这是一种典型的习惯化的动作。

习惯是一种强大的力量。我们教育孩子最好的方式，就是让他养成良好的习惯，那是最省力、最可靠、最有效的一种教育方法。比如孩子养成了读书的习惯，养成了运动的习惯，你不用催他就会看，他就会去运动。否则，你催着他也不去，因为他没养成习惯。有人可能会说，习惯太复杂了，习惯也有不好的地方，我不想养成习惯。著名教育家叶圣陶分析过这个现象，他说：你不想养成习惯，也是一种习惯，也在养成习惯，你不养成好的习惯就养成坏的习惯，这是你无法抗拒，无法逃避的。

还有人说，养成习惯在幼儿园很重要，小学也很重要，中学生很难，几乎不可能了。我说不对，中学时代依然是养成良好习惯的黄金时期。中学时代最讨厌别人管自己，最渴望自立，自立就需要自我管理，而自我管理就与习惯密切相关。我可以给大家举一个典型案例。

我朋友的一个孩子叫吴牧天，在一个私立学校读高中，高二结束后要到美国去上一年学，读高三，在美国考大学。分别之际，爸爸说，儿子，我要送你一个最珍贵的礼物。儿子很惊讶，因为爸爸啥也没带，礼物在哪里？爸爸说：金山银山不如一个好习惯。我送你的礼物就是要你养成一个好的习惯，就是你到了美国之后，希望你天天都写自我管理日记。你今天做了什么了，反思是什么，教训是什么，明天的计划是什么，提炼一个主题词是什么。他说：你这么写下来，你一定大有收获。而且你要愿意的话，你还可以用邮件发给我和妈妈分享，全家人都在一起分享多好。儿子见爸爸说得这么恳切就答应了。到了美国就开始写，天天写，写了一段时候觉得没什么写了，就不写了。结果有一天没写，他爸爸写了5000字的邮件给他讲道理，为什么要坚持，怎样坚持。儿子一看，天哪！爸爸这么重视，那还是写吧，就接着写。结果写到一年的时候，他爸爸突然害怕了，因为爸爸一计算，儿子一年写了30万字的自我管理日记！爸爸说：哎呀，儿子，我要知道你写这么多，我都不敢让你写了。大家都知道高三多忙，一个中国孩子在外国读书时间多紧张，30万字的自我管理日记，会不会耽误他的高考？会不会影响他的生活？儿子说：老爸，你知道我有多么感谢你，因为我养成了写日记的习惯，我觉得每天过得都很充实，很有质量，这一点都不会影响我的学习生活，而且给我一种定海神针的感觉。结果这孩子在美国高考很顺利，考上美国的航空航天之母——普渡大学。后来，我在北京见到吴牧天，我问道：

自我管理日记还写吗？他说：写啊，现在已经写80多万字了，还出了好几本书。各位想想看，当你的孩子走向世界各地，离开家的时候，能每天发给你他的这个自我管理日记，你不感到很欣慰吗？

我们有的父母教育孩子很失败，孩子根本没有信，邮件也没有，微信、短信都没有，有的父母就收到一个数字：8000，要钱。要钱都不给你讲理由，你说这样的孩子你不感到心寒？所以这就是习惯的差异。所以，我觉得中学时代、大学时代都可以养成习惯，人的一生都可以不断地养成习惯。

三、习惯究竟是如何养成的

相信绝大多数父母和老师都很愿意孩子养成习惯。那么，习惯到底是怎么养成的？按照美国麻省理工学院的研究，他们发现一个人养成习惯主要基于三个逻辑神经回路，即暗示、惯常行为和奖赏。他们甚至认为，只要你掌握了暗示和奖赏两个要素，那么就有可能让孩子养成良好的习惯。

每个人最刻骨铭心的莫过于自己的成长经历。暗示、奖赏如何就能养成良好的习惯？我愿意跟大家分享一下我个人的成长经历。或许我的经历能在一定程度上说明麻省理工学院这个习惯养成的原理。

我是一个研究者和作家，但是，在我11岁之前，我没有读过任何的文学名著，我长大了当过九年《中国少年报》的记者，我在11岁之前没看过任何的报纸。为什么？父母都是工人，收入不高，而且当时生活很困难，父母物质匮乏，精神也挺匮乏。我老父亲80多岁时，有一天看我在央视讲演，又看我出了新书，老父亲发了个感慨，说我原来觉得咱们家的坟头上不长文化的苗。所以他觉得我们家的孩子将来都是当工人吃饭，不用看很多书，也没有钱买。我就没有童年的启蒙。

我是1955年生人，1966年“文化大革命”发生，我11岁。“文化大革命”有一个口号叫作“扫除一切大毒草”，就是说把一些文学名著当作坏东西来毁掉。父亲和哥哥所在工厂的图书馆就把一些文学名著扔了一地，可能准备处理掉。我哥哥当时15岁，是这个工厂技校的学员。他看到这些名著要毁了，感到非常可惜，看看没有人看管，就装了一书包带回家了。带回家之后，我哥哥就没白没黑地看。家里本来就房子不宽敞，我们俩合住个小房间，可谓近在咫尺，哥哥在看，对弟弟就构成强烈的暗示：什么好东西，你怎么老看？那我也可以看嘛。结果这一看就迷上了，疯狂地迷上了，真像有人说的像一头野牛冲进菜园子的感觉。到现在为止我都很难忘当时的迷恋，那些书有《三国演义》《水浒传》《青春之歌》《林海雪原》《苦菜花》《红岩》《风雷》《烈火金刚》等。在当时这就是中国能看到的文学名著了，看得我如醉如痴。我当时产生强烈的一个体验、一个感觉：文学非常迷人，作家非常伟大，我将来要看更多的书，我希望也能成为作家，也能写一本书。这个强烈的体验和梦想改变了我。这就是我11岁的梦想。后来我真的成为一个作家，我从1996年开始到现在，20多年一直担任中国作家协会全国委员会的委员，兼任儿童文学委员会委员。当然，作家靠作品说话。我自己写了很多的文学作品，报告文学集《16岁的思索》获全国优秀儿童文学大奖，还出版了五部长篇教育小说，如《金猴小队》《握手在16岁》《解放孩子》《孩子，抬起头》《少年探险家》，等等。这些成就完全就是因为那个童年的梦想影响到我的一生。

我今年64岁，回首自己的一生，最主要的就是文学的历史和教育的历史。你看童年的梦想多么厉害，它不仅给予我文学梦，并且让我养成了人生第一个重要习惯即阅读习惯。什么叫阅读习惯呢？到现在我要出差出国，包里不带上一两本书，那感觉就跟没带机票或车票一样，必须有书籍陪伴在身边才安心。我家里边最多的家具就是书柜，多次搬家都是这样，现在家里还有七八个书柜。

我发现习惯具有辐射性和连锁性。因为有牢固的阅读习惯，书读多了之后，手就痒痒，忍不住要写点东西，写诗歌，写散文，写故事，写文章。然后我写日记，我从15岁（1970年）开始写日记，到现在我写了将近50年日记。有人可能会说，你这么忙还写日记，哪有时间？有写日记的人都有体会，只要你养成了习惯，绝对不会感觉没时间。做重要的事情，做习惯的事情永远是有时间的。我有一个很深的感慨，与许多专家学者相比，我不敢说自己的水平最高，但我的书可能是比较多的，原因就一个，因为我有写作的习惯。这是我的第二个习惯。

写作对一个人的发展意义重大，却远远被忽视或者轻视了。比方我们

的老师，包括我们的父母都有讲话发言的机会，你发现没发现，你什么都不用准备，对很多人来说，讲一小时两小时都可以。问题在于，你要是写过讲稿，你讲话的水平会提高十倍以上！因为一拿起笔来的感觉有千斤重，为什么呢？你要表达个什么思想？主题是什么？用什么样的观点来支撑这个思想？用什么逻辑、用什么样的数据来支撑？你就要思考，就要有逻辑性，那认识水平就不一样了。所以说写作是一个非常有效的学习方式，写作是非常好的习惯。

第三个习惯是讲演，对我最神奇。为什么神奇呢？我小的时候有严重的口吃，就是结巴，结结巴巴不敢讲话，这让我很痛苦。直到现在我都非常羡慕伶牙俐齿的人。小的时候，因为赶上停课闹革命，经常不上课，我们就有很多时间玩。小伙伴老在一块玩的，玩得天昏地暗，到最后都没有什么玩的了，于是有人就提出来讲故事。每个人都要讲故事，谁不讲故事不和谁玩，伙伴们定的这个规则很严格，如果没有人跟你玩了，这可是很严重的惩罚。因此，我就勉强地努力地来讲《三国演义》，没想到大受欢迎。你想啊，在“文化大革命”中上哪去听《三国演义》？我讲了一个多月，而且我发现结结巴巴的人讲故事也有特别的魅力，大家都很着急到底是怎么回事。结果讲完了《三国演义》，接着讲《水浒传》，还讲《烈火金刚》。直到今天，我都能记得《肖飞买药》的故事。结果，我的口吃问题没有受过一天的训练，没有花一分钱治疗，我现在能够到处讲演，跟我的童年的体验锻炼有关系。

我在央视做过半小时以上的讲解，包括《百家讲坛》，至少有五次以上的讲演，录制都非常顺利。央视的编导说，孙老师你很棒，你的节目一遍就过了，你怎么这么厉害？我调侃说，我有童子功，说我童年时代就开讲过《百家讲坛》。各位想一想，对一个孩子来说，能够在同伴面前讲一两个月的故事，这是什么？这是刻骨铭心的成功体验。2019年3月，我既是撰稿也是主播的48集音频节目，即《九个好习惯成就孩子一生》在“喜马拉雅”上线，并且受到听众欢迎，也是一个说明。

以上讲了我的三个习惯，有一个什么特别的启示呢？培养孩子养成良好习惯非常需要父母和老师的表扬和奖赏，但是我要跟大家说个更深层的感受，让孩子得到内心的满足和成功的体验，这是最高的奖赏，最强大的动

力。只有内心满足，我需要，我喜欢，而且我能做、我做得好，这才是养成习惯的秘诀。

麻省理工学院的研究表明：暗示、惯常行为和奖赏是循环的。我刚才用我个人的经历大约可以证明，它是可以操作的，而且受益终身。大家看，我养成三个习惯已经成就了我的梦想，改变了我的一生，我就发一个感慨：父母们，老师们，你们这么爱孩子，你能不能用3~5年的时间，培养孩子养成3~5个重要的习惯？如果你做到了，你就给了孩子最好的教育！最珍贵的礼物！最伟大的教育！现在讲核心素养，什么是核心素养？只有成为习惯，它才是真正的核心素养，真正成为有利于你一生的发展。爱因斯坦说过一句名言：什么是教育？当你把你受过的教育都忘记了，剩下的就是教育。什么是忘不掉的？习惯是忘不掉的，情感是忘不掉的，所以习惯非常地重要。

四、习惯培养的六个步骤

很多老师和父母想培养孩子良好的习惯，苦于没有好的方法。我们中国青少年研究中心的课题组，经过十年的研究，总结出习惯养成的六个步骤，即激发动机、明确规范、榜样教育、持久训练、及时评估、形成环境。我现在与大家来逐一分享。

1. 激发动机

可以通过一些案例，成功的或失败的案例，让孩子知道习惯为什么很重要，为什么必须养成好习惯、必须改掉坏习惯。

我给大家讲第一个案例，国际奥委会驻中国的首席代表、天津女子李红，北京举办奥运会的时候，她作为国际奥委会的首席代表接受好多记者的采访。记者们一看，这么年轻，这么高的职位，太羡慕了，问她怎么做到的。她说："我是从小跑着跑进国际奥委会的。"她6岁那年，爸爸说，闺女，我要送你一个最好的生日礼物。什么生日礼物？爸爸陪你跑步。爸爸很厉害，从孩子一年级一直跑到高中毕业，13年啊，居然就坚持下来了，跑的是身体健康，精力充沛，意志顽强，品学兼优。1986年她考上清华大学，每天下午4点在清华的操场上坚持长跑，是清华绝对的主力。1991年毕业到美国去留学，先去亚利桑那州立大学读硕士学位，1999年考取哈佛商学院的

MBA，并有了跨国婚姻，后来又到了瑞士去工作。国际奥委会设在瑞士，正在招聘一个驻中国的首席代表，要求此人出生在中国，懂得中国的国情和政策，有在美国的教育背景，有在美国和欧洲大公司工作的商业背景。经过严格的考试，多轮的筛选，最后她胜出了。各位想想看，一个跑步的习惯成就了李红多少幸福的人生。我们谁家的孩子没有跑步的条件，关键是能不能养成良好的习惯，能不能持之以恒。

再看一个负面的案例。2008年4月28日，北京开往青岛的T195次列车与烟台至徐州的5034次列车相撞，当场撞死72个人，还撞伤了400多人。其中有一个人是我同班同学的儿子，很惨。怎么回事？原因之一是T195次列车超速。发生事故的行车路段限定时速为100~120公里，而T195次列车超速至131公里。凌晨四五点钟相撞，撞得很严重。这说明什么？如果没有遵守规则并且检查确认的习惯，将发生多么大的麻烦和危险是难以预料的。

记得俄国的著名教育家乌申斯基有一段名言，把习惯的重要性、坏习惯的危害性讲透了。这段话的大意是：好习惯是我们存放在神经系统中的资本。如果你有了好的习惯，你会一辈子都享受不尽它的利息，如果你有了坏的习惯，你会一辈子都偿还不完它的债务。坏习惯能以它不断增长的利息，让你最好的计划破产。简单说，好习惯像利息，坏习惯像债务，当你资不抵债的时候，你的人生就会破产。

2. 明确规范

对孩子提出要求不能是笼统的：孩子，你好好的，千万好好的，这是难以理解也难以见效的。习惯培养需要明确规范，什么叫明确规范？

比方《弟子规》里有6个字，我认为就是简单明确的规范：出必告，返必面。孩子离开家的时候，要告诉家人去哪里，什么时候回来，既礼貌又安全，这是必须养成的习惯。回家也要打招呼，爸爸妈妈，我回来了。这样的家庭气氛就会比较和谐。

我再讲一个案例，看看大家容易忽视的问题。北京史家小学有个特级教师叫孙蒲远，她写了书请我写序言，我就研读她的书，发现很多好的经验。比方她教四年级的时候，有个男生上课捣乱，老师很生气。一下课，许多同学都来批评这个男孩：你怎么这么做？你给咱班丢人了，你得找老师道歉。

那个男生有压力了，来找班主任孙老师：老师我错了，我要找老师道歉。孙老师有经验，说知错就改就是好孩子，你准备怎么道歉？男生说：我给他鞠躬，说我错了，我来道歉。孙老师很细心，说：那你能不能给我演示一下，我看看你怎么鞠躬？男生就一点头说：老师，我今天上课捣乱，我错了，我来道歉。孙老师说：你这是点头，不是鞠躬，点头道歉，没有诚意。你得鞠躬啊！那男生傻了，长到10岁，没有人教他怎样鞠躬。孙老师说：你好好看着，我给你演示一遍什么叫鞠躬，鞠躬就是要挺胸抬头目视前方，两臂自然垂下，中指贴近裤缝，然后你的面部和胸部弯下来，弯到与地面平行，90度，这叫90度的鞠躬，当你要表示隆重的感谢或者歉意的时候，你就需要90度鞠躬，平时30度可以，看明白了吗？男生说明白了，孙老师说：那你就好好练吧。那个男孩就在一个角落里边反复练习，练了好一阵子，直到孙老师认可。随后，这个男孩去给那位任课老师一个90度的标准的鞠躬，那个老师就心有所动，接受了他的道歉。

各位想一个问题：我们多少家庭和学校跟孩子说要有礼貌讲文明，可我们谁教给过孩子鞠躬？儿童教育离不开细节的指导，行为习惯的养成需要规范。这个案例可以说明这一点。

3. 榜样教育

儿童习惯养成不容易，特别需要榜样教育。中国青少年研究中心的调查研究发现，榜样的影响力在小学五年级达到高峰，偶像的影响力在初中二年级达到高峰。榜样教育有两个要素：第一，父母和老师要给孩子做榜样，让孩子做的自己先做，不让孩子做的自己首先不做。第二，要理解和尊重孩子的榜样。好多孩子喜欢周杰伦，你不能嘲笑，他是有道理的，你要理解和尊重。要善于挖掘孩子的偶像身上的榜样因素，引导孩子，效果可能就会比较好，这很重要。孩子们往往一听到他的偶像，他的榜样是这么做的，他就愿意这么做。所以，榜样教育是非常有价值的。

4. 持久训练

经常有人问我：多少天养成一个习惯呢？根据我们收集的资料看，目前只是有一些实验，尚无明确而可靠的结论，只能说坚持时间越久越有可能养成习惯。

1960年，外科整形医生、医学博士麦克斯韦·马尔茨博士出版了著作《心理学控制术》，其中写道：一般情况下，被截肢者需要21天来适应生活中的重大变化。此外他还写道，他给一些病人做过面部整容手术，在这些人身上，他也看到了相同的情况。他发现，他的病人需要21天才能建立自信心，接受他们手术后的新容貌，或者将自信心恢复到手术之前的程度[①]。不知道是否与此相关，21天养成一个习惯就成为一个流行的说法，这显然不是一个科学的结论。我过去也多次引用过这个说法，是不够谨慎的，深表歉意。因为某个特定群体的研究不能推论普通人的行为。英国的伦敦大学学院对96名实验对象做84天的研究，发现一个习惯养成平均需要66天，比较复杂的习惯，有些人需要254天。在我们中国青少年研究中心的习惯课题研究中，西北工业大学附属小学的子课题研究发现，四五年级的小学生养成自己整理书包的习惯需要44天。

由此可见，关于多少天养成一个习惯，没有一个普遍性的科学结论。但是有个规律，坚持的时间越长，越有可能养成习惯。养成习惯并不仅仅是靠着行为的训练，一定会有情感的因素，还有认知的因素，将认知、情感和行为三要素结合起来，才符合科学的习惯养成规律。

所以说习惯的养成不光是行为训练，但是行为训练也是必要的。例如，国防大学军事文化学院舞蹈系的学生，练习顶碗的习惯，就每天上课、下课头上都顶着四个碗，坚持了几个月就能行走自如，能够稳稳当当地顶住。这就是一种训练。如果到韩国，到朝鲜，或者到吉林延边朝鲜族自治州看看会发现，朝鲜族的妇女锅碗瓢盆都习惯用头顶着。人家那不是刻意训练，那是生活的习俗，所以说这就是一种生活方式或者坚持的结果。

什么叫认知？当你的认知改变了，你可能就会改变你的行为习惯。比方我是海边长大的，从小喜欢吃鱼，包括吃鱿鱼，但我现在就很少吃鱿鱼，因为我知道它的胆固醇很高，对我这种偏胖的人来说就不适合。认知改变了之后，我的饮食习惯也改变了。

---

①（英）杰里米·迪安：《习惯：改变命运的关键力量》，刘勇军译，湖南人民出版社，2014年

情感因素也值得关注。感情越深的行为习惯越有利于坚持。比方说，我为什么说读书、写作、讲演是成就了我一生的习惯。因为这三个习惯我是很有感情的，所以我能坚持几十年。我一拿起书籍，总是有幸福的感觉；我一开始写作，总是有愉快的感受；我对讲演的理解是和好朋友谈心，务必推心置腹，断无虚情假意，一定讲自己真诚相信的东西，要掏出肺腑之言给听众朋友。这是我非常深切的体验。

其实，尊重他人、有礼貌都是与感情息息相关的。如果没有感情，即使露出8颗牙齿的微笑，也可能是虚情假意的。尊重别人，绝不是皮笑肉不笑、机械的笑、商业性的笑，而是发自内心的对人的欣赏、对人的理解。积极心理学倡导迪香式微笑，就是很自然很灿烂的微笑，必须是从内心深处流露出来的。

5. 及时评估

孩子越小，越容易健忘，再重要的要求也记不住，或者三分钟热血一过就忘了。这不是缺点而是特点。所以要孩子坚持，就需要及时而适当的评估，适当的检查评估，适当的奖惩，对孩子就具有吸引力。家庭可以评估，学校可以评估，家校合作的评估最有效果。

我给大家举一个例子，我们做习惯课题的时候，深圳一个小学在一二年级进行一种自己整理书包的习惯培养。家校分工合作，家庭负责培养，学校负责评估，都很有效，并且便于操作。怎么操作呢？上课了，老师站在讲台前面，上课铃响了，铃声一响，学生把手伸进书包，摸出第一层的书本放在桌子上，一定是第一节课用的。第一节课上完了，收起来放在书包的最后一层。第二节课的铃响了，学生手伸进书包，闭着眼都能摸出来，把第二层的书本放在桌子上。当然也有的孩子摸不出来，慌里慌张，看看人家，暗暗自责。那么大家一定明白了，能够顺利地摸出来的孩子是怎么做的，一定是晚上睡觉之前，父母提醒孩子对着课程表装书包，第一节、第二节、第三节、第四节依次摆放。孩子经过这种反复的训练和体验，他尝到了甜头，书包干干净净，清清爽爽，顺序非常清楚，铃一响就拿出来了，很自豪。这就是及时评估的作用，这样做非常有效，也充分体现出家校合作的重要性。

6. 形成环境

人是环境的产物，环境可以育人。良好的家风、校风、社区风气，都对孩子养成良好习惯具有重要的作用。

天津南开中学，百年名校，一进校园有一个大镜子，百年了，镜子上刻着“镜铭”，内容如下：面必净，发必理，衣必整，纽必结；头宜正，胸宜宽，背宜直；气度：勿傲、勿暴、勿怠；容颜：宜和、宜静、宜庄。

这是什么意思呢？就是说凡是南开的学生一进校园，在镜子前要停一下，看看自己的背是不是直，面容是不是有浮躁之气，头发是不是乱，稍加整理，这是做心理准备。这就是环境育人，进入学校要有一个好的状态。所以，连哈佛大学的校长来参观的时候，见了都大为赞叹，这是个好校风的标准。周恩来总理中学时代在南开度过，深受其益，一生仪表堂堂，成为中国人的杰出代表。

也许有人会说，南开的例子太高大上。那我再讲一个流动儿童的家庭案例。上海市教育科学研究院家庭教育指导中心编写了20个好父亲的事迹，请我写序言。我看了，好感动。印象最深的案例是：一对夫妻到城里来打工，带着个儿子，终于攒了钱租了一个房子，但是就一间屋。爸爸妈妈下了班很累，要看会儿电视消遣一下，孩子写作业，爸爸妈妈看电视，孩子怎么办？孩子也想看。爸爸妈妈很关心孩子的学习，告诉孩子：不行，你得学习，你有作业，你转过头去，我们看电视你把头转过去写作业。大家想，这孩子能受得了吗？孩子就不情愿，老回头老偷看。爸爸一看不行，这样下去不行。后来爸爸就规定，晚上9点之前不开电视，你写作业，9点你睡觉，我们9点以后再看电视。结果发现这么规定了之后，这孩子到了9点的时候，该睡觉的时候磨磨蹭蹭，总是要看一下电视，他不想睡觉，电视太吸引他了。后来一看这个办法也不行，爸爸就下决心，星期一到星期五全天不开电视，你好好学习，我们也学习或者做家务。到了双休日，咱们可以看电视。结果这孩子从此逐渐地安宁下来，专心学习，学习成绩也不断地上升，全家人也都很和谐。这就是说，条件较差的家庭也能给孩子创造较好的环境。

习惯既然如此重要，有人可能会希望培养很多习惯，要培养一百个甚至一千个，我们课题组曾经也这么设想过，后来放弃了。我们认为人有差异，

因此要抓住要点。我们和北京师范大学心理学院经过研究，认为有五个方面的习惯最为重要，那就是仁爱、学习、负责、自理、尊重这五个习惯。这五个方面的习惯特别有助于人格的发展，对每个孩子都比较适合，也非常地需要。

健康人格是教育的核心目标，习惯养成是实现的重要途径，通过培养良好习惯来促进健康人格的形成，这是最好的教育，是最为根本的教育，是管一辈子的教育。我们各位可以从自己的成长中发现这个启示：好习惯让你终身受益，坏习惯可能会让你麻烦终身。

第三节　好的关系胜过许多教育

一、关系好坏决定教育成败

今天讲的主题跟千家万户，跟每一个学校都关系密切，叫“好的关系胜过许多教育”。为什么讲这样一个问题？因为我发现，无论是师生还是亲子，关系好教育才能好，关系不好教育一定失败。无论是亲子关系，还是师生关系，只要是关系出了问题，教育一定是糟糕的。

当碰到敏感问题的时候，最挑战亲子关系或师生关系。比方说孩子谈恋爱，父母往往就感到很难处理，老师也不太好处理，但是这个时候就取决于关系的好坏。当孩子觉得你不理解他，他知道你限制他，你简单地反对他，他就会保密甚至对抗，结果可能酿成大错。

在中国十几岁的女孩子怀孕，甚至生孩子也是时有发生的。怎么才能避免？这就取决于好的关系。我举一个例子，有一家人从农村到东北一个城市来打工。有一天，上高二的女儿扑通一下跪在妈妈的面前号啕大哭：“妈妈，我错了，我对不起你，我真不应该，我真后悔。”哭得很伤心。妈妈说：“怎么了？闺女说话呀。”女儿就是哭，最后说了一句话：“我怀孕了。”

这妈妈后来说，她当时一听这话，头发都快竖起来了，简直要昏过去了，这么老实巴交的孩子怀什么孕？妈妈觉得受不了。但是妈妈意识到，我倒下了，我孩子怎么办？于是妈妈控制住自己，镇静下来，说："闺女，不要怕，只要我们有勇气，什么难题都可以解决。起来，跟妈妈走，上医院！"

大家注意，到了医院，妈妈以自己的名字挂号，陪女儿做妇科检查，一检查果然是怀孕了，医生建议赶快做人工流产。妈妈跟女儿商量：怎么办？闺女做不做？女儿说：做，马上做，我愿意做！手术后，妈妈给学校打电话，说我女儿得了急性阑尾炎要做手术，请假20天。在这种情况下，为了保护孩子的隐私，编一个理由是完全可以理解的。妈妈也向单位请假，把女儿接回家。妈妈一句责备的话没有，非常关心，非常细腻，非常周到，让孩子很安心。妈妈的包容与关怀让女儿感动得热泪盈眶，女儿说：妈妈，你是世界上最好的妈妈，你放心，我一定让你看到一个让你骄傲的女儿！

女儿很快就康复了，严格要求自己，勤奋学习，考上北京著名的大学。大学还没有毕业，收到三所美国大学的研究生录取通知。大家想一想，怀孕少女的命运为什么有天壤之别？谜底就一句话：关系好坏决定教育的成败。

我再讲一个师生关系的例子。重庆有一位年过半百的女教师，她碰到一个初三女孩子，学习成绩差，不用功，老师就很着急，就找她谈话。老师说：你看看你，学习成绩这么烂，还不努力，你将来就是去当坐台小姐，都没有人要你，你可怎么办？14岁女孩子正是自尊心很强的年龄，你把她说成这个样子，她怎么受得了？结果，她扭头就走，转过弯就从八楼跳下，当场死亡。

孩子死了，家里人告学校，告这个老师，告上法庭。法庭经过审理认为，这个老师公然侮辱一个未成年人的人格尊严，犯了侮辱罪，判有期徒刑一年。但是又考虑到这个老师主观恶意不深，定为缓期一年执行，就是判一缓一。什么意思？就是判一年刑，但不用关到监狱里去，在监外执行。

大家想一想，一个年过半百的老师一辈子热爱教育，最后得了这么个结果，是不是也很受打击？可是你说那样伤害一个未成年学生的话，导致她走向死亡之路，你不应该受到法律的惩处吗？这是《中国教育报》头版的报道。这说明什么？说明没有好的师生关系，同样不可能有好的教育。

二、改变教育从改变关系做起

当我们在反思教育的时候，无论是家庭教育还是学校教育，首先看我们的关系如何。美国最佳教师、电影《热血教师》的原型罗恩·克拉克到北京讲演，活动主办方请我和他对话。我就问他一个问题：当您碰到一个问题多的学生的时候，您怎么办？他就说：我首先是和他建立好的关系。我想这就是天下好教师的经验之谈。所有成功与幸福的家庭，更是依赖于好的关系。

1985年秋天，我去上海拜访著名儿童文学家陈伯吹先生，多少年后又与他大名鼎鼎的儿子、中科院院士、当过北大校长的陈佳洱交流过。那是我去参加北京市青少年科技创新的一个活动，见到了八旬的陈佳洱先生。我说："陈老，听说您走上科学的道路，跟您父亲和您玩的游戏有关系，是这样吗？"他说："是的，是的，我写过回忆文章，题目就是《难忘的游戏》。"

陈佳洱七八岁的时候住在上海，那个时候还是日本统治时期，有一天下大雨，电闪雷鸣，陈佳洱就往家跑，跑回家，跑到爸爸的书房，钻到爸爸怀里，说吓死了，吓死了，雷公要劈死谁了。他爸说："不会的。谁说的？打雷就是阴电和阳电相遇的结果。"七八岁的孩子当然不明白阴电、阳电，爸爸说："我给你变个戏法吧，咱们可以让纸人跳舞。"怎么做？拿几块积木立在两边，上面放一块玻璃，下边放一个铰好的纸，然后拿那个绸子布在玻璃上擦。因为摩擦生电，那个纸忽地就起来了，你往这边擦它往这边倒，往那边擦它往那边倒，来回擦它就来回倒，就像跳舞。陈佳洱一看，这么好玩，太有趣了！从此爱上了物理探索。

结果，就是因为一个游戏，陈佳洱开始探索物理。他爸爸是个作家，本来特别希望儿子成为作家，但是看儿子爱好科学，就经常带他去看电影，如《发明大王爱迪生》《居里夫人》等影片。后来，经过多年的奋斗，陈佳洱成为一个著名的物理学家。我们从中看到了什么？就是好的关系产生的魔力！好多父母会发现孩子老问，这是什么？那是什么？这为什么？那为什么？有的父母说哪有那么多为什么，大了就知道了。父母如果老这么对待孩

子，孩子真的就没什么，兴趣没了，天才没了。所以说，我们要向陈伯吹先生学习，他给孩子做一个有趣的解释，点燃了孩子心中的星星之火，孩子开窍了，而且迷上了科学。

有人可能会说，孙老师，你要求太高了，那是作家、科学家，我们是工人，我们是农民，我们没有这方面的知识，怎么能够给孩子做这种解释？其实，各有各的办法。武汉有一个妈妈很厉害，虽然没有多少学问，但特别爱孩子，鼓励孩子提问。结果孩子提的好多问题，妈妈答不上来，但她有个笨办法，我答不上来，就记下来，咱们去找资料，去博物馆或科技馆，买来《十万个为什么》和《百科全书》，咱一块儿查。孩子一看妈妈这么重视自己的提问，就经常思考和提问。妈妈记了两大本子孩子提的问题，结果这孩子就养成了喜欢提问的习惯。

上到四年级的时候，这孩子居然发现数学教材有错误，给出版社写信，说这个教材错了，什么地方错了，请主编回答。那个主编后来一核对还真有错误。你看当孩子进入这样一个状态的时候，那是很棒的，是真正的学习，真正的探索，这就是好的关系促使孩子爱上了学习，产生了兴趣。

三、积极的解释才是好的关系

讲到好的关系的时候，值得介绍积极心理学的一个发现。好的关系并不在于说，孩子我爱你，你是我的宝贝，我爱你，我真喜欢你。教育不能这么肤浅。实际上在于你怎么解释孩子的生活，平时怎么跟孩子谈话，怎么解释很重要。积极心理学的研究发现，积极的解释会让孩子自信乐观，消极的解释能导致孩子悲观甚至绝望。当孩子在不同的解释风格的影响下，长大之后就会形成不同的人格。在消极的解释环境下，这孩子很可能消极，消沉退缩。比方说长大了以后，领导说：你能干这个事吗？不能，我肯定干不了。领导又问：能干这个吗？你又回答：这我也不行，我肯定不行。遇到事情退缩，不探索不去努力，就轻易地否定自己。这种现象是常见的，这叫退缩性的人格或者消极人格。有些人听到领导的询问，可能会说好啊，我试试，我相信能干好，这种积极的状态更可能走向成功。

积极的解释和消极的解释有本质的区别。好的关系要体现在积极的解释，不好的关系会给孩子消极的解释。我们看一看什么叫消极的解释，怎么防止消极的解释。比方说有好多孩子害怕数学，数学不好，很多父母就很着急，包括有的老师也处理不好。数学考砸了的孩子回家之后，往往先发一个牢骚，说我最讨厌数学了，数学我怎么学都学不好，我不想学数学了，我肯定学不好数学，学也没有用。面对这样的孩子，你怎么解释？我们调查发现，许多父母有两种解释很常见，也很糟糕。第一种解释，就是简单否定：真笨！我怎么生了你这么个笨孩子，这么简单的题你都不会做，你算是完了。你什么都学不好，你将来就扫大街了，将来你喝西北风吧。第二种解释，比较温柔，但是更可怕。有的父母解释：孩子别难过，你为什么学不好数学？因为你爸爸妈妈都没有数学细胞，咱家人都没有，你也没有，所以你学不好数学很正常的。孩子一听这个解释，立马回答：原来是这个原因啊！都怪你们，什么臭基因，连细胞都没传给我，还指望我能学好吗？没门！

大家看看，这种消极的解释不但打击了孩子，还把他给武装起来了，从此孩子有理由了，再也不学数学：我没有数学细胞，我肯定是基因不好，我肯定学也没用。你看这是不是消极？请注意：这两种消极解释都是错误的，没有科学根据的。因为教材是按照多数学生都能掌握来编的，只要你努力就一定能合格，甚至达到良好，当然水平有差异是肯定的，但可以学好。所以说那个消极解释是错误的。

我们再来看，为什么说消极的解释可怕？它错在哪里？它危害在什么地方？积极心理学给了我们一个解释，它认为消极的解释有三个要素，即你把失败挫折的原因解释为是永久性的、普遍性的、人格化的，一句话，就是不可改变的。积极心理学认为积极的解释，应该把它给倒过来，什么叫倒过来？就是把孩子挫折失败的原因解释为是暂时的、偶然的、非人格化的，一句话，是可以改变的。这是不是很棒呢？

我做个示范，看看什么叫积极解释。孩子说：不喜欢学数学，怎么学也学不好，我不想学了，我学也没用，肯定学不好，等等。积极的解释就是：孩子，别难过，别灰心，你一定能学好数学，你看看你小的时候数学题做得很好，你看你零花钱花得从来账都不错的，买东西计算得很清楚，说明你能学好数学。这次没考好，是因为你没好好准备，你数学题做的有点少，有

几个概念没掌握，你要努力一下就能掌握了，一定能学好！这么解释是比较靠谱的。孩子听父母肯定自己能学好，看来我还有希望，爸爸妈妈这么信任我，老师这么鼓励我，我还可以努力。

我经常想一个问题，就是你见亲戚朋友，见任何一个人，你发现在一块聊天的时候都说什么？你发现每个人说话都有一个倾向，就是在证明我是好人，我是聪明的人，我能干。这是什么？这是人的本性，美好的天性，人天性的一种渴望。多宝贵，多美好，干吗要打击这个美好的追求？所以我们爱孩子并不那么简单，我们要学会积极的解释，这才是真正的爱孩子。

补充一点，如果谈孩子成功的原因，积极心理学的解释就不是上面这样的解释。孩子做事做成功了，你可以解释为永久的、普遍的、人格化的，就是说你只要努力，坚持努力，就能成功；不管面对什么时候，只要你耐心，你好学，你钻研，你就都能够学会。

以上是第一种解释，即怎么解释孩子的行为。那么第二种解释，就是成年人怎么向孩子解释自己的生活。有些长辈，包括一些老年人，陪着孩子，很有爱心，但是有时候突然会发感慨：孩子，我们这一辈子算是完了，瞎胡混了，没什么希望了，全靠你了。我相信说这种话的长辈，都没有恶意，都是发自肺腑的一种感言。但是你忽视了一个问题，在孩子的心目中，长辈往往就是他的偶像，他的榜样。听你说这种消极颓废的话，可能给孩子消极的影响：哎呀，你都不行了，那我更不行了，我完了！所以，请大家一定要记住，长辈的顽强不屈，自信自强，不断地学习会给孩子积极的影响。否则，就会给他消极的影响。

让我们分享一个留守儿童的故事吧。大家一说留守儿童就觉得很悲伤、很孤独，其实也不都这样，跟家庭教育关系密切。有一个女孩叫谭海美，是合肥郊区的一个女孩，留守儿童。大概十多年前，她获得了全国十佳少先队员称号，是唯一的一个留守儿童。她组织留守儿童小队，快乐小队，很坚强。在北京颁奖的时候，我见过她，跟她聊过天，给我的印象是一脸的灿烂微笑，幸福洋溢在脸上。那个时候她大概12岁，给我的印象就是笑眯眯的，根本看不出来这是个留守儿童。10多年之后，我到合肥去讲课，想起来这个女孩，很想知道她发展得怎么样，她在哪里。接待我讲课的工作人员就约她来见面。一见面，果然是大姑娘了，20多岁了，穿着一件红色大衣，脸还是红红的，还是笑眯眯的，依然是一脸的灿烂阳光。

在这一次难得的重逢中，我抓住机会了解她的家庭与经历，其结果令人感慨万千。谭海美的妈妈在打工中生病去世了，爸爸在打工中失去一只胳膊，她跟着90多岁的爷爷奶奶生活，爷爷奶奶虽然没有工作，靠着捡废品维持生活，但是非常乐观，非常自信，他们的生活也有保障。由此可见，长辈的乐观给孩子积极的影响，真是给点阳光就灿烂。所以说，孩子身边的长辈，包括父母，包括爷爷奶奶、姥姥姥爷，都要给孩子积极的影响，这才是好的教育、好的关系。不要以为我陪着孩子，就是好的关系，那可不对。你在孩子面前唉声叹气，牢骚满腹，对谁都看不上，对社会很不满，对什么都不满意，那孩子的人格能健康吗？

四、不可忽视父亲的教育

关于亲子关系，还要讲一个问题，就是父亲的教育。因为一问亲子关系好不好，很多孩子回答都是跟妈妈关系好。在中国调查家庭教育问题，不论你怎么调查，哪个部门调查，都一定会发现妈妈最受孩子欢迎，妈妈跟孩子交流很多，爸爸就像不存在一样。父教缺失在中国是非常突出的一个现象，当然在世界上也突出。

我有一次坐出租车去讲课，那个司机很爱聊天，问我是做什么的。我说是做儿童教育的。他看了我一眼，惊讶道：老爷们儿还做儿童教育？我说：你有孩子吗？他说女儿9岁了。我说你管女儿教育吗？的哥一摇头说，她妈教育孩子，我的任务是挣钱。我后来把这个的哥称为父教缺失的代言人。这样的人很多。

我们中国青少年研究中心在做中、美、日、韩四国高中生比较的时候，问过一个问题：当你遇到烦恼的时候跟谁说？美国、日本、韩国的高中生，都把父亲母亲放在前五位。中国的高中生只把母亲放在前五位，父亲前五位榜上无名，排在网友之后。这是不是一个规律性的发现？所以你去看那些数据大概在一半以上，甚至70%以上的家庭，父教都有所缺失。

为什么说父亲的教育不可缺少？我给大家举一个案例：南非的国家公园

里边，工作人员有一段时间发现，小公象变得很暴力，追着白犀牛，把白犀牛撞倒，用脚踩死，很残忍。工作人员很害怕也很困扰，怎么回事？赶快找科学家来研究。研究发现，南非为了控制象群的数量，杀死了很多成年的公象，很多小公象就成了孤儿。失去父亲的教育之后，小公象变得就很暴力。其实，这种现象在人类社会几乎一样。那些违法犯罪的青少年里边，大部分都存在父教缺失的问题。美国的数据也是这样，70%以上的罪犯都是来自于无父家庭。中国很多案件也都说明了这一点。

我和李文道博士合写过一本书，很受欢迎，书名就叫《好好做父亲》。我们介绍了哈佛大学的一项研究，哈佛大学的罗斯·派克教授，他们的团队经过长时间的跟踪研究，发现一个人生下来有两个发展方向：①亲密性，母亲有天然的优势；②独立性，父亲有天然优势。因此，父教不可缺少，最好的教育是父母的联盟，合作既培养他的亲密性，又培养他的独立性。

关于父亲教育的作用，先看自然状态。大家去想想看，爸爸、妈妈带孩子是不是不一样？妈妈抱孩子，中规中矩，抱得很紧很安全。爸爸抱孩子，千奇百怪，很少有爸爸像妈妈一样紧紧地抱孩子，而是东放放西放放，甚至举起来放在肩膀上。2017年1月，我到埃及去旅行，进入撒哈拉大沙漠，寻访那个游牧民族贝都因人，就是三毛写过的那些人。我们开的越野车进到沙漠深处，那个司机就是个贝都因人爸爸，见到他的儿子，一把抱起来，孩子脚冲天头冲下，以疯狂的举动表达父爱，而贝都因人妈妈则紧紧地抱着自己的孩子。这就是本能的差异。

全世界的爸爸、妈妈带着孩子出去玩，大家发现什么差异了吗？妈妈带着孩子出去玩，活动半径都比较小，说说话，做做游戏，讲讲故事，对吗？爸爸带着孩子出去玩，往往比妈妈跑得远，孩子也撒开跑，因为有爸爸在，胆子大。这说明什么？父教更容易让孩子独立大胆，敢于负责任。

当然，父教有助于孩子遵纪守法。为什么呢？很多人都有体验，比方说小的时候玩了一天，回来一看爸爸在家，在很多孩子心目中，爸爸在家就跟警察在家似的。因为爸爸给他力量，爸爸给他威严，他体会到要守规矩，否则父亲让你吃不了兜着走。所以说父教有它的特别品质和导向，是非常需要的。

可能某个父亲会说，我也不是不重视孩子教育，我是没时间，我挣钱，我打拼事业。我理解这位父亲是诚恳的，但我认为实际情况不是这样。关键是在你心里重视不重视孩子，爱不爱孩子，有没有想尽责任。如果你心里边有孩子，你即使在天涯海角，你都可能是个好父亲。如果心里没有孩子，不懂得教育，近在咫尺，你都不是一个好父亲。

我给你举个例子。我是山东青岛人，有次回家乡讲课，有一个女经理听了我讲父亲的教育非常感动，说：哎呀，孙教授讲得太深刻了，我特别信服你这个观点。为什么？我父亲长年在青海工作，远隔千里。父亲虽然远在天边，但是他是我最爱的人，对我帮助最大的人，我最敬重的人。我说：一个很少见面的父亲，怎么会成为你这么敬佩的父亲？这个女经理跟我说：孙老师你知道吗？我父亲给我写了两千多封信！我一听，肃然起敬，忙问怎么回事，她说：我一上学爸爸就鼓励我给他写信，他就在我的信上批改，哪个字错了，哪个词应该怎么用更好，改得很细致。爸爸鼓励我再给他写信，早一点给他写信，然后他在我信的背面给我写一封回信，结果从小学一年级到大学毕业一直到现在，我们就通了两千多封信，给我的鼓励和帮助几天几夜讲不完。我听了真的非常感动。大家说，这样的父亲不是一个好父亲吗？

还有很多各具特色的好父亲。比方说，山东一个企业家父亲，老有应酬，经常喝得醉醺醺地回家，等他醒来的时候，女儿上学去了。这个父亲是怎么转变的？有一天女儿说：爸爸，我们老师说了，爸爸、妈妈都要给孩子睡觉前读故事。爸爸一天妈妈一天，我希望爸爸明天晚上给我讲故事。父亲不好拒绝，就试着晚上不出去应酬，给孩子读故事，坚持一天又一天。这个父亲突然像发现了珍宝一样，因为他发现给孩子读故事，比出去喝酒应酬有意思多了，而且女儿跟他越来越亲。两个人出去参加活动，有的时候会用暗语：爸爸，你的夏洛是什么？她显然读过《夏洛的网》。这个企业家后来感慨地说：我自从给女儿读故事，一年读了七八十本书，我发现没有比这个更美妙更重要的事情了！这就是新教育倡导的亲子共读。

很多父亲的潜力都是巨大的，是可以发生巨变的。那么我们来讲讲什么是好的关系。大家注意，好的关系并不是只有亲子关系，也不是只有师生关系，还有两种关系要值得注意，一个叫作夫妻关系，一个叫作三代人的关

系。

先讲夫妻关系。我与哈佛大学的梅迪纳教授有过长篇对话，《中国教育报》用了一个版加以介绍。这个对话非常有意思，梅迪纳教授就提到夫妻关系比亲子关系更重要。他在美国讲课，结果有个父亲就很着急：教授，你就告诉我，我的孩子怎么能考上哈佛大学？他回答得非常风趣：你要想让你的孩子考上名牌大学，最好的方法是回家好好爱你的妻子。那个父亲不明白：我是说怎么让我的孩子考上好大学，跟我妻子有什么关系？教授耐心分析道：很多年轻的妈妈，生了孩子之后，都有可能处于一个低潮，带孩子很辛苦，很寂寞，很劳累，睡不好觉，吃不好饭，这个时候她的情绪就可能低落，甚至抑郁。那么母亲的情绪会深刻地影响到孩子，被孩子吸收。如果你的孩子情绪也低落，也抑郁消沉的话，他是很难好好学习的。所以说你要爱你的妻子，给她爱，给她鼓励，给她帮助，给她信心，让她变得阳光，变得安定，变得平静、安宁。如果妈妈有一种积极的心态，积极的情绪，会让孩子去养成一个好的情绪，好的生活态度，那他就会好好学习，也才有希望考上名牌大学。所以，这位教授得出一个结论，在家庭关系中，夫妻关系是第一位的，是最重要的。

大家是不是发现，有了孩子之后，很多家庭就变成了孩子第一位，妈妈第二位，老公最后一位？有许多孩子一出生，妈妈就陪孩子睡觉，一直陪孩子长到10岁。妈妈跟孩子睡觉，睡在家的中心位置，爸爸就睡个边边角角的，或者是一个沙发，或者是一个什么小床。好多妈妈自豪地说，觉得自己家的亲子关系特别好。错！这样的生活状态让孩子从小就感到这个关系是扭曲的，好像母子关系最重要。父子关系不重要，夫妻关系也不重要。这是不对的。

德国当代系统心理学家伯特·海灵格（Bert Hellinger）提出了“家庭系统排列”理论。海灵格发现，每一个家庭或组织都有一股隐藏的动力，家庭或组织中的每一个成员都会受到这股动力的影响，而这个动力是在潜意识的深处，一般人不容易察觉。在家庭或组织中所发生的许多负面事件，如家庭失和、身心疾病、自杀、意外伤害、暴力犯罪等，都是抵触这股力量所导致，而使整个家庭或组织的“爱的序位”（Orders of Love）受到干扰，有的时候这些事件还会重复发生，延续到下一代。系统排列的功能，就是要协助我们辨识家庭或组织背后的动力状况，把隐藏在潜意识的动力，借由这个方法带到光亮的地方。同时也能找出解决的途径，调整被干扰的家庭或组织系统，让爱重新在家庭或组织中流动，不会把伤害再传递给无辜的下一代，也让组织能够顺畅运作。

我认为，秩序乱了以后，心里就会乱，当父亲不像父亲，母亲不像母亲，夫妻不像夫妻，孩子就难以成为正常的孩子。海灵格的排序理论可以给予我们一些启迪。

五、夫妻离异也需要正常的关系

讲到夫妻关系很重要，我特别给大家推荐美国电影《克莱默夫妇》，该片讲述了一个单亲家庭的孩子比利和父亲克莱默先生相依为命最后和母亲重归于好的故事。《克莱默夫妇》于1980年获得第52届奥斯卡奖最佳影片等五项大奖。克莱默夫妇闹离婚，都想争这个男孩。丈夫的律师就说了，我给你个高招，只要你让你的儿子在法庭上证明，妈妈离家出走，不管我，爸爸带着我，你就有可能争得孩子。但是克莱默先生却说，我怎么可能让孩子在法庭上去指责她的妈妈，结果他就失去了儿子。电影最后的情节就是他爸爸要跟儿子分离了，一块做饭吃。在这个时候接到一个电话，是妈妈打来的电话，妈妈很感动丈夫跟儿子关系这么好，又改变了主意。由此可以看到，夫妻关系好，亲子关系才会和谐发展。

据民政部公布的数据，2016年办理离婚手续的共有415.8万对，比上年增长8.3%，离婚率为3.0‰。2007~2016年十年时间，中国离婚人数累计达3062.8万对，累计增长率为98.1%。

离婚并不完全都是不好的事情，有些人婚姻失败了，离婚也是一种获得新生的必要条件。问题在于孩子与教育。有的离婚之后，比方说孩子跟着妈妈生活，妈妈的有些亲朋好友就在孩子面前谴责他的父亲：孩子你可记住，天下的男人没有一个好东西。有的孩子跟着爸爸生活，爸爸的亲朋好友也可能告诉孩子：孩子你可记住，女人都是狐狸精。这些都给了孩子很消极的影响。孩子不相信爱情，不相信婚姻。所以，我经常呼吁，不可播种仇恨。

青岛妇联搞好父母评选，就评了一个美国的妈妈，因为在青岛工作的有好多外国人。这个妈妈就回忆一件事说，她跟爸爸在一块聊天的时候，有一天问爸爸：你给我的最好的礼物是什么？她爸爸沉思地说：我给你最好的礼物是永远爱你们的妈妈。她开始不太明白这是什么礼物，越琢磨越有味道，越明白越深刻。其实父母相亲相爱，相互珍惜，就是给孩子最大的爱，给孩子最好的一个生活的条件。

六、三代人的互动才是完整的家庭教育

我们再讲一讲三代人的关系。北京师范大学有个朱小蔓教授，原中央教育科学研究所的所长，她提出三代人的互动才是完整的家庭教育。我说这话讲得很有道理，什么意思？要让孩子看到爸爸妈妈怎么去对待他的爸爸妈妈，也让孩子有机会跟爷爷奶奶、姥爷姥姥交流，这才是一个完整的家庭教育。

讲到三代人的关系就带来一个隔代抚养的问题。有的年轻父母生了孩子就交给老人，一交就好多年，自己什么都不管，或者很少管，这是不对的，也是不够孝敬的。最重要的问题在于，任何人都不能够代替父母的职责。爸爸妈妈白天可以帮你带带孩子，因为你们是双职工，爸爸妈妈退休了，如果有时间并且愿意帮你带带孩子，这是合情合理的。但是，你们下了班，应该把孩子带走，双休日更要自己带孩子，而且孩子的教育问题主要由父母来负责。这样，老人负担也减轻一些，对孩子也有利。如果把孩子长年交给老人，或者交给保姆，你发现好多年以后，孩子听保姆的，听爷爷奶奶的，不听爸妈的。为什么？孩子的特点是跟谁长大跟谁亲，孩子是养出来的，是陪出来的，是有感情的。所以，我讲好的关系胜过许多教育，其实好的关系本身就是好的教育。

第四节　怎样做家庭教育指导者

家庭教育的发展需要很多的专业人才来成为指导者，而教师是家庭教育指导最重要的一个群体，最珍贵的一个资源，也是最天然的一种岗位。国家法律规定了，学校要指导家庭教育，老师有这个责任。所以说教师是最应当具有这种能力的，也最需要这个工作，因为没有家庭的理解和支持，学校教育很难完成。

一、家庭教育的指导原则

家庭教育是有重点的，有原则的，有根据的，重要根据是全国妇联、教育部、中央文明办、民政部、卫生部、国家人口计生委、中国关工委联合发布的一个《全国家庭教育指导大纲》。家庭教育指导的三个注重，即科学性、针对性、适用性。一是科学性，要科学地认识孩子，用科学的方法来教育孩子。二是针对性，孩子在不同年龄的需要是不一样的，一定要针对不同年龄，甚至是不同性别不同个性的孩子的需要。三是适用性，方法适合不适合，能不能从实际出发，这些都是很重要的。

家庭教育指导要坚持三个原则，一是坚持“儿童为本”原则。什么叫儿童为本？为什么要儿童为本？国际法和国内法都规定，跟儿童有关的事情，要以儿童的最大利益为考量，怎么做对儿童有利就应该这么做。这是个基本的原则，是儿童为本，要以有利于儿童发展为根本的一种教育，这是我们的第一原则。家庭教育指导应尊重儿童身心发展规律，尊重儿童合理需要与个性，创设适合儿童成长的必要条件和生活情景，保护儿童的合法权益，特别关注女孩的合法权益，促进儿童自然发展、全面发展、充分发展。二是坚持“父母主体”原则。指导者应确立为父母服务的观念，了解不同类型家庭之父母需求，尊重父母愿望，调动父母参与的积极性，重视发挥父母双方在指

导过程中的主体作用和影响，指导父母确立责任意识，不断学习、掌握有关家庭教育的知识，提高自身修养，为子女树立榜样，为其健康成长提供必要条件。三是坚持“多向互动”原则。家庭教育指导应建立指导者与父母、儿童，父母与父母，家庭之间，家校之间的互动，努力形成相互学习、相互尊重、相互促进的环境与条件。

值得注意的是，在父母主体当中，不是什么母亲主体。而现实生活中很多的家庭教育主要是母亲在做，父亲不管，或者不会管，其结果是父教缺失，这就违背了父母主体的原则，这样对孩子发展当然是不利的。父母主体还涉及一些特殊情况，比方说离异家庭怎么办？还有流动儿童、留守儿童怎么办？这些都是要体现出父母主体的作用。

第三个原则叫多向互动，就是说家庭教育指导是需要多方面合作的，比方说家校还有社会的合作。在家庭当中，还有一个跟小孩的互动——不仅是孩子跟父母之间的互动，还有跟爷爷奶奶、姥爷姥姥的互动。

以上原则概括得很必要，非常需要把握好。这样的家庭教育指导才能够科学地进行。

二、中国家庭教育的法律依据和法律政策

我们做事情不是拍拍脑袋，想做就做，我们是要有根据的，特别是要有法律依据的。那么，在中国的家庭教育中，有哪些法律依据？首先是《中华人民共和国未成年人保护法》，这是直接相关的法律；还有一些法规性的文件，如《国家中长期教育改革和发展规划纲要（2010—2020年）》《中国儿童发展纲要》等。这些里边都有很多关于家庭教育及指导的有关规定。

比如，我国未成年人保护法有规定，“父母或者其他监护人应当创造良好、和睦的家庭环境”，“禁止对未成年人实施家庭暴力”，还规定“父母或者其他监护人应当学习家庭教育知识，正确履行监护职责，抚养教育未成年人”，而有关国家机关和社会组织也应当为未成年人的父母或者其他监护人提供家庭教育方面的指导。

这些法律规定说明什么？学习家庭教育的知识是未成年人的父母或者其他的监护人的法律义务。不能说我想来就来，不想来就不来，你要尽法律义

务，你既然做了孩子的父母，做了他的监护人就有法律义务，就需要学习。那么同时还有一句话，就是说有关国家机关和社会组织要为家庭教育提供指导。所以，有关机构就有责任推出家庭教育指导师或指导者等培训项目，组织相关的培训，积极推动家庭教育事业的发展。

三、家庭教育指导者的基本素质和能力要求

如果想成为一个家庭教育指导者，成为一个专业人才，需要具备什么样的能力和条件呢？国际21世纪教育委员会曾经提出一个人才的标准，认为人才的标准经历了三个层级，一是资格，二是技能，三是能力等综合素质。

什么是资格？年龄、学历、职务、职称、专业证书等均为资格。可是，大家会发现，同样资格的人水平不一样，两个家庭教育指导者，两个大学毕业生水平一样吗？差别很大。因此，技能就比资格重要，这就是人才的第二个层级，即不光看你的资格，更要看你到底掌握什么本领。但是大家还会发现，一个人光有资格和技能，也未必能够成为一个优秀人才。有的人资格很好，技能也不错，就是到什么地方，什么地方就鸡飞狗跳。为什么？他搬弄是非，人品很差，自私自利，拉帮结派。这样的人，就是危险人物，如有人所说：没有才不足以担重任，没有德才足以助其奸。所以，还有一个更重要的人才概念就是能力，或者叫作综合素质，就是他还具有领导力，具有亲和力，有承担风险的能力，他具有协调各方一道工作的能力，这就是人才的第三个层级。从资格到技能再到能力，综合素质的要求越来越高。

谈过人才的层级，接着谈一谈家庭教育指导者需要的基本素质和四大能力。这是我根据多年的实践经验总结概括出来的，以基本素质为导向，概括出四大能力。

第一，与人沟通的亲和力。你去做家庭教育指导的时候，非常需要这种与人沟通的亲和力。生活中有这样一个现象：有的人一见面，感觉是一见如故，跟他在一起如坐春风，如沐春雨，很舒畅，相见恨晚。但有的人却让你话不投机半句多，跟这样的人在一起，你如坐针毡，度日如年，赶快想办法离开。我要提醒各位，你要想做家庭教育指导者是很不容易的事情，因为找你来咨询的人一定是带着问题来的人，甚至是很多问题的人，可能其本身

问题更多。你有耐心吗？你能理解吗？比方说来找你咨询的人是个父亲，说：我这孩子真讨厌，毛病太多了，我每天都揍他一顿，有时候一天得好几顿，你说这孩子怎么办？有的人一听，你这么野蛮，打人犯法，简直应该把你抓起来，你这样的人配做父亲吗？你配进监狱去！大家想一想，如果这么说话还能对话吗？来咨询的人可能就急了，就和你吵起来了，甚至要找你的领导，这是无助于解决问题的。如果是个善解人意的家庭教育指导者，他可能就会说了：我想你之所以这么做，一定是为了孩子好，因为你太着急了，所以你才这么做，对不对？你这么一说，咨询者可能像见到知音一样：哎呀老师，就你理解我，我就这么想的，要不是因为爱他，我怎么还管他呢？你看，后边由于两个人话很投机，谈得很拢，可能好多问题能逐步解决。这就是与人沟通的亲和力。我们首先需要具备的就是这一点。作为教师或父母，首先也得有一个亲和力，让孩子觉得你很可亲，也非常理解他，这是最为重要的基础。

第二，去伪存真的判断力，不要被表面现象迷惑。用眼睛看到的事情未必是真实和准确的，儿童可能出于高尚目的，却做了愚蠢或错误的事情；儿童做了一件漂亮的事情，动机却未必高尚。比如说，你跟孩子在一起的时候，或者你跟来咨询的父母在一起的时候，他们说的很多事情都可能是假象。这个时候你怎么能够去伪存真，而不要坠入误区，否则你的指导就可能失败。

某年，我到广东中山市的某小学去讲课，因为那个学校我去过多次，非常熟悉。一个妈妈说：孙老师你来了，太好了，我就想找你咨询，我最近可犯愁了。我问她：怎么回事？她说：我儿子上五年级，现在麻烦了，班上的女同学都说我儿子性骚扰啊！我就乐了，说：你儿子肯定不是流氓，他怎么性骚扰女同学呢？这位妈妈皱着眉头说：我儿子几乎把全班女同学的屁股都摸过了，人家很反感呀！大家想一想，碰上这样的问题，有可能分析为这孩子一定在网上看黄色东西太多了，性发育提前了，这孩子一定是属于一种早熟，有了性方面的需求，然后这孩子可能就有这种不良行为。咨询如果往那个方向走了以后，符合实际吗？我们不排除有这样的孩子，但是很多时候不能简单地下这个结论。所以我说：触摸别人的屁股当然是不对的，你别着

急，咱们来分析分析：你儿子为什么会去这么做？在他的生活中有没有类似的场景经常出现？

听我这一问，这个妈妈恍然大悟，说：我想起来了，我儿子长得比较胖，特别可爱。有的时候洗完澡光着屁股就跑出来了。他爷爷奶奶特别喜欢这个孙子，你来拧一把屁股，我来拧一把屁股，觉得特好玩，我们也高兴，拍他那屁股，一拍那个肉都颤颤的。我们就是觉得很好玩。儿子也知道我们很爱他，觉得很舒服。我说，你儿子可能是在家庭习得了这么一种行为，觉得喜欢谁就拍他屁股拧他屁股，似乎是很亲密的表现。加上你孩子可能心态比较好，见到班上女同学觉得谁都很可爱，摸摸这个屁股，摸摸那个屁股，可是人家不喜欢，就纷纷抗议他性骚扰。对吗？这位妈妈说，看来就是这个原因呀，可是该怎么办？

我说，父母需要告诉孩子行为的界限，教给孩子改变不良的行为，就从家里首先改变。你要告诉孩子，生活是有规则的，不能随便触摸别人的身体，别人也不能随便触摸你的身体。什么道理？这叫礼貌，这叫人的权利，不能随便这么做。已经做错了，必要的时候要诚恳道歉。后来，这个问题圆满解决了。由此可见，去伪存真是多么重要。

第三，生动形象的表达力。面对广大教师和父母讲课，或者在咨询的时候，你不能讲得太学术化，你要讲得通俗易懂。比如讲习惯的培养，什么叫习惯？如果学术化一些讲，会讲大脑的暗示、惯常行为和奖赏等神经逻辑回路，你可以讲习惯是刺激与反应之间的稳固链接，等等。但是，对于大众来说，可能难以理解。家庭教育指导者需要学会通俗讲话，你可以说习惯是一种稳定的自动化的行为，养成习惯后如果不做就会心里痒痒的。心里是不是痒痒的，可以成为一种判断的标准。你经常做这个行为突然不做，你心里老痒痒的不舒服，你做了就很舒服。这样，大众就很好理解。

第四，从实际出发的创造力。这个问题对于家庭教育指导特别地重要，因为所有的家庭教育问题，往往都要求你回答一个怎么办，甚至可以说家庭教育指导的问题往往就是怎么办的问题。面对纷繁复杂的问题，作为家庭教育指导者，你知道该怎么办吗？最简单的对策，建议大家收集整理珍藏很多很多的好方法，特别要选择那些富有创造力和想象力的经验。那么当他提出

类似问题的时候，你可以提供几个案例，供其借鉴和参考。

我举个例子讲，现在国家鼓励生二孩，但是更多的家庭还是一个独生子女。独生子女最大的问题是没有兄弟姐妹。因此我在许多年前曾经提出过这样一个观点，就是独生子女的父母们要联合起来，以群治独，变小家为大家，变独养为群养。当然，光说我有一个理念，这是不够的，人家会问你这个理念怎么付诸实践。我们在现实生活中，积累了很多好的经验。

比方北京有三个独生子女家庭。从幼儿园大班开始到小学毕业，根据孩子老愿意在一块玩的这种强烈的需求，慢慢发展了一种家庭互助的活动。他们请我也参加其活动体验。双休日，三个孩子都在其中一个孩子家生活一天，在他家学习，在他家玩，在他家睡觉、吃饭，孩子们很开心。为什么孩子愿意在别人家住？在别人家玩？因为孩子就有这种体验的需要。在孩子心目中，别人家的饭好吃，别人家的玩具好玩，而且有伙伴陪伴感觉美妙，在别人家做客还受到尊重，小孩很需要这种新的体验。那么到了下一个双休日，另外一家开始接待，也很公平，结果这么一种简单易行的方式，让三个孩子获得了健康的成长。

后来，一个妈妈请我给这个合作项目起个名字。记得那是一个黄昏，我一边拿着电话，一边望着窗外，心情也很好。我说，一个孩子是一颗星，星星们汇合到一起是一条星星河，星星河是快乐的河，星星河是大家园，就叫“星星河快乐家园”吧。他们很高兴，积极推广这个模式，而且在央视还做了节目，很多地方都在模仿。其实谁都可以组织，亲戚之间，朋友之间，邻居之间，同学之间都可以组成这样的合作。这是在幼儿园到小学阶段一个很好的成长模式。

合适的才是最好的，中学阶段需要一种新的模式。例如，欧美国家流行一个模式叫作借个孩子去旅行，因为中学生最愿意与同龄人在一起玩。一般都是邀请的家庭承担费用，并且负有保护应邀同伴安全的法律责任。日本流行的模式是民宿。我女儿中学学习日语，就在家里先后接待了三个日本女中学生，来家里住宿。后来，她也去日本中学生的家里住宿。青少年是在体验中长大的，我们不能代替孩子的成长，也不能代替他们的体验，这种方式就是一种体验教育的模式。实践证明，效果甚佳。如果将这样一些模式介绍给父母朋友，往往是深受欢迎的。

四、家庭教育指导者的神圣使命与工作方法

家庭教育指导最需要关心什么问题？怎么去指导？有什么样的标准？用什么样的方法？这是很要害的问题。我们可以思考一个焦点问题，即父母究竟靠什么教育好孩子？如果去深入探究会发现，不是靠学历，学历高未必能把孩子教育好；也不是靠收入，钱多的家庭未必能把孩子教育好；也不靠社会地位，因为官大或者从事社会声望高的职业也未必能把孩子教育好。研究来研究去最终发现，决定一对父母能不能把孩子教育好，关键是父母的教育素质。父母的教育素质高低是决定能不能把孩子教育好的关键。

什么是父母的教育素质？①教育理念；②教育方式；③教育能力。这三者构成了父母的教育素质。后来我们进一步研究的时候发现，可以把父母的教育素质的三个要素扩展为五个方面，或者说是合格父母的五元素。这五元素是什么？一是与时俱进的教育观念，二是科学的教育方法，三是健康的心理，四是良好的生活方式，五是平等和谐的关系。现在不是许多人呼吁做父母要有上岗执照吗？我觉得父母的上岗执照就是这五元素。

五元素的概括是有价值的：首先，它为评价什么是好父母提供了一个基本标准，就是五大要素，可以从这五个方面去考量。其次，给怎么能够解决家庭教育的问题提供了方向。因为家庭教育的问题从来都不是孤立的，而是一个相互制约的关系，只有完整地把握家庭教育的相关要素，才能真正解决父母的问题，能够成为好的家庭教育。如果把这五个元素概括起来，可以称为一个五元家教法。为了推广这个家庭教育方法，我专门写过一本书叫《五元家教法——好父母的必修课》，中国网还进行了系列朗读，受到父母们的欢迎。

五元家教法是家庭教育指导者的基本方法之一，也是值得不断发展的一个方法。比方说，当你进入家庭指导领域的时候，如果偏听偏信，是要出问题的。你只是考虑这个家庭教育方法对不对，可能会感到迷茫，因为方法对的家庭，教育效果不一定好。因为方法是否见效，肯定与关系好不好密切相关，甚至相关因素有很多种。五元家教法的好处在于给了你一个完整认识家

庭教育的框架性工具，使你不至于偏颇，避免陷入误区。

1. 符合成长规律的教育理念

让我们来看看五元家教法的具体内容，第一个，符合成长规律的教育理念，这是父母教育素质的核心，对家庭教育的目标方向以及父母的教育行为起着制约和指导作用，也是影响家庭教育质量的决定因素。最早提出五元家教法的第一法是现代的教育理念，经过反复推敲，我发现“现代”这个说法未必准确，因为“现代”的未必是先进的，古老的也未必是落后的，最有益于人发展的是合乎教育规律合乎成长规律的教育理念，所以说符合成长规律的教育理念可能更为准确。

比方说，意大利教育家蒙台梭利提出一个观点，即儿童是成人之父。许多人震惊了：什么意思？孩子是我们的父亲吗？其实，这话的意思是说童年是心灵的故乡，童年的经历会影响人的一生，即使成年后也会受到童年的影响，就像父亲一样。法国思想家卢梭的观点更惊人，如儿童教育就是要浪费时间。意思是说，儿童需要自由发展的时间和空间，应该允许孩子多一些玩耍和犯傻。他还有一个观点——少年儿童时代应当在农村度过。现在谁敢浪费时间？城里的父母谁敢把孩子长期放在农村？那么，卢梭是什么意思呢？他是觉得接触大自然，拥有丰富的体验，对于孩子发展很重要。这里边是有很多合理因素的。卢梭对童年的认识，主张发现童年捍卫童年的思想非常珍贵。这些思想虽然不是现代的，但它是合乎成长规律的，我认为都可以视为一种先进的教育理念。

教育理念里边都包括什么呢？涉及儿童观、人才观、亲子观、教子观等方方面面。其中特别重要的事，就是要尊重儿童的权利，特别是尊重儿童或未成年人的生存权、发展权、受保护权和参与权。尊重儿童的权利可以把很多很多的教育理念都概括在里面，这是一个制高点。但是我们确实在这方面有许多观念需要改变。这是五元家教法的第一法，即合乎成长规律的教育理念。

2. 科学的教育方法

五元家教法的第二法叫科学的教育方法，这是家庭教育的理念和教育行为的综合体现，并直接关系到孩子在家庭中所受教育的效果。什么叫科学的教育方法？比方说很多家庭有一个现象，就是在吃饭的时候训孩子，结果这孩子就吃不下去了。本来父母做了一顿很丰盛的晚餐，孩子也饿了，特别想吃，但是好多父母看着孩子吃饭，又高兴又生气。高兴的是孩子食欲好，有利于长身体，很高兴。生气的是想起孩子学习成绩很烂，惹祸很多，就忍不住训斥，把孩子说哭了之后还怎么说？快吃，你还有脸哭！可是这样吃下去容易得胃病。没有一个父母想让孩子得病，但是这个方法就容易让孩子生病。所以，很多年前我就有个建议，餐桌训子害处多。有些父母可能急了，那怎么办？我还不能说孩子了吗？我回答道，父母当然可以说孩子，饭前饭后一小时以外都可以谈，但是不宜餐桌训子。其中，更重要的问题，儿童都是研究大人的专家。明智的父母不管孩子学习成绩怎么样，也不管他是不是闯祸了，都与孩子好好吃饭，而且吃得轻松愉快，笑脸相对。不要以为这样做，孩子就没感觉，孩子不是木头人。孩子一边吃饭也会一边想，家真温暖，爸爸妈妈真和蔼可亲，我学习成绩这么烂，还让我吃饭，真不好意思，我一定得努力。

大家要相信一个规律，当孩子觉得自己的家庭很温暖，父母很可亲的时候，这孩子就可能向好的方向变化。相反，当孩子觉得家庭很可怕，父母很冷漠，这孩子就真要出问题了，甚至要出大问题了。

什么是教育？中国的古人很有智慧，如杜甫的名诗：好雨知时节，当春乃发生。随风潜入夜，润物细无声。此情此景如同谈儿童教育。好的教育就是随风潜入夜润物细无声的，这是不知不觉进入内心的一种好的教育，就是对孩子真正的理解和尊重，是一种真正的爱。

为什么说餐桌训子害处多，因为一训斥，孩子会难过或者恐惧，导致胃液不分泌。科学研究发现，人在恐惧和难过的时候，胃液是不分泌的，胃液不分泌，又要吃东西，就容易得胃病。如果饭后一小时或饭前一小时谈话，就不受影响或者影响轻微。由此可以看到，儿童教育需要很多科学的方法。比方说，教育孩子的前提是了解孩子，教子成功从培养好习惯开始，父母身教重于言教，让孩子在群体中长大，让孩子在体验中长大，等等，这些都是科学的教育方法。新的时代，脑科学、心理学的研究让我们对儿童认识越来越深入，科学的教育很多是建立在心理学、脑科学的基础上的。

3. 健康的心理

五元家教法的第三法叫健康的心理。第一，父母要以自己的心理健康，影响孩子的心理健康，父母很阳光，很积极，可能给孩子带来正面的影响。第二个，你要注意引导和培养孩子的心理健康，特别是认识自己、接纳自己、控制自己，这是心理健康的一个重要的秘诀。

什么叫认识自己？每个人都有自己的特点，自知才能自信，自信才能自强。不能别人说你像一朵花，你就觉得自己真是美如天仙了；别人说你很差，你就觉得自己真的很糟糕了。一个心理健康的人的状态是什么呢？我知道我有什么优点，我有什么缺点，我要努力，这叫自知。

什么叫接纳自己？比如说，我知道我个子矮一点，我知道我有点胖，我要注意锻炼，我要注意控制我的体重，但是我知道我还有很多优点，有某些缺点也没有什么了不起的，为人处世并不在于你的高矮胖瘦，而在于你的人品如何，你的能力如何，这些更重要。

然后讲控制自己。人生的悲剧很多时候就在于一种失控的结果，这一点对父母也是重要提醒，有时候你一旦失控，孩子教育就可能发生问题。举一个例子讲，新疆乌鲁木齐有一个妈妈来到北京，跟我有过交流，这个妈妈的教训就是情绪失控。

她儿子上初三，学习成绩不好，有时候还逃学，妈妈很生气。有一天晚上就吵起来了，妈妈最后急了，说了句狠话：有本事你就离开这个家！初三的孩子自尊心很强，也是青春期叛逆心理很强的时候，走就走，站起来就准备走。妈妈只是说气话，根本就没想儿子真走。焦急而愤怒的妈妈说，你就这么走了？见儿子不明白什么意思，妈妈就说脱衣服，妈妈以为他脱了衣服就走不了了。儿子把上衣脱了，把裤子也脱了，还是要走。妈妈咬着牙说，继续脱！儿子穿着秋衣、秋裤，看了妈妈一眼说：老妈，看着咱娘俩这么多年的母子关系分上，你给儿子留点面子好不好？“砰”就把门摔上了，走了。妈妈一屁股坐在地上号啕大哭起来。

那是乌鲁木齐的冬天啊，零下几十度，儿子穿个秋衣秋裤离家出走，时间长了那还不冻死呀！妈妈又心疼又焦急，赶快打电话，让儿子的小姨赶快帮助把儿子找回来。小姨赶快跑来，出门寻找，发现孩子就在门外那个屋檐

下发抖。大家看，这就是个失败的教育，败在情绪失控。

什么叫控制自己呢？晚上是人最脆弱的时候，最容易发生冲突的时候。明智的父母当发现晚上与孩子发生冲突不好解决，会马上叫停，对孩子说，关于这个事情不着急，咱们要冷静地想一想什么是对的，什么是错的，现在就是好好睡觉。把觉睡好了，过两天再谈也来得及。叫停冲突，好好睡觉，这就叫控制了。控制了事态，控制了冲突，避免矛盾升级。当父母与孩子睡觉起来，第二天早晨想发昨天晚上的火都发不出来，可能认为完全没有冲突的必要，就是这个道理。

4. 良好的生活方式

五元家教法的第四法是良好的生活方式。家庭的生活方式，包括怎么吃住行、怎么消费、怎么娱乐、怎么待客、怎么去交流等等。积极健康的生活方式，才能给孩子提供一个好的环境。父母爱锻炼，孩子往往爱锻炼；父母好客，孩子往往大方；父母喜欢音乐，喜欢艺术，孩子的情趣也会高雅一些；包括父母睡眠太晚，可能影响孩子，使其也习惯于熬夜，这对孩子的健康是不利的。比如，能否培养孩子养成运动的习惯，关系到一辈子。运动是青少年社会化最有效的途径。身为父母要记住这样一些数字，小学生每天要运动1小时，小学生每天要睡眠10个小时，初中要睡9个小时，高中要睡8个小时，孩子每天至少要喝一杯牛奶，等等，这些都是孩子成长所需要的，绝非小事情。

5. 平等和谐的关系

五元家教法的第五法叫平等和谐的关系。无论是家庭还是学校，都是好的关系胜过许多教育。家庭关系一定不是单纯的某一种关系，比方说亲子关系。家庭教育也不只是孩子的成长，是全家每一个人的成长。因此家庭中有三大关系：①夫妻关系，夫妻关系是第一位的。②亲子关系。③三代人的关系。这才是一个丰富的完整的关系，而且这都需要一种平等和谐的良好状态。

父母孝敬自己的父母，就是给孩子做了榜样。父母对孩子理解和尊重，让孩子感到家庭的温暖，这才可能是平等的关系。比如，给孩子讲话的机会，儿童有参与权，决定家庭大事有参与权。其实，参与的孩子才有责任

感，否则你那天大的事情孩子都不知道，孩子是旁观者，局外人，那怎么可能有责任感？家庭中孩子要有个劳动的岗位，有一份责任，那孩子就觉得自己是家庭重要的一员。要让家庭充满魅力，很温馨的感觉，很有魅力的感觉，这就是一个好的家庭。中国历史上有很多这样的家庭，原因就在这里。

最后，我要强调一下，家庭教育指导师或指导者是不可能通过短期的学习而成就的，他需要终身学习和长期实践。

通过一段时间的培训和考核，你可能会获得一个证书，获得某种资格，但是这距离一个真正的家庭教育指导者还有遥远的距离。家庭教育指导者的价值是由服务质量决定的，而服务质量是由人格魅力和专业能力决定的。所以我们家庭教育指导者需要终身学习和长期实践，需要坚持理论与实践的紧密结合，需要不断坚定自己的信仰。什么叫信仰？我说教育不是宗教，但是如果你没有宗教般的情结，你是做不好教育的。

一个真正的教育者要以促进人类进步为追求，对教育有一种热爱，一种献身精神，就是终身成长，终身幸福。这就是我们今天讲的家庭教育，这就是家庭教育指导者的毕生课程。

第五节　每个孩子都可以成功

每个孩子都可以成功！

我相信这样一个话题，一定是父母们和老师们都会关注的一个话题。在现实生活中，有人会说谈论孩子的成功是不是太功利了，有人还会对成功有各种各样的质疑。但是你去想想看，任何一个人没有成功，会有自信吗？成功的体验往往是我们自信的重要基础。所以说，孩子不可能没有成功，没有成功的孩子就不可能有自信，所以成功是很需要的，不应该污名化。

另外一个问题，成功只是少数人的幸运吗？比如考上名牌大学，或者获得某种荣誉，或者成为什么明星，才是成功。这显然也是一个误区。

我们今天谈每个孩子都能成功，需要一个新的观念，新的视角，新的方法。每一个孩子都非常渴望成功，这是一个美好的愿望，但是，我们要防止成功成为一个美丽的陷阱。

一、对成功与幸福的渴望与困扰

请注意，我谈成功的时候往往加一个幸福，即幸福是成功的目标。教育的本质目标是让人获得全面和谐的发展，获得幸福。成功是通向幸福的一个重要的过程。我们通过一个案例来说明这个问题。有一位双料的女博士，在国内是名牌大学的博士，到了美国，读的也是名牌大学的博士。可是这样一个人才居然被美国给押送回国，因为她在美国有很多问题，无法生存下去。她也承认自己除了学习什么都不会。

我们由此可以反思一个问题：什么叫成功？谁希望自己的孩子是这样？恐怕没有。天下父母希望孩子获得成功，更要获得幸福。因成功而幸福，成功为幸福奠定基础，我们始终是以幸福人生为目标的。所以这个教训值得我们反思。

我们要谈一个问题：为什么说每个孩子都可以成功？党的十八大曾经提出一个激动人心的理念，即人人皆可成才。

每个孩子都可以成功的理念肯定会引起争论，因为大家的观念不同。你如果以考上北大、清华为标准，那绝大多数孩子都是失败者。其实，这个标准是错误的，是违反人性，违反人的发展规律的，也是违反社会需要的。

二、什么是真正的成功与幸福

每个孩子都可以获得成功，首先需要确定三个标准，也可以说是支柱性的标准。第一个，成功就是发展；第二个，成功就是选择；第三个，成功就是和谐。这些观点是我在1999年提出来的。当时我在中国青少年研究中心担任副主任，为了贯彻落实国家全面推进素质教育的战略决策，中国青少年研究中心推动了中国青少年素质教育成功计划项目。我为此写下《成功宣言》，作为中国青少年素质教育成功计划的宣言。《成功宣言》的第一个观点就是说成功是发展，孩子只要在他原来的基础上获得了发展就是成功，而

不是说和别人比较。

第一个成功观念——成功就是发展。有一所学校的教育实践特别能说明这个问题，这就是上海闸北八中。20多年前，这个初中学校是一个很落后的学校，甚至被称为垃圾学校。为什么？上海闸北区考不上好学校没地方去的学生，就上这个学校。这个学校的留级学生曾经达到37%。所以，当地曾经流传一个顺口溜：八中八中，大门朝东，流氓成群，打架成风。

我曾经到闸北八中住过一段时间，深入采访这个学校的变化情况。因为这个学校后来做成功教育实验，学校的面貌大变，由一个落后的学校变成一个先进的学校，变成一个孩子可能是低着头进来的，但是出去的时候是昂着头出去的，充满信心地生活。什么叫成功教育？成功教育用一句话来概括，就是变反复失败为反复成功。

闸北八中成功教育的策略是什么？低起点，小步子，多活动，勤反馈。举一个例子，该校将各种学生组合在一起，名为实验班，目标人人合格，因为基础教育的要求就是人人要达到合格水平。

可是在第一次物理考试的时候，有一个姓张的女生考了七分。班主任一看有点着急了，如果有的学生总是不及格的话，怎么能够试验成功呢？老师一了解情况更紧张了，因为小张在小学就留级三年！没有退路，老师只好发动同学来帮她，老师更是多帮她。经过一段努力，又该考物理了。老师问小张：这次考物理，你能不能考得好一点呢？小张说：老师，我一听到物理脑袋就大了，肯定考不好！你看这个老师多有水平，老师说：小张，我相信你会成功的，前进一步就是成功，多考一分就是胜利。你只要能够多考一分，我们就给你奖励。结果小张很努力，在这一次的物理考试中考了37分。老师过来给她拥抱，给她颁奖，说你是咱们全校进步最大的学生。提高了30分不是进步最大的吗？经过鼓励和小张的努力，后来在一次全区的物理统考中，她终于考到了67分，达到了合格水平。

大家想想看，这是不是就叫成功教育？这就叫成功教育。对这个孩子来说，她就是获得了惊人的发展，前所未有的进步，了不起的进步。如果要她考前三名、前五名、前十五名，她可能都没戏。所以成功的新观念，就是每个人的成功在原有基础上获得发展，不断地发展，这就是成功。我们用这样的一个眼光看，你发现很多孩子都可以成功，因为成功就是发展。

第二个成功观念——成功就是选择。我曾经概括为这样的人生感言：天才就是选择了适合自己的道路；蠢材就是选择了不适合自己的道路。

我曾经接到一个电话，居然是邀请我参加一个17岁女孩的遗体告别仪式！女孩的父亲说，他跟女儿以前聊天时知道女儿跟我见过，也聊过天，比较理解他女儿，他希望我能够参加他女儿的告别仪式。这样的邀请我当然不能拒绝，我去了。

这个女孩子多才多艺，颜值也很高，但是她当时就是文化课差。所以，她的愿望是初中毕业就报考一个幼儿师范，因为吹拉弹唱她都很擅长、很喜欢，过一种快乐生活，多好的选择啊！可是父母都不同意，说：都什么年代了，你不上大学会有希望吗？必须上大学，而上大学就得上个重点高中。后来，就想办法把她送进一个重点高中。结果她就很吃力，虽然当了学生会的文艺部部长，但是高二会考时两门不及格。后来她就开煤气自杀了。与她遗体告别的同学哭成一片。

我问同学们：你们怎么看她的不幸？同学们说，凭着她的任何一个才能都可以过上幸福快乐的生活。就因为父母的高期望把她逼上了绝路。我也是很感慨。这孩子如果选择一条适合自己的路，一定很成功、很幸福，因为选择错了，升学考试的路不适合她，她选择了放弃生命！我第一次参加一个青春花季少女的遗体告别仪式，我到现在还记得她躺在太平间里边的床上，右边放着她的芭蕾鞋，左边放着她心爱的书，屋里响着她喜欢的音乐。这一幕，多少年过去了我依然难忘。所以，坏教育可以伤人、杀人，而好的教育可以拯救一个人，成就一个人，真是天壤之别啊！

第三个成功观念——成功就是和谐。和谐包括身心和谐，与社会和谐，与自然和谐，等等。和谐的人是幸福的人，而对立的人，矛盾的人，撕裂的人，既不可能幸福，也不可能成功，所以我们要追求一种良好的心态，这就是健康的心理。那些成功者，往往都是善解人意，善于合作，对于各种各样的困难也是善于应对，这样的人非常强大。即使在不利的环境里边，他也能够找到他生存的条件，找到机会。可以说，心理健康能力也是生存发展能力。

以上是第一组概念，从成功就是发展、成功就是选择、成功就是和谐三个方面，来说明什么是真正的成功、成功的标准，解释为什么每个孩子都可以成功。下面，我们再来看第二组重要概念，进一步探究成功的奥秘。这已经成为影响世界成功教育的一种标准，是美国心理学会前主席斯滕伯格教授提出的成功智力理论。斯滕伯格教授本人就是一个传奇，典型地说明了什么是成功。

我做中外心理学名家系列访谈的时候，去采访中国著名的心理学家、北师大的林崇德教授，他跟我讲过斯滕伯格的故事，我也看了有关的资料。斯滕伯格上中小学的时候，两次智商测验都不及格，被同学嘲笑为傻子、白痴，他很愤怒。他找老师，问什么学问研究智商问题，老师说心理学，他说：我将来要读心理学，我读心理学之后，一定要写一本书，专门写成功智力。结果他真获得了心理学博士学位，一般的人从博士生毕业再到晋升教授职称，需要15年，而他用5年就做到了，因为他的论文论著特别多，而其中一本书，兑现了他的诺言，就叫《成功智力》。

成功需要三大智力。

斯滕伯格对成功的体会太深了。那么他提出什么样的成功智力呢？他认为成功智力包括三大方面。

第一个叫分析性智力，包括你的智商、你的学习能力，这是解决问题、制定决策的能力，当然是很重要。

第二个是实践性智力，就是理论转化为实践，解决实际问题的能力。大家在生活中是不是有这样的发现？有的人你让他去办个事他办不成，他自己就说我根本不行，或者我肯定办不成。可是，你派李四去办李四就办成了，办得很漂亮，为什么？是不是李四给人送礼了？不是，而是李四很善解人意，分析情况，提出可行的方案，跟人家友好地协商，人家就接受了。这就是一种实践性智力。在生活中很多干练的人都是这样的，善于化解矛盾，善于抓住要害，善于解决问题，这就是很重要的成功智力。

斯滕伯格甚至讲了一个真实的笑话，就是他自己所经历的。他有一次到外地，在美国的某个地方要去做宣读论文的讲演，可是下了飞机之后在去会场的路上，他突然感到很不舒服，觉得要坚持这个讲演有困难。他突然脑子一转，跟这个出租车司机商量，说：先生，我现在突然感到不舒服，一会到了会场，你能不能代替我去宣读论文。那个司机一听就蒙了，您是教授，我是司机，我怎么能代替您呢？斯滕伯格说，因为我身体不舒服，请你代读，稿子打好了，您就读一遍，肯定没有什么障碍，再说我还给你报酬，给你50美金，你看可不可以？那个司机想了一想，我把论文读一下，获得50美金。而且成人之美，何乐而不为呢？就答应了，但这个司机非常有智慧，司机说：但我有一个条件，就是我宣读您的论文的时候，你要坐在会场的第一排。斯滕伯格说：那可以，我肯定坐第一排。

到了会场，主持人宣布，现在请斯滕伯格教授来宣读他的论文，这个司机就登上了发言台。他打着领带，把论文给读了一遍，很流畅。没想到的是，刚读完论文，马上有人举手提问：斯滕伯格教授，我有一个问题，关于什么什么的。这个司机听了也很从容，说这个问题是个小问题，我请我的助手回答你。斯滕伯格就从台下站起来解释了这个问题。后来斯滕伯格就非常感慨，说这个司机的实践性智力就很强，能够随机应变，应付自如，因为他考虑得很周到，他只能读论文，不能回答问题，所以请专家本人坐在前边。生活中有很多的难题，都需要人的智慧应对，就是实践性智力。

第三个叫创造性智力。什么是创造性智力呢？创造性智力就是说要发现问题的要害，形成新的解决思路。现在生活中出现了很多很多创造，咱不用从远的地方说，就说近些年开始雨后春笋般出现的共享单车现象，在中国的各大城市，甚至在外国也有了共享单车。我在北京和青岛有的时候也骑一骑共享单车，真是便捷。大家发现共享单车的出现解决了什么？解决了最后一公里的问题。过去政府考虑到这个问题，既然大家都需要，就划出固定的区域，你可以按一定的程序使用，但是用完了你再送回来。恰恰人就图个方便，我到某个地方就不想回来了，我干吗送回来？不方便。相反，你骑着这个单车，可以骑到任何地方，只要不把车放在一个私人领域里边，都可以存放，荒郊野外都可以，因为有人从荒郊野外接过来就可以骑，它解决了方便的问题。当然它也有存放混乱等问题，但是它是一个创新思维。

还有一个网约出租车。人们经常打不到出租车，感到很不方便，于是出现了网络约车，有的已经正式注册，像首都汽车公司（以下简称“首

汽”），我就经常约首汽的车，它已经比较规范。过去就是打车难，在路边等很久担心走不了，现在好了，你可以离家之前在手机上约好车，再换好衣服，出门正好可以上车，司机甚至为你开车门，上车后还问你车内温度是否合适，请喝水，欢迎你无线上网，等等。有时候，我第二天早晨走得很早，也可以预约个车去机场或赶火车，也很方便。你说这是不是创新？我认为这是很了不起的一种创新。当然，中国还有许多更伟大的发明创造，都是一种创新，用创新的方式解决问题，这都体现了一种创造力。

在三大成功智力中，大家是不是注意到，今天的孩子缺少实践性智力，更缺少创造性智力，而这三大智力是一个完整的体系，代表了一个人的智力水平。所以说我们要改变教育，我们既要提高孩子的学习能力，又要注重他们的实践能力和创造能力。

怎么做呢？我们要给孩子很多实践的机会，体验的机会，独立承担责任的机会。孩子在生活中越能干，他就越有实践性智力。生活里不仅有劳动，也有游戏，孩子非常需要游戏。其实孩子在游戏中充满了智慧。

我们需要对人有完整的认识，也有新的发现。哈佛大学心理学家霍华德·加德纳教授，他在全世界最为著名的理论就是多元智能理论。他认为，每个人都有八个方面以上的智能，比方说语言智能、音乐智能、空间智能、逻辑智能、运动智能、自然智能、内省智能，还有人际关系智能等等。每个人都有这八个方面的智能，但是每个人的组合是不一样的。什么叫组合不一样？就是说有的人可能是运动智能排第一，如姚明、李娜、郎平等很多的运动员，他们都可能是运动智能排在第一位的。一般人还真不能说，我好好练练超过姚明，那恐怕是永远的梦。这是因为你可能最擅长的是语言智能，或者你是人际交往智能排第一，或者你是自然智能排第一，但是你未必是运动智能排第一。

人才的特点往往与其智能组合密切相关，它形成了某一种优势。不同的人才取决于智能差异，组合之后的差异。比方说作家就是语言智能发达，他语言特别地丰富，特别具有想象力，表达力非常地强。北京这个地方春天很短暂，而且风很大，春天来了暖和不了几天，有一下子就跳到夏天的感觉。但是谁能形容得好呢？作家老舍的形容就很棒。老舍说，北京的春风要把春

天吹跑。一句话多么形象！我们再来看看印度的大诗人泰戈尔，泰戈尔的诗有很多哲理，讲得非常深刻。比如他讲什么叫爱情：眼睛为她流着泪，心灵为她打着伞。就是说，因为伤了心，眼睛看着她难过，心里边却还在惦记着她，要保护她，说明这是真爱。

谈谈人际关系也颇有启发。有的人并没有高过别人的文韬武略，但他善于结交，善于协调，善于征服人心。大家都很熟悉《三国演义》，其中的刘备就是个典型的人物。刘备文不如诸葛亮，武不如关云长、张飞、赵子龙，但是他是大哥，他能够做领袖。这就是一种人际智能。

多元智能理论给我们一个什么启发呢？实际上就是说，是马让它跑，是鹰让它飞，是鱼让它跃，是鸟让它叫。你就不能够乱点鸳鸯谱，用一个统一的模式必须怎么样，对于儿童教育来说，我们特别需要发现孩子的智能差异。所以，我有一个观点，我认为全部儿童教育的使命可以概括为12个字，那就是发现儿童，解放儿童，发展儿童。

三、获得成功与幸福的方法

我们要让每个孩子都可以成功，而且要追求一种让人幸福的成功。那什么是幸福？有的学者提出来，幸福就是有希望，有事做，能爱人。

如何寻找获得幸福的成功的科学方法，马斯洛的需求层次理论可能给予我们一些启发，这是人本主义科学的理论之一，由美国心理学家亚伯拉罕·马斯洛1943年在《人类激励理论》论文中所提出。该理论将人类需求像阶梯一样从低到高按层次分为五种，分别是：生理需求、安全需求、社交需求、尊重需求和自我实现需求。

显然，当孩子的生理需求、安全需求、社交需求都得到满足之后，尊重需求和自我实现需求就变得越来越重要。如何提高孩子的自尊水平？重要的方法是培养孩子良好的道德行为。有人可能不明白这是什么意思，道德行为能让人幸福吗？对。积极心理学的研究发现：当一个人有了安全感，生活有了保障之后，这个时候决定一个人是不是幸福的关键不在于财富是不是继续增加，而在于他能不能帮助别人。

大家想想看，为什么许多大富翁积极做慈善？包括世界首富比尔·盖

茨，他把大部分的金钱捐给社会，搞公益慈善事业。美国总统请他当官，他都拒绝了，说他在忙正事呢。大家都会有这个体会，当你帮助别人做一件事，照料别人，你会感到自己品德高尚，你会感到有一种很满足的感觉。这是人美好的一种天性。对于孩子来说，还有特别的价值——帮助别人会让他体验到自己有价值、有力量、有尊严，有希望成为一个真正的人。

除了帮助别人，还有一个方面就是要培养孩子积极应对逆境的能力，使其坚信自己可以实现梦想。在困境当中，他怎么能够积极地应对而不是唉声叹气呢？要引导孩子看到，逆境是对自己的一次挑战，也是磨炼自己的一次机会，鼓励他做好准备跃跃欲试，这就是一种良好的状态。例如参加各种夏令营，各种训练营，甚至是有些训练项目就是这样的，面对的都是逆境，都挑战了自己过去所不能做的事情。

2000年的夏天，我曾经跟北京的一些中学生到日本去，参加日本的一个夏令营，其中我们去登一座海拔2000多米的荒山——黑姬山。整整14个小时啊，只有早餐和午餐各半小时的吃饭时间，可以一边吃饭一边休息，其他的13个小时一直在走路和爬山，经常是四肢着地爬，而且还下着雨，一身泥水，一身汗。艰难至极，我都摔了12跤。可是，当我们爬回来之后，我们每个人都有巨大的成功感，我征服了黑姬山！我是登山的勇士！我坚持下来了，很骄傲，很自豪！有个女中学生说，有了这番经历，再做什么艰难困苦的事情，我都不怕了！

培养孩子追求以幸福为目标的成功，还有一些系统的方法，如用五步循环法培养孩子的优良特质，比方说认同、链接、玩耍、练习、精通。

首先，要给孩子无条件的爱，孩子才会认同父母。什么叫无条件的爱？有些父母说，孩子你长得真乖，你长得真漂亮，你学习这么好，我真爱你。那么反过来说，孩子要是长得不漂亮，学习不好，你就不爱他了吗？这就可能给孩子带来一种恐慌。这就是有条件的爱。无条件的爱则不同，就是对孩子清楚而坚定地表明：你是我的孩子，我就永远爱你，不管你学习成绩好不好，我都会爱你。但是你做不好的事情，我不爱；你不努力、你撒谎，我不喜欢。这样的话让孩子觉得爸爸妈妈对自己是永远爱的，自己要努力，要做个好孩子。

孩子能不能健康地发展，并不完全取决于他的学习成绩，进入青春期的孩子对朋友特别在意，而且与朋友的交往是他社会化的重要途径。心理学的研究发现，缺少朋友的孩子亲社会行为水平较低，会有很多不成熟的行为，特别容易对群体表现出强烈的敌意。就是说他不合群，甚至有反社会倾向。所以说我有个观点，没有朋友的孩子比考试不及格还要严重。

玩耍对孩子发展的意义非常重大，儿童的玩耍实际上是探索世界，学习各种知识。我认为没有游戏就没有童年。我自己有体会，我之所以这么热爱生活，这么喜欢探究，就与我童年时候的玩耍充足，迷恋大自然有非常大的关系。我非常地坚信这一点。玩耍既然如此重要，我们就要拿出时间陪孩子玩耍。美国皮尤研究中心（Pew Research Center）的统计数据显示，每周亲子共处多一个小时，孩子的不良行为会降低。父母陪伴不足是危险的，父母的忽视同物质缺乏一样会对孩子的脑发育产生永久性的影响。北师大心理健康研究所所长边玉芳教授通过大量研究来证明这一点，并且提出非常重要的一个忠告。心理学家们还发现，孩子在三岁之前，每天平均多看一小时电视，七岁时的注意力障碍问题的发生率就会增加10%。不要以为孩子看电视也是玩，但是这种玩还是很被动，而且孩子会养成一种坐着不动的习惯，这对他的身心发育是不利的。

练习是连接玩耍和精通的桥梁。幸福感在于人们对自我及周围环境的控制感，而获得控制感的一个重要途径是什么？就是练习。什么叫练习和精通？刚开始学游泳的时候非常紧张，容易呛水，害怕沉下去，慌里慌张的，这个就是练习。但是当你经过多次的练习，掌握了游泳技术之后，你才能从必然王国走向自由王国，你才能够如鱼得水。那么如鱼得水之后你有什么体会？实际上是一种练习达到了精通的水平之后，一种自由自在的感觉，自由自在是以练习和精通为基础的。

看运动员就知道什么叫精通，姚明投篮、刘翔奔跑、李娜打网球，等等，这些都是由于他（她）的练习和精通，他（她）就获得了强大的动力，提高了他（她）的自信和自尊。你看现在郎朗弹钢琴、吕思清演奏小提琴，都是潇洒自如的，其实他们都是吃尽了苦头，练习的过程充满了痛苦，但是他们现在已经越沟过坎，达到了一种很娴熟的程度，之后他们就可以自由地

表现，可以非常地潇洒。孩子也是一样，体验精通的次数越多，他就越有勇气面对新的挑战，他的自信心水平会随之上升。所以精通不仅是强大的动力，而且还能提高自尊。

我给大家举一个例子，教育专家胡萍的孩子吃过一次西餐之后，对做西餐产生了兴趣，就做了很多西餐，一直到高考期间还做西餐。孩子不喜欢写作业，却喜欢做各种各样的生物实验。后来，他报考英国剑桥大学的生物系，面试的时候，他带着他的实验报告集，还有他做的西餐的图片集。剑桥大学的面试官看了以后大为惊讶，中国孩子不仅生物实验有水平，西餐也做得这么好，这么爱生活，这么会生活，优先录取。这就是一种精通之后的自信，一种成功的体验，更激发他达到更高的水平。

所以，我们讲每一个孩子都可以成功，不断的成功之后，他又获得一种精通感，精通是达到幸福的一种体验，可以让孩子对某些事保持长久的激情。随着年龄的增长，孩子更需要更高水平的自我认同，来确认“我是很棒的，我在什么事情上做得是很好的，我一定能做得更好”。这就是一种良性循环的状态，一种幸福的成功状态。这就是我们今天探讨的一个很重要的话题，即每个孩子都可以成功，且都可以获得幸福。

第六节　儿童健康成长需要因性施教

一、为什么要因性施教?

教育界都非常熟悉一个教育的原则，叫因材施教。我认为，为了贯彻因材施教，还需要做到因性施教。什么叫因性施教呢?就是说在教育的过程中要注意到性别的差异，注意到男生、女生不同的需要，这样才能做到以人为本。

为什么谈这个问题呢?

我讲一个现象，很多父母都希望自己的孩子优秀甚至出类拔萃。可是很多男孩儿的父母会非常感慨地发现：男孩子在幼儿园、小学阶段，往往不如女孩子伶牙俐齿，男孩子的学习成绩往往不如女孩子，自我管理能力差，不太听话。这是什么原因呢？这是男孩子笨吗？他要捣乱吗？还是其他什么原因呢？其实这恰恰是男孩子发育的一个特点，不是他的缺点，而是他的特点。男孩子在五岁的时候，他的语言能力只相当于三岁半的女孩儿。在小学阶段，他的语言能力、读写能力，他的手指运动的神经能力都比女孩子发育要晚一年左右。问题是这样一个特点往往被忽视。许多父母和老师就认为男孩子不努力，男孩子淘气，男孩要受批评。结果，所谓差生最多的就是男生。这不是天大的冤案吗？所以我们不能忽视这样的问题。

女孩子也有自己的特点。比方进入青春期的女孩子自信心水平容易下降。这些问题值得我们思考教育的方式方法，既要因材施教，也要因性施教。当然，男女要平等这个原则是不能改变的。但是我们要考虑到男生、女生有不同的需要，有不同的特点，并且在教育的当中，要有所依据有所关照，我想这是必要的。所以我提出儿童健康成长需要因性施教。

为什么要因性施教？我在跟一些心理学家对话的时候，他们也谈了这个观点。比方说，美国知名的儿童心理学家安东尼奥，他就提出了男孩与女孩在妈妈的子宫里就有着不同的表现：男孩在妈妈的子宫里表现得比女孩好动，你可以看得出差异。所以我们俩在对话中谈到很多这样的问题，例如与女孩相比，男孩的生长和发育比较慢；女孩的大脑语言和情感、感知区域活跃，而男孩的控制身体运动、空间意识和分类信息的区域活跃。这就是差异。

在小学阶段，许多学校要求孩子安静，有时候课间都控制出教室的时间，有的干脆就不让出教室。这些不合理的规定，让很多女孩都难以做到，但她们能够忍受，可是男孩子就特别难以忍受，因为男孩子每天都需要4次以上充足的运动。你不能满足他，他就表现出小动作多，他就打闹，他就是要寻找别的方式来发泄。美国有个妈妈说，跟男孩子生活在一起，就像生活在龙卷风当中。家有男孩的父母有体会，男孩子特别淘气，特别好动，不知道什么是危险，精力特别旺盛，恐怕这就是男孩、女孩差异。

我在北京一个小学跟小学生们交流，问他们喜欢上网吗？孩子们都说喜

欢。喜欢上网干吗？多数男孩子打游戏，多数女孩子聊天。女孩子即使玩游戏，它也是属于比较审美性强一点的，和男孩子就不一样，这是很大的一个差别。

在这样一个背景下，我和李文道博士就写过一本引起社会强烈关注的书，叫《拯救男孩》（最新版本改名为《男孩危机》）。我在这个书中提出一个观点，我说让男孩子早于六岁上学，很可能是一个灾难性的选择。

前面讲过，因为五岁的男孩大脑的语言能力发育，只相当于三岁半的女孩。但是现实生活中是什么样？很多的产妇抢在8月底做剖宫产，媒体不断地报道此类事情，为什么？因为她的孩子本来是应该在9月初或者9月中旬出生的，但是后来他们一算，真要那个时候出生，要晚上学一年，那还了得，有的提前20多天甚至1个月就剖宫产了，就为了赶在9月1号之前出生，好早上学！这不是无知的灾难吗？

还有很多的父母给孩子搞关系改户口，反正目的就是让孩子早上学，这都可能是灾难性的选择。因为男孩子本来语言能力发育就晚，越早上学，他就越难适应学校生活，他就越容易落后，越容易成为所谓的差生。越容易出现各种问题，你愿意吗？

据悉，美国和澳大利亚有个流行的做法：给男孩子最好的礼物，就是让他晚一年上学。我认为男孩子7岁上学合适，女孩子6岁可以，这样对孩子发展有利。有些父母可能接受不了，不愿意孩子晚一点上学，但起码你要顺其自然。你儿子可能是6岁半或6岁10个月，都很正常，不用担心。当然，按照年龄是简单计算，如果精细计算，应该测算孩子的发育水平，看其是否适合入学。

二、男孩的四大危机

总之，由于我们忽视了男孩的特点，很多的教育设计和安排都不太适合男孩的发展，所以中国的男孩危机出现了。我们在书中认为，男孩出现了四大危机：一是学业危机，二是体质危机，三是心理危机，四是社会危机。

我们来看一看什么叫学业危机。现在从小学到大学不同阶段，男孩子的学习成绩往往都落后于女孩子，而且这是一个全世界的现象，美国、英国、澳大利亚都是这样的。女孩子更容易得到高学历，男孩子更容易过早地辍学离开校园。那么我们说眼下，眼下大家是不是发现班里边评选什么优秀学生，往往都是女孩子多，班队干部更是女孩子多。

我参加北京一个少先队代表大会，在主席台上坐的很多优秀的少先队员，我一看，第一排坐了九个孩子，八个是女孩，只有一个男孩。我有一次到广州市少年宫去讲课，路过一个小记者培训班活动室，我探头看了一下，一看全是女孩子。我就问少年宫的老师：你们这个小记者培训班是女记者培训班吗？老师连连摇头说：当然不是，我们都是发通知，让各个区县推荐，结果推荐来的都是女孩子。大家想想看，男孩子就不可以当记者了吗？男孩子就没有这样的需要吗？男孩子没有这样的能力吗？但确实无法选出来。由此可以发现，评价标准对男孩子很不友好。

教育部的数据表明，大学女生入学率连续五年超过男生。必须说明一点，就是女孩子发展快，女孩子优秀，女孩子上学的多了，这不是什么坏事，是好事情，说明中国教育的公平性提高了，女孩发展的条件改善了，使女生获得了巨大的发展，这是一个大好事。问题是男孩子不断地落后，这个现象要引起关注。男孩子不断地落后对女孩子就很好吗？恐怕也未必。

再看体质危机。在体质危机方面，男孩也存在突出问题。全国青少年体质监测，1990年到2014年的调查发现，13~15岁的学生中，肥胖率由4.37%上升到17.45%，上升了好多倍，很惊人。视力不良的检出率，13~15岁由48.18%上升到74.36%。

再看心理危机。就举一个简单例子，患网瘾的比例，男孩子占到13.29%，女孩子只有6.11%，男孩比女孩多一倍以上。从性别来看，男孩子占到68.64%，女孩子只有31.36%。这说明什么？说明男孩子更容易出现网瘾问题。还有多动症、抑郁症等心理疾病，绝对也是男孩子多于女孩子。

我们再来看社会危机。男孩子更容易卷入暴力和犯罪。在工读学校里边，在未成年犯管教所当中，男孩子的数量绝对远远多于女孩子。我到过南方一个最大的未成年犯管教所，3000多个未成年犯，里边的女孩子只有100多个，比例悬殊。所以说，男孩子更容易冲动，更容易出现行为问题，也更容易出现违法犯罪问题。再来看2007年的一个数据，工读学校的在校男、女

生比例，男生占86.30%，女生只有13.70%。

三、女孩危机不容忽视

那么女孩子就平安无事了吗？未必。我们在研究中发现，女孩有十大问题值得关注。第一，生殖健康。女孩子在青春期里边痛经的比例很高，有些女孩子甚至出现了闭经。媒体报道过此事，由于学业压力太大，女孩子熬夜不睡觉，过度的紧张，花季少女出现闭经，不让人惊叹吗？还有一个问题是青春期女孩自信心的失落，处于青春发育期的女孩子往往容易特别在乎别人的评价。例如，我美吗？大家喜欢我吗？有些女孩子特别敏感，容易过于关注自己的弱点，产生自卑心理。

我曾经与张引墨合作写过《藏在书包里的玫瑰》，专门写中学生的性问题，深入进去之后，发现问题非常多。有一个女孩子考上了著名的大学，但因为中学时有性问题，她甚至说“我都这样了，我再去做鸡（指卖淫）都无所谓了”。我跟著名女作家毕淑敏谈及这个问题，她听了以后说了四个字：滴血之感！多么令人悲痛的事实啊！

大家看媒体的报道是不是有一个发现？现在校园暴力很多，而且在这个暴力中相当一部分是女孩的暴力，这个状况震惊国内外。包括在美国洛杉矶发生的那个中国留学生之间的暴力，据说是女孩之间的争风吃醋引起的。然后就是女孩采取各种暴力，是很残忍的手段，什么吃沙子、打耳光、拿打火机烧乳头之类的。因为严重触犯法律，所以说这几个够18岁的留学生被判了很重的刑。所以说女生的暴力不可忽视！

讲到以上许多问题，原因何在呢？如何对症下药呢？这里边大概有三大原因。一是应试教育为导向的学校教育；二是功利主义的家庭教育，失去平衡的教育，父教缺失，母教不科学，母爱是溺爱；三是带有偏见的社会文化。现在许多学校教育让男孩更加女性化，很多学校都是喜欢那种听话的安静的孩子，男孩更多需要体验、运动，谁来满足？学校的考试方式不能体现男孩的特点，高考重点考语、数、外，而这些往往都是女孩子更擅长的，运动与动手操作，体验和计算机都是男生所擅长的，却很少考试。在学校里边，女教师的比例远远超过男教师，男孩就难以找到性别认同的对象。我有个观点，没有男教师的幼儿园是不合格的幼儿园。但是据一家媒体报道，全国的幼儿园男教师只有3000人，中国大部分幼儿园都没有男教师。而且有了男教师，好多父母看了以后心里不放心，怎么还有男的？好像幼儿园老师天生都是女的。其实你到世界各地看看，在一些发达国家，幼儿园里边男教师是很多的，是非常必要的。我到日本去考察，日本的幼儿园分为幼稚园和保育园，幼稚园是教育机构，归文部省管理；保育园是儿童福利机构，归厚生省管理。我看到保育园里边经常是一个男老师带了三个孩子，抱着一个，看着一个，边上还坐着一个，孩子只有一两岁的样子。在日本的小区花园，也经常见到男教师带着小朋友玩耍。男教师在学校和幼儿园应该和女教师达到一定的比例，不能够失衡。

四、男孩危机往往根源于父教缺失

很多家庭的教育父亲是不起作用的，父亲只管挣钱。父教的缺失使男孩子失去了最直接的榜样，失去了最重要的榜样，代价是沉重的。美国有一个父道组织，他们公布了一些调查数据，例如：70%的少年犯出自单亲家庭；60%的强奸犯、72%的少年凶杀犯、70%的长期服刑犯来自无父家庭；90%的无家可归和离家出走的孩子来自无父家庭；戒毒中心有75%的青少年来自无父家庭。这是美国的情况。中国的数据尚不清楚，但是也有类似的现象。

父教缺失，母教溺爱，这种溺爱往往使男孩子变得更加娇弱、更加任性，问题多多。比如，男孩子更加肥胖，粗暴地对待长辈，等等。

还有一种流行文化的影响。美国一个学者指出，社会总是期望男孩子拥有男子汉的形象，却不提供培养男子汉的土壤。现在中国的影视导向也有问题，电视选秀节目很多，伪娘现象盛行，男孩柔弱如花。这种文化倾向也影响女孩子。有的明星和主持人，公然宣扬一个观点，越瘦越美。甚至有人说什么，好像你的体重要是过了两位数，你就没希望了。这种流行的观念对女孩误导严重，其实女孩子青春期是需要一些脂肪的，将来她要做妈妈，更需要一定的体重和脂肪。在错误的审美压力下，相当多的女大学生都慌着去减肥。

那么如何来应对男孩危机和女孩的问题，这就需要因性施教。比方说社

会上也有这样的观点，叫作男孩穷养，女孩富养。很多人问我这话对不对，我说这话关键看你怎么理解。你如果理解成男孩子要吃苦，女孩子要享福，女孩子要溺爱，女孩子要养尊处优，那你就理解错了。我的理解是什么？男孩穷养的意思是让男孩子有更多的运动、更多的历练、更多的责任。女孩富养是指她需要更丰富的精神滋养，因为女孩的精神需求很高。

针对男孩危机和女孩问题，我们应该怎么办？

五、解决男孩危机的四条措施

第一个，我们要改变对男孩的态度。什么叫改变态度？就是当男孩子淘气的时候，疯跑的时候，我们要看到这是男孩的需要，而不是问题。我们要满足男孩好动的需要。当男孩子在小学阶段，写字慢，成绩可能不如女孩子，也要理解这是他发育晚的原因，不能单纯地指责他就是不努力，更不可以训斥——你就是坏孩子，你就是差生、笨蛋。他发育晚一点，有困难，要多鼓励多帮助，给他降低难度，给他多一些支持，男孩子发展就会更顺利一些。

第二个，父亲的参与。要培养男子汉，要把一个男孩培养成真正的男人，父亲不仅责无旁贷，而且是第一责任人。有一个好父亲，我一直非常敬佩，他就是北京大学的教授康健，也当过北大附中八年的校长，我们是老朋友。康教授的儿子小的时候体质有点弱，那么康健老师怎么做父亲的呢？他要求儿子，别的课外班一般都可以不上，但是体育的课外班一般要上，加大运动训练，每天不少于一个小时，从小学一直到大学。小学毕业前，这孩子就曾经面对一个选择：我是去参加一个好玩的夏令营，还是参加一个艰苦的足球封闭训练营？爸爸就鼓励他：你这么喜欢足球，这么喜欢运动，参加足球的封闭训练，可能对你是极好的一个机会。结果，儿子选择了艰苦的足球训练，体验铁人般的生活。经过这次特殊的训练，儿子渐渐强壮，后来身高一米八多。运动好的孩子智力也发达，所以这孩子顺利地考上了清华大学，毕业以后还到央视体育频道做过主持人。毫无疑问，必须得很热爱体育，熟悉体育，擅长体育的人，才能有如此机会。

我反复强调，父亲的教育非常非常地重要，因为他是男孩子第一个榜样，最直接的、最长久的、最亲近的榜样。当然，不一定都是出去跑跳，动手修自行车或者是修理家具，做各种玩具或者到郊野去，父亲都可以给男孩子做榜样。父亲这个榜样不仅是运动方面的，还有怎么对待女性，如非常尊重母亲，尊重女性，是文明的，是优雅的，这是男子汉非常需要的品质。

第三个，母亲需要智慧放养男孩。妈妈可以拥抱儿子，可以亲吻儿子，更要放手让孩子锻炼，勇于运动，不怕吃苦，这才能培养出男子汉。妈妈要特别克制自己无原则无边界的溺爱。哈佛大学的研究发现，人生下来有两个发展方向：一个是亲密性，妈妈特别擅长；另一个是独立性，特别需要爸爸来培养孩子的独立性。这两个方面都不可缺少。

第四个，要养成运动的习惯。我对北师大体育与运动学院原院长毛振明教授有过访谈，他说一个人如果在童年时代养不成运动的习惯，长大了很难爱运动。这个我们都有体会，小的时候养成运动习惯，一生都爱运动。小的时候不爱运动，长大了只是理智地去活动活动，不太容易坚持。我跟日本的一个教授也有过交流，他认为，男孩子如果没有一项运动的特长，很难有自信。这个说得比较明确，男孩子在一块玩儿，经常是运动的，好动的，谁运动好谁就棒。如果你什么都不会，你怎么可能自信呢？

我想想自己，我这个人运动并不擅长，还有点胖，但是我之所以还有一点点的自信，是因为我很喜欢游泳，而且游泳还比较棒。我喜欢在海里游泳，可以仰泳，躺在海面上，就像躺在自家的床上一样舒服。可以随波逐流，仰望蓝天，也可以潜水。我可以在泳池底下潜泳，也可以在海底下。谁要丢了个什么东西，如果水清，我可以潜下去帮你拿上来。憋气运动我在我们单位也是名列前茅的，绝对自信。所以，就因为一项运动，都可以让男孩子获得一种自信。如果你什么都不擅长，什么都不会。这样的孩子容易没有自信，也被人瞧不起，甚至容易成为校园欺凌的对象，所以男孩子不能没有运动特长。

六、解决女孩危机的四条对策

那么，我们怎样让女孩子发展得好呢？我们破解女孩危机，也概括为四条。

第一条，给女孩足够的关爱。为什么这么说？因为女孩子最擅长的学习，一是阅读，二是聊天，就是情感的交流非常需要。所以说家有女孩子一定要很关心她，女孩的内心是很丰富的，精神需求是很高的。要经常跟她聊天，知道她的需要，知道她的爱好，对她的精神需求给予满足。比方说女孩子特别需要多看点书，看个电影，看个戏剧，听听音乐，看看美展，女孩子非常地需要。中日做过对比调查，发现中国的妈妈愿意跟孩子聊天，但是跟孩子主要谈学习，学习、学习，还是学习。日本的妈妈跟孩子聊天内容就比较丰富，谈谈友谊，谈谈健康，谈谈情绪，谈谈饮食，这就比较满足女孩的需要。

第二条，鼓励女孩子学会独立。这一点尤其重要。现在男女平等的观念增强了，有好多家庭已经不在乎生男孩女孩，生女孩也很喜欢，但是在喜欢的同时，你能不能够注重培养她的独立性，有自己的见解？在这一点上，英国的著名政治家撒切尔夫人深有体会，她说她之所以能成为首相，是因为她的好父亲，感谢她的父亲罗伯特先生，从小就培养她的独立性。比方说，要敢于有自己的独立见解，听课的时候如果可以选择要坐到第一排，等等。鼓励她有独立的思考，后来她积极参政的时候，英国的议会里就她一个女的，连女厕所都没有。从撒切尔夫人的成长经历，我们可以看到教育的魅力。不要让孩子过于依从，让女孩子也要有见解，要尊重女孩子合理的建议，慢慢地，女孩子也会变得自信起来。

第三条，鼓励女孩子欣赏自我。女孩子在青春期里可能会有一种现象，就是她意识到自己的身体在发生巨大的变化，有时候会产生一种慌乱。例如，乳房凸起来了，月经来了，各种变化都出来了，她觉得藏不住它，心里会特别紧张，担心别人怎么看自己：我美吗？她有的时候对一点小事就会耿耿于怀。例如，我有点胖，腿有点粗，皮肤有点黑，我单眼皮，我哪个地方有一个什么痣不好看，等等，都可能成为一种自责自卑的理由。所以，这个时候能不能让女孩子自信起来，让她学会欣赏自己就变得非常重要。

怎么叫欣赏自己？人的容貌一般是改变不了的，我不提倡未成年人整容，因为发育中的孩子将来还有变化，变得不知什么样，随意整容可能伤害很大。人都有缺陷，需要更多地欣赏自己的个性，比如：我很勇敢，我很包

容，我很大方，我很优雅，我很爱阅读；虽然我戴眼镜了，但是我很有学问，我有诗人气质，或者我个子虽然不高，但是我的智慧很多；等等。就是说要学会欣赏自我。在这一点上，我特别钦佩一位女性，即意大利著名的电影明星索菲亚·罗兰。她拍过一百多部电影，两次获奥斯卡奖。可是，她第一次拍电影的时候就碰到了麻烦。摄像师拍来拍去，越拍越觉得这个演员不好看，脸大嘴大，鼻子高，形象和当时流行的美不一样——当时流行的明星费雯丽多么小巧玲珑，还有那个奥黛丽·赫本，多么靓丽。所以，摄像师向导演抱怨，希望换演员。导演是著名的卡罗，卡罗一听引发隐忧，觉得这可能真是个问题，就找16岁的索菲亚·罗兰谈话。

这次谈话被索菲亚·罗兰记在自己的自传里边。导演说：亲爱的索菲亚·罗兰，你很有表演才能，但是你的鼻子太高了，而且你的臀部过于发达，你得回去把它给处理一下，就能拍了。那个时候美容业不发达，鼻子高可能还有点办法，臀部发达，能有什么办法？这个意思实际上就是说她不能演了，准备回家吧。索菲亚·罗兰就是非常地自信，非常欣赏自我。她说：导演，我的鼻子是高一点，臀部是发达一些，这些都是我的特点，我不想为拍电影而改变什么。但是她话锋一转，说了一句著名的耐人寻味的美学见解。她说：导演，世界上的美为什么都要一个样？这话很厉害，大自然只开一种花，还有美丽的花吗？美就是有个性的，美就是要丰富的。这个导演很有悟性，一听，态度大变：对不起！对不起！我不该向你提出刚才的问题，电影继续拍。如果哪位再有什么非议，我就另请高明，把他换掉。电影上映以后，这个索菲亚·罗兰如日中天，形象非常被看好。这个导演后来还向她求婚，后来他们真地生活在一起了。

2000年的时候，索菲亚·罗兰还被评为千年美人。索菲亚·罗兰的自信进一步令人刮目相看。70岁的时候，居然还应邀去拍裸体模特艺术，做挂历的封面。各位想想看，当我们70岁的时候，谁敢以裸体示人？

第四条是运动。运动既健身又健心。女孩子同样需要运动，运动让女孩子身心健康，魅力焕发，所以女孩子特别需要运动，因为在运动中它能克服很多的心理障碍，能使自己变得更加强大起来。比方说中国有些运动员，郎平那一代就不用说了，还有李娜等等。李娜的气场非常大，打球的时候，

当教练的先生给她支招，她却回应：你不要跟我说三道四，我知道该怎么打球！教练先生对她也很崇拜，两个人配合得非常好。

其实，女孩子既要有温柔的一面，更要有自己独立的坚强的人格，这样的女孩子是更加有魅力的，更加有前途的，也是更可能获得幸福的。这就是我们倡导的儿童健康成长需要因性施教。就是让我们在教育中多了一个视角，面对成长多了一份智慧，尊重男孩、女孩的差异，尊重他们的不同需求，更自觉地实现以人为本的教育原则。

【作者简介】

孙云晓：中国青少年研究中心家庭教育首席专家，研究员，首都师范大学特聘教授，国务院表彰的教育科学研究专家，国务院妇女儿童工作委员会儿童工作智库专家，中国教育学会家庭教育专业委员会常务副理事长。主要教育著作有《习惯养成有方法》《发现童年的秘密》《五元家教法——好父母的必修课》《亲子关系：决定孩子一生幸福的密码》《成功智力　比智商更重要的潜能》《向孩子学习——一种睿智的教育视角》等。

第二章 好家教，好家风

陆士桢

什么是家庭教育？家庭教育与社会发展、治国理政有什么关系？什么是家风？家风的建设为什么是中国特色社会主义家庭建设的重点？家风和家庭教育又有什么关系？在这一章里，我们将集中跟大家讨论上述问题。

第一节　家庭教育与治国理政

家庭教育不仅是关系到千家万户的平常事，也常常会成为非常重大的社会新闻。2014年1月30日上午，一段疑似某年轻人自杀的微博短视频在网上疯传，当警方赶到时，一个姓曾的年轻人因为抢救无效，永远离开了这个世界。2017年6月10日上午某地一个12岁的孩子跳楼自杀了，原因就是因为他玩手机，妈妈说了他几句。在这之前，湖南省醴陵市一中发生了两起在校中学生因为不堪学习压力而跳楼自杀的悲剧。在网上这个姓曾的年轻人发布了很多条“说说”，诉说自己感受不到父母的爱，最终留下了一句：“我真的要自杀了。”

类似这样的新闻，几乎每年每月都会在网上传播。这表明，当前不少家庭的教育观念陈旧，方法落后，亲子之间感情隔膜，或者关系紧张。溺爱、暴力等现象在整个社会上普遍存在。这些问题已经影响家庭的幸福，影响孩子的成长，最终它会影响社会，影响社会的和谐甚至稳定。

每个老师都必须清醒地认识到，从学校教育的视角出发，重视家庭教育势在必行。我国著名社会学家雷洁琼先生从家庭和个人的关系视角，谈了家庭教育的重要性。她说，人生在家之时期最长，而受影响最大。虽然孩子上了学以后，日常的学习生活很繁重，很多时间生活在学校，但是就人的一生来讲，特别是幼年期，它实际上在家里的时间是最长的，家里给他的各种影响也是最大的。她还说因家庭各成员间主观的情感最浓厚，一方的刺激必受他方的反应，所以容易养成习惯和性格。雷先生其实讲了一个特别重要的观点，即家庭里的关系。比如父母和孩子之间的关系，甚至包括祖孙之间的关系等等比学校里的师生关系、同学关系更重要，家庭里互相之间的日常化的生活带来的刺激必定高于在学校和社会，会对一个孩子的习惯养成和性格形成产生更重要的影响。雷先生同时还认为，因家庭中有强烈的相互作用，及父兄常用严格手段矫正子弟之行为，这是其他团体所不及之处。与学校教育相比而言，家庭教育具有很强的个性化特点。因为父母面对的是一个两个甚至五六个孩子，而老师面对的是一个班级甚至一个学校的孩子。个性化的教育对孩子的影响会更具体、更直接，也更有针对性。正因为如此，一个孩子健康成长，需要学校教育，更需要家庭教育。作为一个教师，有效指导家庭教育，充分认识家庭教育的重要性就显得尤为重要。

一、习近平同志关于家庭教育的论述

作为新一届的领导人，相比历届领导人，习近平同志谈论家庭问题最多，对家庭问题的论述最多。以习近平同志为核心的这一届党中央，对家庭教育高度重视。

习近平同志的家庭教育思想可以归结为几个重要方面。

1. 从国家治理现代化的高度阐述了家庭教育的重要意义

习近平同志明确指出，要使千千万万个家庭成为国家发展、民族进步、社会和谐的重要基点。国家发展、民族进步、社会和谐是中国共产党的执政目标，也是中国梦的重要方向和目标。把家庭作为中国共产党治国理政的重要基点，这在以往历届党中央、历届国家领导集体中都是从来没有过的。

我们可以从中国共产党60多年的执政历史的视角来分析。新中国成立初期，第一代领导人毛泽东治国理政的重点在政治层面。毛泽东格外重视阶级斗争和路线斗争，强调的是政治治国。实际上，毛泽东主席基于一种社会现实，就是第一代领导人执政时期，是中国共产党刚刚获得政权的时期，巩固政权是执政者的重要任务。改革开放之后，第二代领导人邓小平是从经济视角出发进行治国理政，把党的工作重心转移到社会主义现代化建设（尤其是经济建设）上来，他治国理政的基点是改革开放，发展生产力。经过“文化大革命”，中国的社会发展，特别是经济发展处于一种低谷的状态，发展经济成为中国共产党带领中国持续发展的最根本的任务，所以发展生产力就成

了第二代领导人治国理政的重要基点。十八大以来以习近平同志为核心的党中央，强调价值观建设，注重文化传统的传承，高度重视家庭，实际上表明这一代领导人治国理政的基点是社会建设和文化价值建设。习近平同志曾经说：文化价值的传承是聚气凝神，强基固本。经过长期的改革开放，一方面市场经济高度发展，另外一方面市场经济的价值观影响了全社会。改革开放期间，西方思想快速侵入，传统的价值、社会主义核心价值建设在整个社会面临着急迫需要。此时把社会建设和文化建设作为治国理政的基点，关乎新时代中国特色社会主义事业的发展，关乎中国社会的长治久安。而家庭恰恰是这一建设的基础，是以习近平同志为核心的党中央治国理政体系当中不可缺少的一部分，也是习近平新时代中国特色社会主义思想的重要组成部分，是完善和发展中国特色社会主义制度的重要举措。

作为一名教师，我们需要从国家治理，从党的事业，从社会持续发展这样的高度来重视家庭建设，重视对家庭教育的指导。

2. 指明了中国特色家庭建设的方向

习近平同志关于家庭建设的第二个重要思想是指明了中国特色家庭建设的方向，即要形成爱国爱家、相亲相爱、向上向善、共建共享的社会主义家庭文明新风尚。十六个字，四个部分，对于我们国家当前家庭建设具有重要的指导性。

首先是爱国爱家。习近平同志明确指出，要把实现中国梦融入民族梦之中。这实际上为中国特色社会主义家庭建设指明了政治方向。从中华民族文化来讲，我们国家多少年来一直秉承着一个重要的传统，就是家国同构。全世界所有的语言当中，国这个词的词根都是城或邦，唯有汉语，家国一体，“国家”这个词的词根是家，中国人把国叫作国家。在中国的文化当中，自己、家和国三位一体，家是自己的、个人的依托和归属，同时家又是国之本。中国人讲修身齐家治国平天下，无论是在文化传统还是在社会结构当中，己、家、国是一个体系，家国同构一直是中国人的传统观念，也是中国家庭建设的一个根本方向。

所以习近平同志明确指出，中国特色社会主义的家庭建设，第一位、第一个重要的标准就是要爱国爱家。

其次是相亲相爱。这实际上为我们国家的家庭建设指明了情感发展的方向和目标。我们常常会说，家是一个人情感的港湾，但是在很长的历史阶段，特别是新中国成立以后，我们比较强调政治，在历次政治运动中会强调大义灭亲，很少公开明确地提出相亲相爱。相亲相爱源于家庭本身的功能，家庭本身具有情感舒放和情感延续的功能。家庭情感建设需要爱的教育。大家都知道，经常会有一些习近平同志家庭温馨的照片在社会上流传，比如说他用轮椅推着爸爸行走，和妈妈手牵手地在公园散步，还有他和夫人彭丽媛出国访问时在公众面前那种互相之间的关爱和照顾，都是家庭相亲相爱的典范。以习近平同志为核心的这一代党中央领导，高度重视家庭的情感建设，这也是改革开放以后我国家庭建设的一个重点和方向。

再次是向上向善。这为我们当前中国社会主义特色家庭树立了道德建设的标准。向上其实是要立志向，习近平同志多次讲过，跟青年说，人生要有志向，要把自己的发展和国家民族联系在一起。他曾经跟少先队员们说，把自己和国家民族连在一起的那个志向，是发展的根基，是人生的脊梁。第二个讲向善，其实是讲道德标准。习近平同志在谈到新时期四有教师的时候，其中也特别强调“仁爱之心”。其实善包括两部分内容：第一部分是“仁爱”的价值观，这是中华传统文化的核心部分；第二部分是“善”的行为模式，我们中国人讲“行善”“善行”，在这个方面要知行合一，所以中国的家庭要特别重视道德的建设。

最后是共建共享。以前我们国家的家庭教育从职能分工上是群团组织当中的妇联负责，近几年来，家庭教育在全党、全国各方面工作中的地位不断提高。现在基本上形成了共建共享的建设运行机制。在党的层面，宣传部、文明办负有重要责任；在群团组织层面，妇联、共青团、工会等都在发挥自己特有的优势；在政府层面，教育部门、民政部门及其他相关部门，都在负起主导的责任和任务；还有一个重要的层面就是社会组织，它们具有社会资源和专业技能方面的优势。总的来看，社会整体在共同推动家庭建设，凸显了家庭建设在国家当前治理中的重要地位。

在这个机制当中，学校和教师处于重要地位，具有关键性的作用。教师作为职业教育工作者，是我们国家家庭建设的一支最重要的力量。

3. 明确了家庭建设的重点

习近平同志在多次讲话中都明确提出要注重家庭，注重家教，注重家风。我们可以从下面三点来理解这样一个指示精神。

习近平同志明确地说，无论时代如何变化，无论经济社会如何发展，家庭的生活依托都不可替代，家庭的社会功能都不可替代，家庭的文明作用都不可替代。这三个不可替代，既指明了家庭建设的重要性，也明确了家庭建设的重点。从学校教育视角来看家庭教育，每个老师都应该特别明白和把握几个关键点。

（1）家庭教育是人类的一种教育实践活动，它和学校教育、社会教育共同构成了对孩子社会化影响的最重要的途径和元素。

（2）家风是社会风气的重要组成部分，也是社会风气的基础。一个社会的风气要从家风建设抓起。

（3）家庭建设的重点是家风的建设，而家风建设的基础是家庭教育。所以在家庭整个建设过程中，家庭教育占有特别重要的位置。习近平同志实际上第一次讲家庭建设和家庭教育，不是在妇联的会上，也不是在文明办的会上，而是在中纪委的会上。所以，今天我们教师关注、指导家庭教育，直接进入家庭教育领域，是因为我们党和国家把家庭建设、家庭教育放在了整个国家的社会建设的宏观进程当中，家庭、家教、家风都被赋予了更大的意义和更大的责任，它必然是学校教育和教师必须高度重视的重要的领域和工作内容。

4. 明确了家庭教育的根本任务是立德树人

习近平同志明确指出，家庭教育是品德教育，是如何做人的教育，其实说的就是立德树人。他说，家长要重言传，重身教，教知识，育品德。

立德树人是习近平同志最重要的教育思想，他在不同的场合，多次反复地强调，不同教育领域的教育，其根本任务都是立德树人。在基础教育方面，他明确指出，要落实立德树人根本任务，促进广大青少年德智体美全面发展，扣好人生第一个扣子。习近平同志在视察小学时讲到社会主义价值观培育，明确地说要让孩子扣好人生第一个扣子。我理解这句话有两层意思：第一，对一个人来讲，基础教育阶段是扣人生第一个扣子的阶段。第二，对一个人的发展来讲，道德是人生最重要的第一颗扣子。第一颗扣子扣好了，后面就顺利了。

立德树人，在基础教育阶段要发挥少先队的作用。过去我们强调少先队教育的相对政治属性，因为少先队是党创立的儿童组织。我们很长时间内把少先队的根本任务定位为思想意识教育和爱党爱社会主义教育。在党中央批准的少先队改革方案当中，明确少先队的根本任务是立德树人。在高等教育方面，也要加强立德树人。在中央召开的高等教育思想政治工作会议上，习近平同志发表了长篇讲话，他明确指出，要坚持把立德树人作为中心环节，把思想政治工作贯穿教育教学全过程，实现全过程育人，全方位育人。

综观习近平同志关于教育的思想，可以看出在家庭教育、基础教育、高等教育、社会教育和组织教育等方方面面，一贯强调的就是立德树人。

所以，作为一名教师，我们所从事的学校教育和家庭教育高度一致，就是要把立德树人作为根本任务。

5. 强调家庭教育在少年儿童成长过程中的重要作用

习近平同志明确指出家庭是孩子的第一个课堂，父母是孩子的第一位老师。课堂和老师都是学校教育的术语，在学校教育进入儿童生活之前对儿童影响最大的是家庭。这种表述也清楚地把家庭教育和学校教育之间做了紧密的联系。

另外，习近平同志明确提出要弘扬中华民族的家庭美德，提出了“四个促进”的要求。这“四个促进”中，聚焦重点人群，就是下一代和老年人；同时明确家庭建设的重点内容，是情感教育，是相亲相爱，明确了最终的目标就是家庭和睦。这为我们国家当前家庭教育的整体发展方向，做了清楚的指示，同时也特别凸显了家庭教育在整个家庭建设当中的重要地位和作用。基于家庭教育的这种重要作用，习近平同志还对家长提出了明确的要求，要给孩子做榜样，明确指出要用正确思想、正确行动、正确方法来教育引导孩子。这里首先强调了正确思想，实际上是要树立正确的家庭建设观、正确的儿童观和正确的教育观。另外还讲了正确行动。这里的行动，核心是态度，即怎么样去对待孩子，怎么样去认识孩子，用什么样的角度来看父母和孩子之间的亲子关系，用什么样的一种基本态度来建构家庭关系。最后就是方

法。新的形势，新的任务，方法同样非常重要。

学习习近平同志关于家庭建设的重要思想，有这样三个要点要把握，第一，要充分认识到家庭建设、家庭教育已经成为以习近平同志为核心的党中央治国理政的重要基点。第二，认真学习、领会、落实习近平同志提出的家庭建设十六字方针，即爱国爱家、相亲相爱、向上向善、共建共享，这是中国特色社会主义家庭建设的方针和目标。第三，理解我们国家所有教育（包括家庭教育在内）的核心任务是立德树人。立德树人的思想和观念，实际上是习近平教育思想的重要组成部分。当然还有其他的一些角度，但是这三个观点，希望广大教师在指导家庭教育当中牢牢把握。

二、教育部关于加强家庭教育工作的精神

学校对一个孩子成长具有重要意义，但更基础的作用在于家庭。学校到底怎么样来介入家庭？老师不是家长，那在这个过程中该做什么？一个老师，辅导家庭教育，必然面临众多疑问及需要怎么破解等一系列问题。教育部颁发的《关于加强家庭教育工作的指导意见》（以下简称“教育部文件”）给我们确立了基本的原则和方向。很长时间内，教育部门是不直接负责家庭教育的，党和国家并没有赋予教育部门和学校、老师直接进行家庭教育指导的责任。但随着社会的发展，越来越多的人认识到，学校教育对家庭和家长的影响力是其他系统不能比拟的，所以学校指导家庭教育就成为很多专家和社会的呼声。从社会结构上来讲，学校是人类专门为教育而设的独立机构，它存在的功能就是教育，所以理应在更大范畴的教育当中发挥作用，特别是在家庭教育中的作用。

教育部文件是我国家庭教育重要的指导性文件，包含以下几个非常重要的思想。

1. 明确家庭教育是家长的法定责任

“家长”这个角色很有意思，实际上除普通公民之外，法律并没有赋予这个角色特别的法律责任。与其他角色不一样，如教师需要按照《中华人民共和国教师法》来履行自己的职责，当违背教师法等相关法规的时候，就会受到法律的问责，甚至制裁。而作为一个家长，实际真正能够去制约他的，

只是对公民的一些基本法律，他不受专门的法规的制约。目前法律只规定了家长有监护的责任，但很长时间内如果他监护责任履行得不好，现行法规体系中还没有完善而具体的处置规定。因此，明确家庭教育是家长的法定责任，首先基于党和国家对教育的要求，即全面发展的要求，是对家庭教育的现状的一种回应。实际上这一条更多的是“宣示”的意义，即宣传和明示，并没有更具体的法律处置的程序和规则。但是，明确“家庭教育是家长的法定责任”对学校、老师，对家长，对社会是一个非常明确的提醒。随着我们国家法制的发展，在这方面会逐渐完善起来，例如有关部门就已经开始起草家庭教育法。

2. 在家庭教育方面对家长提出要求

教育部文件在家庭教育方面对家长提出了明确的要求，这些要求特别重要，是我们教师在辅导家庭教育当中必须清楚地予以把握的。

（1）明确家长在家庭教育当中是主体。家长是主体，不能期望外界的力量替代家长的地位。

（2）家长必须依法履行家庭教育的职责。关于家庭教育具体的法规目前还没有更多，有一些省份已经开始制定家庭教育条例，但是总的来讲，家庭教育立法还没有形成体系。目前在家庭教育当中，制约家长行为的主要有三部重要法律：《中华人民共和国未成年人保护法》《中华人民共和国预防未成年人犯罪法》和《中华人民共和国反家庭暴力法》。

（3）强调家庭教育必须遵循少年儿童成长规律。这一点家长和教师的工作是相通的，孩子身上有时代特点，还有他自己的个性特点，必须研究孩子，按照规律办事。

（4）家长要不断提高自身素质，提高家庭教育水平。这一思想为发挥学校在家庭教育当中的重要作用指明了方向，关乎学校老师指导家庭教育的主要措施。

这四个方面的内容非常重要，明确了强化学校对家庭教育指导的意义和方向，指出了家庭教育是学校的职责所在，指出了每一个学生的家庭建设是每一个老师的职责所在。

3. 丰富学校指导家庭服务的内容和形式

在教育部文件当中用了“家庭服务”这个概念，过去学校老师对家庭教育其实不是一点不管，但主要是开一个家长会公布成绩，说说问题，其实都是基于家长配合老师、家庭配合学校。现在的概念是所有家庭教育遇到的问题，学校都要予以指导，比如亲子关系、家庭里的情感氛围，等等，都是学校指导服务的内容。

教育部文件特别提出要发挥好家长委员会的作用。现在很多学校都成立了家长委员会，所以大都非常重视这样的一个机构。家长委员会的定位是什么呢？一方面是一个充分反映家长意见，推动家长对学校民主管理的平台；另外一方面，还应该是一个促进学校有序联系家长、指导家长的平台，而不能像现在不少学校的家长委员会那样，链接一些社会资源服务学校教育。充分发挥家长委员会的作用，要特别注意对组成这个机构的家长的选择，选择什么样的家长来组成这个委员会，将直接关系其运行和作用的发挥。有三个非常重要的标准要把握：①这个人选必须拥有正确的价值观，懂政治。作为一个党领导下的学校，我们要充分发挥家长的民主力量，又必须把握好家长的情绪。这里这个核心代表人物就很重要。②这个人选一定要有公益之心，他愿意为大家服务。③这个人要有一定的社会活动能力，他才能整合社会力量，团结好家长，同时能够发挥好桥梁和纽带的作用。

教育部文件还明确要求学校，共同办好家长学校。现在每个学校都办有自己的家长学校，但是很多家长学校只是简单授课，但实际上真正的好家长绝不是听课听来的。换句话说，好家长不是学来的，一定是习得的，他要有实践。所谓“共同”，就是要有家长的参与，发挥“家长成长小组”等模式的功能，让家长成为实践者。而学校老师，包括邀请的专家则成为学校的指导者。通过这种实践过程来提升家庭教育的质量水平。例如，三年级六个班里有八个孩子有明显的暴力倾向，一般的教育可能就不会奏效，他们需要一些相对专业性的指导，就可以在三年级的家长学校中，把这八个孩子和其家长成立一个小组，请学校里在儿童心理学和儿童社会服务方面具有专业技能的老师组成一个辅导小组，给这八个孩子和其家长制订出一个矫治方案。在老师的指导下，八个家庭按照这个方案进行实践。同时在这个过程中他们不断

交流、讨论，提出问题，解决问题。经过一个学期，两个月或者三个月，八个孩子一定会有不同程度的改善和提高。这是当前家庭教育很需要的东西。

可能不少老师都有这种体会：过去老师对本班里的学生的影响是显见的，教育是能见到明显成效的；现在老师一定会经常感觉到，对有些孩子的问题老师往往无能为力，其实那背后就是他的家庭出了问题或者家长出了问题。因此，充分利用家长委员会，充分利用家长学校是学校老师干预指导服务家庭教育的重要手段。

4. 推动社会支持家庭教育

在推动社会支持家庭教育问题上，教育部文件当中提了三条，也是我们学校需要做的。

第一，构建家庭教育社区支持体系。这就意味着学校在所在社区负有整合力量推动家庭教育的主导责任。学校不仅要对自己学生的家庭做指导和干预，同时还要成为所在社区里家庭建设的核心力量。在所在的社区推动成立一个由社区党组织和行政、学校，以及社区其他的相关组织组成的领导性质的机构，如社区家庭建设指导中心或者委员会，它实际上是一个社区支持型的、协调性的，以家庭建设、家庭教育为目标的机构。

第二，统筹协调社会各类资源单位。学校还需要牵头在所在社区成立一个家庭建设、家庭教育服务和协调的机构，把辖区里的企事业单位、博物馆等文化机构、少年宫等校外教育机构、其他各类社会组织等都整合到这个机构中来，把所有社会力量充分整合到这样的一个机构当中，以协调推动本地区的家庭建设。

第三，要关注特别困难的儿童，如城市低保家庭儿童、流动儿童、农村留守儿童，等等。

三、《关于指导推进家庭教育的五年规划（2016—2020年）》的重要思想

2016年，全国妇联联合教育部、中央文明办、民政部、文化部、国家卫生和计划生育委员会、国家新闻出版广电总局、中国科协、中国关心下一代工作委员会共同印发了《关于指导推进家庭教育的五年规划（2016-2020

年）》（下面简称《规划》），明确提出了我国家庭教育建设的总体要求和重点任务。《规划》作为新时代我国家庭教育工作重要的行动指南，里面的一些重要思想需要我们认真分析学习。

第一，《规划》明确提出了“五个坚持”的基本原则，即坚持立德树人，坚持需求导向，坚持家长尽责，坚持政府主导和坚持创新发展，这为我国家庭教育的发展指明了发展的方向。其中有一条原则——“坚持需求导向”，值得我们高度重视。何为“坚持需求导向”？以“谁”的需求为导向？《规划》中指出，“要始终把家长和儿童的需求作为家庭教育工作的出发点和落脚点，注重解决家庭教育中的突出问题”。这里面蕴含着一个重要的思想，即以“儿童为本”。过去，我国的家庭教育往往以家庭为本位，强调家庭的社会功能，以此开展的家庭教育是一种“社会为本”的思路。《规划》中提出“以家长和儿童的需求为导向”，体现的则是“以人为本”，强调家庭的功能在于保护人、发展人。因此，家庭教育的根本目标就是为了促进孩子的健康成长，形成良好的亲子关系和家庭氛围，这是我国家庭教育一个很重要的转变。

第二，《规划》指出，要发挥家庭在国家发展、民族进步、社会和谐方面的基础作用。家庭在我国有着悠久的发展历程，承担着维系社会稳定的重要功能，因而很多社会学家认为我国是“家本位”的社会。“家庭”是我国社会的基本单位，而不是西方普遍意义上的“个人”。就家庭内部而言，孩子的成长、良好关系的建立、和谐氛围的营造是家庭建设的重要内容，也是家庭发挥“保护人、发展人”的重要前提。就家庭外部而言，既然家庭是社会的基本单位，那么家庭的稳定与否自然成为影响社会和谐、国家发展的重要因素。因而，要维护家庭的和谐，实现家庭的社会功能，这就需要家庭教育来实现，这也是我国家庭建设的重点。

第三，几个特别突出的建设的重点。一是提高水平，提高质量，加快家庭教育法制化、专业化、网络化、社会化建设。二是着重解决突出问题。当前中国的家庭突出问题：①发展目标问题，即对孩子期望问题。②亲子关系问题。③家庭内部问题，比如夫妻关系、婚姻状态对孩子的影响。这些都是我们可能经常遇到的，也是老师在指导孩子发展的实践当中，涉及家庭问题中会碰到的最主要的问题，需要着力去研究和解决的问题。三是要加快完善家庭教育指导服务体系。在西方的语境中，很少讲家庭教育这个概念，他们更多讲的是家庭服务。家庭服务实际上是一个比家庭教育更广泛的概念，它是国家社会福利制度的一个组成部分，国家要给家庭建设和家庭发展提供福利保障。国家和社会不光具体服务指导家庭怎么教育孩子，而是从夫妻打算生孩子开始就介入了。生孩子之前，准父母要去学校，接受国家提供免费的教育，包括育儿辅导、亲子教育等。就儿童福利的内容而言，包括两部分：一部分是物质给予，一部分是服务递送。对儿童来讲，服务递送比物质给予有的时候显得更重要。因此，家庭服务应纳入到儿童综合福利服务的大体系当中，进一步强调政府的责任，强调专业服务，为儿童健康成长搭建起制度化的平台。在这个过程中，学校和教师都负有重要的责任。

这一节主要谈了从党中央到各个相关部门对家庭教育的一些基本思想，这是学校以及教师指导家庭教育的基本依据。特别是习近平同志关于家庭建设的重要思想和指示具有丰富的内涵，需要我们认真学习，认真理解，认真思考；同时在实践过程当中不断地丰富这些指导性的精神和思想，在这些思想的指导下发挥学校在家庭建设和教育当中的重要作用，发挥教师在家庭建设、家庭教育当中的骨干作用，推动我们国家的家庭建设良性发展，推动更多的孩子健康成长。

家庭建设和家庭教育是党和国家的大事，也是全社会的大事。而且随着社会的变迁和发展，家庭教育面临的问题越来越突出，把这件事办好，不仅需要党和政府的高度重视，需要全社会各个方面，特别是每一个家庭不断实践创新，更需要有专业的力量进行持续的研究和实践的指导。学校作为专门的教育机构，教师作为专业的教育工作者，理应承担起这一重任，在家庭建设、家庭教育中做出更大的贡献。

第二节　家庭教育的概念和性质

赋予学校及教师家庭教育指导的职责，这对很多教师来讲，完全是一个新课题。

一个教师，你怎么介入学生的家庭？介入他的家庭教育？我们以亲子冲突来举例，台湾的一个中学教师蔡淑娟，她遇到了一个学生家庭的亲子冲突的问题。她认为教师应该扮演的角色是取得学生和家长双方的信任，然后站在中立和客观的立场上去协调双方的冲突。这实际上是教师在处理或者介入一个学生家庭的亲子冲突的时候把握什么样的角色的问题，这是个根本性的原则性的问题。这其中需要教师把握两个很关键的东西：一个叫中立，另一个叫客观。怎么来落实这两个原则呢？她提了几个具体的方法，比如说首先得倾听，积极认真地听双方在冲突当中的感受，然后要分析，她用了一个词叫“澄清”，就是你认真听他们讲了以后，弄明白双方引发冲突事件的目标，他们的矛盾点在哪里。把问题弄清楚了以后，在引导双方以角色互换的立场，思考动机和需求。她介入的手段，第一个就叫作角色互换，比如引导父亲去想想儿子，引导儿子去想想父亲，站到对方那个角色上去想。第二个很重要的就是用角色扮演的方式来模拟，帮助双方以正向的态度进行沟通。角色扮演具体还是要回到家庭日常生活当中的问题上，让父亲来扮演儿子，儿子扮演父亲，然后再进行沟通。这个过程中教师一直在充当一种辅导和协调的角色，最后共同来制订大家可以接受、可以实现的一个计划。

我们可以从这个过程中看出：在一个家庭中当亲子发生剧烈冲突的时候，需要一个外力的介入，而教师对于家庭教育的引导，特别是一些自身难以解决问题的家庭具有特别重要的作用。而要很好地发挥这种作用，就对教师的素质提出了更高的要求。如果说过去一个合格的教师，你懂学校教育，你懂孩子的特点，你掌握这门学科的基本知识，你会管理一个班级，那就是一个好教师。那么今天，你必须懂家庭教育，你必须知道家庭教育对一个人，特别是对一个孩子的根本作用。

这一节我们对家庭教育做一个全面的认识和解读。

一、什么是家庭教育?

实际上很多教师基本上没怎么读过关于家庭教育的书籍，因此在指导家庭教育的时候往往是感性的。其实家庭教育是三大教育构成的整个教育体系中的一个很重要的组成部分。

1. 什么是家庭

我们国家从1980年之后，在高等院校中，特别是师范院校中就倡导开设家庭教育课。家庭教育其实是一门学科，那么什么是家庭？一般的意义上，我们有这么几个理解：父母子女形成的团体，我们称为家庭，那就意味着家庭首先是一个团体，团体是一个很重要的社会结构。在这个团体中，第二个重要的概念就是关系。家庭是由婚姻、血缘或收养关系所组成的社会生活的基本单位。我们常常会说家庭是社会最小的细胞，这其实具有多重含义。首先是家庭中的关系，它跟一般比如政党，比如行政上的小组、车间、村子中存在的关系都不一样。这主要是基于关系形成的机制存在差异，家庭中的关系是通过婚姻、血缘或者收养而形成。另外，它作为一个基本单位，其主要内容是社会生活的基本单位。家庭，不像生产队是农业生产的基本单位，也不像工厂是工业化生产的基本单位。

有专家学者提出，如果从团体的角度来说，家庭是由亲属关系成立的团体，它有三个重要的条件：①亲属的结合。我们常常会说家庭关系是最基础、最亲密的关系，而且家庭关系情感性因素很多。②它有跨度，它不像我们的班级关系，班里的孩子年龄都一样，它由两代或者两代以上的亲属通过血缘形成代际相传的关系。③它有比较长久的共同生活。从这样的几个概念出发，我们可以比较充分地理解家庭大致的社会属性了。

基于以上的概念界定，我们可以从三个角度去理解和分析家庭：①家庭是男女两性以婚姻关系为基础，并以血缘关系或收养关系而形成的社会组织，其中婚姻是最为基本的关系。②家庭是个体和社会沟通的桥梁和纽带。

作为一个个体，从他来到人世间，他跟社会最早产生联系的就是家。我们通常会用“场域理论”来阐述这种状况。小孩在他幼年阶段是以家为场域，他长大成人，他的主要生活场域变为社会。青少年时期，理论上来讲，他既没有脱离开家，也没有进入社会，而是在这二者之间。“家”实际上是一个人从生下来什么都不懂的婴孩到以成人身份进入社会的桥梁和纽带。③每个人都是由家庭走向社会，并开启社会化进程的，所以家庭对人、对社会这两个元素都具有重要的意义。

什么是家庭教育？我们有一些专家学者对它进行了描述，比如：有人认为家庭教育是父母或其他年长者在家庭内自觉地有层次地对子女进行的教育。这种论述很值得我们讨论，他提到了两个界定“自觉”和“有层次”。所谓有层次，其实是有一定规律的，但是它又是自觉的。所以家庭教育是按照社会对家庭的要求，具有客观性的特点。需要指出的是，与学校教育、社会教育相比，家庭教育对家长的主观性要求更高一些，这就对家长的综合素质提出了新的要求。

2. 家庭的功能

从人的社会化角度来看，家庭有几个重要的功能：①生育子女，并使之社会化，教育和抚养儿童让他去适应社会。特别需要提醒家长的是，我们现在家长的思想中存在很多误区，认为家庭教育可以替代学校教育，忽略了家庭教育的生育抚养功能。家庭跟学校是有区别的，学校的功能主要是教育，家庭还有生育、抚养的功能。②经济合作的功能。过去的家庭，特别是在自给自足的自然经济时期，家庭经济合作的功能更多表现在生产上，到现代已经演变为消费了，特别是儿童消费是家庭消费的重要组成部分。③赋予个人社会地位和社会角色。这个事可以追溯到远古，酋长的儿子和奴隶的儿子肯定是不一样的。今天我们所说的富二代、贫二代、星二代等，它确实会对孩子的认知发展产生影响。我们曾经长期在北京做打工子弟的服务，有一次跟一帮打工子弟聊天，问他们：你们长大了想做什么工作？答案令人很震惊，大多数孩子都说，长大了想当城管……有人把这个群体称呼为“贩二代”。他是基于他的个人生活经历，认为城管是最有权力的，将来做个城管很威风。可以看出，基于原始家庭形成的社会地位、社会角色认知会对人的成长产生很大的影响。④能够提供个人的亲密关系支持。家庭是最基本的人际关系网络，所以家庭有情感和陪伴的重要功能，而近些年家庭的这些功能正在逐渐弱化，这正是习近平总书记强调的“要相亲相爱”的重要意义所在。⑤文化传递。家庭是价值观隐蔽的灌输和传递渠道。比如，当我们回顾自己的成长经历时，其中很多基础的社会性的规则意识和道德观念，就来源于原生家庭，包括父母怎么样对待别人，这实际上是一种重要的文化传输。有人曾经问我：你七十多岁，整天“家国情怀挂在嘴边”，你的事业心为什么这么强？回顾我自己的成长，我父亲是一个广播战线上的老工程技术人员。最开始是做录音工作，包括开国大典的一些录音工作，他都参与过。他当时所在的单位是广电局，是中央人民广播电台中央控制室的总领班。我童年时期从来没跟他一起吃过一次晚饭，这是因为每天晚上八点的《全国各地人民广播电台联播》，他每天一定会在联播结束以后才回家吃饭。去世前他说的最后一句话是“广播要开始了”。我想这种东西应该是一种社会价值观，而它的传递则是潜移默化的。父亲从来没跟我说过人要有什么事业，但是这种通过言行表现出来的社会价值观，会潜移默化到我的心中，这是一种很深层次的传递。⑥休闲娱乐。

3. 家庭教育的概念界定

家庭教育是人类的一种教育实践，是在家庭互动过程中，父母对子女的成长发展所产生的教育影响。我们常常会说教师这个职业，它跟工人不一样。工人生产一个杯子，拿出来就是成品，做成什么样就是什么样。教师则不然。你不能马上就出成品，你教他教到五年级是一个样子，等到他成人则又是一个样子。所以，教师这个职业，其工作对象、工作成效具有延迟性的特点。家庭教育其实也一样，你面对的是一个有活性的物体，具有主观性和能动性，所以家庭教育强调互动。在家庭场域中，家庭成员之间的教育是具有互动实践性的，其中是以父母对子女的教育为主，可以是直接的、间接的，也可以是显性的、隐性的，可以是有意的，也可以是无意的。所谓互动实践性，即不光是父母教育子女，还有子女教育父母，这并不是指我怎么教育你，告诉你什么，而是渗透在整个家庭当中的。根据这样的一个论述，我们把家庭教育做一个基本的界定。首先，我们一定要明白，家庭教育是人类

的一种教育实践活动，它与学校教育具有同样的社会定位，只是功能分工有所不同，但是在重要性上处于一样的地位。

目前在社会上家庭教育有两种概念：一种是狭义的家庭教育概念，主要指家庭里的长者（主要是父母）对孩子实施的教育和影响。这种观念，在我们很多家长中，甚至很多搞家庭教育的人中，都有认同，认为家庭教育就是父母怎么教育孩子。另一种是广义的家庭教育概念，是指渗透在全部家庭生活当中，来自家庭的人和物，对孩子直接或间接、有意或无意、积极或消极的影响，以及包括儿童在内的所有人和物的互动，都叫家庭教育。而事实上，从习近平同志开始一直到我们教育部门的文件和妇联的规划，所谈及的家庭教育都是广义的家庭教育。有一个很有意思的案例：一个高中举办家庭教育讲座，这个高中在当地比较有名气，是个名校。讲座间歇时一个高一学生的家长愁容满面地找到主讲人，说她的女儿自从上了这个学校以后嘴角就开始抽搐，而且是天天抽，这个母亲为此非常焦虑，一再说孩子嘴角变成这样可怎么办呀，将来怎么嫁人啊，她向专家请教具体方法。专家建议她每个礼拜都抽出一天，带着女儿去“玩”，可以去看画展或去参加一个时装展览，还可以去看一场话剧，每个礼拜都找一天带女儿去放松身心。她当即就反对，说现在学习这么紧张，如果这么做，学业跟不上自己就更着急了。专家给方法了，也告诉怎么办，怎么面对这个问题了，解决不了，是因为观念上有问题。这个家长一开始就给孩子那么大的压力，孩子换了一个竞争激烈的环境，这跟她自己原来的那个环境会产生落差，她需要在这个新团体当中重新找到自己的位置，对她来说是一个很复杂的问题，而家长则只是将学习成绩放在第一位，她考试考不好妈妈就急，就不断施加压力。而且，这个母亲的介入方式很糟糕，用“将来怎么嫁人啊”这种表述吓唬她。事态这样发展，她将来可能不光是嘴角抽，弄不好还会出现更严重的精神疾患。

这个例子说明什么呢？其实更多时候家庭教育并不是简单的你怎么教育的问题。如果不改变家长根本的素质、观念，以及家庭教育氛围等一些根本的东西，科学的方法是不可能实施的。

基础性的家庭教育观念很重要，看似对孩子有意无意的，甚至是间接的影响，将会直接影响最终的教育效果。所以，应首先明确到底什么叫家庭教育。

二、理解学校教育、社会教育和家庭教育的定位

学校教育、社会教育、家庭教育是一个孩子成长过程中主要的三大教育，是一个人从自然人变成社会人，从什么都不懂的孩子变成一个懂社会规则、会处理社会关系、会扮演社会角色的成年人的过程中最主要的三大环境教育。这三个部分对孩子影响各自是什么？分工又是什么？我们先从学校教育说起。

1. 学校教育的基本定位

①学校是人类专门为教育而设置的机构，没有教育就不存在学校，所以教育是学校的根本任务和基本形式。相比而言，家则不然，教育不是家的主要存在形式。②学校是干什么的？学校的主要作用是知识传授，在它的整个教育内容当中，文化知识传授是占第一位的。③它运用什么手段执行教育？主要是课堂教学。正因为如此，学校教育具有系统性、全面性、系列性和知识性等特点。我们据此可以得出一个结论：学校教育是不可替代的。

目前在家长当中对学校教育有两种误区：一种，很多家长认为学校教育可以包打天下，一切都能解决。这在以前的社会背景下很突出。过去在农村，经常会有农民拉着孩子的手交到老师手里，无限信任地说：这孩子以后就交给你了，你要打、要骂都随便，我就不管了。其实这是很大的误区。学校的功能主要是系统地传授知识，同时也进行思想教育，但是从它的主要实践看，它是人类积累的那些知识的传授平台。另一种，随着现代人生活水平的提高，特别是家长文化水平的提高，一些家长对学校认知有误区——不信任学校。曾经有报道说，现在我们国家有大约两万名家长不让孩了去上学，而选择自己教。当然提供个性化的教育，在某种意义上来讲也是一种趋势。但这种做法风险很大：①即便有些家长读了博士，也只是一门学科当中的专和尖，而跟职业化的教师比，其知识的全面性，特别是对教学法的掌握，显然是不足的。②孩子其实不仅需要知识，学校能够为其提供一个与同龄儿童互动的平台。选择家长自己教，孩子有可能上知天文，下知地理，但不知道中间，不懂人伦，不知道如何与他人相处，这就意味着长大以后有些职业他

做不了，因为他是在一个很小的空间里成长起来的。所以引导家长正确认识学校教育，是教师的重要任务。

2. 社会教育的定位

第一，社会教育具有多元化的特点，它一方面包含有组织、有系统的正面教育，另一方面它一定还存在着复杂、多元的影响，二者相互渗透，不可分割。不少年轻的父母经常会对孩子说的话震惊，想不明白，孩子是从什么途径学会、弄懂的。

曾经碰到过这样一个案例，非常有意思。那是一次给浙江的辅导员上课，等我回北京后，其中有一个妈妈哭笑不得地说，儿子三岁半，前两天从幼儿园回来说："妈，你给我写封情书吧！"妈妈就问他写给谁，他说是写给班里最漂亮的女同学，后来问写什么内容，孩子说写两条：第一条告诉她，我爱她；第二条写上，我让我爸给她买房。一个三岁半的孩子对于社会上一些内在发展中潜在的东西有这样的感悟，他从哪获得的这些信息呢？所以永远不能小看社会对孩子的影响。

第二，社会教育的影响是什么？最主要的就是社会价值、社会行为，包括观念、政治行为等。西方国家做过相关的儿童政治社会化理论分析。该研究表明，美国人是选择共和党还是民主党，决定的年龄是12岁，即他幼年参与社会生活中形成的影响，会直接影响他未来的政治取向。这是社会教育很重要的一个方面。

第三，社会教育的形式有哪些呢？排在第一位的应该是传媒。都说媒体中立，这实际上不可能。每一个媒体传播任何一个人和事，背后都有它自己的价值。第二位就是影响社会的事件和大众行为。比如说，明星离婚闹得沸沸扬扬，一个上初一的孩子他会没反应吗？他会不知道吗？但是我们教育系统从来没有很好地对他进行引导。在学校的环境中，讲的都是正统的教育内容。家长更不能跟他讲，也生怕孩子去关注、去询问，但是依据现在社会信息的传播速度，同学之间不关注、不讨论吗？对孩子影响最大的是直接的社会参与。社会中的大事件，每个个体都会以其独有的形式参与进来。在每年3月5日学雷锋日、12月5日国际志愿者日时，父母如果有意识地带着孩子去景点捡垃圾、做志愿者等，这样的孩子长大后有两种素养一定是跟别的孩子

有差异的：①环保意识；②公共服务意识。如果换一个形式，父母与自己的兄弟姐妹抢奶奶留下来的房子，争吵，打闹，甚至打官司，如果这孩子一直全程参与，这个孩子长大了也会有两个特点：①自私；②没亲情。幼年的社会性参与，会对一个孩子形成巨大的价值影响。这其中，家长有责任帮助孩子全面认识社会，尤其是父亲；而学校则有责任指导家庭，帮助孩子认识社会。

3. 家庭教育的定位

家庭教育在孩子影响度当中应该是排第一的。

（1）家庭教育的定位。家庭以抚育为主，包含抚养和教育。目前很多家长只讲教育不讲抚养，这是很错误的。首先要保障孩子健康快乐地成长，然后才是成才。

（2）家庭教育的内容。家庭教育的内容首先是价值观教育，即日常生活当中对于什么对、什么错、什么好、什么坏的一种认知。如果一个母亲喜欢贪小便宜，她会在生活的日常习惯当中都表达出来，也一定会影响她自己的孩子。其次是行为模式，人的行为方式会对周围人的生存状态产生很大影响。在日常生活中，会有各种各样的人，两个人走路不小心碰了一下，大多数人都会说“对不起”，这事也就随之过去了。但一定有那种人，会立刻爆粗：“你瞎眼了，你怎么回事？”这直接影响到一个人的社会生存状态，其实这种思维行为模式主要是幼年时父母处理问题的方式对他的影响，这种影响会伴随一个人的一生。

（3）心理和情感。一个不正常的家庭，比如父亲在外面包二奶、母亲天天跟奶奶吵架等，你无法指望这个家庭培养出一个阳光少年。

价值、行为和情感，是一个人一辈子生存的重要条件。所以家庭会直接影响一个人一生。我们经常可以发现：两个从小住一个院而后上同一个小学、中学，又在一个班，甚至是同桌，直到中学毕业的孩子，长大以后却有不同的人生道路。他们幼年的经历几乎差不多，但发展却完全不同。但过去一个家里生四五个孩子，老大要是读书很好，老二、老三、老四也会基本不错；如果老大犯了罪，老二、老三、老四也往往会出问题。这充分说明家庭对一个人一生的决定性作用。美国有一个专门的统计：两个家族一百多年，

一个家族出了包括议员、法官、医生、教授等很多有价值的人才，而另一个家庭出了很多妓女、杀人犯等。这说明真正影响一个孩子成长的，不是学校，不是社会，根本的影响在家庭。家庭教育不是简单的我怎么教育你，而是一个系统的建设，起码涉及这样几个认知：一是父母的素养，这个素养跟金钱无关，跟社会地位无关，甚至跟文化也无关，它是一个综合素养。二是家庭的氛围、家庭关系，家庭传承下来的家风和价值观等。三是父母对子女的态度。最后才是教育方法。所以，我们指导家庭教育绝不仅仅是指导方法，这也决定了家庭教育在某种意义上的复杂性和艰难性。

三、家庭教育的性质和特点

1. 家庭教育的性质

（1）家庭教育是终身教育，它不像正规的学前教育、小学教育、中学教育、高等教育等，它是不分阶段的。

（2）家庭教育是非正规教育，那就意味着它不受行政体制的制约。你是一个老师，同时也是一个家长，很多人认为做老师难，做家长容易。其实一定意义上，做老师容易，做家长难。如果做老师，首先需要考一个职业资格证，需要进行专门教育；其次，每一门课需要按照课标进行，课标是国家对这门课的法规性要求；再者需要有大纲，大纲是教学行为的一个基础依据；还要有教材、有教辅；最重要的，还有考核，如果不符合教师标准要求，做得不够好，学校可以停你的课，再做得不好，教育局可以开除你，取消你的教师资格。而家长呢，什么都没有。做家长之前没有受过训练，更没有拿过合格证书，也没有受过专门的教育，具体教育过程中也没有大纲指导，你的行为没有标准，因为你没学过规则。最重要的是，老师的教学行为是公共行为，教育体制是受行政制约的。家长不是，家庭教育是非正规教育，同时家庭教育是私人教育，也就是说，它是公权力很难干预的教育。当老师，要受公权力管辖，有教师法，老师违法要受处罚。但家长没有更多的行政制约，也很难有相关的法律予以管制。比如父母打孩子，把他打伤了，触犯刑法才能受到处罚，是犯了刑法，按照公民的角色来处罚，而没有专门针对家长的法律法规。当然现在有反家庭暴力法，情况好了一些，但仍然不

是很健全。

2. 家庭教育的特点和优势

正是由于家庭教育的性质和特点决定了它是一切教育的基础，家庭教育具有自己的特点。

第一，家庭教育的内容是全面的和丰富的。比如，老师一般只教一门课，只负责某一个方面的教育内容。但是，家长是个综合的教育家，从生理到心理都要管，要懂点文化知识，也得懂点社会知识，还得懂点医学知识，等等。因此，家庭教育的话题是全面且丰富的，它对家长的素质要求很高。

第二，家庭教育的针对性强，基本上是问题取向。很多家长提的问题全是“怎么办”，从“我这孩子才两岁多，他就爱打人”，一直到“我这孩子上初中了，她爱上她们班一男同学”，等等。从生理到心理到社会，涵盖面广泛，针对性强了，但是系统性可能就差。

第三，家庭教育是灵活的和随机的。对比家长和老师这两个角色，老师的教育意识很强，那是因为面对学生需要对他进行积极影响，学校教育会有完整、系统的概念，而家庭教育则渗透在日常生活里，所以欠缺系统性；另外，家庭教育是灵活的，可以随时随地地开展。这种灵活性和随机性让教育显得自然，也有可能让家长缺失教育意识，甚至施加了不良影响。

第四，家庭教育具有强烈的情绪感染性。情感在教育当中是一个很重要的因素。一般情况下，一个老师如果跟学生生气，往往不是真生气，目的是让学生认识到事情的严重性，要引起重视。家长则不一样，家长因为亲缘等多种关系，跟孩子动气往往是真气，这样就会因为父母的一个情绪影响了对孩子的正常教育。经常有这样的母亲，一把鼻涕一把泪地坐在那儿诉说：我怎样怎样。孩子则满脸漠然。这种滥用情感，乱倾诉，甚至情绪化，其实是教育的大忌。还有些家长，责怪或者打骂孩子，其实是一种情绪宣泄，全然不顾孩子的感受或想法。因此，能够巧妙地通过情绪感染来实施教育，不仅是技术，更重要的是家长自身的一种心理素养的把握。

第五，家庭教育具有特殊的权威性。父母对子女的权威性来源于代际。我们经常看到有些家长没招了，最后甩出一句话：“没为什么，就因为我是你爹。”这其实是一种没有理的表现。用家长的权威只可抵挡一阵。家长的

权威跟老师等其他的权威是不一样的。例如老师，你对孩子有权威，是因为教育行政的关系，你是老师，你是班级的管理者，学生要听你的。一旦这种行政关系终结了，你的权威性就没有了，他不一定听你的。很多孩子对老师含有情感，是因为你的非权力影响在发挥作用，包括你的人格、你的魅力、你的人际关系、你对他的态度等，所有这些都会对他有感染、有影响，进而让他产生敬佩感。这种学生和老师之间的亲近感跟权威是不一样的。家长不一样，家长说“我永远是你爹”，这就表明永远有这个代际关系存在，某种意义上，这个权威是一种由于血缘关系造成的固定性的权威。这种权威的特殊就在于这是永远不能消除的关系模式。但是，它一定会有两个因素随之而产生，且影响很大，一个是时代变迁，还有一个就是这种事实关系的改变源于生理，也将终结于生理。当父辈老了的时候，孩子会像你当年哄孩子一样哄着你，这是因为你的智力、能力等，在这个社会生活当中是不断下降的，而孩子则日渐强大起来。在某种意义上说，谁掌握话语权谁就掌握决定权，谁就是强力的权威的一方，这是随着成长和代际的变化而变化的，它也就比一般的师生关系中那种权威性具有更复杂的意义和更大的影响。

最后一个，家庭教育具有相对的稳定性。家庭教育是很丰富且很复杂的一个过程，不是一个方法就能解决的，它需要家长改变观念、改变意识，综合素质还要不断提升。所以，从家庭教育指导这个角度来看，如果我们选择了家庭教育指导这样一个事业的话，那我们就要做更多的准备、更充分的准备，因为家庭教育涉及家长的价值观、家长的认知行为模式、家长的情感情趣，也涉及家庭关系（包括父母、祖父母、外祖父母之间的复杂关系），只有这种合力，才能给孩子创造出一个好的家庭成长环境。而这种改变和建设确实非一日之功，所以在一定意义上说，家庭教育是一种学问，是需要终身学习的学问。我们每个老师都系统地学习过教育学、心理学，掌握了专业学科知识，但是家庭教育是一门新兴的、复杂的、多元的、需要有很深厚基础的学科，需要认真地终身学习。

第三节　家庭教育与家风建设

众所周知，习近平同志特别强调“家风”，他提出三个注重——注重家庭、注重家风、注重家教。

其实良好的家风是家庭教育的基础，很多为国家和民族做出贡献的人，从小都受到了良好家风的熏陶和影响。钱学森是我们国家著名的航天科学家，他被称为“中国航天之父”“导弹之父”“火箭之王”“中国自动化控制之父”等，他是一位卓有成就的科学家，是共和国的功臣。钱学森曾经回忆说：我的第一位老师是我父亲——钱均夫①。1935年8月，钱学森从上海准备到美国去求学，离别之际，他父亲从口袋里掏出一张纸，郑重地塞在儿子手里，然后就转身离去了。等到父亲的背影消失后，他打开那个纸条，上面赫然写着：“人，生当有品：如哲、如仁、如义、如智、如忠、如悌、如教！”这些仁、义、智、忠、悌、教等思想，正是中国传统的古代伦理价值的集中表达。然后，父亲又说“吾儿此次西行，非其夙志，当青春然而归，灿烂然而归”，意思是你虽然去美国但并不是你的一生就一定就留在那里。“青春然而归”，意指你应该在有充分精力的时候回来报效祖国；“灿烂然而归”，意指你应该在学得非常有成就的时候回来报效祖国。正如我们所知道的，钱学森当初回国是很艰难的，美国方面百般刁难，正是由于根植于内心的这份嘱托，钱学森力破众难才回到祖国。也正是这份嘱托，成就了钱学森一生的报国之路，也为中国培养了一个“两弹一星”事业的功臣人物。从这可以看出来，家庭的风气、家长的价值观，对一个孩子的影响是一生的。

①钱均夫（1880—1969），名家治，后以字行，祖籍浙江杭州；曾在民国政府教育部任职多年，后任浙江省教育厅厅长，1956年被国务院任命为中央文史馆馆员。

一、习近平同志论家风

1. 说的是小家，着眼的是大家

首先，我们回顾一下习近平同志提出的系列“家风”观点。党的十八大以来，习近平同志多次强调家风、家庭，他都是从国家、从共产党执政这些大的方面来谈家风的，其中包括家风和廉政、家风和党的建设、家风和社会风气建设、家风和国家发展的关系。2016年，他在十八届中纪委六次会议上强调，领导干部要把家风建设摆在重要位置，廉洁修身、廉洁齐家。在管好自己的同时，严格要求配偶、子女和身边工作人员。实际上，这是把家风的建设和党的建设、干部队伍建设紧密联系起来。而党的建设、干部队伍建设又是我们国家发展的基础和关键。所以在习近平同志的视野当中，家风不是小事，家风是治国的大事，是治党的大事。也正是基于此，在十八届六中全会审议的《关于新形势下党内政治生活的若干准则》和《中国共产党党内监督条例》中，都对领导干部家风提出了具体的要求。

2. 把家风建设提升到了制度的高度

可以明确的是，在党的规定、党的文件中，家风建设已然成为一种治党的制度。2016年起实施的《中国共产党廉洁自律准则》一共有八条，这八条规定说得非常清楚，明确要求党员领导干部要廉洁齐家，自觉带头树立良好家风。准确地说，这个准则是一个限制性的制度，是将“家风”拟定成为党的纪律。习近平同志多次论及家风，有几个非常重要的观点：①天下之本在国，国之本在家，家之本在身。②千家万户都好，国家才能好，民族才能好。③家风好，才能家道兴盛，和顺美满；家风差，难免殃及子孙，贻害社会。总的来说，家风和什么有关？和家道有关，和子孙顺不顺有关，还和国家有关；国家能不能兴盛，社会能不能和谐发展，其根源在家风！习近平同志不仅把家风建设、家的建设和个人联系起来，而且和天下联系在一起，意义重大。

3. 身体力行，国事大于天

习氏家风中，有许多经典的语句，可以学习和传播。其中最有名的就是，习近平同志给父亲写的一封信。在这封信中可以真切地看出家风对他的影响。他说他希望从父亲那里继承高尚的品质：第一学做人，第二学做事，第三学对信仰的追求，第四学赤子情怀，第五学父亲的生活（艰苦朴素的生活态度）。他认为，这是一个堪称楷模的老布尔什维克共产党员的家风，这样的好家风应世代相传。而且，还提到父亲给自己的孩子起名——明泽，其寓意就是要懂得奉献社会，要懂道理，为天下做好事，这实际上就是“家风”代代相传的一种现实体现。

从习近平同志这些论述当中可以看到，家风在家庭建设、家庭教育中的重要性，同时它和我们国家和我们党的建设之间具有基础性的关联，值得每一个教育工作者深入探究和思考。

二、环境和形势的变迁呼唤好的家风建设

“家风”的产生和存在，是与整体社会环境相关联的，这也是近年来党中央如此重视家风建设的一个重要原因。

1. 生活环境面临着三个巨大的变化

第一，我们生活在中国人从来没有过的物质条件下，有历代从未有过的物质条件和精神形态。物质丰富了，人们不饿了，这一定会带来两个特别重要的影响：其一，这一代人独有的消费观念是跟过去的人完全不同的，他们的时尚感和物质化是天生的。例如，一个孩子上初中，要买运动鞋，你会觉得“李宁”牌的就行，“安踏”也行。但在孩子眼里，一定要买“耐克”才行。最有意思的是，你要给他买个冒牌的，他穿着去学校第一天就会被他的同学认出这是假的。这种状况表面看是消费上的改变，更深层次上则是一种精神形态的变化。这里面有两个重要的内容需要我们注意，一是由于物质条件的变化，人生的动力体系会受影响。当一个人饥饿的时候，他会有很大的力量去改变自己，而当他的基本生存满足的时候，再去调动他的积极性就有一定难度了。曾经有一个“60后”的报业集团老总非常感慨，觉得自己的那个年代如果总编辑拿出几个选题，大家都会去争最难完成的那一个，这是因为大家会觉得有成就感，甚至可以多得到一些物质收获，而现在的“90后”编辑，最后剩下的往往是最难的选题。问他为什么不争取，这是一个很好的锻炼机会。他会说“我觉得我现在挺好的，挣的工资也够花”。其实，这是社会动员力的很重要的一种变化。改革开放之前，社会形态一元化，大家

都争先进、当劳模，进而努力工作，这是一种无上的荣耀。改革开放之后，很多单位开始发红包，进行物质奖励，再到现在，评先进、物质奖励都失去了原有的魅力。其二是满足感，或者像习近平同志所说的获得感。过去的岁月，吃一顿好饭，人民就会感觉很幸福。现在的获得感需要从两个方面入手，一方面要思考如何才能调动人的内在的满足感；另一个方面，社会环境宽松以后人的需求欲望多样化，这也一定会影响到孩子。如何运用主流价值应对这种状态，是我们面临的新挑战。

第二，我们生活在中国人从来没有过的宽松的社会环境下，有历代从来没有过的民主基础和关系模式。过去一代人会有些固定的习惯思维，例如面对一个问题，人们首先会想看新华社和《人民日报》怎么说。反观现代社会，一定程度上网上的大众意见开始影响主流媒体。这种宽松的政治环境，它会带给这一代孩子从来没有过的民主基础，以及衍生的关系模式。过去没有孩子敢把自己的父亲称呼为老王、老李，而现在这已不是个别现象，应该说这是民主观念的一种外化表现。我们小时候，对老师都是仰视，也就不可能对老师的行为去推理、评判、讨论、质问。过去，平视的关系，按照常规可能要等到中学才能产生，现在小学已经开始出现。

第三，我们生活在从来没有过的信息环境里，形成了完全不一样的互联网思维和社会心理。互联网正在快速改变人的生活，它除了具有海量信息、方便快捷等特点，还有许多其他的特点。现在不少人已经完全离不开手机，某种意义上，这就是一种依赖。互联网的快速发展一定给这一代人带来从来没有过的互联网思维和社会心理。广西的一个小伙子失恋后录了一段视频《蓝瘦香菇》，一夜之间红遍大江南北，成了网红。这种表情的传播，也是基于互联网具有裂变式传播的特质，才造成了这样的网红人物。事实上，很多互联网心理也会影响社会心理，比如网上的狂欢心理，其本质就是现实生活中的“起哄”，而“起哄”的特点就是非理性。还有所谓的人肉搜索，其实源于人类的窥探心理。这些心理借助互联网发酵，直接会影响到下一代孩子的思维和成长。

2. 教育特别是道德教育面临的两大挑战

首先是价值观方面的变迁对道德教育的影响。社会变迁具有潜移默化的

特点，往往很难轻易感觉到。不同代的人对待同一件事的根本认知差异，描述的是整个社会价值变迁的过程。在教育过程中，我们常常会碰到这种基础价值观有差异甚至截然不同的尴尬状态，这种观念的不一样，会让我们的教育效果大打折扣，更多的时候教育找不到合适的介入点，也就很难触动少年儿童的内心世界。

另外一个是思维方式的改变。思维方式是一个人成长过程中十分重要的部分，它会影响人的生存状态。有人曾经做“今日熊孩子”实录，记录孩子的一些表现。一个记录是这样的：一个两岁的孩子在床上蹦，突然间掉地下了。传统的孩子的反应模式就是哭，不管是否摔疼，他都会哭，哭是一种求助的心理。但是记录中的这个孩子，根本不哭，而是爬到床上打了他爸爸一下，振振有词地说：“你怎么看的孩子？”这个孩子的思维，具有很强烈的现代独立性和社会性思维。现在社会上有不少群体性事件出现，其根本原因，除政府工作的过失之外，是广大民众的民主意识的强化，与这个孩子的表现其实有着内在的连贯性和一致性，它是整个社会思维的民主化变迁，而这种社会化的思维的变迁，它一定影响儿童成长，影响教育。类似的案例还有很多，值得细细分析。这种变化是整个社会变迁的结果，他对教育的影响是根本性的，特别是对立德树人和道德的影响，对人的全面发展的影响绝不可低估。

价值观和思维方式的变化，是包括家庭教育在内我们面临的最大挑战，事实上社会流行的价值观给教育带来巨大的困难和障碍。例如很多家长都说不让我的孩子输在起跑线上，但我们追加一个问题：你准备让孩子往哪儿跑？终点在哪儿？大约，相当多的家长内心深处，终点就是世俗的成功，就是有钱。我们所有的年轻人都说我要迅速获得成功，包括一些稍有姿色的女孩子整天在做梦——我得嫁一成功人士。在这个社会什么叫成功？其实有钱已经成了被普遍认同的基本价值追求。现在很多家长对自己孩子的成功定位，其实就是以物质化成功为标杆，这会给我们这一代孩子的成长带来巨大的危害。

3. 儿童问题的成因越来越复杂

家庭是儿童成长的摇篮。随着社会的发展，我们的物质条件越来越好，

但离婚率的上升、家庭暴力的日益增多，都显示出目前我们社会整体家庭环境的恶化。其中，群体性困境儿童的产生，像留守儿童就是一种现实体现，引发了全社会的高度重视。目前留守儿童的生存危机，并不是我们的物质援助不够，而是一个综合性的问题。一段时间以来，贵州毕节市连续发生留守儿童的恶性案件，2015年更是有四个孩子自杀的社会事件，震惊社会。事实上，贵州当地政府在留守儿童工作上做了很大的努力，他们给每个留守儿童建立了档案，每个村的村委会和村党支部成员都包户到每一个留守儿童。这四个孩子的家庭，政府按照当地政策为他们办理了低保，他们自杀的前两天乡里的干部还派人专门去他们家看过，当地学校的老师也去找过他们。这四个孩子家里有存款，有粮食。为什么还会发生悲剧呢？深入分析，我们会发现，四个孩子中的老大在自杀前留下了一个纸条，上面写道："我深知我活不到15岁。"可以判断这个孩子的心理存在疾患。而他们的母亲一年半离家出走，在离他们不远的一个镇上打工，但一年半没有跟这个家跟这些孩子有任何联系。他的父亲外出打工一年半，其间从没回过家看看。值得注意的是，他们所在的村叫"打改村"，留守儿童档案记录中显示共有131名留守儿童，其中39个孩子的"母亲"这一栏里写的是"失联"或"出走"，这就意味着这个村子里的留守儿童有将近1/3没有妈。所以，对于他们来说，最需要的不是送点粮食，也不是给个书包，他们需要的是长期的专业干预，特别是关乎他们的原始家庭的建设，或替代家庭的建设，也包括父母外出打工期间亲情联络的建设等等。对于留守儿童问题来说，精神救助是最为迫切的，它的核心在于家庭关系的修复和重建。

其他一些相关的问题，如儿童辍学、被性侵犯等等，总的来讲，这些问题的原因是多种的，且程度复杂、影响深远，也是基于此，家庭建设需要提到从来没有过的高度。

三、家风，中国家庭教育的优良传统

1. 什么是家风

如果给"家风"下一个定义，可以定义为"一个家庭或家族传承下来的风尚"。这里有三个关键词，第一是"家庭"，它是一个家，以家为单位

的；第二是“风尚”；第三是“传承”。这三个关键词表明，家风是一代一代人传承下来的结果。

家风的具体内容有哪些？它应包括三个方面。

第一，家风体现出价值观，它体现的是民族文化价值，且是这个民族独有的文化价值。所以说，家风是文化传统的重要传承方式。比如说，北京人一定会把长辈或者社会地位比他高的人称呼为“您”，代表的是一种尊敬。在最开始，孩子接受这种观念和行为模式的时候是在家里，他一定需要对父母、爷爷奶奶称“您”，决不称“你”。正是从家庭出发，再到社区、胡同大街。北京人讲究“您”，这是风俗，也是一定的社会文化和价值观。所以家风首先是一种价值观。

第二，家风是一种行为准则。体现家风的家规落到实处，都是具体的行为。比如，有的家庭会明确规定，家里的第一碗饭要盛给老人，这是一种具体的行为规定。家风体现的是价值，但它常常表现出来的是一种行为。这种行为准则对一个人的立身做人具有很大的引导作用，每一个家庭的立身做人的行为规则，集合到整个社会就会成为一种社会风尚、社会风气，或是社会习气，进而演化为社会集体化行为，所以家风是社会风尚的一种集中体现和代表。

第三，家风是一种心理和情感。家风会影响家庭成员的心理情感状态，我们传统家风中的许多规定都在强调“讲沟通，讲联络，讲尊敬，讲尊老爱幼，讲情感”。比如说，勤俭持家，讲的是一种行为，过日子得勤俭，但实际上也体现着一种家庭相互体贴、理解，互相关爱的一种精神状态。家风是主题文化倡导行为和情感演化出的一种社会结果，是一种内涵丰富的文化。正如习总书记所说，家里的情感氛围应该是“相亲相爱”，只有这样社会才能够情感交融，和谐共处。

所以，家风到底是什么？家风，它体现的是价值观，体现的是行为模式，体现的是一种心理情感。所以家风是一个国家、一个社会软实力的重要表现。中国是一个“家国同构”的社会，几乎所有的家规家风都包含了这么几条：①修身，自已要懂道理，要接受；②治家，要让家和谐；③为社会为国家，要利国利社会。这三条联系起来，可以看出家风是一个重要的传承工

具，更是一个非常重要的社会治理途径。

2. 中华民族传统家风

家风，它集中表现的是中华民族的美德善俗。具体来讲，它包括以下四个方面：①中华民族高度尊重文化，体现在对子孙的要求上，要读书明理。其中有两个方面需要警惕：其一，这些年越来越多的人不好好读书，习总书记在多次讲话中强调他小的时候博览群书对他的影响。读书，是我们中华民族的传统，近来中央电视台的《朗读者》、黑龙江电视台的《见字如面》等栏目，其实都在倡导阅读，这是一种回归。其二，古人传承下来的读书是为了明理，是为了提升自己，而不是为了升官发财，这是很重要的家风。②廉洁守法，勤俭持家。这是我们国家对个体、对家庭的一个基本要求。在社会上要廉洁守法，在家里要勤俭持家。③忠孝仁爱，诚信贵和。这是极具中华民族特色的文化价值，是千百年传承下来的社会伦理。最后一个是志向，心怀天下，家国情怀。中国人的小家是和大家联结起来的，这是中国社会结构的特点，更是中国伦理的重要传统。

中国社会传承下来的家风，在社会发展的长河里奔流不息，像惠泽乡里、办义学等等都是一种历史体现，都渗透着这样几个基础价值，这是非常重要的。

3. 孝，中华民族爱老敬老的优良传统

孝，是中国传统文化中家庭伦理的核心内容，也是我们中华民族传统道德规范的基础，具有很强烈的中国特色。孝，同时也是一个很有意思的概念，它的内容具有可操作性的特点。中国文化讲三养，孝体现在三养上，包含三个维度：一是“能养”，意思是你得关心父母老人的健康，让他吃饱穿暖，有病能及时看。孔子说“父母唯其疾之忧”，他有病了，你得担忧，得管。二是“色养”，意思就是你得常回家看看。所谓常回家看看，就是需要让父母老人精神愉悦。孔子说“色难”，不能只是让他有吃有喝，精神也必须愉快。三是“显养”，意思就是你需要让父母为你骄傲，这在当今社会尤为重要。传统文化中强调的不是说你当多大官挣到多少钱，它强调的是你要堂堂正正做人，忠君报国，积极进取，强调传统的价值观，为国为民。当你为国为民做了一些事，有贡献，父母就会感到自豪，这叫显养。我们国家的

孝文化，其实纵贯天地人，要孝敬父母，尊敬师长，慈爱子女，夫爱妻贤，有爱心，这贯穿到祖先、父辈、己身和子孙。“孝”在我们中华民族的传统文化当中占有重要的位置，它是我们国家家风的一个重要基础，也是我们家庭教育的重要内容。

四、弘扬优秀的家规、家风、家训，扎实推进家风建设

弘扬优秀的家规、家风、家训，扎实推进家风建设。从宏观建设的角度来看，学校、社区可以从以下几个角度入手。

1. 把家规家训融入日常生活和校园德育

要把家规家训融入孩子们衣食住行、言谈举止中，把它逐渐渗透到他们的思维习惯和行为习惯中。作为学校，可以开展多种活动，如收集好的家风，做一些评比等，促进家风家规的融入。另外，家风建设可以融入校园德育，把它和校园德育进行有机的结合。例如，可以提出“家风带校风”的计划和动议，动员家长立家规说家训，然后影响到每一个孩子，进而去影响学校的整体精神氛围，影响校风。

2. 家风建设融入社会基层建设

要把家风建设融入社会基层建设，特别是学校所在社区的文化建设当中。比如，学校联合社区，以家庭教育为切入口，发挥骨干作用，与当地社区的居委会合作，挖掘本地优秀的家规家训，动员各家各户并积极参与，最终达到与社区文化环境建设融为一体的目的。还可以把家规家风融入党风廉政建设，比如学校里党员干部率先评比，做好带头作用，带头在自己家里营造和谐、幸福、廉洁、文明的家庭文化，做好树标杆立榜样的角色。

3. 开展家风建设的活动

开展家风建设的丰富多彩活动，是发挥学校教育的优势的重要方面。例如，假期是引导、培育孩子学习家风的优质时间。对此，可以开展“寻找我们家的老家规、老家风”等系列活动，指导孩子利用假期寻根问祖，收集家规家风故事。比如说，可以筹划在学期期末的时候，各个班级负责把任务布置下去，相信父母也会支持，这本身也需要父母一起参与进来。在具体任务上，第一步，可以让孩子把家规都记录下来；第二步，让孩子去寻找祖上

有名的家风故事，或者是人或者是事，然后让家长去辅导；第三步，等假期结束后，让孩子把这些整理出来的家规、家风故事进行分享。在形式上，首先，可以召开家长、学生的座谈会，请参与的学生和家长都来说说自己印象最深的家风故事。通过这种形式的交流，帮助、指导孩子，激发起孩子们的兴趣，认真总结和理解家风的内容和价值。

其次，可以找专家辅导家长做两件事。第一件事，结合现在家里的情况和问题，然后每个家庭编制自己家的新家规。家规不是理念，家规是行为。比如说，上学、离家、下学，都要和长辈打招呼，比如说“爸，我回来了”等，家规就是一种具体的行为。但同时也是一种思维方式，其背后一定是渗透着价值观。通过搜集、交流、专家指导，到最后编制成册子，这是一项合力做出的成果，孩子们一方面可以从深处学习自己本有的家风、家规，另一方面也是一种经历，是一种锻炼和成长。

最后，班级之间可以做交流和评比，可以采用展览的形式，让孩子们组织和策划，或通过主题会议的形式，让家长、老师、街坊邻居当评审，比如说评出“十大好家规”“最美家风故事”等。这种系统的、孩子们喜闻乐见的活动，对家庭建设会起到积极的作用，对家庭的亲子关系也会起到一定的推动作用，是全面提升孩子的素质，推动学校教育和家庭教育相结合，帮助老师发挥辅导家庭建设的功能的重要举措。以上思路，可以供老师参考和借鉴。

家风的建设是民族文化价值的建设，是社会道德的建设，也是推动我们整个社会文明的建设。从另外一个层面来讲，这也是我们学校德育建设的一个抓手。充分利用这个主题，努力去创新，挖掘其中的内容，可以给我们广大教师一个非常广阔的教育天地，让我们在育人方面更加有所作为。

第四节　家庭教育的内容和原则

家庭是孩子成长发展最基础的单位，一个孩子长大成人，其大部分生活

都是在家庭中度过的，所以家庭教育的内容非常广泛，且十分深入。一个好的父母到底应该在家里教孩子什么东西呢？在家庭教育的历史上，美国学者刘易斯曾给家长们提出过诸多忠告，他结合自己的经验给家长们提了这样几个建议：

第一，布置环境。比如，为孩子设一个陈列架，使他们可以在上面展示自己制作的东西。如果孩子的房间和桌面很乱，但只要这与他们的创作活动有关，就不应该因此责怪他们。给孩子一部分空间供其玩耍，让其兴趣能够得到充分的施展，这其实讲的是家长需要释放孩子的天性。

第二，当孩子做一件有难度的事情，家长该做些什么呢？刘易斯认为，家长应该放手，让孩子做自己力所能及的事情，但同时可以帮助孩子制订个人计划及完成计划的方法。当其失败时，一方面，家长不应该表露出嫌弃或看不起的情绪，不能一犯错就打击，要培养孩子的自信心；另一方面，要教会孩子正确应对挫折，应对困难的方法，鼓励孩子继续尝试，培养其直面困难、解决问题的能力。

第三，孩子犯了错误，不能用辱骂来惩治孩子，更不能因孩子犯错误而戏弄他，这看起来是一种态度，但其实是在教孩子如何对待他人，特别是对待有过错、有问题的人。

第四，帮助孩子学习知识、认识世界。带孩子到他感兴趣的地方玩，向孩子提供书籍和材料，让他能做自己喜欢的事情。和孩子一起读书，从小培养孩子读书的习惯；给孩子讲故事，激发孩子的想象力；搜寻一些孩子喜闻乐见却又有启发性的节目，引发孩子对知识的渴求，帮助孩子掌握知识。

第五，鼓励。这几年，“别人家的孩子”成为社会热词，说的就是家长把自己的孩子和别人家的孩子进行对比，认为别人家的孩子样样都出色。这其实很不好。每个孩子都有优缺点，要从孩子做的事情中发现值得赞许的地方，并把这种赞赏及时传递给孩子，让他有自信投入到别的创造活动和事情当中。

第六，尊重孩子，平等地对待孩子。认真对待孩子的个人要求，允许孩子参与计划家务和外出旅行，让孩子有机会真正独立地做决定。独立对于孩子是一种很重要的能力。一方面，能够让他摆脱对家长的完全依赖，另一方

面，也能帮助他认识到自己的能力，能够帮助孩子更好地成长。

第七，以身作则。家长的榜样作用对孩子的健康成长至关重要。孩子的模仿能力很强，会学习大人做事的方法。所以，这对家长提出了很高的要求，家长也需要养成合理的行为规范，这样才能对孩子进行正确的引导。

第八，及时和孩子交流感情。每天抽出时间和孩子单独在一起，讨论孩子感兴趣的话题，了解孩子的世界，听取孩子的想法。在家庭当中，家长要重视孩子的情绪，要注意培养孩子良好的情感，这自然需要和孩子多交流。

第九，自立。发挥孩子认识自身才干的能力，鼓励孩子独立发现问题，并靠自己的能力解决问题。这种自立需要靠点点滴滴的生活细节来培养。

从刘易斯的建议当中，我们可以看出，家庭教育涉及孩子成长的方方面面，内容十分丰富。那家庭到底应该教给孩子什么东西呢？

一、学习领会习近平同志对孩子“三爱”和“三学”的指示精神

作为一名教师，掌握家庭教育的内容特点，特别是掌握家庭教育与学校教育、社会教育之间的区别，对指导家庭教育具有重要的意义。家庭教育同学校教育、社会教育一样，都要在党的领导下，贯彻执行党中央，包括教育部门关于儿童成长的相关精神。

习近平总书记在最近几年关于少年儿童的讲话中，有三个非常重要的思想，这些思想和精神为儿童成长指明了方向和目标。

1. 关于“三爱”

第一个很重要的思想就是“三爱”。习近平总书记说，从小就要立志向有梦想，爱学习，爱劳动，爱祖国，德智体美全面发展，长大后做对祖国建设有用的人才。这是党中央对当代少年儿童从总体上提出的发展性要求。爱学习，这是孩子的基本任务，也是一个人在童年期最重要的发展任务；爱劳动，所有人类的才干和知识，都是在实践当中不断习得的；爱祖国，这是当代人最根本的道德素质和政治素质。这是第一个非常重要的思想，也是家庭教育重要的目标。

2. 关于“三学”

在中国少年先锋队第七次全国代表大会开幕时，习近平总书记在人民大

会堂接见了少先队员代表，提出了“三学”。第一，学做人。习总书记对做人做了清晰的解读，做什么人？做好人。好人有什么条件？做一个有品德、有知识、有责任的人，也即“三有”。而在“三有”中必须坚持品德为先。第二，学立志。习总书记教诲少年儿童，人生最重要的志向，应该和祖国人民联系在一起，这是志向的底盘，是人生的脊梁。第三，学创造。习总书记希望广大少年儿童能够勤奋学习，自觉劳动，勇于创造。

如果说“三爱”是对当代少年儿童发展目标和成长的基本要求的话，那么“三学”则更加明确地指出了当代孩子成长发展的途径：努力学做人，学立志，学创造。这也涉及一个人成长发展最重要的三个方面，道德的发展、精神和情感的发展以及能力的发展。

3. 努力做最好的我

总书记在讲话当中跟孩子们亲切地说：“要努力做最好的我。”很长时间以来，我们社会包括老师、家长，也包括领导者，习惯以社会为本，给孩子提出各种要求，希望孩子做接班人，希望孩子努力把自己锤炼好，希望孩子各方面达到什么标准。在习总书记对当代孩子的讲话当中，凸显了一个以“儿童为本”的理念，即只要你从小就沿着正确道路走，学到一点就实践一点，努力做最好的我，人生就会迎来一路阳光。

提高少年儿童的道德水准，立德树人，不应当是把客观的社会标准简单地复制到孩子身上，而是要把孩子当作发展的主体，把道德教育看成儿童个体社会能力发展的必然过程和结果。习总书记的讲话坚持了儿童为本的视角，这也是广大教师在道德教育中需要去思考和学习的。我们要主动在各种活动中，在辅导家庭教育中，注重孩子自身内在情感、内在精神的发育，使道德真正成为他们的自觉行为。只有这样，才能够破解长期以来存在的“小学共产主义，中学社会主义，大学爱国主义”的不正常现象。

习总书记“三爱”“三学”和“做最好的我”三大重要思想，不仅是学校教育的重要指示精神，也是我国当前家庭教育的重要内容和方向，是广大教师指导家庭教育的重要思想基础。

二、以“五爱”为基础，重视价值观的教育

和学校教育相比，家庭教育的重要特点在于它是一种潜移默化的教育，是一种渗透在日常生活当中的教育。学校教育的主要内容是传授知识，但家庭是对孩子价值观的形成和塑造最核心的地方，所以家庭教育必须把价值观教育当成最核心、最基础的内容。

1. 爱祖国

爱祖国是全世界的社会价值中共通的价值。每个民族每个国家都强调爱祖国。对孩子来讲，爱祖国其实是很具体的，中央对爱祖国提出了三个很重要的途径。

第一，热爱家乡，热爱祖国大好河山。随着生活水平的提高，很多家庭都带着孩子外出旅游，游览祖国的大好河山。其实这是进行爱国主义教育的很好时机。

第二，了解祖国发展的历史，弘扬中华优秀文化。爱祖国的第二个方面，对儿童来讲，就是了解历史，了解文化。在这方面，学校教育中有很多优秀的实践，开展了丰富多彩的活动，让孩子去爱祖国，了解祖国。在家庭教育中，也有很多可以开展的活动。比如收集自己的老家规，收集自己的家风故事，了解本地的民俗文化、英雄人物、历史文物等。可以利用假期带着孩子到老家寻找姓氏之源、家族历史，这些活动其实都是孩子喜欢参与的，也是应该由学校积极推进家庭进行的这种爱国主义教育。

第三，报效祖国的志向的教育。对儿童来讲，爱国主义教育的内容中，志向的教育是非常重要的内容。对孩子的爱国主义教育而言，最重要的环节就是引导孩子把自己的生命、自己的生活和祖国紧密联系起来。通过爱国主义教育，孩子懂得了中国梦、民族梦关乎每个中国人的福祉，只有国家好、民族好，自己才能好。实现中国梦需要每一个人的努力，需要把个人的梦融入国家梦当中。

2. 爱人民

中央有关部门在讲话中对“爱人民”的解读秉承着习近平总书记的“三学”思想。“爱人民”包括三个很重要的方面：一是心中有爱。要教会孩子爱父母，爱老师，爱同学，爱他人，从身边的人爱起。二是与人为善。这既

是一种善恶的价值判断，也是一种情感特征，也就是说，一个健康的人，正常发展的人，应该对他人充满情感，充满关怀。三是助人为乐，就是把帮助别人作为自己人生的乐事。家庭教育要重视对孩子基本道德的教育，要把培养孩子做一个好人当成重要的教育内容。

3. 爱劳动

跟以往的“五爱”相比，只有爱劳动这一点，目前的解读比过去更加丰富了。爱劳动包括两个方面：一是传统的内容，包括要有自立精神，有生活能力，还有劳动品德、勤俭节约等。二是学会独立解决遇到的困难和问题，这是新的解读，也很具有针对性。我国实行独生子女政策很多年了，第一代独生子女现在也为人父母了。从教育层面来讲，独生子女具有很多的优势，他们可以享受到充沛优质的教育资源，有机会参与到国际竞赛中，同时也表现出超越同龄前代人的学识。但同时，由于很多家长或望子成龙，或过度溺爱等，一些孩子的自我生存发展能力受到了影响。过度期望或过度溺爱，造成了一些孩子在面对困难和人生挫折的时候，显得束手无策，缺乏独立解决问题的能力，这是当代少年儿童成长发展的关键性问题之一。这就要求广大家长改变教育观念，同时需要特别注重培养孩子独立解决问题的能力。

曾经有一个家长请求校长给他的孩子换一个宿舍，原因是他孩子所住宿舍的对面是厕所。这个要求很不合理，宿舍是随机划分的，没有谁是特殊的。你的孩子不能住厕所对面，那别的孩子就合适了？是换给农民工子女，还是换给下岗工人子女？其实，从一名专业青少年工作者的角度来看，这种做法是十分不明智的。面对孩子生活中遇到的各种问题，家长应该做的，是把功夫下在鼓励孩子如何面对人生中的不良境遇上；而不是改变对他发展不良的环境和境遇，让外部环境去适应自己的孩子。这种改变周围环境以适应自己孩子的做法既是不可取的，目标也是很难实现的。作为一名家长，个人的能力是有限的，是无法将孩子一生中所遇到的所有不良环境都摆平的。就拿孩子的感情问题来说，孩子的失恋问题，总没有办法从外部来解决。所以，最重要的是让孩子学会适应环境的能力，及时调整自己，跟上环境的变化发展。当孩子遇到外部环境不良或者困难的时候，要鼓励和支持孩子，让孩子懂得：人生不尽是如意，不如意才是人生的常态，真的勇士不是没有不

如意的时候，而是能够坦然面对，并积极寻求解决之道。事实上，不少家长在孩子的独立性问题上，缺乏正确的认识，也没有表现出正确的态度，不由自主地、悄无声息地扼杀了孩子独立解决问题的能力。最终的结果是严重的，也完全背离了家长爱孩子的初衷。

在孩子遇到挫折或困难时，家长要做的不是直接上手帮孩子解决，而是通过讨论协商或是放手的态度来处理。家长是一名引导者，避免孩子走向错误的道路，而不是执行者。其实，这对学校教育也提出了很高的要求，要求学校的老师重视对家长辅导孩子能力的培育。学校可以通过组织家长座谈会，就如何帮助孩子面对生活学习中遇到的各种问题这一主题进行讨论，交流经验。学校也应该给予指导，提升家长这方面的意识，提高他们应对这种问题的能力，最终的目标是使更多的孩子能够学会独立解决遇到的困难和问题。

4. 爱科学

一般来讲，科学素质主要包含三个方面：科学知识、科学精神和创意创新的能力。爱科学，首先要对科学知识有兴趣，并乐于学习和吸收各种知识。其次是热衷于科学，追求科学发明创造的人，或者说乐于在科学发展上有所贡献、有所奋斗的人，他一定要具备很多重要的精神素质，比如坚韧不拔、百折不挠、团队合作等等。在社会发展快速的今天，创新精神被提升为非常重要的时代精神。因而培养孩子的科学意识、科学精神、科学能力就显得尤为重要。现在的家庭教育中，很多家长比较重视文化，特别是艺术能力的培养。会弹钢琴、拉小提琴的孩子并不鲜见，但孩子科学素养的培养，却很少受到家长的重视。其实，从小接触科学训练会对人生发展起到巨大的推动作用，那种追求严谨和精细的工作精神态度往往会影响一生。所以，老师应当运用多种手段，开展更多的活动辅导家长，让更多的家长自觉地对孩子进行爱科学的教育，这些活动不仅要提高孩子们的人文素养，更要培养孩子的科学素养，从而推动孩子全方位的发展。

5. 爱护公共财物

按照习近平总书记对少年儿童“三学三爱”的一贯思想，从孩子的层面来说，爱社会主义就是做一个爱护社会的人。第一就是爱护公共财物。爱护公共财物反映的是一个社会个体对公共事务、公共服务的基本态度，是拥有社会公德心和责任意识的重要体现。第二就是强调为他人着想，为集体着想，为社会做好事。第三就是明确地提出要提升社会公德，弘扬集体主义精神。爱护公共财物作为习近平同志对少年儿童“三学三爱”基本思想的表述之一，应该成为当前我国家庭教育的重要内容，也应该成为教师指导家庭教育的主要内容之一。

三、关于发展核心素养

核心素养这一概念是上个世纪哈佛大学的一些学者提出来的，并逐渐在西方教育界引起越来越广泛的注意，尤其是在西方对人的发展性研究这一领域。从本世纪初，尤其是2010年以后，我国教育部和很多教育理论工作者，也开始研究探讨中国学生的核心素养应该具有哪些内容。从严格的学术角度来谈核心素养，至少包含这样几个基本的东西。

1. 概念界定

什么叫核心素养？学术界目前的定义是：学生在接受相应学段的教育过程中，逐步形成的适合个人终身发展和社会发展需要的必备品格和关键能力。我个人认为它有三个关键词。

第一个关键词是“目标”。这个目标就是要使人终身发展，同时要符合社会发展。目标的核心是发展，但一定包括两部分的辩证统一，个人终身发展与社会发展，二者相互联系，辩证统一。

第二个关键词是“内容”。核心素养的基本内容是必备品格和关键能力。需要厘清教育的核心内容是什么、作用是什么。众所周知，改革开放以来，我国教育系统主要经历了两次大的改革，一是课改，二是有关核心素养新思想的提出。课改的核心是改革传统的教育，主要的切入点和落脚点是改变传授知识的形式，课改在传授知识的基础上，明确提出发展学生能力的要求，也就是说，教育不仅仅是传授知识，还要推动人的能力的全面发展，这是课改的核心内容。而核心素养在课改的基础上，又加了一个重要的东西——品格。品格有两个关键要素，一是价值观，二是心理情绪状态。有良好的价值观，有良好的心理情绪状态，才可能有好的品格。所以核心素养教

育的内容，或者说要达成的人的发展的这种状态，必须包括三个方面：一是知识，二是能力，三是品格。

第三个关键词是“形成”。核心素养不是天生的，它是可以通过教育实践逐渐形成的。核心素养的思想对整个教育具有重要的意义，同时它也是家庭教育中非常重要的指导原则和重要内容。

2. 中国学生全面发展的六个指标

我国教育部门提出的学生全面发展的六个指标，主要包含在三个部分中。

第一个部分是文化基础，具体是指人文底蕴和科学精神两个方面。人文底蕴，偏重于文，讲得更多的是形象思维；科学精神，偏重于理，指的更多的是抽象思维，比如说概念推理。一个具备核心素养的人，一定是既有形象的人文思维模式和基础，又具备理性的、逻辑性很强的科学精神的人。这是两大发展的元素。

第二个部分是自主发展。教育本身是传授知识、培养能力、健全人格的过程。自主发展有两大指标：一是学会学习，这一直是课改中的重要指标；二是健康生活，所谓健康生活，它其实是一个复合的概念，它要求行为主体应具有良好的价值观、很好的心理素质和行为模式。现在社会上有很多心灵鸡汤类的文章，它会给人一些启发，从根本上来说，它是指导人们心理健康、快乐生活的方法，类似于很多养生偏方，其本质都是为了让人们更好地生活。对教育而言，如何让一个孩子既要学会学习，不断提升自己的学习能力，又能够在情绪上、思想上、生活习惯上，始终保持健康的状态，这是当今教育应当予以重视和关注的。

第三个部分是社会参与。这里面包含两大指标：一是学会担当。从最开始的“三爱三学”，到习近平总书记一系列讲话精神，到“五爱”，再到核心素养，我们一直都在强调要把自己和祖国人民联系起来，这是作为一名公民的基本责任，也是作为一名学生的基本志向。二是实践创新，要有实践创新的意愿、习惯和能力。

这六条标准体现了我国以人为本的教育取向，紧紧围绕着人的发展，注重对学生综合能力的培育和考查，理应成为我们国家家庭教育的重要内容。

教师的责任是通过多种形式来辅导家长，着力培养和提升孩子这六个方面的素质。

3. 把握教育基本原则

教育原则被很多人当作以身作则的规范。换一个角度来看，从行为层面、认知层面的角度，我认为教育必须坚守这样四个原则。

（1）改变观念，坚持教育公平。党的十八大报告中，谈到教育公平的时候提道，让每个孩子都能成为有用之才。关于教育公平的认识，特别是我们国家，包括联合国在内，经历了三个阶段：第一个阶段，联合国对教育公平的解读是人人享有受教育的权利。这个解读强调的是受教育的权利。实现教育公平的责任主体主要是政府。政府需要有更多的投入，办更多优质学校，从而使每个孩子都能够享受优质的教育，包括这些年比较受关注的农民工子女教育问题和留守儿童的教育问题，要保证这些孩子也能够享受到一流的教育资源。做到这一点，政府的作用尤为重要。第二个阶段，联合国把教育公平归纳为三个平等，即机会平等、过程平等、结果平等。同时明确这三个平等中，过程平等是最关键的。从这个角度而言，教育公平的责任主体除政府之外，还包括每一个教育工作者，特别是一线的老师。老师是不是平等地对待每一个孩子，这直接关系到教育是否公平。目前，在我国的有关教育的政策中，对教育公平的解读是让每个孩子都能成为有用之才，这也是教育公平的第三个阶段。这样一来，教育公平的责任主体，除了政府和一线老师，还应该包括每个家长。所以每一位老师和每个家长都应该意识到，教育公平不只是政府的责任。人类以人为本的理念普及到今天，真正让孩子成才，真正让孩子享受到公平的教育，不仅是政府的责任，是老师的责任，更是家长的责任。

（2）坚持立德树人。包括三条具体的内容：一是核心价值观教育。在家庭里，要格外重视传统文化教育。二是建立起“三爱”的有效形式和长效机制，也就是说，把“三爱”的内容变成孩子们真正喜欢的、看得见摸得着的东西。比如，家长带孩子去旅游，让孩子体会祖国的大好河山，这实际上也是在进行爱祖国的教育，而且这种形式也比较符合孩子的特点。三是培养孩子的责任意识、创新意识。

（3）身心健康。这一点实际上是当前教育的很重要的方面之一，但却一直被家庭教育忽视。特别是心理健康，随着我们的社会变迁和发展，心理健康问题已经成为影响国民身心健康的重要原因。这方面反映在少年儿童身上，非常值得重视。

（4）提升孩子的审美和人文素养。在这里，首先要提高家长的素养。只有家长具备较高的审美和人文素养，才能以榜样的力量影响到孩子的发展。

4. 把握好家庭教育的工具性原则

什么是工具性原则？就是在面对孩子时的态度。第一点，也是很重要的一点，就是陪伴。喜欢并经常与孩子亲近，乐于和孩子一起解决困难。老师可以在班级里搞一个活动，让孩子记录一下他的父亲两周之内有几次跟他待在一起，陪伴超过半小时的有几次，共同解决了几个问题，之后召开家庭会或者家庭之间的交流会，分享经验和不足，最后拟定各个家庭的陪伴计划。这些活动将有助于推动家长对孩子的陪伴。第二点，以孩子为本的鼓励。家长很多时候会为孩子制定目标，但这个目标得在孩子够得着的范围之内，让他自己能够接受，并使他能够体会到肯定和成功，这样的目标才是有价值的，才能达到鼓励的目的。第三点，规范。前面提到要指导家庭制定家规，指的就是要建立家庭规范，并实行一定的奖惩措施。第四点，教孩子干事。很多家长习惯给孩子派活，以为让孩子多干活就能得到成长，其实不然。干事和干活，最大的区别在于，干事要有谋划，要负责。家长可以在家里给孩子一个岗位，比如饭前摆碗筷、打扫卫生，甚至可以让孩子设计装修。给孩子一个岗位，不仅是让孩子感受到自己在家里的价值，更重要的是能够培养他的责任感。第五点，相亲相爱。这实际上就是习总书记所说的，要重视家庭的情感教育，注重情感氛围的营造。最后一点，遵循孩子成长规律的规则。很多家长教育孩子的视角都是从成年人的角度出发的，但应当注意到，孩子世界有孩子世界的规则，要遵循他们的规则，想要了解孩子的世界，就必须用孩子的规则思考问题，看待问题。

只要牢牢地把握好家庭教育的内容，把握准家庭教育的原则，并用这些内容和原则理性地指导每一个学生的父母，从家庭的角度对他们的教育和成长产生影响，孩子的健康成长目标就一定能够实现。

第五节　家庭教育要尊重儿童的特点

无论是老师还是家长，都觉得现在的孩子越来越难教育。这是为什么呢？首先，是因为横亘在儿童和成人世界之间的鸿沟无法消弭。随着社会的迅速变迁，这种差距会越来越大，代际冲突也会越来越强烈。其次，一个重要的原因是社会快速发展带来的各种新元素，这些新元素会直接影响一代孩子的成长。

一方面，我们经常能看到家长很多时候对孩子的成长表示苦恼。比如，孩子不爱上学，家长束手无策，想尽办法也提不起孩子的积极性；有的家长反映，自己的孩子才刚开始上学，就不好好写作业，老是爱拖延，无法及时完成布置的任务。而等到孩子上了中学，家长又有新的担忧，开始担心孩子会不会早恋，会不会沉迷于网络游戏，会不会拉帮结派做坏事。

很多时候，尤其是在日常生活当中，有的孩子会无缘无故地冲父母发脾气，也有很多孩子有心事不跟大人说，家长很委屈，觉得根本猜不透孩子的内心世界，认为自己想尽办法所做的一切，都是为了他们的未来发展考虑，是对他们的关爱，但孩子却根本不理解。还有的家长给孩子设定了期望，但不知道怎么帮助孩子达到这个期望。当孩子无法达到时，他们便会觉得失望，长此以往，这种情绪必然会给孩子的发展带来不利影响。

另一方面，孩子也有自己的烦恼。很多孩子觉得自己没有秘密，没有属于自己的空间，父母想要了解自己的一言一行，想要知晓自己的所作所为，这让他们备感压力。比如说，他们会发现父母翻他们的聊天记录、看他们的日记，这让他们觉得十分不自在。不仅是秘密守不住，父母的疑神疑鬼也让他们很难接受。比如说，父母会因为某件事或某条信息就认为自己是在早恋，虽然实际情况并不是这样，但父母仍是持小心谨慎和怀疑的态度，自己

感觉不到信任。此外，就我国的情况来看，很多家长过重地看待孩子的学习成绩，也给孩子带来了不小的压力。“唯成绩论”让孩子背上了沉重的学习负担，给孩子过大的压力无异于是在揠苗助长，对孩子的成绩和身心发展都会造成负面的影响。而社会的另一热词“别人家的孩子”，也给亲子关系造成了不利的影响。父母过度强调别人家孩子的优点，会让自己的孩子产生自卑心态，甚至会认为父母不爱自己，从而产生强烈的逆反心理，让亲子关系产生裂痕，也会产生更多的家庭矛盾。其实，这些冲突和矛盾自古以来在家庭当中就存在，但是在今天它变得更突出、更尖锐、更复杂。从一定意义上来说，不理解孩子，就不是有效、有价值的教育。特别是在社会飞速发展的今天，指导家长认识孩子的特点显得尤为重要。

一、认识儿童成长发展的多元性

想要认识儿童成长发展的多元性，就不得不提下面这张经典的图，它显示的是儿童成长发展的组成部分，全面地展示了一个孩子成长发展面临的几个重要方面。

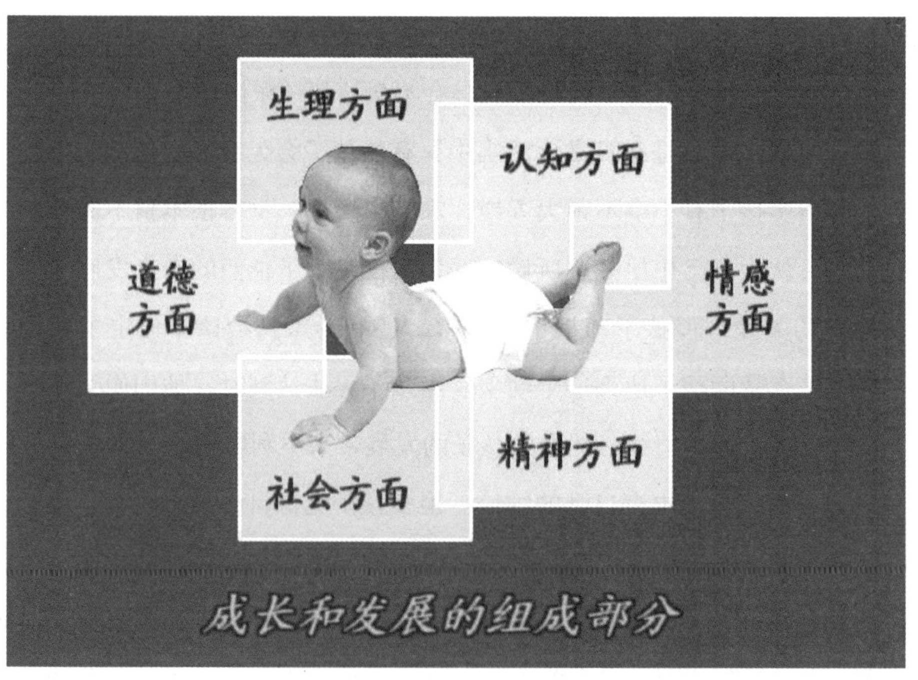

1. 生理方面的发展

每个孩子从0岁一直到18岁，这个过程是他人生一个成长发展最快、最突出的时期，生理发展是最显而易见的，而且随着生理发展，他会有各种各样的变化，也会在一定程度上给他带来认知上的苦恼。然而大多数家长却很少注意到孩子的生理和心理变化，这就产生了孩子和父母之间的代沟，也就是说，父母没能跟上孩子成长发展的脚步，每天关心的还是孩子的吃饱穿暖问题和身体健康问题，对孩子如何正确认识自身的成长，家长们却鲜有关注。

北京的一些学校曾经给女孩子开过“少女课堂”的课程，讲青春期前后女孩子的生理心理变化以及社会性发展，包括女性社会角色等问题。每次课后老师都会收集孩子们的很多问题，也发现了她们内心的很多焦虑，包括很多她们自己想不通的问题。比如，有的孩子会问：“别的女同学胸部都发育了，我却没有任何变化，我会不会有什么问题？”有的学生说喜欢高大英俊的班长，而自己却又黑又瘦，根本不可能得到别人的关注，这该怎么办呢？这些由于生理心理发展带来的困扰，对她们而言是很严重的问题，但她们自己解决不了，也没有人能够主动给她们提供帮助。很少有家长能够关注到这些问题，更别说主动地和孩子进行沟通。

2. 认知方面的发展

现在的很多家长还是只关注孩子的成绩怎么样，甚至仅仅着眼于孩子考试考了第几名。其实对一个孩子来讲，最重要的是学习能力、认知能力的发展。这包括从情绪上产生对知识的兴趣和渴求，也包括思维能力，比如逻辑推理和发散性的、创造性的思维能力，还包括一些提升自己意志品格的必备条件，如精益求精、严谨认真等，这些东西才是一个孩子真正提升智力的关键要素，而这也是很多家长长期不大关注甚至完全忽略的。

3. 道德方面的发展

很多家长对孩子的道德要求是很基本的，或者说，是一种很初级的状态：一是要听话，二是别惹事。其实道德是一个很完整的结构，它包括与他人、与社会、与自然、与自我四个维度。也就是说，一个人的道德要表现在对他人的态度、对社会的态度、对自然的态度和对自我的态度上。在每一个维度上又有三个层次：第一个方面是价值，比如对自然，他如何认识自然？在观念上对自然是一种什么认知？第二个方面是情感，他对自然到底抱有一种什么样的情感？曾经，发生过一件骇人听闻的事件，一名大学生把小猫放

进了微波炉，并打开了开关。这件事的发生可能有很多客观原因和主观原因，但说到底，可以认为他不具备对待自然的正常情感。第三个方面是行为能力，他有没有做到环保？有没有意愿主动去做一些环保的事情？会不会尊重和保护自然？这四个维度和三个层次共同建构起了道德的完整框架。

4. 情感、精神、社会方面的发展

情感和精神方面的发展也一直为家长们所忽视。很少有家长注意到孩子在情感上、精神上发生了哪些变化，这是很危险的。当今社会，由于外界刺激和各种压力的增加，人们追求个性的自由发展，一旦受挫，就会产生各种问题。现在，患有心理疾患的人或者说情绪发生不正常现象的人越来越多，而这种状况似乎也延续到了孩子当中，儿童心理疾病的发生率也在不断增长。然而很多家长，甚至包括学校，对孩子的心理健康、情感精神发展的关注往往是缺失的。一个初一的女孩，各方面都很出色，成绩好，长得漂亮，还是班委。她的母亲觉得很满意，对女儿很放心。然而，意外却发生了。由于女孩在网络上交友，并对网友产生了好感，禁不住青年网友的诱惑，两人见了面，并时常到宾馆约会。但是女孩的身体状况不好，脑中有一个血管瘤，结果因为没有得到及时处理和救治变成了植物人。这位母亲悲痛欲绝，女儿出事后，她长期沉溺在一种自责和不清醒的状态，甚至像祥林嫂一样，见人就说：我这么好的女儿怎么能干这种事？她干这种事我为什么不知道？

其实仔细想想，现代社会的一个突出特征是信息爆炸，每个人每天都会接触到大量的信息，有关性方面的讯息也并不鲜见，这在一定程度上会对未成年人产生冲击。再者，现在的孩子普遍早熟，不仅是生理上的，心理上也是。加之虚拟世界的诱惑，很容易产生行为偏差。这种偏差不能完全用道德标准来判断，与学习成绩更没有直接的关系。不是说学习成绩好，就对孩子放松，就可以放手不管，对孩子的其他方面的发展置之不理。孩子的健康发展，有一个核心的要素，就是需要有人在关键时期提醒孩子，把握孩子健康发展的方向。其实，如果仔细观察，就可以发现孩子的异常，无论是在行为上还是在形体上都会发生较大的转变。但这个案例里的母亲，却没能发现这些变化。只关注孩子的学习成绩好不好，取得怎样的荣誉，而看不到孩子的生理和心理变化，不愿走进孩子的内心。对很多处于发展中的孩子来讲，

他的情感、精神方面的变化，你看或不看，他都在发展；你管或不管，他都在成长。提高重视程度，主动发现，给予关注，认真辅导，孩子就能健康成长；置若罔闻，不管不顾，粗暴对待，孩子的成长必然会出现问题。

这些内容，不仅是对家庭教育提出的要求，也是对学校教育提出的要求。学校中也有这样一种现象：老师以学习成绩对孩子进行划分，只关注孩子会不会惹事，而不关注孩子的发展。其实每个孩子都是一个复杂的世界，都需要我们特别注意和关注，需要家长和老师的正确引导。

二、要遵循少年儿童成长发展的规律

少年儿童成长发展的另一方面，涉及孩子自身如何发展，怎样发展的问题。其实，孩子的成长发展自有其规律。这里提几个基本的观点，需要家长和老师把握。

1. 把每个孩子都能够看成发展的主体

孩子本质上是能动的、有潜能的、独特的，我们应该把每个孩子看成发展的主体，尊重这种主体性。但是，许多家长、教育工作者往往忽略甚至“替代”了孩子的主体性，常常用某种客观的标准或者符合“好孩子”的要求来规范、塑造孩子。过去一个中学生积极争取入团，却一直没有加入进去，团委书记教育说：“共青团的大门始终是敞开的，为什么有的人进不来？是因为他身上长了很多痈疽。就拿你来说，你左胳膊长满了骄傲自满，右胳膊长了不团结同学，头顶上还长了一个上课说话，那你势必会被共青团的大门挡住。你把你这些大包都弄掉。共青团自然会张开双臂欢迎你。”过去我们会认为团委书记说的很对，不是人家不要我，是我本身就不符合标准，我无法按标准过那个框。但现在仔细分析起来，过去我们生活在一个以客观标准为本的社会，始终以一个标准来要求所有的孩子，而忽视了每个人的独特性和主体性。

现代社会，虽然比以前更加地多元和开放，但还是始终有一种孩子应该按标准来发展的态度。现在很多家长会把什么哈佛女孩、耶鲁男孩等所谓成功的那些孩子作为标准，就好像一个出口苹果，不管这个孩子原来是什么样子，无论他是像萝卜、像茄子还是像西红柿，最终都要把他培养成出口苹果

的模式——一个模子。甚至有一段时间，教育这个词已经不足以实现任务目标了，很多人开始使用“塑造”一词。因为只有通过“塑造”这种方式，才能把黄瓜变成苹果，也就是说，在某一时期内，个性的东西是不被认可的，是不符合社会规范的。但是现在，时代变化了，社会标准也变化了。教育的本质不是把每个人都变得一致，也无法将人变得一致。现在的孩子有很强的个性特征，更加看重自主独立，强调个性。即使成为苹果，能够走向成功，他们也不愿意以自我作为交换，宁愿做回自己。但是他们也很进取向上，也想要“出口”，也想要成功。

社会的变迁带来的是教育本质的变化，教育绝不再是塑造。孩子作为被教育者，其实也是有主体性的，是能动的。也就是说，孩子作为发展的主体不应该被塑造，也无法被塑造。不能因为标准的存在，就使每个人都做到整齐划一。尊重差异，让每个孩子都有自己实现价值的空间。每个孩子都是独特的，是独立的个体。这一观点对当前教育具有非常重要的指导意义。曾经有个很著名的演讲，大体是说如果非要让一条鱼学会爬树，那么这条鱼一生都将非常悲惨。其实，这在某种程度上反映了我国的教育现状。现在正有成千上万个中国家长，把自己的那条鱼变成一只会爬树的猫，仅仅是因为社会上公认，只有猫才是成功的。对待这一问题，如果不从观念上发生改变，孩子不仅不会有快乐的童年，其成长成才也一定会受到影响。

所以，关于孩子本质的认识，一定要牢记三个定语：能动的、有潜能的、独特的。能动的，不是被人塑造的；有潜能的，一定有自己独有的成功之路；独特的，每一个孩子，都有自己的个性，这不仅是学校教育的重要指导思想，也是学校老师辅导家长最核心的教育观念。

2. 少年儿童发展是生命中有顺序可预期的功能改变

教育不是老师对孩子进行改造，更不是塑造，而是通过教育的方式，推动孩子形成适应社会的能力。发展的主体是孩子，少年儿童发展是生命中有顺序可预期的功能改变。一次在德国，我看到一个人带一条狗过马路。人往前走，狗却坐下不动了，因为红灯亮了。原来那只狗是经过训练的，它会看红绿灯的位置，而不是看颜色。通过位置的变化，判断是否该继续行走。这个故事，不是说明德国狗有能力，而是说狗懂得规则，有规则能力。懂规

则，有规则能力，就能生活得更好。对于孩子来说，道德教育并不是要塑造，而是培养孩子适应社会的能力，这是当代青少年生存发展的基本能力。

3. 发展的成熟

发展的成熟指什么？第一，从依赖到自理。如果不让孩子自己去面对人生中的不顺和困境，永远都会选择依赖，永远都不会成熟。第二，从被动到主动。如果孩子的一切都被安排好，不需要他主动去思考，去奋斗，这一定对孩子的发展十分不利。积极主动是一种很重要的人生发展状态。第三，从主观到客观。这是一个人的社会性发展的关键。举例来说，很小的孩子到别人家做客，绝不会考虑什么该要，什么不该要，他会根据自己的喜好来决定，得不到满足会用大哭的方式来解决。而到了七八岁，他就会有所考虑，要看父母是否同意。而到了十二三岁，他可能就会自己决定哪些东西可以要，哪些东西坚决不能要。这一过程，就是社会性发展的过程，也是人的道德发展的过程，从主观自我为主，到以他人再到以社会规则为主的过程。如果一个孩子到了该懂规则，该抑制自己，该按照客观标准来约束自己的时候，仍然以自我为主，那就说明这个孩子的社会化很差，他就很难适应现实社会，这也就是所谓的不成熟。孩子的成长需要规范的制约，需要进行社会化，才能适应社会环境，才能发展形成健全的人格，从而为孩子的未来奠定良好的基础。从无知到承担责任，这个过程需要家长的推动，这种推动渗透在与孩子点点滴滴的生活过程中。推动孩子成熟是个复杂的过程，而指导好家长，教师任重道远。

4. 把握儿童思维的特点

成人的思维和儿童的思维差异很大。总的来讲，是感性与理性、形象与抽象的差别。儿童思维更加感性，更加形象。这就意味着，我们在与孩子交流的过程中，要把一些理念、思想转换成儿童可以接受的、感性的、形象的东西。

三、认识6~12岁儿童的发展任务

1. 儿童期的发展任务

儿童期的发展任务来源于发展任务学说，儿童期是指6~12岁这一阶段，

而这大体与我国小学生的年龄段相一致。关于人的发展，发展任务学说的理论比较具有说服力，其中最具代表性的是美国社会心理学家哈斯格威特提出的。他把人的一生划分为6个阶段，分别是婴幼儿时期、儿童期、青少年期、青年期、中年期、老年期，每个阶段提出了6~10个发展任务。

其中6~12岁是儿童期。儿童期和青少年期是人的发展任务最多的时期，都是9~10条任务。到了青年期、中年期和老年期，任务就变成6条、8条、7条。从这个角度而言，人生发展的最重要的阶段就在于儿童期和青少年期。放到教育的框架中来看，也就是处于小学教育阶段的儿童具有特别重要的发展任务。对于6~12岁，也就是儿童期，哈斯格威特提出了9项任务。

第一，学习普通游戏中所需的身体技能。这点其实是很容易被人忽略的，因为很多人不大重视游戏对儿童的极端重要性。现在很多成年人的身体协调性差，反应不敏捷，大多与其小时候的经历有关，尤其是儿童期的游戏经历有关。其实，在游戏中，孩子不仅能够收获快乐，更重要的会影响其身体技能的形成，这对孩子的未来发展十分重要。

第二，对自己作为一个成长中的生物形成全面看法。这就是要帮助孩子认识他身体的变化，以及由此带来的心理和社会性的变化，这是这个时期的重要的，也是我们日常生活中家长不够重视的发展任务。

第三，和同龄伙伴处好关系。小学阶段的教育为孩子提供一个与同龄人相处相融的平台，在这个平台中，他要学会如何跟别人相处。

第四，学做适当的男性或者女性的社会角色。西方社会很讲究性别社会化，这个阶段是个关键阶段。

第五，学习文化和科学。小学阶段是为文化和科学的学习打基础的重要阶段。

第六，掌握日常中所需要的概念。概念往往带有一定的抽象性，它是把同类的东西集中起来，归纳形成统一的定义。掌握概念是人生很重要的思维能力。

第七，发展道德和价值观念。这个阶段是道德发展的重要阶段，价值观的发展在整体任务当中处于中心和基础的位置。

第八，获得个人情感独立。这主要是指从父母或其他人那里获得情感上

的独立，儿童在发展的早期，即0~6岁时期，需要和父母及其他人建立情感联系，这是一生健康情感发展的基础，而到了儿童后期，必须推动孩子从家庭走向社会，脱离父母的情感依赖，走向情感的独立。

第九，对社会集团和社会制度形成个人看法。过去我们总觉得对小学生进行爱党爱社会主义教育超出了小学生的接受范围，但通过哈斯格威特的观点可以发现，美国人认为在这个阶段，对孩子进行基本政治观念的教育是十分必要的。这也给我们提供了理论依据，即小学阶段的政治教育是必不可少的。

2. 发展是综合性的

综观哈斯格威特的这9项任务，基本上都是社会性发展的任务。身体技能还可以暂时说它是生理上的，另外其他所有的方面全部是社会性发展任务。可以看出，6~12岁这一阶段是人生重要的社会性发展阶段。哈斯格维特明确指出，这6个阶段的任务，所有不同社会制度、不同发展阶段的人都需要面对。另外，他明确提出，发展任务实际上是人正常发展的基础。如果一个孩子在6~12岁的阶段不能完成某项任务，就可能会形成人生缺陷，而这种缺陷是难以弥补的，其社会化程度和生活顺利程度都会受到一定程度的影响。

发展任务的提出，为每一个家长需要关注的范畴和内容提供了明确的框架，也为老师指导家长提供了分析的基本体系。所以在儿童成长过程中，家长要有意识地把控这些基本任务，教师在辅导家长时也必须注意不忘这些重要内容。

四、把握儿童青少年发展的系统

1. 个体发展的体系

孩子怎么发展？从个体发展系统来看，主要包括三个方面：①生理层面，主要是指生命，包括形体、健康。②心理层面，包括认知、情绪、情感、意志、人格、自我。③社会层面，包括社会功能、人际关系、道德发展（社会化）。人一生之中最重要的三大体系——家庭、学校和社会。这三大体系对孩子的发展来说，会形成非常复杂的互动关系，它主要有两大途径：

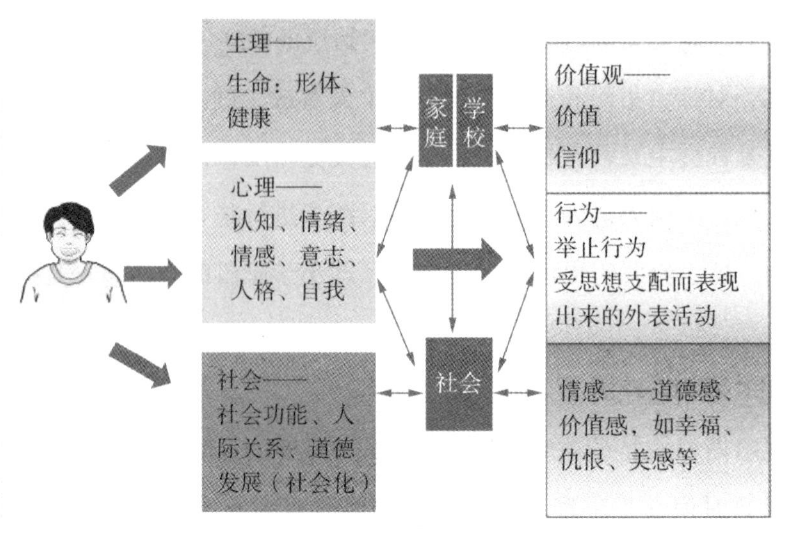

一是教诲，主要指成人社会的教诲，包括教师和家长的教诲。另一个是个体实践，个体想要去听去看去参与。而成为一个合格的人必然包括三个方面，是这三个方面在个人身上和谐统一：①价值观。这主要表现在日常生活当中的价值和信仰，意指什么对什么错的标准。②行为。即个体表现出来的行为模式、行为特征。③情感。即个体表现出来的道德感、价值感、幸福、仇恨、美感等。这些东西共同构成了一个合格的人。

我们的工作是从个体的发展角度出发，同时着眼于国家社会对人的、对个体的要求，通过教诲引领，辅导实践，实现个体的健全发展。在这一过程中，学校是主导，家庭是关键，社会是重要保障，通过学校联结家庭、联结社会。三者相互联结，形成合力，才能实现个人的发展。

2. 儿童的社会化

儿童教育的根本任务在于推动儿童发展，实现儿童的社会化。什么叫社会化？简单地说，就是一个人必须适应社会。适应社会的过程就是社会化的过程。社会化的任务有很多。

第一，掌握生活技能，这里包括做饭、洗衣服，也包括精神和社会层面，如何跟人打交道，如何处理社会问题等等。

第二，学习社会文化。这里所说的文化不是狭义的文化，它还包括社会规则、社会习俗等。

第三，形成自我和个性。其实社会化是社会规则对个体的建构。个人需要在遵从社会规则的前提下实现。遵守社会规则，才能发挥自我个性。

第四，承担社会角色。人具有多重角色，每个人都需要承担不同的角色。所谓角色就是社会对人的行为期待。就老师而言，社会期待可能就是以身作则，有学问，有高尚的道德品质。学会扮演好自己的角色，满足社会期待，这就是社会化的过程。

影响社会的因素有很多，家庭、学校、团体、大众传媒等都对社会化产生影响，其中家庭是最具影响力的因素，家庭在人的社会化过程中具有举足轻重的作用，所以搞好家庭教育，是推动人的社会化的根本和关键。而教育最重要的任务就是让人顺利地实现社会化。

美国精神病学会为儿童社会化制定了一个标准：①至少有一个维持6个月以上的朋友。②在看不到什么好处的情况下，主动帮助别人。③做错了事，造成了明显的不良后果，能够在没有被别人发现的情况下，主动认错。④别人做了对他不利的事情，能够原谅别人，不指责不告状。⑤能够分享别人的幸福快乐。这五条看起来很简单，但做起来并不容易。它很平实，很简单，很日常，但是做到并不容易。这个标准是精神病协会为孩子做的，也就意味着如果能够做到这五条，这个人一生将与健康快乐相随。与此同时，这也给我们一定的启发。启发我们可以在学校里、在班级中培养这些风气，推动孩子形成这种行为模式。

不可忽视的是，孩子日常生活行为模式的形成，家庭具有重要的作用。所以，在推动孩子发展，帮助孩子实现健康顺利的社会化的层面，家庭肩负着最重要的责任。

第六节　家庭教育的方法

由于家庭教育内容广泛，孩子的个性千差万别，且不同家庭有着不同的情况，因此，从一定意义上而言，家庭教育特别需要科学的方法。

家长的烦恼往往是全方位的，很多家长非常需要很直接的指导。他们经常会提出各种各样的问题，比如有的孩子家长说："我的孩子挺聪明的，但是他就不爱读书，怎么能培养他的读书兴趣？我一直没有好方法，我不知道怎么能让孩子养成爱读书的好习惯。"也有家长抱怨："我的孩子作文词汇贫乏，错别字连篇，他也不让我看，我说他也不听，我特别着急，也不知道该怎么办。"还有的家长提出："我那孩子读初一、初二年级，我特希望他能学点艺术方面的特长，他就是不肯学，我怎样才能动员他去学？"

家长遇到的问题都很具体，而对于从事一线教育的教师来说，经常会碰到不同的学生，也会面临来求教各种各样问题的家长。如何面对这样的情况？如何解决家长的问题？如何在家庭教育中有效使用科学的方法？本节主要就是阐述家庭教育的科学方法。

一、怎样辅导孩子学习

在孩子的学习上有不少家长是本末倒置的。许多家长更关注的是孩子的成绩，更关注的是有没有做完作业、作业的质量怎样，更关注的是在班里的排名。同时，在对孩子的学习辅导上，所采取的方法就是简单的一味督促，甚至还替孩子做作业等。家长辅导孩子到底该干什么、应该承担什么角色？这是亟待解决的原则性问题。

首先，应该明确的是家庭学习辅导中家长该干什么。一般来说，需要做到三件事。

1. 提供一个合适的学习环境

在家庭辅导中，家长要提供一个合适的学习环境。日常生活中有一个很常见的现象，当孩子在屋里学习的时候，家长大都在看电视，电视声音还不时传进去。这种环境下，孩子的学习效果会非常差，孩子需要一个安静的、适合学习的环境，周围尤其是家长自身的行动尽量不要打扰到孩子。

还有一种情况，当孩子在学习的时候，家长虽然没有发出什么影响其学习的声音，但有的家长会不时开门，一会儿说要不要喝水，一会儿又问有什么需要等，事实上，这是一种过度关怀，对正在认真学习的孩子来说，这实质上就是一种干扰。当然，家长在避免带来过度关怀的同时，也需要注意，在孩子年龄较小的时候，也要避免过早放手。对于一二年级的孩子来讲，他的自控能力比较差，所以低年级的孩子在做作业或者复习功课的时候，需要必要的陪伴，这个陪伴要有一定的度，家长要帮助孩子在小的时候就养成一种时间管理的概念，学会自我管理。

2. 关注孩子的情绪状态

每个孩子对学习生活都有一个适应的过程，在学习中也会遇到一些困难，难免会产生一些负面情绪，比如焦躁、不安、忧虑，甚至厌学等。这时候，家长需要做的就是要保证孩子的情绪和身心健康。

对于已经产生负面情绪的孩子，家长要采取积极措施帮助孩子调整情绪，使他能达到一种正常愉快学习的基础状态。举个例子来说，有的孩子可能在某段时期内和同学关系出现了问题，情绪不好，影响了学习，这时候，家长可以采取一些措施，比如带着孩子去运动放松，或者带着去游乐场玩玩，在陪伴过程中多和孩子聊聊天、谈谈心，帮孩子把内在的负面情绪释放出来，也把自己的心里话说出来，从而达到一个好的学习状态。

3. 激发动机，培养习惯

在基础教育阶段，孩子的智力状态和学习成绩没有太大的关系。影响孩子学习状态最主要的有两个因素：第一是学习动机，即孩子愿不愿意学；第二是学习习惯。

围绕这两个问题，家长相应要做的，首先是激发孩子的学习动力。许多家长经常会有一些比较宏观的引领，比如说对国家未来发展的憧憬，包括

中国梦实现的目标，也包括对自己未来人生的规划等。虽然适当的宏观引领很有必要，但也应该从实际出发，要考虑到孩子的现实情况。很多时候，这些宏伟目标离孩子太远，跟孩子现实生活的实在感受有很大的距离，孩子不会有更多的感触。事实上，直接促使孩子认真学习的有两条：第一是求知欲望，他觉得学某些东西很有意思，很想去学。第二是成功欲望，通过学习他获得了周围的肯定，能够获得一种满足感。一般而言，欲望是人重要的心理动力，一个孩子想知道、想学，并在每次学习、每次付出后，能够获得别人的肯定，那么这种欲望就能推动他认真学习。

我们可以用一个例子来说明这种状态：一个低年级孩子在学校学了《曹冲称象》的课文。父母无意间问到了这一话题，和孩子一起思考讨论现今的称重方式，鼓励孩子探索新知，孩子了解到如果曹冲生在现代，就完全没必要用船称重了，现在可以用地秤。但这又牵扯出了新的疑问：地秤是谁发明的？地秤的原理是什么？通过这种简单的议论和讨论，不仅解决了孩子的疑问，更培养了孩子认真思考，探求新知的能力。这个过程十分重要，也非常必要。如果发展顺利的话，这个孩子的学习兴趣会得到充分激发，课堂上，他会认真听讲，吸取新知。课下，他能够与同学讨论，深入详细地吸收每一个知识点。孩子有了基础的学习状态，就能够适应学校环境的变化，通过家长的适度引导，孩子就能够保持良好的求知欲望，并不断实现他的成功欲望。另一个，就是培养孩子好的学习习惯。可以这样认为，凡是学习成绩好的孩子，全是上课认真听讲的孩子；或者说，凡是学习成绩好的孩子，都是会学习的孩子，这与好的学习习惯密不可分。

4. 教会孩子学习

好的学习习惯该如何培养呢？有三点至关重要：一是培养孩子的注意力。网上有很多关于培养孩子注意力的方法，涉及孩子的各个年龄段。比如，在孩子一两岁时，可以通过推球训练，就是把球来回地推给孩子，吸引孩子的注意力。到孩子五六岁时，可以通过讲故事来锻炼孩子的注意力，就是让孩子复述父母刚刚讲过的故事。这就要求孩子必须仔细聆听父母所讲的故事。全神贯注听故事的过程，实际上就是培养注意力的过程。复述故事，还可以提升孩子的想象力和表达能力。二是培养孩子思考的习惯。学习最忌讳懒惰，不动脑不行。孩子有问题，家长最先做的不是立马告诉孩子答案，而是要和孩子讨论，鼓励孩子思考，通过这种训练，再遇到同样的问题，孩子就会从他的知识体系、思维方式中寻找答案，而不是继续求教父母，这是一种很重要的能力。三是培养孩子的严谨态度。严谨的学习作风在学习过程中意义重大，做事认真仔细不马虎，不拖拉，精益求精，坚持不懈，这些态度决定了孩子能在学习上取得多大的进步。

其实，学习好的学生有几个特质，这些特质应当能给我们一些启发：一是爱学习，二是有良好的学习习惯，三是能够不断在学习上拥有成功的体验，从而有更充足的动力投入到学习之中。这三个特质，也是老师辅导家长，推动孩子建立良好的学习习惯，形成良好学习状态的重要内容。

二、善用表扬奖励和惩治

家长明确了自己需要做的事情之后，需要懂得表扬、奖励和惩治。

1. 学会表扬孩子

表扬需要遵循一些基本原则，既不能不用，也不能滥用。①及时、具体、实事求是。尤其是具体，不能简单地重复“你真棒”，而是要明确地让孩子知道棒在哪儿，知道为什么受到表扬。只有指向明确、具体、及时和实事求是的表扬，才是有效的。②看到孩子的真实情况。有的家长只承认自己期望的情况，从来看不到孩子的真实情况，总是找不到表扬孩子的机会，从而造成孩子学习没有动力和欲望。因此。家长必须了解孩子的实际情况，及时给予表扬和肯定。③使用精神奖励。家长可以给予孩子物质奖励，但最好不要事先承诺，也不能滥用，注重使用精神奖励，对孩子来说，随着年龄的增长，精神上的鼓励和肯定就愈显重要。

2. 把握批评的策略

批评也需要策略，怎么批评？有两个建议可供参考。

（1）不能把自己的情绪和孩子的过失相混淆，这是最重要的原则。家长与孩子之间有着非常深厚的情感，因此，家长在处理与孩子相关的问题的时候，往往会用情绪感染的方法。值得注意的是，家长不能让情绪影响思维，尤其在批评孩子的时候，批评的依据应该是孩子的过失，而不是自己

的情绪。要尽量避免所谓的“气说”和“气打”，即因为生气说孩子和打孩子。现在的孩子社会化成熟度很高，如果以一种无是非的、情绪化的态度批评孩子，会使得孩子很早就开始叛逆。

（2）批评要聚焦，针对的是孩子的过失而非孩子本人。有些家长特别是母亲在批评孩子的时候往往很絮叨，明明说的是某件事，但不经意间就偏离了问题，甚至把对事情的批评变成了对孩子整个人的否定，长此以往，孩子会越来越反叛。经过调查，孩子对待家长的批评一般最烦三件事：一是“上下五千年”，从头说到尾，没完没了；二是比较，就是“隔壁家的孩子”；三是“不批评不吃饭”，很多家长一到吃饭的时候就开始数落孩子，饭没吃完数落就不停。这种类型的批评，往往会给孩子带来很大的伤害，并因此形成孩子的反叛。父母要抓住有效批评的三要素。批评不是目的，需要讲清楚问题，要让孩子明白错在哪，明白这件事情的严重性，并且知道以后怎么去认识和面对同样的事而不犯错。这就是有效批评的三要素，即：你错在哪了，后果是什么，我的态度和感受是什么。

3. 善用惩罚

现代教育不主张打骂孩子，但不打骂不等于不惩罚。很多人对西方教育有一种误读，觉得西方的家庭不惩罚孩子，事实上，惩罚是全世界所有教育共同使用的一种方法。惩罚的关键在于科学，用什么方法惩罚，一般有两种方法。

（1）限制或剥夺孩子的某些权利。美国著名作家马克·吐温写过他自己的故事，他有三个女儿，有一次大女儿欺负了小女儿，马克·吐温就不允许大女儿假期跟他们一起乘甘草马车下乡。那时候乘甘草马车下乡对这三个孩子来说是一件非常美妙又渴望的事。大女儿伤心地求他并进行检讨，马克·吐温非常难受，但还是坚决地不让她去。就是因为你欺负妹妹，所以剥夺了你的权利。这看起来很残酷，但是却让孩子懂得做错了事，就要付出代价。中国也有不少家庭会用这种方法，比如孩子做错一件事情，原来每天可以看1小时的动画片，剥夺20分钟，每天留40分钟，两周之内坚决执行。

（2）让孩子用行为补过，这是世界上通用的一种惩罚方式，也是我们在家庭教育当中倡导家长去使用的。同时，在惩罚的执行上，一定要坚持，如果半途而废，惩罚的目标就无法达到。一旦因为没有坚持执行而让孩子形成某些习惯，矫治起来就变得更加困难。因此，只要采用了科学的惩罚方式，就要坚持下去，且绝不妥协。

三、怎么让孩子听话

“怎么让孩子听话？”是家庭教育中经常会遇到的问题。让孩子听话，关键在于改善亲子关系，在于建立平等的信任的关系。具体怎么做？以下有几个方法可以参考。

1. 使用正面的语句跟孩子说话

每个孩子都是独立发展的主体，应该尊重孩子的主体性，以一种相对“平等”的角度看待孩子，使用正面的语句去交流。

2. 建立好的沟通模式

好的亲子关系需要建立好的沟通模式，例如要有固定的谈话时间，遵循“说我不说你”的原则。一个父亲曾对他与孩子之间的关系问题感到很苦恼。他的儿子进入青春期，有些叛逆，而且爱臭美，对他的态度也与之前有很大的区别，一副满不在乎的样子。这其实是很多家长在孩子青春期时都会遇到的问题，而且家长的态度和做法会直接影响到与孩子之间的关系。管得严了，孩子不满；放手不管，又觉得没有尽到做父母的责任。专家给他的建议是，找一个比较安静的餐厅，与孩子说自己的工作，不去打听孩子的情况，并尽可能在同一家餐厅的同一个位置，持续一段时间。现在有的家长与孩子沟通，其实都不是沟通，因为沟通的前提是双方地位的平等，有的父母更像是在审问孩子，是以一种居高临下的态度与孩子进行交流，这自然会招致孩了的抵触和反叛情绪，更不用说和孩子建立良好的信任关系了。

其实，孩子并没有很多家长想的那么复杂，当然也不是那么简单。很多家长嘴上说着要与孩子成为朋友关系，但实际做时，那种不对等的思维一直存在。这是因为他们经常以自己的视角来看孩子，对孩子进行教诲。在与孩子交流的过程中，要遵循“说我不说你”的原则，不把自己的经验强加于孩子的身上，要说自己的故事让孩子把你当成朋友，要遵守孩子的规则，不要对孩子的做法指手画脚。

后来这位家长反馈，他描述了第一次请孩子吃饭的情景，惊讶的表情写在了孩子的脸上。在饭桌上，他遵循了“说我不说你”的原则，跟孩子说，自己工作有多不顺利，遇到了什么困难。情况出现了变化，孩子开始主动说自己班级的情况，说自己与同学之间的关系，从明星聊到国家大事。话匣子一旦打开，亲近的感觉就又回来了。后来，孩子开始主动谈论自己的事情，包括对女孩子的感觉，向父亲征求意见，这在以前是绝不可能发生的。这其实就与孩子成了朋友，成为无话不说的伙伴，而不是高高在上的威严家长。

这个案例里其实有两个很重要的东西，也是建立和谐亲密的亲子关系的关键。一个是“说我不说你”。“说我不说你”是平等亲子关系的基础。若干年前，曾经有一位西北某城市的父亲，他的女儿进入青春期后开始反叛。为了了解女儿的情况，他就想了个招。他申请了一个QQ号，化名为娇娇，与女儿进行交流。他的女儿把他当成了闺蜜，什么事都跟他说。这其实是一种很危险的行为，他的女儿已经出现了叛逆情绪，一旦发现自己的“闺蜜”是自己的父亲，孩子会感到强烈的背叛和欺骗，这不仅会影响父女关系，更会对孩子的未来发展产生极其不利的影响。这种欺骗和背叛的感觉会影响到她的一生，会影响她的价值观。另一个是要固定时间，甚至固定地点。因为对孩子来说，固定的时间、地点会有一种仪式感。仪式对孩子意义非常大，仪式的作用不仅是表面的形式那么简单，其背后蕴含着更丰富的内容。固定座位、固定时间、固定地点都是形式，这种形式会在孩子头脑中形成完整的影像，他会期盼着这种东西，但实际上他所期盼的是一种平等的交流。

3. 注意谈话的态度

家长在跟孩子谈话的时候，态度尤为重要。首先要表达出自己内心真实的意思，并对所说的负责，不使用不能实现的诺言或者是威胁。有很多家长忽略了这一点，把自己小时候父母的用法“还原”到现在的孩子身上。这一代的家长在小时候可能都听到过“你再哭，老虎就把你叼走了”之类的威胁，并且还相信了，但现在的孩子很聪明，绝不会再相信类似的话。与此类似的，有个上四年级的孩子，考试考不好之后他母亲跟他说：“你要再考不好就打断你的腿，不给你饭吃！”其实孩子心里非常清楚，家长绝不可能打断他的腿，也不可能不给他饭吃，那些话就是随口一说，没有丝毫效果可言。甚至还有一些家长会随意给出承诺，比如“你好好考，你这次考了前三名，我带你去玩”。孩子会很认真地对待这种承诺，并且会非常认真地去努力以达到这个承诺的目标。而家长则不同，许多家长只是把这种承诺当作对孩子的鼓励，说过就忘。事实上，这种随意性的教育模式，对今天的孩子已经极不适用。

现在的孩子能接触到大量的信息，思想普遍较为早熟。举一个简单的例子：有一个上初二的女孩，她母亲意外怀孕了，她特别生气，就去跟她父亲谈：“你为什么不告诉我？我是不是这个家庭的一员？我有没有知情权？”她父亲解释说是意外，并不是有准备地要孩子，但她始终义正词严，说即便是意外，也必须尊重知情权。面对这些孩子，类似“打断你的腿”这种话一点用处都没有，家长必须说出真实意思，并对所说的话负责。

4. 积极倾听

沟通是双向的。我们并不是单纯地向孩子灌输自己的思想，还应该学会积极的倾听。倾听的能力是一种技巧，需要专心，每个人都可以透过耐心和练习来发展这项能力。倾听是了解孩子的重要途径，它表明了对孩子的态度。最直观的倾听，要求在跟孩子说话的时候要注视着他的眼睛。

有些家长自己并没有意识到没有好好听孩子说话，但孩子往往都很敏感，甚至有的孩子还会把这种细微的动作放大，联想到是不是父母并不爱自己，不想和自己说话等。因此，在希望孩子能听话，希望能加强和孩子沟通的时候，要特别注重倾听。

5. 建构轻松交流的家庭氛围

相亲相爱是家庭教育中重要的原则，怎么才能够实现相亲相爱？一个行之有效的做法是建构轻松交流的家庭氛围，有一个轻松交流的时间和空间。家庭成员间轻松交流的过程，实际上是一个家庭在一起表达感情、表达温暖、体现相互支持的一个重要的场景的展现。它有两个很明显的结果：①这种氛围下的家庭是和谐的，家庭成员间的关系也是融洽的，孩子就会受环境的影响，也会很听话。②这种相亲相爱、互相支持的状态会影响孩子的一生，孩子长大了一定是一个温暖的人，对他人、对社会充满了温暖，充满了情感。因此，他的一生也会很快乐，因为他不纠结，他对生活和未来都是

一种乐观向上的态度。

四、阿德勒的育儿方法

阿德勒是奥地利著名的精神病学家，个体心理学的创始人。他提出了二十条在世界上很有影响的育儿方法。虽然他讲的是方法，但我们可以从中看出，态度比方法更重要。通过对阿德勒二十条育儿方法的剖析，我们可以理清方法和态度之间的关系。

第一，评价孩子之前，首先要好好观察孩子。上文也谈到了怎么批评，怎么表扬，阿德勒谈了一个前提：观察，观察基于了解和认识。

第二，想了解孩子，父母首先应该跟孩子说话。在现代社会的中国，有不少家长过于忙于事业，忽略了对孩子的陪伴，这对孩子的成长来说是缺失的，因此，正如上文所述，家长要加强和孩子的沟通，多陪伴孩子，与孩子一起干活、处理问题。

第三，提高孩子自身的自我评价，家长要是从来不表扬和肯定孩子，总是批评，那他永远提高不了他的自我评价。

第四，只看孩子的优点和能干的事情。这点对很多中国家长来说很难做到，很多家长总会有抱怨，觉得自己的孩子不如别人，特别是当家长有了功利的目标之后，总觉得自己的孩子不可能像别人的孩子那样成功。

第五，检查一下父母自身。实际上，当很多父母开始意识到该检查自己的时候，往往已经晚了。应该在初当父母的时候就要不断地反思总结。

第六，肯定孩子的现在。这一条与看孩子优点和能干的事情是相连的，家长不要预期，也不要总是回顾过去，要肯定孩子的现在。

第七，帮助孩子找到自己的位置。在家庭关系中，孩子会注重寻找自己的定位，家长要给予他这种位置。

第八，孩子对父母有秘密是很正常的。家长总是对孩子有一种过强的控制欲，对现今社会而言，应当提倡一种独立性，家长不应该抓得太紧以至让孩子感到窒息，要给予孩子一定的自己的空间。

第九，孩子的行为所造成的不良的后果也作为情报告诉孩子。这是一种分析的态度，而不是谴责。不是把行为的后果作为指责去跟孩子说，而是作为消息、作为情报，甚至作为秘密去跟孩子说。不给孩子灌输父母或他人对价值的判断，这并不意味着不进行价值观教育，也不是不进行正确的政治观念思想的教育，它强调的是让孩子自己去获得。当然了，政治观念、道德观念是需要灌输的，但是这个灌输是指结果，而不是方式。习近平总书记关于少年儿童培育和践行社会主义核心价值观的论述，第一条就是“记住要求”，即家长要把核心价值观的一些内容让孩子记住，要灌输给孩子，且是作为结果的一种灌输。

第十，方法必须根据孩子的特点，让孩子成为主体。

第十一，对孩子的求知不要有问必答，这是一个颠覆我们既往教育观念的认知。实际上，这一条也是在强调一种自决性，家长不是万事皆知的，对孩子问题的回答不应该是一种替代性的“我告诉你”，更好的方式是“我们一起解决”。

第十二，父母也可以向孩子要求协助，这也是在观念上的突破，而且是一种很具体的方法。

第十三，父母和孩子之间互相信赖的关系比什么都重要。信赖关系是建立有效沟通的必要条件，有了信赖才能够平等地对话。

第十四，让孩子自己做出决定，即自决，不替代。家长容易也经常给孩子做出决定，比如孩子跟其他人发生冲突了，家长上去替代，孩子不仅不可能获得成长，而且也会丧失教育的机会。家长更应该给他方法，给他指导，然后让他自己去选择。

第十五，让孩子说出自己的意见，即给予他空间。这也要建立在信任、有效沟通的基础上。

第十六，培养孩子的主动性。主动性是一种结果，要通过多种方式来实现。

第十七，失败的经验不可少。有的家长不能容忍孩子失败，这是荒谬的。任何人的人生都有失败，只有能够坦然面对失败的人，才能够有勇气前行。因此，家长要改变自己的态度和做法。

第十八，学习智慧比学习知识更重要。这其实是在说一种学习的能力，学会学习比掌握知识重要。

第十九，没必要把孩子委托办理的事情全部做到。这意味着给孩子一个真实的世界，让孩子学会面对不同的世界。

第二十，不应该给孩子命令，而应该是方法。这涉及两方面的内涵，一方面表明了一种态度，命令是强势的表现，方法则是建议。另一方面，意味着家长要更多地给予指导，而不是强迫。

五、教师对个别家长的辅导

我们用一个案例来解读教师怎么辅导家长解决孩子的问题。一个一年级的孩子，性格比较孤僻，不合群，还喜欢打人，学习成绩也比较差；上课的时候小动作多，缺乏约束力。这该如何解决呢？这个孩子的老师主要从家庭角度做了认真的分析。他分析，孩子的父亲长期在外做生意，父母经常吵架，关系很差，家庭矛盾很深。而且母亲也没有承担起教育孩子的责任。孩子的父母把孩子放到寄宿制学校，平时对孩子也缺乏足够的关心，唯一的方式就是进行物质上的补偿，用金钱满足孩子，弥补孩子。同时，母亲由于受到父亲的谴责，就对他更加严格，所以他对母亲有很强烈的抵触情绪。

分析清楚之后，要做的就是对孩子进行全面的辅导。首先全面了解孩子的生活习惯、个性特点、兴趣爱好等，对他采取多鼓励少批评的方法，逐步增强孩子的自信。这可能是一般教师都会选择的方法。但同时，家长的作用也不容忽视，需要对家长提出一系列的要求。教师要与家长进行沟通交流，把孩子的情况及时告知父母，并提供具体的对策建议：①建议父母中一人，每个周五必须亲自接送孩子回家过周末。周六周日陪孩子学习一小时、游戏一小时、看一集动画片，和孩子一起打扫卫生、洗澡、洗衣服。这些都是很具体的对策，而不是把那种书面化的规则反馈给家长。很多时候，家长需要的都是具体的对策，因为他们不知道该如何帮助孩子，改善与孩子之间的关系。②吵架时要避免相互埋怨，并尽量避开孩子。③表扬和鼓励也需要用心，这种用心并不仅仅体现在物质上的奖赏，而是要让孩子充分感受到父母对他的关注，对他的爱。④孩子提出的合理要求，父母一定要做到。很多父母不把孩子的要求当回事，以遗忘作为应付孩子的借口，这会大大挫伤孩子的积极性，也会减弱父母在孩子心中的威信力。

这四点主要是对父母提出的要求，也就是说，在解决这个孩子的问题上动用了社会资源，同时直接干预父母、干预家庭。在老师的启发下，父母就孩子教育的方式方法达成共识，父母的教育意识有所增强，与孩子沟通的时间也显著增加，孩子的状况也就越来越好。这表明，教师通过全面的调查分析，通过与父母的联合，是解决孩子的难题的重要手段和重要途径。

教师指导家庭教育，除了在学校开展有家长参加的各种教育活动，还要注意对个别家庭、个别孩子的父母做直接的专业性的辅导。随着社会发展，随着家庭教育的深入，对教师解决问题的能力也会提出更高的要求。教师不仅要有很强的教学能力、丰富的专业知识，更要有指导家庭教育的本领，能够对个别学生、个别家庭进行专业有效的辅导。家庭教育的内容非常广泛，家庭教育的方法也十分复杂，这就需要有更多的教师投入到家庭教育中来。

【作者简介】

陆士桢：中国青年政治学院青少年研究院名誉院长、教授，中国青少年研究会副会长，中国少先队工作学会副会长。曾任中国青年政治学院党委书记、常务副院长等职，兼任中国社会工作联合会专家委员会主任，享受国务院政府特殊津贴。在社会工作、社会保障、志愿服务及青少年儿童研究等领域有较高学术造诣。主要著作有《儿童社会工作》《青少年社会工作》《以德治国教育读本》《家庭与下一代》等。

第三章

家庭教育：学校的责任，家长的本分

王文湛

我们共同学习习近平总书记的三次讲话：第一次，2015年2月17日，在春节团拜会上的讲话。习近平指出，家庭是社会的基本细胞，是人生的第一所学校。不论时代发生多大变化，不论生活格局发生多大变化，我们都要重视家庭建设，注重家庭、注重家教、注重家风，紧密结合培育和弘扬社会主义核心价值观，发扬光大中华民族传统家庭美德，促进家庭和睦，促进亲人相亲相爱，促进下一代健康成长，促进老年人老有所养，使千千万万个家庭成为国家发展、民族进步、社会和谐的重要基点。这里面讲到三个注重：注重家庭、注重家教、注重家风。什么叫家风？家风是指一个家庭的文化底蕴、传统习性、家庭成员间的关系、为人处事的原则、工作态度、思维方式和价值观念，等等。好的家风是阳光，是雨露，给家庭每个成员以温暖以滋润。好的家风好比一个强大的磁场，吸引家庭的每个成员，给他们以正能量。好的家风是好的家教的基础，好的家风是世代相传的。

第二次，2016年9月9日，教师节的前夕，在北京市八一学校的讲话。习近平对基础教育讲了三句话：基础教育是立德树人的事业，要旗帜鲜明地加强思想政治教育、品德教育，加强社会主义核心价值观的教育，引导学生自尊自信自立自强。基础教育是提高民族素质的奠基工程，要遵循青少年成长的特点和规律，扎实做好基础的文章。基础教育要树立强烈的人才观，大力推进素质教育，鼓励学校办出特色，鼓励教师教出风格。对教师，习近平也讲了三句话：一个人遇到好老师是人生的幸运。一个学校拥有好老师是学校的光荣。一个民族源源不断地涌现出一批又一批好老师则是民族的希望。对中小学生，习近平讲了如下的话：中小学生是青少年的主体，是国家的未来和希望。中小学生要立志成才，必须勤奋学习、提高综合素质，努力做到修身立德、志存高远，勤学上进、追求卓越，强健体魄、健康身心，锤炼意志、砥砺坚韧，从小就让社会主义核心价值观的种子在心中生根发芽，把国家、民族、人民装在心中。

第三次，2016年12月12日，在中央文明委召开的第一届全国文明家庭表彰大会上的讲话。习近平指出，家庭和睦则社会安宁，家庭幸福则社会祥和，家庭文明则社会文明。我们要认识到，千家万户都好，国家才能好，民族才能好。我们还要认识到，国家好，民族好，家庭才能好。只有实现中华

民族伟大复兴的中国梦，家庭梦才能梦想成真。家庭是人生的第一个课堂，父母是孩子的第一任老师。家庭教育涉及很多方面，但最重要的是品德教育，是如何做人的教育。

习近平的三次讲话非常重要，为我国基础教育和家庭教育指明了方向，也是我今天讲话的指导思想。我今天讲课的题目就是习近平讲的注重家庭，注重家教，注重家风，三个注重。

当前和今后相当长的时间内，教育战线尤其是基础教育的中心工作，一是提高质量，二是促进公平。促进公平主要是政府的责任，提高质量主要是学校和家庭的责任。所以我今天主要对家长和学校老师讲话，着重讲提高质量的问题，需要家庭和学校紧密地配合。两个车轮，一个车轮是家庭，一个车轮是学校，要两个车轮一起前进，教育好孩子，才能提高质量。在这个题目下，我准备讲三个大问题：一是教师与家长联手共同育人。二是家庭教育的一些建议和思考。三是教师和家长要用爱心、知识、智慧照亮孩子的人生，肩负起育人育己的双重任务。

第一节　教师与家长联手共同育人

一、教师与家长要全面贯彻党的教育方针，促进孩子德智体美全面发展

1. 加强德育，提高质量

在加强德育方面，这里讲六点：

（1）如何科学地准确地一分为二地评价当代青少年思想状况。现在社会上对这个问题看法是不一致的，议论纷纷。首先对这个问题要统一思想，我认为当代青少年的主流是积极的、健康的、向上的。①他们爱党爱国爱社会主义。②他们为改革开放取得的巨大进步和社会主义建设取得的巨大成就而欢欣鼓舞。③他们盼望祖国的统一，盼望中国梦早日实现。④他们正在努力培育践行社会主义核心价值观。⑤当代青少年的综合素质比过去任一代青

少年都有很大的提高。⑥他们为振兴中华而努力学习。这是主流，对这一点必须给予充分的肯定。

每年都出现大批的三好学生、优秀干部、先进集体。大连瓦房店一所农村小学，16个孩子课余在操场上玩，突然看见山林着火，自动上去救火，终因风大火急，力不从心，8个被烧死，另外8个也受了伤，3500名老百姓自动集合起来为他们送葬，场面很感人。这里我需要强调一点，抗洪救灾、扑灭山火不是孩子们力所能及的，以后不要组织他们去参加。

湖北省一个8岁的女孩，父亲是搬运工人，因工伤下肢瘫痪，母亲是纺织工人，得了癌症，母亲对生活绝望，要自杀。小女孩做她母亲的思想工作，使她安定下来，生活下去。每天不到六点钟她就起床，劈柴做饭，每天下午做完功课以后还要给她父亲按摩，减轻她父亲的病痛。后来她母亲去世了，她父亲被送到福利院，小女孩在学校的帮助下坚强地生活着，被评为"全国十佳少年"。

中央电视台《新闻联播》曾播放了陕北延长县14岁的初二女学生宋彩铃的事迹。宋彩铃的哥哥参军第25天，她父亲出外买化肥，不慎跌入山涧摔死了，家中就剩一个瘫痪的母亲。宋彩铃既要学习又要劳动，又要照顾瘫痪的母亲，生活极其艰苦。宋彩铃的学习成绩很好，在她父亲去世的一年零八个月中，她以她父亲的名义给她哥哥写了20封平安家信，告诉她哥哥家中很好，你不要挂念，在部队好好学习，保卫国家。她哥哥始终不知道他父亲早已去世，一次哥哥来信向家中要200元钱，交军地两用人才培训费，这200元钱对宋彩铃来讲几乎是天文数字，无论如何都拿不出来。正在这时，县里组织学生到县城参加统考，在县医院门口，看到有人排队卖血，她也排队。体检大夫说你年龄太小，不能抽血，她苦苦地哀求，我身体好着呢，家中有特殊困难，请求照顾，最后抽了400毫升血，换了800元钱，给她哥哥寄去了200元，还帮助班里其他家庭困难的同学。由于艰苦的生活，繁重的劳动，加上抽血，她晕倒了，老乡们从口袋里发现了抽血的条子，给她哥哥部队去信，她哥哥和部队首长才知道她父亲早已经去世。

后来我到西安，陕西省教育厅厅长跟我讲，宋彩铃已经初三毕业，她母亲已经去世，哥哥部队复员，宋彩铃被保送到延安中学念高中。后来，我在

北京碰到延安市教育局局长，他告诉我宋彩铃已经高中毕业，参加了高考，考得很好，被一所重点大学录取了。像这样的例子还有很多，充分说明我们中小学的德育是有成绩的，中小学的主流是健康的、积极向上的。

但是，我们要看到另外一面，在当今市场经济下，商品大潮下，改革开放下，我们中学生也受到外边的各种各样的负面影响，也有消极的一面。第一，以自我为中心，处处都考虑自己。第二，言行脱节，知行脱节。第三，缺乏艰苦奋斗的精神，甚至有些人追求吃喝穿戴，讲名牌。第四，一部分学生迷恋网吧，甚至在社会上交一些不三不四的朋友，造成现在未成年人的犯罪率逐年上升。

我在报纸上看到两则消息，心里很不是滋味。一则是在某省会城市，一座高层建筑物上，一个40岁左右的男子在徘徊，想跳楼自杀。楼下的人群中，一方面是公安人员、消防人员积极设法营救；另一方面是围观的几百人，大多数都是中学生，一直在起哄："勇敢点，跳下来，我在下面欢迎你。"最后这名中年男子跳楼自杀了。怎么能为了个人的猎奇而鼓励别人跳楼？这是道德的沦丧，人性的扭曲。

另一则消息来自全国少工委举行的征文比赛。比赛要求少先队员以"2020年，小康生活的我"为题写一篇征文。参加征文的十几万人，主要是小学生，还有一部分初中生。我们看一看孩子们心目中的小康社会都是怎样的。一篇征文写道：下了班，我开着宝马车回到家，一按门铃，门就开了……我雇了三个保镖、两个保姆……我当了庄园主，我有很多外国仆人……我说10句话，就能挣一万多元。我家住在一幢九层的别墅里，顶层是人造海滨浴场，八层是海洋冲浪室，七层是冲浪按摩浴室，六层是家庭酒吧，五层是会客室。四层是健身室，一、二、三层是我和家人的居室。仆人们都住在院子里。《中国教育报》专门针对这次征文发表评论文章《孩子们心中的小康：多了什么？少了什么？》。文章认为，孩子们心中的小康，多了奢华与享受，少了艰苦与奋斗。

为什么会造成这种状况？是多种因素造成的，一是经济体制多元化，二是就业方式多元化，三是分配方式多元化，四是意识形态多元化。对于这种状况，我们一定要有个清醒的认识，教育好青少年儿童，使他们健康地成

长，这是我们家长、老师的首要的任务和神圣的职责。

（2）德育的重要性。德育居首位，德育是方向，德育是灵魂，德育是教育之本，德育是教育之基，德育是教育的生命力所在。谈到素质，思想政治素质、道德品质素质是最重要的素质，不断增强青少年爱国主义、集体主义和社会主义思想是素质教育的灵魂。

（3）德育的内容。根据中央几个重大文件的规定，大中小学着重进行以下五个方面的教育。一是社会主义核心价值体系，社会主义核心价值观教育。二是党的领导，社会主义道路的理想信念教育。三是社会主义荣辱观的教育。四是公民的责任意识法制纪律教育。五是中华优秀文化传统教育。大中小学要着重进行以上五个方面的教育。因为时间关系，我这里着重讲一讲价值体系、价值观教育。中央文件要求把社会主义核心价值体系和社会价值观融入国民教育的全过程。教育部的文件要求，价值体系和价值观要“三进三入”，要求“三个做起”。三进：进校园，进课堂，进教材。三入：入脑，入耳，入心。三个做起：从我做起，从现在做起，从小事做起。

什么叫价值体系和价值观？这两者有什么共同点？有什么不同点？价值体系是2006年中共十六届六中全会提出的。马克思主义指导思想、中国特色社会主义共同理想、以爱国主义为核心的民族精神和以改革创新为核心的时代精神、社会主义荣辱观共同构成中国社会主义核心价值体系。价值体系讲的是国家的大政方针，国家发展的道路，主要是讲给领导尤其是高级领导听的。价值观是十八大提出来的，习近平总书记一再倡导号召的，包括三个层面二十四个字。国家层面：富强，民主，文明，和谐。社会层面：自由、平等、公正、法治。公民层面：爱国，敬业，诚信，友善。什么叫价值观？价值观是判断是非的标准，行为的准则，道德的规范。当前我们的价值观面临着严峻的挑战，一方面西方高喊普世价值观，人权高于主权，人权高于一切，他们打着人权的口号，干涉别国内政，武装推翻别的国家现政权，而且采取双重标准。从国内讲，价值观多元化、异化，领导干部的贪污腐化等不正之风较为严重。经济领域内一些企业制假售假，坑害消费者；学术界的假论文，高考、中考生作弊，达到无以复加的地步。过去信奉毛泽东思想，现在就信服人民币。经济危机不是最大的危机，金融危机也不是最大的危机，

最大的危机是信仰的危机，信念的危机。

正是在这样一个紧要关头，党中央提出培育践行社会主义核心价值观，这是非常必要、非常及时的。价值体系、价值观这两者的共同点都是社会主义意识形态的本质，都是凝聚全国人民的强大思想武器，都是国家长治久安的稳定器。这两者的不同点：价值体系讲的是国家的大政方针、发展的道路，主要是讲给领导特别是高级领导的。价值观是判断是非的标准，行为的准则，这是讲给全社会的，讲给老百姓的。人民有信仰，民族有力量，国家有希望。这三句话是习近平讲的，价值观要从中小学生抓起，从少年儿童抓起。2015年5月30日，儿童节的前夕，习近平总书记在北京民族小学做了题为《让社会主义价值观的种子在少年儿童心中生根发芽》的报告。习近平总书记讲，要系好第一个纽扣，第一个纽扣系不好，下面的扣子很难系好。我们老师和家长，要为孩子们系好人生的第一个纽扣。

（4）德育的途径。中央的文件指出，要把德育贯穿于教育教学的全过程，贯穿于学校教育、家庭教育、社会教育的各个方面。

（5）要丰富和创新德育。

（6）灌输教育与养成教育要并重。中国教育学会小学教育专业委员会，组织全国30个著名的小学校长——将来要准备培养成为教育家的校长，到美国去蹲点考察，一个人蹲点美国一所小学，蹲点半年，回国汇报，他们都谈到美国的中小学生没有思想品德课，没有思想政治课，但美国中小学生文明程度、道德水平比我们高得多，他们德育不讲大道理，就讲学生身边的、他们看得见摸得着的、讲后会照着去做的事情，重在践行，重在养成，落地生根。这就给我们一个启示：要改进我们的德育，既要灌输，又要养成。当前要强调养成教育，培育践行社会主义价值观，培育践行就是养成，养成教育就要做好几个抓起：生活从参加简单的劳动抓起、从参加社会实践抓起；品德从孝心抓起；文明从说话抓起，从礼貌抓起；做人从小时候抓起，从做个好公民抓起。

2. 夯实智育的基础

中央的几个重要文件都要求着力提高教育质量，培养学生的创新精神和实践能力。我讲几个大家普遍关心的问题。

（1）如何评价我国基础教育的质量。它是全社会普遍关心的问题，也是议论纷纷的问题。我经常听到一些家长埋怨，对中国的教育不满意，总觉得西方怎么怎么好，特别是我们的一些媒体专门报道一些负面新闻，来吸引一些人的眼球，搞得我们灰溜溜的。

怎么看待中国的教育质量，特别是基础教育的质量。我也坦率地告诉大家，全世界没有一个国家的老百姓对本国教育是满意的，都不满意，为什么？期望值过高，都希望自己孩子受到好的教育，恨铁不成钢。我也负责任地告诉大家，中国基础教育的质量在世界上是领先的。我举几个例子，我到美国去，美国一个教育专家跟我讲，中国的基础教育加上美国的高等教育是最理想的教育，当然也是理想而已，事实上做不到。英国在向我们学习。2017年9月1日开始，英格兰的小学将有一半用中国的数学教材。英国是伟大数学家牛顿的故乡，但在国际比赛上它排在第26名，我们国家排在第1名。所以他们使用我们的数学教材。英国教育部花了16亿元人民币，组织翻译我们的数学教材、教辅。英国派了130个数学老师到我们这儿实习，学习我们怎么教学。英国还请我们125个老师到英国去教数学，给他们起示范作用，这些费用都是他们出。对于高考，被社会上的一些人骂作万恶之源，但是俄罗斯在学我们。2009年俄罗斯议会通过决定：全国统一高考。我们现在高考是考四门或考五门，两天或两天半结束。俄罗斯高考是俄语、数学两门必考，选考七门，一共考九门，每三天考一门，九门要考27天。

从上面三个例子都可以看出来，外国都认为中国基础教育质量是好的。他们在学我们，当然我们也不要夜郎自大，沾沾自喜。我们的教育也有问题：

第一，学生负担太重，影响到他们全面发展，影响他们身心健康。

第二，我们过分强调了书本的学习，定理的证明，习题的演练。学生的知识面不宽，动手能力不强，创新思维不够。

第三，我们只重视了教改的研究，即教师作用的发挥、积极性的调动；但对学改的研究，即学生学习积极性的调动重视不够。有些学生还处在被动的学习状态，甚至农村初中还有些学生有厌学的心理，农村初中厌学者占相当大比例。

第四，我们还没找到一条农村教育发展改革的路子。基本上按照城市单纯的升学预备教育。今后农村教育既要为高等学校培养新生，又要为当地培养优秀的劳动者，留得下用得住，永久牌的。

（2）加强教材的建设和管理。教材是教学的依据，考试的依据，评价的依据。教材体现了国家的意志，体现了国家对教育的要求，对人才培养规格的要求。现在我们用的教材是新中国成立以来的第八套。第八套教材实行两个改革，一个改革是三类教材、三级管理。三类教材是国家教材、地方教材、校本教材；三级管理是国家管理、地方管理、校本管理。另一个改革是一纲多本，根据国家制定的课程标准，地方、单位、社会，大家都可以编教材，经审核通过投向市场，各地自由选用，促进教材的百花齐放，使教材更加适应本地的要求。如第八套教材，其中小学教材一共有12种，初中教材是8种。但实施若干年后也发现了一些问题：一是有些自编的教材质量不高。二是有些教材是中性化、去国家化的。世界上任何一个国家的教材都体现了国家的意志。日本的安倍晋三当了首相，马上修改课纲，淡化“二战”。台湾的蔡英文当了地区领导人也修改课纲，把中国历史作为东南亚的历史，取消了《开罗宣言》。《开罗宣言》明确规定台湾属于中国，她就是要去中国化。三是有些教材崇洋媚外，都宣传西方如何好，不是客观准确地来描述。四是个别教材甚至有反动观念。

党中央明确提出，教材建设是国家事权，要健全国家教材制度。国务院为此成立了国家教材委员会，主任是国务院主管教育的副总理，副主任是教育部部长和中宣部的副部长，委员是中央24个部委的副部长或副主任。过去管理教材的是教育部基础教育司的教育处，正处级单位，现在教材由国务院副总理任主任的国家教材委员会管，规格提高了好几级。国家教材委员会的办事机构设在教育部，因此教育部成立了教材局，局长是部党组成员、部长助理。

（3）强化语文、历史、道德与法治三科的教学，特别是语文。国家规定，语文、历史、道德与法治三门课，国家统一编教材，统一审定，全国都要用国家统编的教材。2017年9月1日开始实行，强化它的育人作用。特别要强化语文，基础教育是整个教育的基础，语文又是基础教育的基础，从小学一年级到接受完九年义务教育，一共上课9522节，语文占总课时的21%，第一大课；语文是母语课，是学习其他课程的基础和工具。语文是高考、中考必考的科目，今后高考主要考语文，英语要考两次或多次，数学降低难度，降低区分度。今后区分度主要在语文，语文区分度主要在作文。著名数学家、复旦大学原校长苏步青讲：如果政策允许复旦大学单独招生，首先考语文，马上阅卷，语文达不到要求的，后面科目就不要考了，可见其重要性。

语文的作用是巨大的。①教育学生准确运用祖国语言文字的能力。②进行思想教育。语文思想教育的任务不亚于政治课。③培养学生多种能力，培养学生收集处理信息能力，获取新知识的能力，语言文字表达能力，分析解决问题能力。④语文是弘扬中华优秀文化传统教育的主要载体。为此教育部决定语文课要增加书法课。书法是中华文化的瑰宝，要增加写字课，增加戏剧，增加传统文化，对孩子的健康成长，教育是天，语文是地，是非常重要的。2017年9月1日，一年级、七年级开始采用新的语文课本，到2019年，全部用新的国家统编语文教材。国家统编的语文教材大概有三个变化：一是小学一年级过去是先拼音后识字再课文，现在改为先识字后拼音再课文。一年级语文分八个单元，第一、二单元先识字，第三、四单元是拼音，第五到八单元是课文。二是增加了传统文化的比重。小学一年级到六年级教材过去有古诗词69篇，现在增加到129篇，增加60篇，增加了约87%，初中的古诗词占到132篇，增加51%。三是增加阅读量。语文是基础教育的基础，阅读又是语文的基础，阅读对学生的作用不亚于语文课。

《人民日报》曾发表一篇短评，提出“小学阅读的欠债，终究要还”。小学生在老师和家长的陪伴下阅读要做到三点：一是培养阅读兴趣；二是坚持，养成阅读习惯；三是阅读后要思考和回味。中学要阅读名著名篇。要改变作业方式，由单纯做习题，改为阅读加习题。今后基础教育教学改革，要降低难度，增加广度，知识面拓宽，主要靠阅读。考的数学题，要增加汉字的分量，国家教育咨询委员会有的委员建议今后高考的数学试卷由汉字2000个增加到5000个，就是要提高学生的阅读能力。

（4）整顿和规范课外的辅导班、兴趣班。现在社会上的课外辅导班、兴趣班令人眼花缭乱。据中国教育学会2016年的统计，全国的社会培训机构22万个，而小学是17.76万所，培训教师大概是800万~850万人，而小学教

师是570万，参加培训的学生是1亿3700万，中小学生总数是1亿8000万，有73%的中小学生参加社会的培训，一年的培训费要8000亿元，平均每个参加培训的学生是5600元钱，而且每年以12%的速度在增加。培训科目主要是中考、高考的三门课语文、数学、英语，数学占38%，语文占29%，英语占23%。培训机构普遍存在着超纲授课，提前授课，强化应试，扰乱了教学秩序，增加了学生负担，增加了家长经济负担，社会意见很大，亟待治理、整顿和规范。我个人认为培训机构要重在扬长，培养学生的兴趣爱好，促进他们德智体美全面发展，加上体育艺术的培养，不要呈现出课堂的搬家，再上一次课。

3. 强化体育课教学和体育锻炼，促进青少年身心健康，强健体魄

2016年8月25日，习近平总书记接见里约奥运会中国代表团时说，体育是人类文明社会进步的重要标志。体育是一个国家的软实力、综合国力的重要体现。伦敦奥运会，我们获得了38块金牌，27块银牌，23块铜牌，金牌总数、奖牌总数是境外奥运会得到最多的。全国人民欢呼。细想有两大问题：一是奥运会上我们的奖牌都是个人项目，集体项目特别是男女三大球，我们一块奖牌都没有。二是外国的运动员多是业余的，我们的运动员是职业的，从小就以运动为职业。特别是第一个问题，男女三大球项目，我们一块奖牌都没有，我们的男足跌到历史最低水平。国际足联把我们男足排在世界第一百多位，亚洲足联把我们排在亚洲第11位。2018年莫斯科世界杯的外围赛，亚洲12个国家争取参加世界杯赛的名额，分两个小组，每小组六个国家，我们是小组的第六名，也是最后一名。中国的足球怎么上去，全国人民都着急，教育部的同志也着急。一次吃午饭时，教育部几个同志就议论中国足球怎么上去，苦思冥想，没有良策。有个同志出了高招，若高考加试足球，足球就上去了。北京市政府决定：2016年北京中考加试三大球，足球、篮球、排球各10分。我想几年以后，北京的三大球能够上去。国家体育总局过分强调竞技体育，忽视了群众体育，特别是学校体育。没有强大的学校体系做支撑，涌现大批顶级运动员是无源之水、无米之炊。男女三大球，没有几十个顶级运动员是拿不了奖牌的。

正如姚明讲的：中国体育的悲哀，在于教育与体育分离。姚明主张体育

要融入教育。中央文件要求开展阳光工程，保证学生每天一小时锻炼、保证睡眠、保护学生视力。我们的老师、家长能不能做到“三保”？国务院的文件要求小学生每天睡眠不少于10小时，初中学生每天睡眠不少于9小时，高中生每天睡眠不少于8小时。天津市做过调查，学生的睡眠时间都比国务院的规定少1小时，长期这样下去有损孩子们的健康，对民族发展是不利的。过去都叫小日本，现在日本中小学生身高除了初二女学生以外都比我们高，所以我们一定要重视中学生的体育锻炼。这里面还有一个重要的问题——保护孩子们的视力。根据教育部的调查统计，小学毕业生的近视率是41%，初中毕业生的近视率是67%，高中毕业生的近视率是79%。我们是个人口大国，也是眼镜大国，全国13亿人，戴眼镜的有6亿多人。眼睛是最重要的感觉器官。所以，家长、老师们一定要爱护学生的眼健康，保护其视力。造成学生视力下降的原因：一是负担过重，学习时间过长；二是用眼不卫生，在强光弱光下看书过多，躺着看书，看书的距离太近；三是看电视、玩手机时间过长。

4. 改进美育教学，提高学生审美和人文素养

“改进美育教学，提高学生审美和人文素养”是十八届三中全会决议的原话。胡锦涛同志在全国第四次教育工作会议上指出，美育可以陶冶情操，和谐身心，促进个体协调发展。大家都知道：达·芬奇是著名的画家，还是著名的外科医生；白求恩是著名外科医生，还是著名画家。大家都知道爱因斯坦和钱学森是著名科学家，爱因斯坦和钱学森的钢琴弹得都很好，小提琴拉得也很好。爱因斯坦26岁提出相对论，是因为弹钢琴得到了灵感和启发。钱学森讲，每当我遇到困惑百思不解的时候，总是蒋英的歌声给我以启迪，让我茅塞顿开。蒋英是钱学森的夫人，中央音乐学院声乐系教授，著名歌唱家。2005年，国务院总理温家宝去看望钱学森。钱学森向温家宝提了个问题：为什么我们的学校总是培养不出杰出人才？这就是著名的钱学森之问。后来钱学森曾当面向温家宝提出意见：学校教育要把科学技术和文学艺术结合起来。美国前总统小布什、英国前首相希思都能指挥交响乐队。小布什不但能指挥交响乐队，他的画画得也不错，总统不当了，有时间画了不少画，出版了，署名第43，即美国第43任总统。美国第42任总统克林顿有很多绯

闻，但克林顿是萨克斯管演奏家。2017年5月，中国召开了“一带一路”国际合作高峰论坛圆桌峰会，29个国家的国家元首或政府首脑参加峰会，习近平一个个分别接见他们，普京排在最后一个。在会客厅等待接见的时候，普京在弹钢琴。普京是典型的多面手，会开飞机、会柔道、会打冰球、会弹钢琴，普京的德语和英语很好，可以当翻译。我们国家也是如此，江泽民同志钢琴弹得很好，二胡拉得很好，歌唱得很好，音乐特别是古典音乐的造诣很高。胡锦涛同志是清华大学学生舞蹈队的队长。无论是中国的还是外国的著名的政治家、科学家都有很高的美育的造诣，没有美育是不完全的教育。美育可以促进各类教育协调发展。正如柏林斯基指出的：美育和德育是一对孪生姐妹。我们国家的基础教育与发达国家基础教育最大的差距在哪里？最大的差距在美育。所以老师、家长们一定要全面贯彻党的教育方针，促进孩子德智体美全面发展。当前着重强调德育、体育、美育。

二、更新教育观念，使孩子们健康成长

提高质量，往哪儿提高？怎么提高？首先要更新观念，这是办好教育的灵魂和方向。教育观念要实现六个转变。

第一个转变，由给孩子们传授知识，转向提高孩子们的综合素质。什么叫综合素质？综合素质包括哪些？中央文件指出，综合素质主要包括以下四种素质：一是思想政治素质和道德品质素质，二是科学文化技术和知识素质，三是生活技能素质和劳动技能素质，四是身体健康素质和心理健康素质。牛顿、莎士比亚、丘吉尔、帕瓦罗蒂、乔丹、毕加索，谁的素质高，谁更聪明？很难说。他们的素质才华表现在不同的方面。美国著名教育心理学家、哈佛大学教授霍华德·加德纳，1983年提出多元智能理论，他把人的智能概括为以下九个方面：一是语言，二是数理逻辑，三是艺术，四是运动，五是空间关系，六是人际关系，七是自我认知，八是自然认知，九是幽默。我们一些老师、家长往往只重视语言、数理逻辑两个方面，这是不全面的。每个孩子都有自己特殊的智能结构。从这个意义上讲，每个孩子都有成才的潜能，不能笼统地讲哪个孩子更聪明，而要具体地讲，哪个孩子在哪个方面更聪明。要树立人人都能成才的学生观，要发展孩子们的优势智能，

提升他们的弱势智能。我侄女在美国参加了研究生入学考试GRE（满分2400分），她考了2254分，数学满分800分，她考了800分。美国的学生只能考1400~1500分。美国的老师惊讶得不得了，考这么高分。我跟侄女讲，美国的学生考不过我们，她说不能这么讲，考试美国学生考不过我们，可到实际工作岗位上，我们往往不如他们，他们的综合素质比我们强，实际工作能力比我们强，动手能力、活动能力、公关能力比我们强。在实际工作岗位上起决定作用的不是考分，而是综合素质，实际工作能力。

我参加了中国首届科学家教育家企业家峰会，一个企业家在会上讲，他有两个孙子，相差15天，当然不是一个儿子家的。一个在国内念小学三年级，一个在美国念小学三年级，暑假在北京相会。国内那个孙子作文非常好，书法蛮漂亮，数学题做得很好，在美国念书的孙子比不了。但在美国念书的孙子很活跃，兴趣爱好很广泛，知识面很宽，特别是动手能力很强，玩具可随便拆，甚至电视机都敢拆。这表示中美教育的目的是不一样的，我们重在知识传授，美国重在孩子们综合素质的提高。

第二个转变，由传授式教学转为启发式教学。英国教育家威廉·亚瑟讲，平庸的教师只是叙述，较好的教师是讲解，优秀的教师是示范，伟大的教师是启发。他把教师分为四个等级——平庸的、较好的、优秀的、伟大的。伟大的教师要启发学生的思维、启发学生探索、启发学生创新。我认为我们的家长也可以分为四个等级，要做启发式的家长。启与发是辩证的统一，老师和家长的启是前提是基础，孩子们的发是目的、是结果，由家长、老师的启，达到孩子们的发。

中国古代教育家孔子、古希腊哲学家苏格拉底都提倡启发性教学。而我们现在的教学过于注重传授式教学，经过十几年学校和家庭教育，把穿着五颜六色的中小学生，都变成穿着同样服装的学生，都成为标准件，没有个性，没有特长。中央文件要求：要采取启发式、探究式、参与式、讨论式教学，帮助学生学会学习，培养学生兴趣爱好，激发学生好奇心，营造一个勇于探索的学习环境。

一个小学生从家里带来放大镜跟老师讲："我爸爸说了，放大镜可以把纸点燃，可我怎么也点不燃。"老师带领小学生到教室外面跟学生讲，"放

大镜的镜面要对着太阳，下边的光圈越来越小，就可把纸点燃”。小学生按照老师的说法去做，很快把纸点燃了，高兴得不得了，欢呼雀跃。那几天小学生们纷纷从家里带来放大镜点纸，老师因势利导，咱们搞个放大镜点纸比赛，看谁先点燃。老师给每个学生发了份报纸，老师拿秒表记。一个小男孩很快点燃了，比其他孩子快得多。老师问：“你为什么先点燃？”男孩讲：“老师，我点的是黑纸。”老师：“我发的报纸，你哪来的黑纸？”“老师，我点的是报纸上的黑字。”大家知道黑的吸收光的系数是高的，白的要反射，小男孩无意中发现黑纸更快被点燃，了不起！老师加以引导：“还可以把什么点燃？”学生又把一次性筷子点燃了，把泡沫塑料饭盒点燃了。老师告诉学生们要注意防火，老师引导学生们讨论：“放大镜为什么能点燃纸？”学生们说是镜子，那老师问平面镜为什么不能点，孩子们讲不透光，那老师问：玻璃透光为什么不能点？经过讨论得出结论：一要透光，二要聚焦。我觉得这个例子很生动：学生首先提出问题，老师加以引导，学生又进行多种试验，老师又引导到更高境界，充分体现老师的启发性教学。启发孩子们观察，启发孩子们探索，一步步把孩子们启发到更高境界，学到更多的知识。我们家长教育孩子也要采取启发式的教育。

第三个转变，由给孩子浇水变成教孩子会找水。我念小学时经常听说，老师的知识好比一桶水，才能教给学生一碗水，这就是“水桶论”，这是我当时很欣赏的一种说法。当我大学毕业留校当老师时，时任高等教育部部长兼清华大学校长的蒋南翔同志和我们留校新老师座谈，要求我们新老师不但是一桶水，还要是自来水、长流水，不断把新的知识浇到学生的心田。当时很受鼓舞，现在看来一桶水、自来水、长流水很有道理，但还不够，要教会学生找水，自己发现水源，并把它开发出来，自我成长，自我完善，自我提高。浇水是一次性的，被动接受式的，获得知识是有限的。找水是主动探究式的，获得的知识是无限的。

第四个转变，由培养单一型人才向培养复合型人才转变。培养的孩子不能就只知道那一点点知识、自己所学专业的知识，其他都不知道，这是不行的。要培养具有厚基础、宽专业、综合素质的复合型人才，要懂得更多的知识。清华大学校长讲，理工科的学生至少要获得20%文科的学分，文史科的

学生至少获得15%的理工科学分。清华大学学生要文理兼容，成为具有通识的人才。

第五个转变，由只重视智力因素转向既重视智力因素又重视非智力因素。什么叫非智力因素？我查了教育辞典，上面指出：除知识和方法以外的素质叫非智力因素，主要指理想、态度、情感、价值观等。智力因素给人发展打基础，非智力因素给人发展以动力，两者同样重要。

第六个转变，由圈养转向圈养为主、散养为辅。我到四川雅安参加一个贫困县的希望小学的捐赠典礼，希望小学的校长非拉我到他家里去吃农家饭。校长家里炒的鸡蛋特别好吃，回锅肉也别有味道，炖的鸡很鲜美。我就问校长："你这菜怎么做的，比我在北京做的好吃得多。"校长说："那当然了。你在北京吃的鸡和猪是养鸡场、养猪场的，是圈养的，我的是散养的。散养的当然比圈养的好吃。"这使我联想到连鸡跟猪都是散养的好，何况孩子们呢？中小学教学、家庭教育能不能贯彻圈养为主，散养为辅，既要有统一的要求，又要有个性的发展？学校的教学安排，家长给孩子们的安排不要排得满满的死死的。要给孩子们留出一定的时空，发展个人兴趣爱好。能不能设想小学下午三点钟散养，中学下午四点钟散养，再不要上课，学校的图书馆开放，实验室开放，选修课开设，兴趣活动小组的活动丰富多彩。把学生的兴趣爱好、个性特长展现出来，发展起来。我们中小学教育能不能贯彻"课内打基础，课外育特长"？课内打基础是共性要求，课外是特长培养、个性发展。我到北京四中调研，感触很深，校长刘长铭讲，下午三点半放学。北京四中是学生考上北大、清华最多的高中之一，三点半放学，学生可以回家，可以参加文体活动，可以参加选修课，自由选择，自由安排，教育质量不但没有降低，而且提高了。

三、教师与家长的主要职责

教师与家长的主要职责是什么？总结起来：四个词八个字。

第一个词，信心。要教育孩子，相信自己。第一步，让孩子们觉得自己是个强者、胜任者、担当者。第二步，在此基础上努力拼搏、进取、奋斗。第三步，要成长，成功，成才。北京光明小学开展"我能行"活动，教育学

生相信自己能行能做到。经过一段时间的实践，学生的素质明显提高，学校的办学水平上了新的台阶。校长刘永胜把他们开展的“我能行”活动总结成如下的话：“相信我能行，才能我能行。大家说我行，努力才能行。今天暂不行，明天一定行。你在这点行，我在那点行，不但自己行，大家都要行，争取全面行，奋斗才能行。”我们要教育孩子们有这种进取的心态，最后将能行。

北京市巨山小学的办学口号是三句话：我参与，我快乐，我能行。

世界上最伟大的发明家爱迪生，上小学时非常淘气，课堂上不但自己不听讲，还搞恶作剧，全班没法上课，被学校开除。爱迪生的母亲是个伟大的教育家，她这样教育爱迪生：①教育他相信自己是个强者、胜任者、成功者。②爱迪生有些奇妙的想法，喜欢小制作小发明，妈妈陪他一起干，他成为世界上最伟大的发明家。他有一千多项发明，包括著名的电灯、留声机等。

第二个词，兴趣。每个孩子都有兴趣爱好，老师、家长要善于观察，及早发现，加以培养，使他更快地成长成才，将来为国家社会做更大的贡献。英国著名的科学家麦克劳德，上小学时非常淘气，把校长的狗给杀了。校长很宽容，你杀了狗，我罚你干两件事：①画张狗的骨骼结构图。②画张狗的血液循环图。正是校长的处罚激发了麦克劳德对生物学的兴趣，促使他发现胰岛素可以治疗糖尿病，挽救了千千万万的性命。

2016年人工智能机器人AlphaGo以4：1打败了世界围棋冠军韩国的李世石，2017年AlphaGo又以3：0打败了世界围棋冠军中国的柯洁。人工智能专家哈萨比斯曾在接受记者采访时说：之所以发明人工智能机器人AlphaGo，主要得益于小时候家庭和学校的环境比较宽松，比较自由，自己的兴趣爱好得以发展，由兴趣导致爱好，由爱好激发奋斗，由奋斗结出硕果。伟大的发明大都是从兴趣开始的。爱因斯坦讲：兴趣是最好的老师，兴趣是学习最大的动力。

第三个词，尊重。老师和家长要尊重孩子，爱护孩子，平等地对待孩子，尊重他们的人格，尊重他们的情感，尊重他们的隐私，尊重他们的差异。没有尊重，就没有真正意义上的教育。

张女士下班回家还没进门，邻居的孩子来告状，你们家的小明偷了我们家的书，张女士听了一句话没说。第二天晚饭后把小明叫到另外一个房间单独和他谈。妈妈听说你喜欢看书，非常高兴。妈妈跟你讲的很多有趣的故事都是从书里学来，今天妈妈特地买了一本书送给你，希望你喜欢看。喜欢看别人家的书也是好的，但你要跟人家说一声，不然人家找不到会着急的，妈妈陪着你，把那本书给人家送回去。张女士始终没有说偷这个字，小孩子喜欢别人家的玩具、用具、图书，拿过来很正常很普遍，这不是品德问题，不是道德问题，是不成熟问题，是心理问题。不要偷啊偷啊，太损孩子们的人格，有碍他们的自尊心，影响他们的健康成长。

北京101中学副校长程翔，语文特级教师，教高三语文。批改作文时发现一个女同学的作文写得非常好，作为范文让她在全班朗读。朗读的时候，女同学洋洋自得。刚念完，一个同学站起来："老师，这篇作文是抄的。"这个女同学立刻低下了头。程校长没想到会发生这样的事情，冷静地思考了一会儿，问同学们："这篇文章好不好？"同学们讲："好是好，但是是抄的。"校长立刻说："别的先不说，先说文章本身好不好。"同学们讲："好。"校长问："好在哪里？"八个同学陆续发言，讲好在哪里。校长接着说："那么对于给我们推荐这篇好文章的同学，我们怎么办？"大家说："表示感谢。"校长接着说："我以前读这样好的文章不多，相信同学们读的也不多。以后每周一位同学给我们推荐一篇范文，拿原著来读也可以，抄在自己作业本上来读也可以。但是，不要忘了写上作者和出处。"事后这位女同学给校长写了封信：当同学揭发时，我的脑袋轰一下就炸了，恨不得钻到地底下去，这辈子算完了，再没脸见人了。正在这时，校长救了我，给我以面了，给我以尊严。我将永远记取这个教训，永远感谢校长的教导。

我认为程校长处理这件事具有艺术性：①教育了女同学。尊重她，关心她，爱护她，帮助她，比直截了当地批评她几句效果好得多，使她心悦诚服、永远记取、永远感谢。②教育了全班学生。如何对待同学的过错过失，要宽容理解，不要揪着不放。严于律己，宽以待人，正确处理好同学关系，这也是我们教育学生应有的重要素质。

第四个词，习惯。要让孩子们养成好的习惯。好的习惯主要是在儿童

青少年时期养成的。好的习惯主要在家庭教育中养成。养成好的习惯比多学些知识更有价值，更有意义。好的习惯是终身受益的，一辈子起作用。有句谚语：养成好习惯是一辈子用不完的存款，养成坏习惯是一生中还不清的债务。美国召开诺贝尔奖的获奖者座谈会，一个记者问诺贝尔奖的获得者：你认为在大学学到的最重要的是什么？获奖者回答说：不对，不在大学，在幼儿园。接着记者又问：你们认为在幼儿园最重要的是什么？获奖者回答：老师教我们养成好的习惯。老师教给我们饭前洗手，饭后漱口，使我终身受益。老师教我们好东西要分给小朋友，使我交了很多知心朋友，生活上相互关心，课业上相互帮忙。老师教我们用完东西放回原处，使我生活有规律，终身受益。

四、加强校园文化建设，加强家庭文化建设

什么叫文化？我查了一下辞典，两种解释：一种是狭义的，指精神生产能力和精神产品，包括一切社会意识形式（自然科学、技术科学、社会意识形态）。一种是广义的，指人类在社会实践过程中所获得的物质、精神的生产能力和创造的物质和精神财富的总和。从广义上讲，文化包括的范围很广，教育也属于文化。著名作家梁晓声针对文化讲了四句话，“根据内心的修养，无需提醒的自觉，以约束为前提的自由，为人着想的善良”，这就叫文化。著名主持人白岩松，对文化也讲了一段话：“一个人有没有文化，与他的学历没有直接关系，一个有学历的人，可以没有文化，一个没有学历的人，可以有很高的文化。”

2017年1月25日，中共中央办公厅、国务院办公厅发布《关于实施中华优秀传统文化传承发展工程的意见》（以下简称《意见》），《意见》指出：文化是民族的命脉，是人民的精神家园。文化自信是更基本、更深层、更持久的力量。《意见》要求，要把中华优秀传统文化贯穿国民教育始终，全方位融入思想道德教育、文化知识教育、艺术体育教育、社会实践教育各环节，贯穿于启蒙教育、基础教育、职业教育、高等教育、继续教育各领域。所以从上面可以看到，加强学校文化、家庭文化建设是非常重要的。学校、家庭要绿化、美化、优化，学校和家庭要有文化，文化是学校和家庭的

重要特征，失去了文化，学校和家庭就失去了存在的意义。

华东师范大学博士生导师、教育部中学校长培训中心原主任陈玉琨教授讲：给我十个北大的学生，十个清华的学生，我同他们交谈十分钟，便能区分哪些学生是北大的，哪些学生是清华的。我的依据什么？两所学校文化不同，对学生的影响不同，学生的表现不同。可见学校文化对学生影响之大、教育之深，无声胜有声。学校文化是一股巨大的力量，是潜移默化的、滴水穿石的、影响深远的、无处不在的。

这一点我自己有点切身的体会。我在清华大学当了六年的学生，我学的专业是做原了弹的，尖端的绝密专业，学制延长[illegible]年。1962年毕业留校当老师，做干部，我在清华大学工作了22年，1984年我调到教育部，仍然住在清华大学，我在清华园里学习、生活、工作了44年，2018年我正好80周岁。我生命的44年，一半以上在清华大学度过。清华大学对我的教育影响是巨大的、深远的、决定性的。清华的学校文化是由校长形成的：服从领导，努力工作，多做贡献。清华的校训：自强不息，厚德载物。这是梁启超1914年到清华演讲时提出的，取自《易经》：天行健，君子以自强不息；地势坤，君子以厚德载物。北大的学校文化基本上是在蔡元培当校长时形成的。1917年，蔡元培出任北京大学校长，提出“兼容并包”的办学理念，允许各种思想各种流派并存，百花齐放、百家争鸣。蔡元培为什么提出“兼容并包”，与蔡元培本身的身世、经历分不开。蔡元培是晚清的进士，后来留学德国，旧文人学新文化，中学加西学，新旧结合、中西合璧，提出兼容并包。清华的学校文化：服务领导，努力工作，多做贡献。这样培养的学生毕业以后到工作岗位上，哪个领导不喜欢？因此清华毕业生提拔比较快，做领导干部的较多。北大毕业生当教授的多、当院士的多，获得国家最高科技奖的多。北大着重培养学术型干部，清华着重培养管理型干部。从这里可以看到，学校文化对学生今后成长的方向有着一定的影响。学校要成为生动活泼的乐园，成为充满亲情的家园，成为绚丽多彩的花园，成为少年宫，成为影剧院，无时无刻不在吸引学生，学校要充满书香墨香花香，让学校的每栋墙壁都会说话，让学校的一草一木都在育人。上面这些精神对家庭文化也同样适用。

学校文化、家庭文化建设既要有硬件又要有软件，硬件是办学条件、

家庭条件，软件是指办学理念、学风校风、老师和学生的精神状态。软件对家庭来讲，是家教家风、家庭成员之间的关系和态度。硬件、软件都重要，比较起来软件更为重要。中国人民大学附属中学原校长刘彭芝讲，创建一流的学校，一要有一流的办学理念；二要有一流的师资队伍；三要有一流的生源；四要有一流的设备。创建一流学校，要四个“一流”，前三个都是软件。抓软件是不需要花多少钱的，不要说我穷没钱，抓软件花不了多少钱，可以产生巨大的效果。学校文化建设，是校长的责任，也是老师的责任。家庭文化建设是家庭每个成员的责任，要把学校文化、家庭文化搞好，孩子在里面生活几年，自然受到熏陶感染。学校文化建设、家庭文化建设要遵循如下的原则：

（1）要宣传正能量，给孩子以鼓舞、以方向、以力量。

（2）学校、家庭要建设成为宣传党的教育方针的阵地，培育践行社会主义核心价值观的场所，弘扬中华优秀文化传统的场所。

（3）学校文化、家庭文化建设要体现学校和家庭的理念、特色，要塑造楷模、崇尚科学、学做真人。

（4）学校和家庭要绿化、美化、优化，以美育人，以文化人。

（5）学校文化、家庭文化建设要符合教育规律，符合孩子年龄特点，生动活泼，图文并茂，与时俱进。

（6）学校文化建设、家庭文化建设，要发动全体师生员工、家庭全体成员共同努力，人人有责，班班有份。

五、加强社会实践锻炼

1992年，党的十四大通过了新时期党的教育方针：教育必须为社会主义现代化建设服务，为人民服务，与生产劳动和社会实践相结合，培养德智体美全面发展的社会主义事业建设者和接班人。上面这一段话是新时期党的教育方针。新时期党的教育方针可以归纳为两为两结合。两为：为社会主义现代化建设服务，为人民服务。两结合：与生产劳动相结合，与社会实践相结合。在这里讲一讲与社会实践相结合的问题。人类几千年的文明史，形成的知识有两种：一种书本知识，一种实践知识。我们念的书也有两种：一种有字的书，一种无字的书。无字书就是实践。有字的书再新，也是昨天的、孤立的、静止的；无字书是现实的、发展的、鲜活的。无字书浩如烟海，有字的书沧海一粟。

老师和家长要带领孩子们到社会生活实践中，去观察，去思考，去摸爬滚打，让孩子们体会成功的喜悦，让孩子们品尝失败的教训。苦辣酸甜都有营养，成功与失败都是财富。家长和老师不仅带着知识走向孩子，更重要的是带着孩子走向实践，走向社会的海洋，让他们了解知识如何来源于实践又用于实践，形成更高阶段的知识。让孩子们体会读书是学习，使用也是学习，而且是更重要的学习。加强社会实践锻炼，对中国基础教育尤其必要、重要，是我国基础教育的一个弱项、短板。我们参加了联合国教科文组织的小学质量的测试，26个国家参加，测试三门课——语文、数学、生活技能。我们语文、数学的成绩比其他25个国家高得多，比他们高一大截，但我们的生活技能考得很不好，根本没这门课，学校不重视，家长也不重视。加强社会实践锻炼在今天独生子女日益增多的情况下尤其重要、紧迫。到各地去我都注意，小学放学的时候，学校门口多少家长来接孩子，一天接送四次，连续六年，家长怎么工作？我到国外也注意，国外的小学生都自己上学，没有家长接送，这是中国特色。学校把学生组织起来，按照家庭住址分路线，高年级学生带低年级学生。过马路有退休人员义务指挥疏导，都自己上学。不要说小学，每年9月1日大学开学新生报到，多少家长坐上火车、飞机几百上千里陪着孩子去报到。我长期住在清华大学，我亲眼看到：父亲扛着行李，母亲拎着包，儿子比父亲高半头空手在前面走。我是1956年考上清华大学的，当时南方的同学光着脚丫子、挑着扁担进的清华园，今天学生是怎么来的？生活条件好了，艰苦奋斗精神要不要？物质生活丰富了，独立生活能力要不要？正如胡锦涛同志讲的："以艰苦奋斗为荣，以骄奢淫逸为耻。"

我到大连去，大连市教育局局长给我讲，他们请了个美国人，在中学教英语教了多年，他问美国老师中美基础教育的比较，美国人没有正面回答，就讲了一件事。他有个小孩12岁，带到大连来了，生活不习惯要回国。美国人讲：我给他买张机票，他自己坐飞机由大连到北京，从北京倒飞机到香港，再从香港倒飞机到洛杉矶，最后从洛杉矶倒飞机回家。

这实际上是中美基础教育的比较，而若做数学题，美国12岁小孩绝对考不过我们，但他一人可以回家，我们多数孩子恐怕回不来。我们接待了日本初二学生暑假旅游团，早晨8点钟坐火车到北京，班主任给每个学生发了10元钱，告诉他们中午12点天安门华表下集合。日本的孩子第一次到北京，语言不通，班主任10元钱打发出去了。

我们的班主任有没有这个胆量？当然还有个安全问题，丢了怎么办？被车碰了怎么办？现在家长就安全事故与学校打官司的案件增多，动辄要求学校赔偿几十万上百万。前几年，上海一个高中学生踢足球，球踢到校外，他去捡球，从墙头一跳，脊柱摔断，下肢瘫痪。家长向学校索赔110万元。校长说：我没有责任，他自己跳的。两年多了，法院判不下去，最后动用了中小学保险基金赔的。我也注意了一下，现在中小学安全事故打官司，学校屡打屡败，没有打赢过，法院都偏向家长。不管怎么着，他的子女受到损伤。理所当然，伤要负责，要赔偿，话又说回来了，我们的中小学生有安全问题，难道日本的学生就没有吗？他们语言不通，而且还不识汉字呢。

大家想一想，如果我们的中小学生就会做题、就会考试，一点独立生活能力都没有，一点实践锻炼都没有，这样的学生叫不叫优秀学生，这样的教育叫不叫高质量，都值得我们深思呀!一些人有肢体残疾，如果我们中小学生就会做题、就会考试，一点独立生活能力都没有，一点实践锻炼都没有，我看可以称为素质残疾。要提到这样一个高度，深刻认识加强中小学生实践锻炼的必要性、重要性。教育与社会实践相结合，是党的教育方面的要求。中央的几个重大文件，胡锦涛、习近平两任总书记都强调：“着力提高教育质量，培养学生创业精神和实践能力。”在中央的一再号召下，近年来很多地方的教育部门，校长、老师、家长，开始重视并加强中小学生的实践锻炼。北京市教委要求中学生都要参加暑假社会实践活动。北京阜成路中学一个初二的学生，母子关系搞得不好。现在生活条件好了，孩子们提前发育了，初一初二进入了青春期。青春期的独立性和逆反心理很强，容不得父母管教。城市尤其大城市，父母晚婚晚育，母亲进入了更年期。这两期遇到一起，就是无休止的争论。这位学生的母亲在医院工作，给儿子联系到医院去参观剖宫产。儿子带着摄像机去的，一进手术室看医生给孕妇打了麻药，把

皮肤切开了，肌肉切开了，鲜血直流，紧张到了嗓子眼。又看着医生把子宫切开了，婴儿的一条腿出来了，整个婴儿蹬出来了。开学后的第一次班会，汇报暑假社会实践活动，经班主任同意，学生把录像放给全班同学看。放的过程中，教室里鸦雀无声，很多同学都哭了，看完以后自动留下来座谈。同学们讲：母亲是世界上最伟大的，母亲承受了多少艰辛痛苦我才来到人间。相反现在和母亲关系搞得不好，嫌母亲管得太多，太唠叨，限制自己的自由，纷纷表示回家向母亲检讨，每天放学和母亲拥抱，要主动替母亲干家务活。一些母子母女谈心谈得抱头痛哭，学校陆续接到家长们来信，说你们暑假社会实践活动搞得太好了，比多学知识更有意义更有价值。

邀请英模人物给中小学生做报告，用他们亲身的经历，感人的事迹，有血有肉的、无私奉献的精神对中小学生进行教育。青岛市教育局利用“五一”假期，请全国劳动模范、青岛码头搬运工人许振超给高中生做了一场报告，反响极其强烈。许振超只念到初中二年级，先在码头当搬运工人，后来开吊车，再后来开桥吊。桥吊是进口设备，一千多吨重，是吊集装箱的。桥吊发生故障了，请外国人修理，一次修理费几十万。许振超看在眼中，疼在心上。他自学高压输配电、电力拖动、数控机床、计算机、英文知识，最后自学成为桥吊专家。他发明的集装箱吊装法创了世界纪录。许振超同志是党的十七大、十八大主席团成员。许振超在给青岛高中生做报告时指出：“一个人可以没有文凭，但不可以没有知识；一个人可以没有进入高等学府，但不可以不学习。知识改变命运，学习成就事业。”这铿锵有力的誓言，深深教育了、打动了在座的每名高中学生。

在确保安全的前提下，要组织中小学生、幼儿园的孩子到社会生活实践中去，让他们走向社会，接触生活，面向群众，增长才干。浙江海宁实验幼儿园的王园长跟我讲，他们带领孩子们到十字路口观察红绿灯，问孩子们：你们都看到什么？孩子们讲红灯不可以走，绿灯可以走。孩子们亲自观察到的交通规则，深深印在他们头脑中，相当长的时间内，会自觉遵守交通规则。他们还带领孩子们到饭店观察服务员，都穿什么衣服、干什么工作。孩子们观察到：穿旗袍的，是领路的；穿白衣服的，是打扫卫生的；穿花衣服的，是端盘子的；还有一种穿黑衣服的，孩子们判断是工作人员，但干什么

工作没观察到，是管理人员，工作性质比较抽象。

农村是广阔的天地，农村有着丰富的社会、教育资源，要充分利用。常州一所农村初中，用白薯搞了五次社会实践活动。第一次，白薯的种植，种下去，浇水。第二次，收获，把成熟的白薯刨出来。第三次，把成熟的白薯一人分一些带回家去，自己亲自动手加工得意的食品，大家品尝，评一、二、三等奖。第四次，参观白薯的加工，参观粉条厂、淀粉厂。第五次，根据前四次的实践，开展科学幻想改良白薯。有的学生提出，如果白薯皮像西瓜皮一样就好了，光溜溜的洗起来就不那么费劲了。有的学生就反对，如果白薯皮都像西瓜皮那么厚，那瓤就没多少可吃的了。还有的学生提出建议，要给白薯秧搭上架，像黄瓜一样，空气更流通，日照更充分，白薯结得更大更挺。白薯为什么不搭架，大家自己考虑。教育部决定2017年由小学三年级改为一年级到高三毕业，连续12年开始综合社会实践必修课，而且是大课、主课、重要课。九年义务教育，语文是第一大课；社会实践和地方课程是第二大课，占总课时的16%~20%；数学是第三大课，占总课时的13%。

如何加强社会实践锻炼？①搞好升降国旗制度，进行爱国主义教育。有条件的学校可以开展国旗下的讲话。我看了一些学校国旗下讲话的装订本，很好。②请英模人物给学生做报告。③开展社会调查。华东师范大学二附中三名高二学生，利用社会综合实践时间，对上海街道的英文名字做了调查，发现600多处错误。他们写信给时任上海市市长韩正，韩正非常重视，做了批示，认真改正。④有条件的学校每年参观一个村庄、一座工厂、一个社区，深入了解民情社情。

加强社会实践锻炼的作用是多方面的：①有助于中小学生了解祖国光辉灿烂的古代文明和大好河山，增加爱国情感和民族自豪感。②有助于中小学生了解改革开放取得的巨大进步和社会主义建设取得的巨大成就，更加热爱党，更加热爱社会主义祖国。③中学生参加社会实践锻炼有助于培育践行社会主义核心价值观。④加强社会实践锻炼，有助于中学生正确处理个人和他人、个人和集体、个人和社会的关系。人际关系处理往往是独生子女的缺憾，可以通过社会实践来弥补。⑤加强社会实践锻炼，有助于中小学生走向社会，面向生活，接触群众，刻苦学习，增长才干。

2016年11月19日，教育部、国家发改委、财政部、文化部、公安部、国家旅游局等11个部门联合发布《教育部等11部门关于推进中小学生研学旅行的意见》。什么叫研学旅行？两个集体，两个结合，重在教育。两个集体：集体食宿，集体旅行。两个结合：校内教育和校外教育相结合，探究式学习和体验式学习相结合，这就是研学旅行。它不是游玩，是教育，重在教育，使得孩子们登高望远，立志成才。

我自己就参加过研学旅行。在1951年初一的暑假，我参加北京市团委组织的夏令营，在清华大学举行，为期三天。清华大学学生当我们的辅导员，带领我们参观了清华的图书馆、航空馆、水利馆等等，使我爱上了清华大学，立志考上清华大学。从此以后我就努力了，1956年果然考上了清华大学。那次夏令营对我的一生立志成才产生了决定的影响。

校长、老师的一句话，班级和学校组织的一次活动，可能会改变学生的一生，这就是教育的伟大之处，教师职业神圣崇高之处。这11个部委的文件要求把开展研学活动纳入教学计划，对学生进行考评，对学校有个考核。我们的教学课程有三类课程：必修课、选修课、活动课，要把研学旅行纳入活动课的范围，可以集中一起使用，也可以分散使用。中央政治局决定今后要把在高中、初中的综合素质评价带入高考、中考，作为录取重要依据。教育部规定：综合素质评价包括五方面内容：一是思想表现，二是学习能力，三是身心健康，四是艺术审美，五是社会实践。社会实践是综合素质评价的重要内容，将决定学生的命运。现在，开展研学活动家长担心安全问题，的确有这个问题。对安全问题有两种办法：一种是堵，禁止；一种是疏，引导。堵，就是限制，只让孩子们在家庭在学校不得到社会上去，这种办法是不可取的，要采取疏的办法、引导的办法，要教给孩子们如何注意安全，如何提高自我保护的能力，这种能力不是天上掉下来的，是在社会生活实践中逐步锻炼成长的、提高的。加强社会实践锻炼是非常必要的、重要的，也是我们重要的一课。

第二节　对家庭教育的一些建议和思考

一、家庭教育的重要性

家庭是世界上最重要的教育机构，先有家庭教育，后有学校教育。孩子们在家庭生活的时间，远远多于在学校生活的时间。小学每年上课192天，中学每年上课197天，有170多天放假在家。上课192天和197天里又有一半时间在家庭。家庭是孩子的第一所学校，父母是子女的第一任老师，而且是永恒的老师。老师可能每年都换，家长一辈子不换，父母不仅给子女生命，而且塑造了他们的内心世界。父母的一言一行、一举一动无时无刻不在影响着孩子，起到潜移默化作用，校长、老师无法替代这种作用。在学校里，目前一个班主任带四五十个孩子，在家里两个家长带一两个孩子，孩子接触最多的是父母，影响最大的也是父母。

什么样的父母将教育出什么样的孩子，孩子几乎是父母的复印件。现在的孩子好多都是独生子女，父母对子女的教育都非常重视，一个孩子的健康成长往往凝聚着一个家庭几代人的期望——父母的期望、祖父母的期望、外祖父母的期望。孩子教育好了，学校办好了，家长比什么都高兴。教育部年轻的干部晚上很少看电视，你看电视要求孩子安心学习，那是不可能的，夫妻几乎把全部业余时间都用在子女教育上。父母重视子女教育是一回事，是否科学、是否得法是另外一回事。现在的家庭教育普遍存在着“四重四轻”“四过”情况。

四重四轻：重智育，轻德育；重理论，轻实践；重身体，轻心理；重言教，轻身教。我在《人民日报》看到一篇文章，题目是《妈妈是打牌的》。一个小女孩上小学一年级，简单面试：你几岁了？六岁。叫什么名字？你妈妈是干什么的？小女孩脱口而出：“妈妈是打牌的。”大家想想，妈妈是打牌的，如何把子女教育好？四过：对子女的期望值过高，给子女的压力过

大，生活上过分关爱，饮食营养过度。现在的中小学生和幼儿园的孩子胖墩很多，超重。不要认为胖乎乎的多好玩，那是一种病态。

父母留给子女最好的礼物是什么？不是给他们留多少存款，留多少股票，留多少房产，而是他们能受到良好的教育，养成良好的行为习惯，形成良好的思想品德，掌握必要的科学技术知识，这是终身受用、用之不尽、取之不竭的宝贵财富。校长、老师不仅是学生的校长和老师，还应成为家长的校长和老师。教育部的文件，全国妇联、教育部、关工委等9个部委的文件都要求：中小学、幼儿园要成立家长学校，每年至少活动两次或三次，要给家长以帮助以指导，要两个车轮一起前进，教育好孩子。一个车轮是家庭，一个车轮是学校，两个车轮一起前进，可以起到事半功倍作用。

家庭教育就要着眼于“四个抓起，四个贴近”。

1.“四个抓起”

（1）生活从学会叠被抓起，从参加简单的家务劳动抓起。我们调查过中小学生早起不叠被的70%，大学生早起不叠被的更是大有人在。中国的中小学生每天平均参加体力劳动约12分钟，韩国的中小学生每天平均参加体力劳动约40分钟，美国中小学生每天平均参加体力劳动约70分钟。12分钟、40分钟、70分钟，这就是差距。

（2）品德要从孝心抓起，从孝敬父母，尊敬师长，关爱他人抓起。现在我们中小学生很多都是独生子女，眼睛里只有自己，从来不考虑别人。一次出差坐飞机，我旁边坐个三十岁左右的妇女，带个五六岁的小男孩，午饭牛排是小男孩喜欢吃的，三口两口把自己牛排吃完了，马上把他妈妈的牛排从嘴里抢出来也吃了。他妈妈还挺高兴，吃完了小男孩就睡觉了。我跟他妈妈讲：你不能这么惯着他，将来长大了你要后悔的，你要吃亏的；如果你实在愿意给他吃，你要这样讲，妈妈不喜欢吃，你替妈妈吃，不能让他抢，不能惯着他。

（3）文明要从说话抓起，从礼貌抓起。说话讲文明有礼貌，不能脏字连篇。现在的中小学生，尤其是初中学生满嘴的脏字，包括幼儿园的孩子说话也有很多脏字，他们并不懂，是从社会上学来的，从家长那儿学来的。对不起、谢谢、请，六个字很简单，谁都会说。恰当简单，这六个字反映人的

素养，反映人与人之间的关系。礼貌既是外在，更是内在，既是对别人的尊重，更是对自己的尊重。所以我们一定教育孩子讲文明、懂礼貌。

（4）做人要从小事抓起，从养成良好的习惯抓起。养成良好的卫生习惯、学习习惯、饮食习惯、作息习惯，自觉遵守社会公德的意识和习惯。

2.“四个贴近”

“四个贴近”即贴近自然，保护环境；贴近生活，脚踏实地；贴近亲人，培养爱心；贴近书籍，增长才干。我在报纸上看到一篇文章——《三次家长会》。第一次家长会，孩子在幼儿园，老师讲：你的孩子连3分钟都坐不住，有多动症，建议回家以后管一管。回家的路上，孩子问妈妈：老师说了我什么？妈妈讲：老师表扬你了，说你过去只能坐住1分钟，现在能坐住3分钟，有进步。孩子高高兴兴地回家，当天晚上吃了一大碗饭，自己吃的，没让家长喂。第二次家长会，小学六年级，老师讲：全班50名，你的孩子排在第四十几名，是不是有智力障碍症啊，建议到医院去检查。回家以后妈妈对孩子讲：老师充分肯定你的进步，只要再努力再细心，会取得更大成绩。当天晚上，孩子做家庭作业非常认真，第二天早上很早到学校去。第三次家长会，初三时，班主任讲：你的孩子很危险，普通高中考不上，只能上职业中学（抱歉！我不是贬低职业中学，文章这样写的。我这里讲一句——职业教育非常重要）。回家以后，妈妈对孩子讲：老师对你充满信心，只要再努力再细心，会考上重点中学。

几年过去了，孩子高三毕业了，参加了高考，一天晚上递给他妈妈一个信封，录取通知书，打开一看，清华大学的录取通知书。孩子讲：妈妈，我也知道，自己是个不争气的孩子，之所以有今天，都是妈妈教育的结果。他妈妈哭了，抱着孩子讲：都是你努力的结果。我只不过做了每个母亲都能做到的事情。

从这件事我们可以看到，这位母亲很懂得教育，很会教育，取得了很好的教育效果。如果我们的家长和老师都能这样，相信孩子，激励孩子，调动孩子内在的积极性，我们的教育会搞得更好，会培养出更多的优秀学生，为我国小康社会建设提供更多的人力、智力支持。《国家中长期教育改革和发展规划纲要（2010—2020年）》指出，充分发挥家庭教育在儿童少年成长

过程中的重要作用。家长要树立正确的教育观念，掌握科学的教育方法，尊重子女的健康情趣，培养子女的良好习惯……这段话非常重要，要充分发挥家长在未成年人成长全过程中的重要作用。

二、家庭教育的目的

家庭教育的目的，可以总结为十二个字：立德树人，保教结合，重在养成。家庭教育要紧紧围绕这十二个字下功夫。

首先是立德树人。中央的几个重要文件都强调立德树人是教育的根本任务，也是家庭教育的根本任务。怎么立德？三个教育：思想政治教育、道德品质教育、心理健康教育。怎么树人？教给孩子六个学会：学会做人，学会生活，学会劳动，学会学习，学会审美，学会健体。家庭教育的根本任务是立德树人，可以简单地形象地讲：一个大写的人字，一撇一捺，这一撇是学知，另一捺是立德，把它树起来叫树人，学知立德树人。

其次是保教结合。家庭担负着两个任务：一个是保育，一个是教育。在保育的基础上进行教育，在教育的基础上提升保育。怎么保育？两个促进：促进孩子身体健康成长，促进孩子各器官的协调发展。教育要促进孩子德智体美全面发展。

再者是重在养成。我刚才讲了养成教育的重要性，养成教育主要是在家庭。当前的家庭教育主要在以下四个方面着力：

第一个方面，进行价值观的教育，要让孩子树立祖国至上、民族至上的思想感情。某著名大学优秀硕士毕业生，考上美国哈佛大学的博士研究生。这名学生在大学期间，参加北斗卫星的研制工作。到美国后破解了北斗卫星的民用密码，并在美国杂志上发表，获得美国高额奖金。为了个人的蝇头小利，有损民族大义。说低一点是品德不端，说高一点是叛国行为。我们搞北斗卫星十几年，几万人，几十亿投入，她参与了，到美国去把我们的密码在美国杂志发表，这是什么行为？

第二个方面，培养孩子的公民意识，自觉遵守社会公德。遵守社会公德是公民的责任和义务。《中国教育报》曾以通栏标题刊发《名校好学生坏毛病》的文章。讲的是我们一所著名的小学，参加了世界童声合唱比赛，拿了

第二名，这是很高兴的事情。可孩子们在国外的表现令人咋舌。饭店是自助免费早餐，孩子们盘子里剩的很多，宾馆的服务员直摇头。坐汽车抢座位，不让给小同学。观赏文艺演出，在剧场里大声喧哗交头接耳，剧场的工作人员几次出来干预。我举的例子都是名校好学生，光学习好行吗？没有爱祖国、爱人民的思想感情，没有自觉遵守社会公德的意识，行吗？

第三个方面，培养良好的心理素质。现在中小学生的心理很脆弱：只经得起顺境，经不起逆境；经得起表扬，经不起批评；遇到一些挫折，遇到点批评，动不动就闹情绪，出走，甚至自杀。前些日子某市一个高二的学生跳楼自杀了，什么原因？上课玩手机。老师把手机没收了，就为这么一件小事跳楼了。还有一个初中生打架，班主任请家长到学校来，就为这么一件事也跳楼自杀。一个是玩手机，一个请家长，就这么一些小事，就跳楼自杀，值得吗？要教育我们的孩子，经得起成功的喜悦，经得起失败的教训。苦辣酸甜都有营养，成功与失败都是财富，经验和教训都很宝贵。

第四个方面，开发学生的智力，家庭负有重要责任。我们对考上北大清华的学生进行调查："你们认为考上北大清华最主要因素是什么？"60%以上的学生回答主要是家庭教育。我这里讲的是开发智力，绝不要简单地理解为学到多少知识，要培养孩子的学习能力，培养孩子的多种思维。学校教育主要是收敛思维，把一个复杂的世界的各种问题，归纳若干定理和公式。家长培养孩子学习的时候，要注意培养孩子发散思维，视野更开阔，考虑问题角度更加宽阔。我这里举个例子：一个三角形，如何画一条直线，通过三角形的三个顶点？按照学校里欧几里得几何学是答不出来的。要发散思维。一个小学三年级的学生回答：笔粗一点，一画就可通过三角形三个顶点。他怎么知道的？家里装修房子，工人粉刷墙壁，用排笔一刷就过去了。这是学习能力的培养。

三、家庭教育的原则

1. 身教重于言教，喊破嗓子不如做出样子

要求孩子做到的，父母首先做到。要求孩子不要做的，父母首先不要做。家庭无小事，事事育人；父母无小节，处处做楷模。身教是最重要的教

育。我本人的成长就是一个例子：我兄弟姐妹六个，当时不讲计划生育，两个清华毕业，一个北大毕业，三个留学。可我的父亲只念过小学四年级，我的母亲小学二年级，靠他们自己的勤学笃行，勤勤恳恳努力工作深深地影响着我。我父亲是河北的一个农村孩子，十几岁去闯关东当学徒，在银行里扫地干杂活，看着别人打算盘，他也学算盘，看别人记账他也学记账。逐渐由勤杂工升为办事员、科员、主任，当了银行经理。他写的书法可以给商店题牌匾。日本占领东三省后，他自学日语，考上了三等翻译。日文翻译有五等，他考了第三等，可以当日文翻译。我母亲小学二年级，在我父亲的帮助下自学，可以看《红楼梦》《西厢记》。我父母的勤勤恳恳、刻苦学习，深深影响着我们。他们对我们从来不管不教，以身作则带着我们努力学习。我们兄弟姐妹六个人也在比，我们不同年级比什么？比在班上考第几名，我们基本上前三名。父母良好的家教家风影响着我们，我们影响着儿辈，儿辈又影响孙辈。从这里就说明身教比言教更重要。

2. 家庭要树立民主和谐的氛围

家庭成员之间应该是民主、平等、和谐、相互关心的关系。家庭要充满正能量，给孩子以鼓舞、以方向、以力量。家庭要充满爱，要有正气，要正派，好像阳光雨露一样，吸引着、滋润着孩子，从家中获得力量，获得方向。

3. 家庭要坚持原则，要定下规矩

家里一定要有规矩，比如说小学生9点睡觉，7点起床，10个小时睡眠，饭前洗手，饭后漱口。每天睡觉之前要刷牙、洗脸、洗脚，要按时做作业，每天可以看半小时的少儿节目等。定了规矩一定要坚持。孩子提出要求后，正当的、能够做到的一定满足，不正当的、不应当的，绝对不要屈从他的哭闹。现在孩子提出一些不正当的要求，上街买零食，父母不给买，一哭一闹，在地上一打滚，父母心就软了。千万不能这样，该办的一定办，不能办的绝对不办，不管怎么哭，怎么闹都不能办。他哭几次哭累了，以后他就改了。所以父母一定要坚持原则，遵守规矩，定了以后，一定要坚持，在一个方面失去了原则，就整个失去了效果。

4. 家教要多一些父亲的责任

父母的价值各有长短，要相互补充。我参加了多次家长会，来的80%以

上是母亲，父亲来的很少。父亲要多尽些责任，没有父亲的家教是不完全的家教。父亲在孩子心中埋下理想的种子，引导他们乘风破浪远航。父亲要以自己的刚毅、拼搏、顽强，带领孩子形成良好的品格。

5. 家教既有物质的，也有精神的

物质和精神，两者是相互补充的，都是必要的。不能只有物质，没有精神。一个小男孩过生日，给一个当企业家的父亲提了要求，希望陪他到动物园。这个企业家父亲讲：我太忙了，没有时间，我送给你一辆汽车，好不好？儿子很不高兴。这位父亲不知道陪伴比礼物更重要。家庭教育不能只有物质，精神、物质两者都要有。

6. 家教保持同一个声音

现在一个孩子，五六个大人，父亲母亲、祖父母、外祖父母，对孩子的教育，意见并不一致，有时候当着孩子的面就争吵起来，这样家教的效果等于零。在孩子面前，只能保持一个声音，不同的意见在下边交流，不要当着孩子的面争吵。在孩子面前，父亲要夸母亲，给母亲树立威信；母亲在孩子面前要夸父亲，给父亲树立威信。

四、家教的常规，叫“六个一”

一是每天全家有个小的聚会，最好在晚饭的时候，全家都回来了，坐在一起吃晚饭，一边吃一边交流，吃完以后，大家还可以一块散散步，看会儿电视，体会家庭的温暖和亲情。

二是每周要和孩子谈心一次。我用的是“谈心”，不是“谈话”。“谈话”有一点上对下的意思，“谈心”是平等的，彼此交流，谈心里话。孩子可以谈一谈一周的收获、体会，对家庭有些什么要求。父亲或者母亲要耐心地听，要看着孩子的眼睛，看他的表情，不要心不在焉，孩子一边讲，你一边玩手机，那还不如不谈。父母要学会进入孩子的情感世界，要体会孩子的喜怒哀乐，父母要学会弯下腰来和孩子讲话，要耐心地听孩子把话讲完，对孩子提出的批评建议，要给予肯定，父母要有勇气向孩子承认自己的过错。

三是每月带孩子逛一次街，去一次超市。让孩子去买自己喜欢的东西，如何去寻找，如何交钱。带孩子到书店，如何去选择自己喜爱的书，如何买

书。让他们走向生活，面向社会，开阔他们的视野。

四是每季度带孩子旅游一次。去科技馆、博物馆参观，到动物园游山玩水，开阔眼界，增长才干。

五是每学期和班主任交谈一次。父母要主动找班主任交谈。了解孩子一学期的表现，长处和短处，让家与校更好地配合。当着班主任的面，不要简单地向班主任告孩子的状，孩子最反感这一点。要全面客观地评价孩子，要肯定他的长处，也要看到他的短处。

六是每年给孩子举办一个家庭派对。最好在孩子生日的时候，家庭派对的主人是孩子，家长要当导演，不要当演员，让孩子自己设计，提出方案，可以摆几盆花，拉点彩带，也可以让孩子邀请几个要好的朋友、同学，培养孩子的交际能力。可以买些果品小吃。甚至吃一点家庭便餐，但一定要在家里面不要到饭店。通过家庭派对，培养孩子的主人翁意识，让孩子感受到家庭对自己的关爱，培养孩子多种能力。

五、告别“四过”的家庭

一是对子女的期望值过高。望子成龙，望女成凤，一定要考什么学校，一定考多少分，给孩子施以过大的压力。这样过高的期望值，使孩子压力过大，缺乏信心，失去了信心，不利于他们今后的成长。

二是过分的宠爱包办。现在的孩子多数是独生子女，父母对孩子娇惯得很。很多家庭实际上孩子是一把手，说什么父母都照办。这样的娇惯不利于孩子今后的成长，造成孩子在家里称王称霸，到外头胡作非为，一事无成，甚至犯罪。李天一就是这种例子，从小在家娇生惯养，最后在社会上犯罪。

三是过分的放纵。不管不闻不问，同住在一个屋檐下，同吃一锅饭，但彼此不往来不交谈，孩子不愿意和父母在一起，与父母有隔阂，节假日宁可跟同学一起玩，也不愿意和家长在一起，甚至有个别还在社会上交不良之友，引发犯罪。

四是过分的殷勤。饭桌上的差异，中国的父母在饭桌上当服务员，韩国的父母在饭桌上当长者，美国的父母在饭桌上当朋友。中国的父母在吃饭的时候殷勤得很。摆上座位，摆上筷碗，甚至盛了饭，让孩子来吃饭。有的

小学生父母还在喂孩子，比服务员还像服务员，殷勤得很。韩国的父母当长者，父母不入座，孩子不得入座；父母不动筷子，孩子不得先吃；父母吃完饭孩子还得给父母添饭加汤。美国的父母当朋友，自己吃自己的，谁也不管谁。我认为我们的父母在饭桌上，既当服务员更要当长者，当朋友。饭桌上大家交谈，关心不是在吃上，而在交谈上，交流上。

六、让家教走出误区，让孩子生活充满阳光

要实施科学的，符合孩子年龄特点，有利于今后健康成长的家庭教育，让孩子终身受益。不要采取违背孩子身心发展规律，违背他们年龄特点，甚至拔苗助长，这不利于他们今后的健康成长。

一是区别个别与一般。科研表明：天才儿童有，特别聪明、早熟的天才儿童只占儿童的千分之二三，一千个里头有两三个。不能用千分之二三的天才儿童作为标杆去衡量所有的孩子，要求所有的孩子，这是不恰当的。有的家长望子成龙，常拿自己的孩子和天才儿童对比，×××会了多少首唐诗，会多少个英文单词，你怎么就不会？甚至笨猪、蠢驴都说出来了——讽刺挖苦。那孩子就说，谁谁长到一米八，你怎么才长到一米六八？大人不一样，怎么要求孩子一样？这是不现实的。

二是区别常态与超常态。科研表明：通过机械的反复的大运动量训练，孩子可以提前掌握某些知识技能，不但孩子们可以，连马戏团的小狗经过训练，都可以认识区别1、2、3、4、5等数字。这种超常态的机械的大运动训练，往往使孩子失去了学习的兴趣，甚至厌恶学习，不利于他们今后的成长。我这里再说一遍，对孩子进行这种提前的训练，他所获得的知识技能是短暂的，在小学四年级前起作用，四年级以后就不起作用了。

三是早期教育是正确的。早期教育是20世纪60年代美国总统约翰逊提出的。现在全世界都在进行早期教育，但不要缩小为早期智力开发，更不要把早期智力开发再缩小为提前读写算。经过两次缩小，就把早期教育的目的搞走样了，扭曲了。一定要德智体美全面发展，一定是保教结合，而不能就是个读写算。

四是正确处理学习母语和外语的关系。一个时期家长对外语格外地重

视，放到了不适当的地位。孩子具有极强的学习语言的能力，有条件的家庭让孩子学习外语，是必要的。大家一定要注意，母语始终是第一位的。首先把母语学好，在此基础上再学习外语。你是生活在中国，不是生活在外国，语言需要环境和应用，这才能提高。绝不能用英语冲击母语。一定要坚持语数外的顺序。

五是正确对待兴趣。孩子虽小，也会表现出不同的兴趣：男孩子喜欢打仗，喜欢兵器；女孩子喜欢过家家，喜欢布娃娃。父母及早地发现加以培养，对他们今后成长极为有利。但绝对不能把父母个人的喜爱强加给孩子，更不能带有功利色彩，逼迫孩子学钢琴、学舞蹈，参加比赛，拿个钢琴几级，比赛拿个什么奖，对升学给予照顾。我也明确地告诉大家，中央文件规定，在义务教育阶段，各种奖状等级证书升学一律不考虑。北京石景山区一个工人，看别人家的孩子弹钢琴，自己也举债买了一架钢琴。女儿并不喜欢弹，父母一边打骂一边逼迫孩子弹。一次孩子又被打了，趁着父母不注意用刀把自己的手剁了。到医院去缝合，大夫说：你这样不疼吗？小女孩讲：这样我疼一阵子，逼我弹钢琴疼一辈子。父母的强制造成了悲剧。所以父母一定要以孩子自己的兴趣爱好为前提，家长不要强迫他们，更不要带有功利色彩。

七、如何进行表扬和批评

表扬和批评，两手都要用，只有表扬的教育，没有批评的教育是不完全的教育。如何进行表扬？①及时，要立刻表扬，不要过了几天再表扬，那样的话孩子都忘了。②表扬要明确具体，表扬什么，为什么表扬，使他知道以后继续努力。③多表扬勤奋、努力的态度和精神，少表扬天分聪明。④表扬的时候可以给一些奖励，可以提出要求期望，这时候孩子心情比较好，你给他提出一些要求，他容易答应、容易做到。⑤可以给一些适当的奖励，奖励既有精神的，又有物质的，要以精神为主。

如何进行批评？①不要把个人的情绪叠加到孩子的过错上。孩子犯了错，父母很生气，有情绪，把自己情绪叠加在孩子的过错上，本来孩子只有一分过错，由于你的情绪变成三分过错。②只批评孩子过错本身，不要否定

孩子本人。正如马克思所讲的：泼洗澡水不要连小孩泼掉。孩子有了错误，家长非常恼火，把孩子批评得一无是处，这是不妥当的。③只批评在现实的过错，不要算总账。就批评这件事，不要把一个月以前甚至几个月以前的老账都端出来了。一盆脏水都倒在孩子身上，这是不妥的。④选择适当的时机批评，表扬应立即进行，批评则不一定，紧急情况、危险情况必须立即制止，其他情况要等孩子情绪稳定了、平和了再批评，他更容易接受。他情绪很激动的时候往往听不进去，并不是批评的最好时机。⑤打骂、关黑屋子不是好的批评办法。最好的办法是记档案，把孩子的表现列个表，每天都有，表现好记个红星，表现良好记个粉星，表现一般记个黄星，表现不好记个灰星。也可采用扣减的办法，比如规定每天可以看半小时的动画，今天表现不好扣你十分钟，甚至今天不许你看。还可以以功代过，今天表现不好，罚你扫地洗碗等等。

八、如何帮助孩子学习

孩子在家庭中学习是很重要的。学校学习、家庭学习是相互补充，相互完善的。没有家庭的学习是不全面的，父母一定要把家庭环境和气氛布置好，使孩子能够很好地在家里学习。①创造一个良好的学习环境，把家里比较舒适的、光照比较充分的地方给孩子做个学习角。②准备好学习用具，桌椅一定适合孩子的高度。孩子在一二年级时个子很小，家里面的桌子很高，容易造成近视，要买高度可以调节的座椅给孩子，光线要柔和适当，光线太强或太弱，对孩子的视力不利；荧光灯对孩子视力也不好，最好买白炽灯。③让孩子在良好的心态下学习。在比较放松、比较愉快的心态下学习效率更高。④采取启发式的教育，要鼓励孩子："你再想想"或"我相信你能够做到""你要再考虑全面一点"。采取启发式、循循善诱的方式，不要采取指责的方式，"真笨，这题都不会"之类的话千万不要用。⑤教育孩子养成良好的学习习惯。每天要定时学习，每天要预习，上完课要复习；做家庭作业的坐姿要端正，写字要工整；要认真审题，把题目看清楚，现在的孩子出错很多不是不会，是看错题，要教育孩子至少看两遍题，要审题，做完了以后要检查；做完作业以后，要把书桌书包整理好，养成良好的学习习惯。

第三节　用爱心、知识、智慧照亮孩子的人生

父母要用爱心、知识、智慧照亮孩子的人生，肩负起育人育己的双职任务，要成为育人育己的家长。育人是教育孩子，育己是提高自己。父母要教在今天想到明天。浙江省绍兴市上虞区实验小学的陈校长讲了一句话，讲得很好："教孩子6年，想孩子16年，看孩子60年。"我们小学教育6年，教孩子6年，想孩子16年，一直想到大学毕业16年，看孩子60年，一直到退休，你都要负责。教孩子6年，想孩子16年，看孩子60年，这是我们教育的真谛，也是教育价值所在。不仅为孩子在学校生活的几年负责，还为他们终身负责，为他一辈子奠基。

老师要对孩子具有爱心，陶行知先生叫爱满天下，全国模范教师、情景教育创造者李吉林老师讲：我不是个农民，但是个播种者。我不是把谷子播在田野里，而是把金色的种子播在学生的心田上。那是一块奇异的土地，只要认真地耕耘，总会获得令人惊喜的收获。家长、老师要善对差生，善对表现不好的孩子，对他们不要都是厌恶、责骂，要给他们更多的关怀、爱护：抚摸他们的头，向他们微笑。微笑投给优秀生如同锦上添花，微笑投给差生如同雪中送炭。锦上添花固然轻松而美丽，但雪中送炭更为紧迫、更为重要。

关于老师、家长的微笑问题，我再讲几句。一个初二的班级写作文，作文题日是《假如我是校长》。一个女学生在作文中写道：假如我是校长，首先解聘那些不会微笑的老师。微笑多么重要，微笑是最好的教育方法，微笑是师生之间、亲子之间情感的交流。老师、家长要把微笑的花环戴在每个孩子身上，有些老师、家长不愿意微笑，不会微笑，愁眉苦脸，满脸的旧社会，五官错位，紧急集合。老师、家长要善于发现孩子身上的优点长处，童心是美好的，童心是高尚的。孩子们身上有很多闪光点，有很多值得学习宣传的地方。校长、家长应做有心人，要善于观察，及时发现，加以表扬，起

到“拨亮一盏灯、照亮一大片”的作用，教育孩子远学英雄、近学模范。校长、教师、家长要有点“自以为非”的精神、自我批评的精神。在这方面应该向农民学习。农民站在地头上一看，庄稼长得不好，从来没有埋怨庄稼的，都是从自己身上找原因：今年地为什么没种好？明年如何改进？我们学校教育、家庭教育出现了问题，不要过多埋怨孩子，老师、家长要主动承担责任，多做自我批评，严于律己，率先垂范。教师、家长要有勇气向学生承认“我不知道”。一次高中语文观摩教学，讲古诗《木兰辞》，一学生举手：“老师，我听说古代的妇女是缠足的，为什么在部队生活十几年而不被发现？”面对这样一个问题，老师脸红了，考虑一会儿说：“我不知道。但我会尽快找到答案告诉你们。”没想到学生们给予热烈的掌声，观摩的老师们投以赞许的目光。下午教研组会上，上课老师讲：刚刚听到学生的问题很生气，一是生气学生不该在观摩教学上提这个问题，使自己下不来台。二是生气自己为什么没有巧妙地绕过去，比如说“你这问题不属于这节课的范围，我到下面告诉你”，把它绕过去。我偏偏说“我不知道”，没想到学生给予热烈的掌声回报。老师受到教育、受到震撼。老师讲：“在教学过程中，老师和学生应当是平等的，要真诚相待，要把透明的自我展现在学生面前。”后来这位老师找到了答案：缠足是从宋朝开始的，花木兰在北魏，故事发生在宋朝之前。

老师和家长对学生要宽容理解，不要动不动就训斥学生，更不要随便处罚学生。孩子出现的问题多数是不成熟问题、心理问题，不要上纲为品德问题、道德问题。在全国中小学德育工作会议上，专家们指出：中小学生出现的问题，70%是心理问题、不成熟问题。父母、老师要宽容理解，夫妻之间也要宽容。高考的前夕，某高三毕业女生晚饭后心急火燎地给她爸爸打电话：“爸爸，我的500块钱被人家偷了，班主任查了四五天，也没有查到。”他爸爸赶紧在电话中讲：“明天早晨爸爸再给你寄500块钱，明天早晨你立刻跟班主任讲500块钱找到了。”女儿不理解：没找到干吗说找到。她爸爸讲：“第一，不要影响你高考；第二，不要影响全班同学高考；第三，用你的宽容，给犯错的同学一个慢慢改错的机会，他（她）会终生感谢你。”第二天，女同学就跟班主任讲500块钱找到了，全班恢复了平静。

第三天下午放学，班主任把女同学叫到办公室说：“你没有找到，你在撒谎。”女同学讲：“我找到了。”班主任递给她一封信，是同屋拿钱同学写的，信中写道：“你的宽容使我无地自容，我实在没有办法，爸爸得了重病，家里没有钱，我只好拿你500块钱，现在我只能还你200，那300一定想方设法还给你，你的宽容使我终身铭记。”宽容会取得意想不到的教育效果。

家长、老师要用自己的读书兴趣带领孩子形成良好的家风、学风。我刚才讲了，今后的语文改革要提倡阅读、读书。首先，老师、家长要读书，带领孩子读书。1994年联合国大会做出决定，每年4月23日为世界读书日，全世界都提倡读书。我们中华民族读书的状况每况愈下，1997年，全民族每人每年平均读书5.7本，2016年下降到4.65本，这是很危险的。全世界读书状况最好的是以色列，以色列全国平均每人每年读书64本，美国、俄罗斯都是人均读书数十本，我们4.65本，与人家差距很大。一个不认真读书的民族是没有创造力的民族，一个没有创造力的民族是没有希望的民族，可见读书的重要性。校长读书，老师才会读书，老师读书，家长读书，孩子才会读书；学校读书，社会才会读书。我们校长、老师、家长处在读书链的起点。读书比美容更重要，逛书店要比逛商店多，书柜要比衣柜大，男老师和父亲买书的钱不能少于买烟的钱，女老师和母亲买书的钱不能少于买化妆用品的钱。

老师、家长要具有六力：实力、能力、活力、潜力、魅力、创造力。这六力分为三个层次。第一个层次：实力、能力，表示老师和家长的过去，合格而又胜任。第二个层次：活力、魅力，表示老师、家长的现在，勤勤恳恳，扎扎实实，搞好本职。第三个层次：潜力、创造力，表示老师家长的未来，具有凝聚力、感召力、影响力、号召力。

我们更要创造美好的明天，家长、老师要做好“四处”：要念其好处，帮其难处，看其长处，宽其短处。

【作者简介】

王文湛：资深教育家、清华大学教授、教育部基础教育司原司长、原国家副总督学。代表著作有《认真学习全会精神，全面推进素质教育》《素质教育若干认识问题》《大力发展职业技术教育》等。

第四章 好师德，育人才

陆士桢

第一节　师德，教师工作的精髓

师德不仅是教师所有教学生涯中教育工作的精髓，也决定了教师对学生的态度、对工作的态度。同时，师德也是做好家庭教育辅导的重要基础。曾有一段视频在网上热播，讲的是吕梁山区一个四年级的小学生，写下了2000多字的长文，记录他被老师打骂的情况。这段视频引起了社会的广泛热议。其实每个老师都希望自己的学生健康成长，但常常会事与愿违，其中有多种多样的原因，比如时代的变迁，孩子的变化，教育教材、教学方法在创新方面的要求的变化等。

在这众多的问题当中，师德的问题是无法回避的。什么是师德？师德到底有什么意义？它有什么特点？这是每一位教师必须把握的基本问题。

一、关于师德

师德是什么？师德本质上是教师在工作当中个体所具有的道德素养。教师的职业道德其实就是师德。那么教师的道德素养反映在哪些方面？一般来讲，包括以下三个方面。第一，价值观，对错、好坏、善恶，需要基本的价值判断。第二，道德情操，就是道德情感，一个人爱什么恨什么，涉及道德范畴。第三，道德品质以及由这种品质所直接达成的行为，例如，是否包容，是否对他人和善，等等。以上三个方面组成了道德素养的基本结构。

从教师的角度来说，教师如何看待教育及日常的教学工作？如何看待学生、家长、同事？如何看待自身的学问？整体来看，有以下三点需要关注：第一，教育工作，教师对教育以及教育行为需要有严谨、专业的态度。第二，相关的影响元素，例如教师对学生、家长、同事的态度，教师需要与他们相互尊重。第三，要对专业知识充满渴望。教师对这些方面的态度取决于他的认知，取决于他的情感，也取决于他的道德品质，最终表现在他的态度

和行为上。

1. 师德的概念

师德是教师职业劳动范畴内的一个概念。从社会性上来讲，师德是社会对教师这个角色的一种规范性的行为期待、行为要求和道德要求，它是一种客观性的社会要求。师德由道德素质和行为规范组成。一方面，道德素质，在一定意义上讲的是自觉地自我约束，作为教师需要很强的自律意识。师德是一种自觉，是一名教师对自身职业行为的自律，是个体的责任。另一方面，行为规范，在某种意义上讲的是一种职业要求，它是一种客观上的要求，所谓规范就是必须这样做，不这样做，就要受到相应的处罚。

师德是社会规范与个体自觉的高度统一。

2. 师德的功能

师德对一个教师到底有什么作用？这实际上讲的是师德的功能和表现问题。在一名教师的职业生涯中，师德有重要的作用，我们可以从以下三个角度来理解。

第一，导向作用。师德对教师这一职业的发展起着重要的指引作用。以学校教师指导家庭教育为例，2015年，《教育部关于加强家庭教育工作的指导意见》颁发了，这个文件对每个教师具体的职业行为有规范和指导作用，这其中不仅体现了师德的重要性，还体现了师德对于教师的导向作用。但是在具体落实时，有些教师觉得这项工作给自身增加了额外的工作量，从本能上采取了排斥的态度。可以说这样的教师对这份文件的精神理解得不透彻，但追其根源，还是其作为一名教师在师德这个角度有所欠缺。因为学生作为未成年人，有三大系统影响其生活，第一是家庭，第二是学校，第三是社会。学校作为人类群体为教育所设的专门机构，作为政府下属的进行教育的职能部门，在家庭、学校、社会三位一体的教学体系当中，处于主导位置。所以，一个教师如果真正对孩子的成长负责，一定要具备高度的责任心，自觉地完成好指导家庭教育的任务。

第二，激励作用。一个人活在世上，有两个问题必须回答：第一，我是谁？第二，我到底要什么？前者解决的是自身的社会角色问题，后者解决的是一个人的根本价值追求问题。如果你只是为了获取更多的财富，或者说

你只是为了自身能够晋升，从某种意义上在小范畴内实现自我，那么一遇到困难和挫折就很有可能影响你发展的动力，阻碍你前行的步伐。作为一名教师，只有具备高尚的道德，才能够自觉地把职业行为和国家、民族，和每一个孩子的成长发展紧密联系在一起，这样才能有坚持下去的定力与不断前行的动力。

第三，保证作用。教师的工作是一项影响人类灵魂的工作，其复杂性、艰巨性自不待言。一个学生在成长过程中，一定会受到来自多方面、多层次的影响。如果教师没有坚韧不拔的意志，没有对学生负责的精神，没有一种良好的道德素养，在遇到困难和问题的时候就会退缩，就会出现不负责任的情况。

3. 师德的表现

师德建设的关键是内化。师德的养成是一个把社会对教师职业的规范性要求，内化成为一个教师自觉的行为和价值观，这个过程就是一个内化的过程。师德体现在教师对学生的态度上，教师的态度会反映在孩子成长的基本元素当中，会影响班级氛围、课堂氛围，甚至会直接影响学生的性格，影响学生的社会化进程。我们思考人生中对自己造成影响的那些人，一般都会感觉到，对自己影响最大的除了父母，印象最深的可能就是某位老师。当然也会受到社会上某一个人物的影响，但是更基础的影响还是在于父母，在于老师。老师对学生的态度不仅影响到学生的价值认知，更会影响到学生的人格、品格和性格。

具体来说，教师能否尊重学生、尊重家长，谦虚地接受意见和建议；在教师与学生发生矛盾时，作为教师能不能理智地对待、冷静地分析，并进行恰当的处理；当矛盾发生时，你怎么看学生和家长，你怎么对待他们；等等。这背后关系到的都是教师的师德。有的老师在遇到调皮的孩子时，会出现控制不住情绪的情况，但更深层次上，这其实是师生关系出现了问题。教师的职业生涯中，大量时间都和孩子们接触，与孩子们保持良好的关系十分关键，师生矛盾是教师在职业生涯中需要恰当对待的重要一环。

二、教师工作的职业特点

教师工作是一项很特殊的职业。工人制作一件产品，是人对物的工作，而教师是人对人的工作。人对物的时候，人是主体，你可以按照你的意愿，根据你的技术，根据要求，完成一个理想的作品，但教师的工作则不然。教师工作当中的主体不仅有教师本人，还包括受教育者——学生。也正因为如此，教师的工作会受到多方面的影响，具有许多特性。教师职业的特点可以归结为以下六个方面。

1. 工作任务的全面性和艰巨性

全面性和艰巨性来源于教师的工作特点、工作内容。以工人做一件产品为例，工人制作螺丝钉，他的任务很简单，或者说相对单一，按照图纸把一个大小合适的金属制造成他需要的形状，就可以完成工作。而教师要实现教育对象全面、充分、和谐的发展，需要面对学生、面对家长、面对社会不同的影响元素，因此教师工作的全面性和艰巨性是其他行业很难比拟的。

2. 工作方式的个体性和独立性

教育工作是一个面对人的工作。事实上教师的作用在这个过程中，具有非常强的主体性和独立性。工人生产往往是生产线作业，例如现代化的农业生产，它是集团生产的，工人彼此之间的联系和配合，特别是相互之间的影响和制约，在整个工作过程中会发挥重要的作用。但教师是一个独立的行为个体，教师在课堂中的教学过程是由教师一人独立完成的。

3. 工作对象的主体性、多样性和发展性

学生是具有独立意志和发展潜能的主体。教师所能做的是对学生进行引领和辅导，而且每一个学生都是独特的，发展的速度和阶段也都有很大的差异。教师面对具有主动性、独立性、不确定性的学生，工作目标和工作结果也就具有很大的不可预测性。学生的这些特点对教育从业者提出了更高的要求。

4. 工作的长期性和复杂性

教育教学和农民播种、工人工作不同，短时间内看不到一个最终的成品，我们常说百年方能树人。农民，在春天播种，在秋天收获；工人经过一番努力，成品就可以呈现在眼前。而作为教师，特别是中小学教师从事的基

础教育，学生小学毕业时十二三岁，中学毕业时十七八岁。对一个人的成长来说，这些都是奠定基础的阶段。教师早期在学生身上所做的努力，所施与的那种教育和引导，在未来会对学生有怎样的影响，首先现在看不到，其次学生在以后的人生道路上还会受到很多其他方面的影响。这些影响教师无法控制，也无法预测。因此，教师工作的长期性和复杂性就对教师职业提出了很高的要求。一个工人若生产的产品不合格，很快就能被知晓，但是一个老师如果工作不当，对学生的影响，可能要在多年以后才会显现。所以对教师来说，高度的自觉与负责任的态度就显得格外重要。

5. 工作价值的迟效性和间接性

教师的所有行为最终体现在教师的工作价值上。教师的工作价值是指对待学生的态度和教育目标，教师的工作价值会转化为学生的发展，最终会转化为学生对整个社会的贡献。这种迟效性导致教师的工作不会直接看到成效，而且还会由于其他因素的影响带来间接性。这两个特性对教师来说，是严峻的挑战，教师是不是负责任、是否坚守了教师自身的工作价值和工作观念等考验着教师的职业操守。

6. 工作成果的集成性和社会性

从一定意义上来说，一个好教师会使学生一生受益。习近平总书记曾经说过，一个人遇到好老师是人生的幸运，一个学校拥有好老师是学校的光荣，一个民族源源不断涌现出一批又一批好老师则是民族的希望。教师是集成性的、社会性的职业，教师会对学生产生巨大的影响，要对每一个学生负责。只有千千万万个教师能以高度自觉的态度，认识到教师职业的这种特点，以负责任的精神，处理好自己职业生涯的每一个环节，认真对待每一个学生，才能成就整个社会的教育，帮助学生成为未来社会发展的基础。

三、关于师德的要求

师德本身是知、情、意、行的统一，具体而言，要做到师爱为魂，学高为师，身正为范。

1. 师爱为魂

首先是爱，师爱为魂，学生亲其师，信其师，才能信其道。教师不爱学

生，学生若是跟教师不亲近，教师的道就传不下去。师爱是教师从事教育工作的情感基础，是建立师生良好关系的基础。什么是师爱？师爱就是指教师对学生的关心、关爱。

师爱有以下两个重要的表现方面：第一，教师要有胸怀，博爱的胸怀，要宽容、大度。所谓博爱就是不偏私，关注每个学生，关爱每一个学生，为每个学生负责。第二，就是不求回报，老师对学生的爱是一种理性的爱。从另外一个角度去看，教育家苏霍姆林斯基曾经讲过，教育者最可贵的品质之一就是人性，是对孩子深沉的爱，是兼有父母的亲密温存与睿智的严厉要求的爱。中国人所说的严慈相济，就是这种感性和理性相结合的爱，师爱是一种博大的兼爱。

师爱具有以下三个特点：第一，无偏私。教师不仅爱自己的孩子，也爱别人的孩子，爱所有的孩子。第二，没有偏狭。教师要不加判断地既爱优秀的学生，也爱有问题的学生。每个学生都渴望得到老师的爱，学生会对比老师对自己和对别人的态度，会处于一种经常的比较当中，学生会时时去判断自己在老师眼中的位置，去判断老师对自己的情感。教师在工作当中有没有体现对学生的关心与爱护，对于学生的成长来说十分重要。第三，宽容。所谓宽容是一种平和的心态和博大的胸襟，对每个生命个体都能够给予尊重，能做到有教无类。它的基础在于爱，在于教师能不能用博大的胸怀去热爱每一个孩子。

2. 学高为师

作为一名教师，一定要有高水平的知识水准，因为它是整个职业道德最重要的组成部分。与其他行业相比，在老师这个行业中，专业水平具有独特的规定性和不可替代性。职业不一样，要求就不一样。而对于教师来讲，知识具有不可替代性，一名教师的知识水准，特别是在教学过程中，是作为一种独特的职业行为的根本性指标。一名教师的旁征博引、知识渊博，都依赖于自身的知识储备。

总的来讲，一名好的教师，他的知识结构有三大部分：第一，是科学文化基础知识，上知天文，下知地理，具备扎实的基本功和知识的广度。第二，系统的专业知识。例如一名数学老师，不能仅仅知道数学课本上讲的东

西，还要对数学前沿的研究理论，数学的最新发现以及数学知识背后的数学精神有深入的把握和理解。第三，除了懂知识，教师还要懂得怎么教育，怎么更有效地教育孩子，怎么更有效地把知识传输给孩子。以上三点构成了教师的知识体系。

3. 身正为范

身正为范，也就是为人师表。首先，教师在人品方面，要成为学生学习的榜样。在过去，教师能让学生信服，可能是因为教师手中握有一定权力。但随着现代民主社会的发展，在学生中树立权威，越来越依靠学生对教师的尊重和感情，而非权力的影响。如果教师的学识、人品都能够成为学生的榜样，学生自然会信服。对于学生来说，其学生生涯是短暂的，但教师给他们带来的影响却是长远的。卢梭曾说过，做老师的只要有一次向学生撒谎撒漏了底，就可能使他的全部教育成果从此为之毁灭。爱因斯坦曾说过，使学生对教师尊重的唯一源泉在于教师的德和才。陶行知也说过：要学生做的事，教职员躬亲共做；要学生学的知识，教职员躬亲共学；要学生学的守则，教职员躬亲共守。这三位大专家从不同角度说明了身正为范的重要性。

四、关于师德的养成

1. 培养教师职业道德的自觉性

教师的职业道德具有道德的自觉性，可以从三个角度进行分析：第一，这种道德自觉性首先来源于教师职业的特征，前文已经提到这种职业本身的复杂，具有复杂性、个体性和独立性，它对师德特别是对教师的自我约束的要求是很高的。第二，从某种意义上来讲，教师是人类灵魂的工程师，需要教师有很强的自觉性。这种自觉性不仅是一种观念、一种形式，更是一种根植于内心的情感倾向和行为模式。它会表现在教师的职业过程中，具有很强的道德能动性，教师的一举一动都会影响到学生的发展。第三，教师具有培养自我修养的意识，发挥自己的能动意识。如果说社会上某些职业的纪律性要求特别高，例如警察，在履行职责的过程中，一般命令或规则就会对这个职业的从业人员影响很大。而教师这个职业则有很大的不同，没有那么多严格的规范性要求，但是职业的自觉性要求却非常高。

那么，怎么去养成职业道德的自觉性？习近平同志寄语广大青年，树立和培育社会主义核心价值观要在四个方面下功夫：第一是勤学，要读书，要下苦功夫读书。教师是要有真学问的人，所以必须读书。第二是修德，在实践当中要加强道德修养。第三是明辨，在当今社会不断变迁与价值多元的背景下，去判断是非格外重要。第四是笃实，扎扎实实干事，踏踏实实做人。这四个方面对教师的道德养成有非常重要的启示，是教师养成自我道德的一种重要方式。

2. 对家长的态度

对家长的态度是师德最重要的表现之一，我们可以从三个角度来理解对于教师的重要意义。

首先，教师应该明确认识到，家长是学生法律上的监护人，是学校教育的支持者；家长在教育学生这个问题上和教师有着平等的关系。

其次，怎么看待家长。好的教师会把家长视为自己的伙伴和合作对象，会经常和家长沟通学生的情况，听取家长对教师和学校工作的意见，通过多种方式和家长沟通，并争取与他们合作，这是非常重要的一个过程。在现代社会当中，班主任和家长在教育观念、教育思想上很可能会发生分歧。教师能否平等地看待家长，特别是能不能恰当地处理分歧和矛盾，不仅直接关系到工作能否顺利进行，也关系到教师是不是真正具有师德。

最后，作为职业的教育工作者，教师负有指导家庭教育的责任。学校是专门的教育机构，教师是职业的教育工作者，而家长不是。但家庭本身负有养育和教育的功能，因此教师有责任对家长的教育方式、教育理念等进行指导，负有指导家庭教育的责任，有辅导、服务家长的职业要求。

第二节　科学的儿童观，师德的基础

教育工作者，特别是义务教育阶段的教师，从广义上来说也是一名儿童

工作者。对儿童的基本看法和认知及科学的儿童观，是一个教师职业道德的基础。

一个孩子的妈妈愁眉苦脸地找到老师，倾诉她现在所面临的问题是不懂得怎么和自己的孩子相处，母女关系十分僵，基本上处于冷战状态。这个妈妈说这种局面从女儿初一下学期就开始了，其间还发生了一些很不愉快的事情，比如她曾几次强制女儿关手机，不给女儿手机充话费，摔坏了女儿的手机，孩子一个星期都没跟她说过一句话。这个家长知道自己不该摔手机，但是她觉得自己的女儿更不应该整天上网，不应该整天塞着耳机听音乐，不应该每科成绩都下降，不应该这样对待父母。总之她认为这孩子不行，没救了，但是她没有办法阻止这种母女关系的恶化。事实上这个家长已经到了一个很绝望的地步，她没有办法去化解自己与孩子之间的矛盾，也没有其他寻求帮助的途径，在这样的情境下，她把教师当成了救命的稻草。

如果你是这个教师，会怎么辅导这个家长？怎么处理自己的学生与家长之间的矛盾关系？在辅导过程中，有一个值得思考并且无法回避的问题——怎么对待孩子？怎么看待孩子的本质？尤其是正处于青春期这个敏感阶段的孩子。这不仅是家长的难题，也是教师的难题。

如何看待和对待儿童是儿童观的基本内容。科学的儿童观，是指尊重儿童个体的独立性和自主性，认为儿童具有对自我和自己需求的认知，认为儿童具有独立的人格以及发展的天赋和潜能。科学的儿童观能够指导教育工作者正确地看待儿童，提供与儿童身心发展水平相适应的教育，发挥儿童不同阶段的特性，挖掘儿童成长的潜能，以促进儿童更好的发展。具备科学的儿童观，也是一名儿童工作者做好工作的必要条件。

这一节将从儿童工作的内涵、儿童的定义、儿童的权利、儿童的需求这四个方面解读科学的儿童观的基本内容。

一、什么是儿童工作

1. 儿童工作是一种伦理，一种社会观

和其他工作相比，儿童工作的伦理价值非常重要，也是相对特殊的。这个价值包括很多方面，比如公平公正的社会意识，对弱势儿童的救助，对儿

童群体的福利。儿童工作也是一种社会观，它承认儿童的弱势社会地位，尊重儿童自身的发展性、主动性，尊重儿童的独特性，把每个儿童都看成独有的、唯一的。

科学的儿童观指导下的儿童工作中非常重要的一点，是对儿童的特别关注，将儿童的利益放在首位。曾出现过这样一则新闻：一名警察在执法过程中发现了一名有违法行为的妇女，在劝说无效之后采取了一些暴力执法手段，他把那个妇女推倒，同时妇女手中的孩子也摔出去了。这件事引起了社会上非常广泛的讨论，事后那名警察也受到了相应的处分，事件得到平息。在这个例子中，那名妇女确实有违法行为在先，需要受到法律的制裁，但是那名警察，他在面对一个儿童的时候没有做到将儿童的利益放在重要的位置，最终导致儿童受到伤害。在所有的进步的社会观里面，都要秉承一个理念，即儿童利益最重要。所以不论是执法，还是任何与儿童有关的行为，都要以不伤害儿童为前提。另外，对儿童的发展，成人社会和政府都负有重要的责任，必须采取相应的合理策略。

儿童工作是教师工作的组成部分，每一个教师都要秉承这样一种正确的儿童观，坚守正确的社会价值，这种价值包括公正，也包括尊重儿童，同时包括成人社会的责任，这样才能更好地开展儿童工作。

2. 儿童工作是一种社会政策

儿童工作是一种社会政策，也是一种社会建设。儿童政策体系的建设，就是通过社会政策立法的方式，对儿童的需求提供满足，对儿童的权利提供保障，对儿童的发展提供支持和保护。儿童工作有三个非常重要的目标：满足儿童的需求、保障儿童的权利和支持儿童的发展。

在这个政策体系中，儿童教育政策是最主要的一部分。要通过教育制度的设置、政策的完善，来保障每一个孩子接受平等的教育，让每一个孩子都能够成为对社会有用的人才，都能够健康快乐地发展，而教师就是这个政策的具体执行者。这个政策要通过教师及其他儿童工作者，落实到每个孩子身上。

3. 儿童工作包含着一种社会机制建设

有了政策体系还不够，还要有一个合理的社会机制来推动各项政策运行。儿童工作的社会机制建设是在社会政策的指导和制约下，通过政府的协调整合，学校和其他社会机构的服务配合，进行程序的规范、制度的完善以及社会自身的机制建设等，实现儿童福利的目标，保障每一个儿童的发展。这里提到的儿童福利就是提供给所有儿童的设施和服务，来满足儿童物质文化、发展、成长的需求。

在儿童福利社会机制的建设中，学校是最重要的一个机构，教师是这个机制运行的最重要的力量，也是机制得以完善运行的基本保障。每一位教师都要在这样的框架下，思考自己的位置和责任。

4. 儿童工作是一种社会行为和社会服务

儿童工作不单单是儿童工作者的责任，它还要通过家庭、社区、社会组织等多方面的社会力量，为所有的孩子，特别是处于困难境地的孩子，提供成长发展的服务。

这是一个比较广泛的儿童工作的概念。它的主体不仅包括学校、家长和社区，也包括社会上的每一个行业，还包括各种各样的社会组织，他们都要对儿童负责。例如媒体，有些媒体在进行新闻报道的时候，会首先考虑社会影响力，甚至考虑到的只是怎样吸引人们的眼球，却不考虑这些报道会不会对儿童造成恶劣的影响。我们曾经讨论过这个问题，比如禁烟，全世界都在提倡健康的生活方式，尤其是所有的烟酒店不许把烟酒卖给未成年人，这是全世界保护儿童的共识。但在一些文艺作品当中，很多英雄人物，甚至其中的正面人物，大多数都抽烟，而且会把吸烟表现得很潇洒，甚至有很优美的吸烟的镜头。这些会不会对儿童产生恶劣影响？很少有媒体去认真考虑这个问题，也很少有影视工作者能保持对这个问题的高度关注。

可以说，儿童工作是一种社会行为和社会服务，需要社会大众具备科学的儿童观，为儿童提供有益的、支持性的服务。

从以上的角度去了解，可以看到学校教育、家庭教育、健康的社会环境影响都是儿童工作非常重要的组成部分。这是广义的儿童工作的概念，也是教师师德建设或确立良好职业自觉的重要基础。

二、什么是儿童

（一）儿童的年龄界定

关于儿童的年龄，世界上一直没有很明确的界定。在中国，一般将0~12岁的人称为儿童，将13~17岁的称为少年，或者将14岁以下的统称为少年儿童。联合国公布的《儿童权利公约》把儿童的年龄定位为0~18岁。而我国以18岁有选举权为界限，把没有选举权，即0~18岁这个阶段的人称为未成年人。不同的文化背景，不同的历史发展阶段，不同国家和地区对儿童的年龄划分具有差异性。

（二）儿童的本质

1. 基础性

儿童的基础性有两个含义：首先，社会发展进步的基础在于儿童，一个社会能否向前发展，要看其中的少年儿童能否向前发展。梁启超先生在《少年中国说》中说“少年智则国智，少年富则国富，少年强则国强，少年独立则国独立，少年自由则国自由，少年进步则国进步”，说明少年儿童是国家的未来，国家必须重视少年儿童的培育和发展。美国作为当代世界强国，十分重视少年儿童在国家发展中的重要作用，在1909年，西奥多·罗斯福总统召开了人类历史上第一次政府级的儿童工作会议，这就是历史上有名的白宫儿童福利会议。当时美国政府提出会议的宗旨是检讨美国的儿童政策，检讨美国的儿童政策执行的情况，看看这些政策的执行能不能保证美国在未来的国际竞争中占有领先位置。这是人类历史上第一次一个国家把儿童发展的情况和这个国家的核心竞争力联系在一起，并且把它计入政府文件。从那以后，世界各国逐渐形成了一种共识：一个负责任的政党一定要高度重视儿童工作；一个有远见卓识的政治家，一定要充分认识到儿童这个群体非常重要的基础性作用。

其次，儿童个体成长的发展，是一个人成长发展的基础。越来越多的研究表明，早期儿童的发展，无论是在生理、心理层面还是在社会层面都具有重要的意义，其中还包括儿童政治素养的发展。美国对儿童政治化理论的研究发现，美国儿童长大以后是拥护共和党还是拥护民主党，基本上在其12岁前后就形成了，由此可见，儿童未来政治的取向，跟他早期的政治社会化是联系在一起的。因而，儿童的本质属性之一就是基础性。

2. 发展性

儿童的发展可以分成儿童群体发展和儿童个体单向发展两个方面，不管是群体还是个体，可从两方面来理解儿童的发展性。一方面发展是儿童群体最本质的特征，人作为一个个体，他的所有最基础的发展元素全在儿童期。举一个简单的例子，一个人在12岁的时候与2岁的时候相比，无论是形体、思想、社会化等方面，整个人都变得不同了，但是一个人在42岁和在32岁的时候相比，除了人生阅历变得更丰富、面貌变老了，他在这10年间的变化是无法与童年时期的10年变化相比的。所以儿童期是一个人最大的发展期，发展是儿童的本质，也是这个群体社会性的基础标志。在另一方面，儿童的发展跟成年人相比，具有全方位、多指向和速度快的特点，这是儿童的发展区别于中老年人的最突出的本质。

3. 未来性

儿童的第三大本质是未来性。这种未来性是不可逆转的，是不以任何人的意志为转移的。对一个儿童来讲，他在成长过程中展现出来的是未来，人类的希望在未来，成就也在未来。所以无论是从社会发展还是从人类自身发展来看，只有处于发展中的儿童才能成为未来的主宰。

2015年6月，在中国少年先锋队第七次全国代表大会上，习近平总书记指出了儿童发展的未来性，强调童年是人的一生中最宝贵的时期，在这个时期就应注意树立正确的人生目标，培养好思想、好品行、好习惯，今天做祖国的好儿童，明天做祖国的建设者，美好的生活属于儿童，美丽的中国梦属于儿童。

三、儿童的权利

（一）儿童权利的基本理念

儿童权利的基本理念，即儿童在许多方面与成年人享有相同的权利。儿童虽然年纪小，还不够成熟，但他在诸多方面享有和成年人一样的权利，比如肖像权、隐私权等。作为成年人，不能因为儿童年纪小就侵犯他作为一个人的基本权利，这叫作儿童价值平等性。这一点在很多家长的日常教育中，

包括一些老师的日常行为中常常被忽略。家长认为小孩什么都不懂，老师也认为学生应该听老师的话，在某种意义上来讲，这是一种歧视，也是对儿童权利的不尊重和伤害。所以教师要牢记儿童价值的平等性，具备儿童权利的基本理念。

儿童价值的特殊性是儿童享有权利的保证。作为一名老师，必须树立这样的观念，即儿童的一切行为和活动都不是单纯为其长大成人提供的训练，而是他们在享有自己的权利，包括游戏的权利，这是一个特别重要的理念。现在有很多家长，逼孩子念书，逼孩子实现所谓成才的目标，甚至逼孩子实现自己年轻时因为种种遗憾未达成的目标，这严格来说其实都是侵权，是对儿童基本权利的践踏，是对儿童的不尊重。

有的家长经常会对孩子说，自己是为了孩子好，然后把孩子的行为都看成为他长大成人提供的一种训练，这些思想观念必须摒弃。有些极端的家长甚至不让孩子接触电脑，生怕孩子受影响，这是剥夺了儿童接受新事物以及游戏的权利的表现，其实是很愚蠢的做法。首先，信息的发展是人类社会发展的一种必然趋势，它带来很多挑战，如果一个孩子一直远离网络，封闭在身边的小世界里，将来他怎么去适应外面复杂多变的社会？作为家长又如何能一直保护自己的孩子不受伤害？最重要的是，这些行为侵犯了儿童正常健康发展的权利。同样，有些学校为了避免出事惹麻烦，规定体育课上学生不许跑、不许跳，下课了也不许学生进行任何课外活动，名为保护儿童，其实是在侵犯儿童的权利，伤害儿童的根本利益。这些现象，是全世界范围内的进步理念一直在强烈批判的。但是我们很多教师和家长都把它们视为正常的现象，这是非常严重的问题。

（二）儿童权利的三大原则

儿童权利保护有三条基本原则：

第一条原则是18岁原则。联合国《儿童权利公约》和国际共识，把儿童划在0~18岁，就是把18岁以下的所有人群都视为保护的对象。这个原则，实际上体现了人类对于儿童群体的尊重和保护的态度。

第二条原则是无歧视原则。这一原则特别强调不管国度、种族、发展地区、社会背景，所有的孩子必须享受所有的儿童权利，没有区别。在我国，

不管处于什么状态、什么民族、什么地区，所有儿童都拥有相同的权利，受到相同的保护。

第三个原则是儿童最高利益原则，即社会中与儿童相关的任何事物，必须以儿童最高利益为核心。曾有这样一个案例，一对夫妻离婚之后，爸爸带着孩子再婚，继母因为不能生育，对这个孩子视如己出。后来因为一场意外这位父亲离世，继母便带着这个孩子生活，孩子也跟她建立起了比较亲密的感情。后来孩子的生母回来了，起诉提出要回孩子，生母与继母双方各不相让。虽然社会舆论都同情这个继母，觉得她全心全意地爱孩子，但是法院权衡之后，决定征求这个孩子的意见。孩子的想法是与生母一起生活。经过法院的多次调解，继母决定放弃孩子的抚养权，主动把孩子交给他的生母。从儿童利益最高原则的角度来看，继母不仅体现了一种真正爱孩子的母性，她还懂得法律，更懂得尊重孩子，把孩子的利益放在首要位置。这就是儿童最高利益原则的体现，在儿童的利益选择中不是单纯地讲人情，更不是讲社会关系，而是讲儿童的最高利益。儿童工作者要帮助儿童选择一个最适合他发展、能够获得最多收获、生活环境最健康的一个选择，并且这个选择最终是由儿童自己决定的，这就是儿童最高利益原则。上文中提到的警察在执法过程中误伤了儿童的做法，其实从某种意义上来讲，就违背了儿童最高利益原则，也就是说不管什么情况，他可以用法律制裁那名违法的妇女，但是决不应在这个行为中损害儿童的利益。我们在所有社会事务当中必须坚守儿童最高利益，这是最重要的原则。

（三）儿童权利的内容

我们把儿童权利归结成以下四条，这些都是儿童工作者需要了解和尊重，并在工作中践行的。

1. 生存的权利

每个儿童都享有生存的权利，不仅包括儿童生命存活的权利，而且还包括儿童生命存在所必需的最基本生活保障的权利，如食物、居所等。保护儿童生存权，是保护儿童的最基本的权利。

有媒体报道过一个母亲虐待儿童的案例。这个孩子被她妈妈打得遍体鳞伤，最后发现孩子异常的就是她的班主任，班主任一方面把孩子保护了起

来，另一方面立刻报警，最后由相关部门出面对这个孩子做了妥善的处置。注意和关注每个孩子的生存，这是一名教师重要的责任。在西方一些发达国家，有针对受到特殊伤害儿童的举报制度，明确规定学校的老师有发现问题积极举报、协助妥善处理的责任。如美国通过的《美国儿童虐待预防和处理法》（*The Child Abuse Prevention and Treatment Act*，简称CAPTA），就确立了儿童保护强制报告制度，要求特定人员（包括教师）在发现儿童有被虐待或忽视行为时向专门机构报告，并对未能报告的责任主体给予适当的处罚。[①]问责实际上是一种制度性的保障，但最重要的是每个教师应该有自觉意识。

作为职业的教育工作者、儿童工作者，我们负有监督、发现儿童生存权利受到侵害现象，并及时予以处置和关怀的义务。

2. 发展的权利

明确地讲，儿童拥有充分发展其全部体能和智能的权利。这里特别要注意到体能，也就是要给儿童提供除课堂学习之外的学习成长活动。儿童有权接受一切形式的教育。从学校教育的角度来讲，学校是人类专门为教育设置的机构，教师是职业的教育工作者，在家庭、社会、学校三位一体的儿童成长机制中，学校、老师是主导，有没有组织孩子们经常去参观博物馆、革命遗址等，有没有调动资源让孩子们进行一些非课堂的教育，这不仅关乎学校的教育效果，也关乎学校是否积极推动了儿童权利的满足。每一位老师和每一位家长都要全面树立儿童权利的观念，明确儿童有权享有促进其身体、心理、精神、道德和社会发展的一切生活条件。

3. 受保护的权利（发展权应该排第二位，不可颠倒）

这是尊重儿童特殊价值的一种体现。在大多数情况下，儿童没有能力做好自我保护，所以保护儿童免受歧视、剥削、酷刑、虐待，以及对失去家庭的儿童和难民儿童的基本保护，是非常重要的。这一点很多时候针对的是特殊儿童，但是也有针对正常儿童的一些保护。曾经出现过这样的情况，有些政府部门在开展某些活动时，为了让那些活动的声势更大，会请学校的鼓

①杨志超. 美国儿童保护强制报告制度及其对我国的启示［J］. 重庆社会科学. 2014（07）.

号队去表演。如果仔细分析这种行为我们就会发现，第一，让学生停课去表演，是否扰乱教学秩序？无故停课是否合适？第二，有很多时候让孩子在烈日下或者寒风中，穿着鼓号队的队服，长时间等待、演练，某种意义上是对孩子权利的侵犯。在这种情况下，老师有没有做到明确地提出问题，有理有据地保护儿童呢？这对教师及教育行业的其他从业者提出了更高的关于儿童价值和儿童权利保护的标准。

4. 参与的权利

这更是一个非常重要的方面。儿童有权参与社会生活，有权对影响他们的一切事项发表自己的意见。中国有一个国际儿童电影节，每两年举行一届，评选出一些优秀的儿童电影，一开始评选这些儿童电影的评委都是一些相关行业的专家，大多是一些中老年人，还有一些儿童工作者，值得思考的是，这些不是儿童的专家能评选出儿童真正喜爱的电影吗？所幸，后来这个电影节的评选发生了一些变化，增加了一些儿童评委，另外开通了专门听取儿童意见的渠道，能够让儿童发声，选出他们真正喜欢的优秀影片。事实上，儿童参与的意义，不在于最后的结果如何，而在于它体现了社会对儿童的一种基本态度，反映了社会的进步。

在我们的学校教育当中，小到选举学生干部，大到少先队、共青团工作，是儿童说了算呢，还是老师说了算？有没有渠道去听取学生的意见？这些都是值得思考的问题。

四、儿童需求

作为一个职业的儿童工作者，必须了解儿童的需求，并且对这种需求给予保障，这是因为儿童有特殊价值，他的特殊价值在于他会为未来社会做贡献，他有特殊权利。

作为一个教师，要把握儿童真正的需要。家长、老师及其他教育工作者选择教育行为，更多是以社会为本。我们想的是社会需要什么，而不是儿童需要什么。儿童权利的观点，就是要从根本上转变这个观念，要求我们从儿童的需要出发，选择教育行为。

一般来说，儿童的需要包括以下几个方面。

1. 基本生活照顾

社会、政府、家庭、学校应提供儿童成长过程中的基本生活的需求。

2. 健康照顾

健康照顾，包括身心医疗照顾和预防保健服务。在宏观的儿童工作事业当中，健康照顾还包括特别重要的一项，就是生活态度和方式的选择，包括对一些瘾癖的防治。我国近几年在广东等一些地区，发现过一些儿童有止咳药成瘾或者烟瘾等隐形癖好。这样的一些隐癖的防治是很专业的工作，儿童工作者更多的要从儿童健康照顾的角度去思考。

3. 良好的家庭生活

家庭服务也是一个儿童工作者的责任。从儿童自我需求这个角度看，良好的家庭生活是儿童发展的需要，教师要协助家庭提供良好的亲子关系和适当的管教环境。家长对孩子的爱是一种感性的爱，同时也要有理性，需要专业知识的辅导。

社会应给儿童提供充足的就学机会和良好的教育环境。现在很多家庭，包括学校，都把学习当作孩子的唯一任务，当作强迫性的要求。其实，好的教师和好的家长，要努力把学习转变成孩子的自我需求，让孩子真正体会到学习的乐趣，激发他对学习的热爱，这是一种人本主义的出发点。

5. 休闲和娱乐

我们不仅要给孩子提供时间去玩，还要给他们提供足够的休闲娱乐场所和设备。比如宋庆龄儿童科技馆，不仅展示了很多先进科技成果，还体现了宋庆龄先生的一些儿童工作的思想。大家都知道，宋庆龄先生把她一生中很多的精力用在妇女儿童的保护和发展事业上，她创立的上海儿童福利会，在抗战期间及新中国成立后发挥了重要的作用。现在，国家也投入了大量的资金修建了一些供给孩子学习和休闲的场所，让孩子在那里获得成长，更重要的是在那里能够教导孩子养成良好的娱乐态度和习惯，这对他们未来的发展大有裨益。反观成人文化消费，政府在强力打击不良文化场所，实际上真正要解决这个问题的关键还在于改善成年人自身的娱乐态度和娱乐行为习惯。因此，学习和娱乐观的树立必须从儿童抓起，这不仅是儿童自身的需要，也是儿童工作者可以施加有益影响的重要环节。

6. 社会生活能力

儿童需要获得社会生活能力，儿童工作者要培养孩子处理社会关系、人际交往的技巧，生活技能和适应能力以及正确的价值观等。换句话说，就是得让孩子长大以后有能力适应社会，顺利地生活。儿童工作者要根据儿童自我发展的需求，帮助儿童获取社会生活的能力。

7. 良好的心理发展的能力

这是一个很重要的方面，要帮助儿童建立自我认同，包括促进他们的自我成长。

8. 免除被剥削伤害

免除被剥削伤害，即保障儿童的人身安全、个人权益免于被伤害。

我们用新的视角来谈师德，把教师放在了儿童工作的一个大视野中，把教师这个行业跟目前国际认同的先进的儿童观、价值观相联系，意在提升社会对师德的更深刻、更广泛的认知，这才能更好地提高教师自身的素养，也能够更好地履行指导家庭教育的职责。

在具体工作当中落实科学的儿童观，开展科学有益的儿童工作，要努力做到以下几点：

第一，要认识到每个孩子都是能动的，教师在工作当中要发现和赏识每个孩子的独特性和优点。

第二，要认识到每一个孩子都具有发展的潜能，教师要懂得信任和激发这种潜能，引导其向更好的方向发展。

第三，每个孩子都是独特的人，要平等对待。

第四，每个孩子都享有生存发展和受保护的权利，要懂得尊重和保护每一个孩子。

这些在教师工作当中非常重要，也是家庭教育的基础。

第三节　关爱为本，师德的基本条件

对教师这个职业来说，其教育的对象具有很大的特殊性，和那些面对"物"的职业不一样，教师面对的是正在成长发展中的人。因此，情感在整个教师的生涯当中就发挥了特别重要的作用。同时，家庭是儿童成长过程中最基本的场所，也是家长和孩子之间情感联系的平台。也正因为如此，亲子冲突往往就成为家庭教育当中很困难的一部分。从某种意义上来说，一名优秀的教师不仅要能够用很深厚的感情对待每一个孩子，从内心深处去关爱孩子，还必须掌握辅导家庭亲子关系的基本技能，能够有效地辅导家长运用情感来引导和推动孩子成长。

所以，在这一节中，我们专门来谈谈关爱，谈一谈作为一名教师应该怎样去对待孩子，怎样把关爱落实到每一个孩子身上。

爱的教育在家庭教育、学校教育当中都具有特别重要的地位。"爱"是人类的一种能力，需要在成长当中不断提升。对于爱在教育当中的重要意义，陶行知先生说过：小孩子的体力与心理都需要适当的营养。有了适当的营养，才能发生高度的创造力。这在一定程度上说明了教师这个特殊职业在履行职责的过程中爱的重要性。孙云晓老师也提出了真爱的核心概念，他认为教师必须对孩子有真爱。什么是真爱？他认为，所谓真爱就是把孩子当成真正的人，尊重其人格，满足其需要，引导其发展，而不求私欲之利。也就是说，教师对孩子的爱，前提就是把孩子当成真正的人，不是功利性的。这也与前一节所论述的儿童观是紧密相连的。

所谓真爱，主要表现在三个方面：第一，要尊重儿童的人格，把他们当成一个独立的能动的人来对待。第二，要满足儿童的需要。儿童这个群体的发展具有特殊性，它有人类共通的需要，也有这个年龄段特别的需要。按照儿童观，儿童既有共通的价值，也有特殊的价值。第三，要引导儿童的发

展。教师既要帮助其形成发展方向，同时也要把握引导其发展的方法。

我们不能否认大多数教师对孩子的爱，但是否是真爱需要进一步思考探讨。我们常常能看到，很多教师在工作实践中主观意念过强，这在很多家长的行为当中也非常突出。很多家长习惯说“我都是为你好”“我都是为了你”，这是一种把自己认为会对孩子好的东西强加给孩子的表现。这既没有尊重孩子的发展特点，也忽视了孩子的主观能动性。从教育的角度来说，它凸显的是教育的功利性，忽略了教育过程中的爱，忽略了情感性。从教育的本质来讲，教育的主体是孩子自身，孩子只有充分发挥自己的积极性、主动性，才有可能健康顺利地成长。

因此，这一节主要论述的是：了解当代孩子的特征，坚持关爱为本，是提高师德修养的必备条件。

一、学习习近平儿童工作的思想

爱孩子的基础是认识孩子的社会定位。孩子是国家的未来，是民族的希望。习近平总书记近年对儿童这个群体有很多非常精辟的论述，这些论述阐明了儿童在我们这个社会发展中的重要地位，也阐明了儿童在中国共产党的事业中所具有的不可替代的位置。2017年，中央启动了群团工作改革，少先队的改革是其中重要的部分。我们经常会跟孩子说党团队，这是人生的一个红色的链条。换一个角度来说，中国共产党为什么创立共青团？是希望共青团组织能够巩固中国共产党在青年当中的执政基础、群众基础。共产党为什么在成立之初就建立自己的儿童组织？也是因为从党的政治延续和持续发展这样一个角度考虑，做出了一种制度性的安排。

少先队在我们国家儿童生活当中的存在，源于中国共产党的政治延续和持续发展。也正因为此，习近平总书记曾对儿童工作做了非常重要的阐述。我们可以从四个方面来归结他的主要观点。

1. 童年是人的一生中最宝贵的时期

童年是美好的，也是最难忘的，它是人的一生中最宝贵的时期。习近平总书记多次在讲话当中回顾自己的童年生活，他甚至跟大家说，小时候他因为没能在第一批入队，非常难过，还哭鼻子了。可见童年当中所受到的影

响，对任何人来说都是一生的宝贵经历，有不少事会让我们铭刻于心，终生难忘。

教师开展儿童工作，推动儿童发展，在某种意义上，是一种发展性的工作。更准确地说，我们把一种历史责任承担在肩膀上，因为我们所培养的，我们所引领的，我们所服务的，是国家的未来，是中国共产党执政的未来基础。

2. 未来总是由今天的少年儿童开创的

习近平总书记说，未来总是由今天的少年儿童开创的。我们可以尝试从另一个角度来解读这句话。

在鲁迅先生的作品《风波》中，九斤老太生下来有九斤重，儿子八斤，孙子七斤，曾孙女只有六斤，于是她便一直感叹一代不如一代。我们常常会用这样一个九斤老太对子孙斤数的不满意，来反映上一代人对下一代人的那种不满。这种不满几乎是所有历代传承当中的必然现象，老年人总是觉得青少年儿童不符合自己的愿望，尤其面对当今社会的激烈变革，很多成年人很难理解当代青少年的一些想法。但是有一点却是所有的成年人和老年人无法抗拒的：即便对青少年儿童如何不满，但绝不能否认未来是属于他们的。这是人类发展的规律，也是社会事物发展的规律，它不以任何人的意志为转移，无论是我们现代化的事业，还是中华民族的未来，一定会由今天的少年儿童来开创。

3. 儿童是未来的生力军、主力军

我们国家的现代化、民族梦要在今天的儿童手中实现，儿童是未来的生力军和主力军。这也从一定的角度，把儿童和国家发展前景和党的发展目标紧密联系在一起。我们为什么必须爱孩子？为什么必须重视孩子？是因为他关乎中国的未来，关乎民族的振兴，关乎千百年来中国人奋斗的目标。

4. 培养好少年儿童是一项战略任务

习近平总书记明确指出：培养好少年儿童是一项战略任务，事关长远。任何一个有远见卓识的民族都会重视其儿童培养。近期网络上有一些比较热门的话题，比如说犹太人怎么教育孩子、成功人士怎么教育孩子、有作为的民族对孩子有什么态度等等。其实这都是人类社会的一种自我反思，只有充分认识儿童极端重要性的民族和社会，只有把孩子的事当成一种战略任务来

对待的党和国家，才有未来长远的发展基础。

正如习近平总书记所说：培养好少年儿童是一项战略性的任务。所谓战略就是立足大局，立足长远，立足宏观，是一种规划性的。这对我们国家整体儿童发展意义重大，同时也关系到每一个教师具体的工作。

习近平总书记说过，期盼孩子们能成长得更好。这是在中共十八大闭幕后新当选的政治局常委和媒体见面的时候，习近平总书记说的一句话，这句话影响很深远，他当时在谈我们国家、谈我们党关于人民福利的未来前景。世界各国尤其是西方国家政党在换届的时候，每一个新的政党的领袖在竞选过程中，在执政之后，都会把人民福利当成一个非常重要的社会政策，都会提出相应的执政战略方针和措施。因为这不仅关乎国家发展，而且关乎百姓福祉。一般政党的领袖在竞选和执政的宣言当中，除经济政策之外，一定还会有两个重要部分，一是国内的福利，二是国际战略、外交战略，这关乎国家的国际地位和国内民生。

习近平总书记上任伊始，就关注我们国家的未来福利，他说，要让老百姓有更满意的收入，更舒适的居住条件等。其中，他特别提到要让孩子成长得更好。这也说明，在我国整体的社会福利架构中，儿童是非常重要的一部分，而教育又是重中之重。从这样一个视角来认识我们的工作，知道我们为什么必须负责任地对孩子，明了为什么要对孩子实施真爱，实际上，这是对教师这个职业的一种基本的期盼，也是对教师职业重要性的阐述。最后，习近平总书记明确地跟所有儿童工作者说，要牢记使命，要引导孩子成为中国梦的接班人，要时刻准备着。

习总书记强调，中国梦要在这一代孩子手中实现。对这重要的一代人而言，我们肩负重任，所以，真爱孩子，是我们这一代教师不可推卸的历史性的使命。

二、认识当代儿童

爱孩子的前提是了解孩子。我们可以从以下三个角度去分析当代少年儿童。

1. 发展日趋个性多样，和社会之间的互动越来越频繁和深入

很多时候，我们会发现不同时代的人群在很多方面会存在着很大的差异，就像过去一直说的“80后”“90后”。现在，有些学者提出，“95后”也就是1995年以后出生的孩子，和之前的相比，也有了很大的差异。越来越多的家长觉得自己不懂孩子，越来越多的教师，包括其他一辈子做教育工作的人，也发现自己不是那么懂孩子了，这是因为社会的迅速变迁。所以，我们将从这个角度去分析当代孩子，从1990年以后，特别是2000年以后，这一代孩子发展日趋个性多样，和社会之间的互动越来越频繁和深入。

社会化具有很强的时代性。20世纪五六十年代出生的一代人，一定会受一元化社会的影响，那时的社会，党和政府的政治动员能力很强，孩子们受整个社会环境的影响，会很单一、很正统，或者叫很集体主义化和一致性化。

现在却不同了，现在社会影响的深入度远远超过了那个时期，孩子们所听到的不仅是主流的、政府的、党中央的声音，还有社会上的多种其他声音，我们无法蒙住孩子的眼睛和耳朵，这就对我们的教育工作提出了特别深入的要求。首先，若没有真正读懂社会，就很难去认识孩子，理解孩子。其次，若没有相应的水准、水平，就很难发现孩子身上存在的一些认知的问题，也就更没有能力去引领他树立正确的认知。不少老师说，现在的孩子太能说，很多时候连老师都说不过他们。或者经常听到有些父母对孩子说：“我都懒得搭理你，你强词夺理。”除了孩子的不成熟，我们必须承认现在社会的开放让身为家长和老师的成年人在某些方面未见得比孩子更清醒、更明白。

一位老师曾带着班级讨论一个社会问题：有一年，一个残疾人在首都机场引爆自制炸弹，这个人在引爆炸弹之前跟周围的人说了一句话：“你们离我远点，我手里有炸弹。”这其实意味着他并不想伤害别人，事实上，他也确实没有伤害别人，他引爆炸弹，只有他自己受了轻伤。因为他的这句话，网上舆论一边倒，所有人都认为他不是坏人，他没想惹事，可能是有些人或者组织把他逼急了。怎么认识这个问题？那位老师带领孩子们讨论的第一个问题是：他的这句话足不足以改变他用暴力扰乱社会秩序的法律定性？五年级的孩子们非常认真地讨论着，引经据典，最后大家一致认为，他可能有冤屈，但是再有冤屈，这种反应模式也是违法的。他用暴力扰乱了社会秩序，这本身是犯法的。然后这个老师又带领大家第二次讨论：当我们确有冤屈的时候，我们可以用什么方式来保护自己，维护自己的权利？老师事先请一些同学做了准备，在网上收集了相关的资料和案例，大家用各种各样的案例和方法来谈论自己可以怎么办……

这些孩子长大后，他们看待相关的法律问题很可能会比别的孩子更清醒，对自己在社会上的行为也很可能有更好的反应。我们也相信他们和老师在这个讨论过程当中的情感交流更正面、更积极，他们也会因此更佩服老师，更喜欢和老师讨论问题。这种教育是建立在尊重儿童，特别是深刻理解儿童的社会性特征的基础上的。我们应该深刻认识到现代社会对儿童的影响力及其深入度和频繁度。

2. 思想活跃、价值多元、崇尚自我、反感束缚，但实际能力相对不足

在一定意义上，这一代孩子的发展多是畸形的，“脑袋越来越大，四肢越来越短”。一方面，“脑袋越来越大”。很多孩子上知天文下知地理，通俗而言，这一代的孩子中“人精”越来越多。我们经常看到两三岁的小孩什么都会说，五六岁的小孩有超强的计算能力，十几岁的孩子有特殊的记忆能力。另一方面，“四肢越来越短”。这一代孩子有一个普遍的特性：该知道的不该知道的他都知道，但该会的不该会的他都不会。曾经有这样一个案例：有个奶奶经常夸自己的孙子，说我这孙子四五岁了，特聪明，100以内的加减法都会做，日常用语英文都会说。但也听孩子的父亲说，他的孩子不该会的都会，该会的不会，因为从小爷爷奶奶把着他撒尿，所以至今他都不会自己撒尿。这或许有些极端，但不可否认，这一类的孩子越来越多。一方面，由于资讯发达，孩子自小就能接触到大量的信息，他处理信息的能力也随之增强。但另一方面，与高速的信息获取相对应的，是孩子应对社会事务的心理素质和个人能力的相对欠缺。社会环境在变化，给孩子们的发展带来了促进。但从另外一个角度来说，现在的孩子社会性能力的确越来越差，很多事情都是家长包办，学校害怕孩子出问题。家长包办得越多孩子的能力就越差，学校越害怕，就越不敢让孩子去经历，而孩子不去经历就注定没有收获。

3. 对人生目标和价值的追求非常主动，但是单一，缺乏远大理想信念支撑的扎实动力

现在的孩子，对人生目标和价值的追求非常主动，但是，追求的目标和价值单一，缺乏远大理想信念支撑的扎实动力，尤其是一些大家眼中的好孩子。好孩子之间竞争非常激烈，成人间的功利化通过社会化的互动影响到孩子，他们会互相封锁消息，甚至为了成绩好而不择手段。很多孩子都不知道自己为什么要好好学习，只是被灌输了一种自己将来要当个有用的人，要成才，要成为成功人士的信念。但他们不知道什么叫成功人士，孩子们对这个概念非常模糊，背后缺乏强有力的理想信念的支撑。

习近平总书记说，少年儿童从小就要立志向、有梦想，爱学习、爱劳动、爱祖国，德智体美全面发展。孩子们应把志向、个人的发展和祖国人民联系在一起。而这恰恰是当代很多孩子的软肋，很多孩子并没有这样一种理想信念。当一个人完全为自己的时候，他头脑中就不可能有对他人、对社会、对民族、对国家的更多的真情实感。同时，家庭和社会把最大的期望都寄托于这代孩子身上，使他们深受社会瞩目。在这样一种社会角色状态下，孩子们普遍有很大的压力，很多孩子生活得不快乐。他们还要上各种培训班，被要求考第一名，还要被父母不断地去比较，要跟“更好”的孩子去攀比，诸如此类的压力，对这一代孩子的生存造成了极大的困扰。

中国的很多孩子不快乐，只有站在孩子的角度，去分析认识一些问题，我们才能真正理解孩子，真正爱孩子，解除孩子的困扰，帮助孩子健康快乐地成长。

三、把握对待孩子的基本态度

对待孩子，需要真爱。这要求我们必须把握对待孩子的基本态度。根据科学的儿童观、教育观，无论是家长还是教师，都需要把握好以下六个基本原则。

1. 主体性

主体性是指把每一个孩子都看成鲜明的有发展性的主体，给予其应有的尊重。过去我们在培养孩子的时候，常常把孩子当成一个塑造的对象，要

把孩子培养为全社会需要的人，培养为德智体美劳全面发展的共产主义接班人，这是一个固定的目标，在教育中教育者是主体。现在，我们应该转变观念，必须把孩子当成独立的主体，教师、家长要做的是辅导、引领、帮助和推动。

2. 接纳

有的家长觉得自己的孩子没什么优点，找不到可以表扬的地方，其实是因为他们没有接纳自己的孩子，他们只想看到他们希望看到的那个孩子，并没有接纳现实中这个真实的孩子。家长和老师都应该有一种拒绝判断的意识，实际上现在老师和家长时时刻刻都在判断孩子："你不行！""你能做到吗，就你那样？"这些话的背后都是判断，这其实已经把孩子给标签化了。而这个标签就是老师和家长心中客观标准的表征化，所以我们应该拒绝判断，从理解出发去面对每一个孩子。

当然，并不是说看到有问题的孩子的优点就是接纳孩子。我们需要看到孩子身上所有问题背后的合理性。比如说有暴力倾向的孩子，我们不仅要看到孩子暴力之外的优点，更应该看到他的暴力背后的因素，是不是因为他有充满暴力的家庭和家庭生活。对于孩子而言，他本质上是好的，是无辜的，认识到这些我们才能够有责任感，有想法去介入孩子的家庭，帮助这个孩子改变家庭环境，只有这样，我们才能真正从心里接纳这个孩子。

这才是真正的接纳，真爱来源于这种彻底的接纳。

3. 自决

所谓自决，也叫自我决定，就是尊重每个孩子的主观能动性，尊重每个孩子的自我选择和自我决定的权利，不替代孩子。现在家长和老师在很多情况下都是在替代孩子，帮助孩子做决定，常常会跟孩子说"你要这么做""你不能这么做"……实际上，随着孩子的成长，我们应当适当地给他提示，让他自己去选择，自己去做，我们只是给予引导。

4. 个别化

每个孩子都有其独特性，都应当有权利和机会发展个性，我们应该尊重他们的个体差异，把每个孩子都看成唯一的，是与其他人不同的。因而在对待他们时，我们要采取不同的方式，以满足他们个性的需要。

5. 了解基础上的信任

信任的基础在于了解，了解的前提在于沟通，孩子与教育者只有建立良好的沟通机制，增强彼此之间的了解，才能增强相互之间的信任，孩子只有信任教育者，教育者才能更好地为孩子的需求提供更为恰当的教育活动。

6. 一致性

教师需要对社会负责。事实上，教师又是一个被政府聘用、给予酬金的一个职业，需要对政府负责，对国家负责，对执政党负责。同时，教师面对的是孩子，也需要对孩子负责。二者必须保持一致。

把握对孩子的这几个基本态度，把它们渗透到教育、教学生涯中，同时在辅导家庭教育的过程中，深入浅出地把这些理念传递给每一位家长，这样才能做到真正爱孩子。

四、让每一个孩子都拥有快乐的学校生活

热爱孩子，就要创造条件，让每一个孩子都拥有快乐的学校生活。

1. 重视学生的身心健康，把保护学生生命安全放在首位

这是爱孩子的首要内容，也是学校的重要任务。学校必须重视孩子的身心发展，保证他的生命安全。

2. 尊重孩子的独立人格，维护其权益，平等对待每一个孩子

很多教师在日常的教学中，总会不由自主地对孩子特别是有过失的孩子，表现出来一些情绪和态度，比如讽刺、挖苦、歧视，甚至变相体罚等，甚至还有一些比较极端的事件。某一年发生了这样一件事，一名老师用刀刮了班里孩子的脸，还说“既然你不要脸，那我就给你刮刮”。这是一起很严重的侵犯孩子、伤害孩子的事件，教师是在发泄不当情绪，带有变态的性质。从爱的角度来说，挖苦、讽刺、变相体罚这类做法，会给孩子带来深深的心理伤害。而对于一个教师来讲，这些做法表明了教师师德水平的极其低下。

3. 尊重个体差异

世界上没有完全相同的两片叶子，当然同样没有完全相同的两个人。每个学生都是独立的个体，要了解和满足学生的不同需求，因材施教。教育不

是“大锅饭”，不能“一勺烩”，每一个孩子也都有不同于别人的优点，尊重孩子的差异并且找出每个孩子身上的个性和优点，是教育的本质所在。

五、给孩子创造发展的家庭环境

与教师和学校相对应的是家长的作为。在辅导家长理性爱孩子时，我们可以借鉴犹太家庭对待孩子的做法，这里的关键是认识和态度。

第一，关注孩子的每一点成就，这是一种做法和理念。家长要学会赞美孩子的每一次小创造，给孩子提供信心和力量。

第二，培养孩子的自我控制能力，要制定一些明确有效的规则。对孩子的爱，理性的部分就是要有规则，不能光溺爱或是没原则地爱。

第三，鼓励孩子通过自我努力实现目标。让孩子学会不依靠父母去做自己能做的事情。在我们的社会里，这部分的内容严重缺失。我们经常可以看到爸爸妈妈带着孩子上学，包括爷爷奶奶抱着孩子，或替孩子背着书包。这是一种不恰当的行为，应该让孩子学会做自己的事情，学会独立。

第四，尊重自己的家庭。家庭氛围、家庭成员之间的相互关系、相处的模式，都会对孩子的行为和思想特别是性格产生巨大的影响。儿童会从父母那里学习到对待家庭的态度，而这种态度也会直接影响到他未来的家庭生活。

第五，让孩子玩得尽兴，鼓励孩子释放自己。没有玩乐的童年是不完整的童年。事实上，在当前社会里，孩子们极其缺乏游戏，特别是那种户外的具有能动性的、互动性的游戏。在一定意义上说，这也是校园欺凌屡发不止的背后原因之一。对孩子的真爱是收和放的结合，是一种相辅相成的行为。既要有放，就是让他释放、让他玩得尽兴、给他鼓励；也要有收，就是让他做自己能做的，要有规则、有警戒、有管理。这才是真正的爱和有效的爱。

这一节我们从“爱”这个角度进行了深入的探讨，也提供了怎样帮助家长去真爱的方法。只有真爱，才可能带来更好的教育。

第四节　职业认同，师德的认知核心

职业认同是师德的认知核心。社会上任何一个职业，要想有职业道德，基础都是热爱这个职业，对这个职业的重要性和特殊性有自己独特的理解。所以，从一定意义上来说，对教师职业的认同是师德的基础，是教师整个职业生涯的认知核心。

但是现实状况并不理想。曾经有一份对447名教师的问卷调查，结果显示：有2.9%的教师有严重的职业倦怠现象。所谓职业倦怠，通俗点说就是对职业厌烦了，一上班就难受。有59.5%的教师有比较明显的倦怠倾向，这说明这部分教师也有跟上述职业倦怠相似的特点，每天不是高高兴兴地去上班，而是不得已去上班。我们可以看到，有职业倦怠倾向的教师约六成，而相对应的没有职业倦怠倾向的教师，统计结果显示只占不到四成，即37.6%。这个现象向我们传递了一个信号，即大多数教师对这个职业没有一个教师应该有的热情和未来职业发展的期待。在有职业倦怠倾向或表现的教师当中，有将近66%的教师反映自己上班的时候常常盼望着下班，以便找地方放松一下，有71%的教师表示，下班后根本不愿再提工作上的事，拒绝在工作时间之外去思考工作。长此以往，这部分教师很难在工作时间之外投身于学习、提升，让自己的职业发展得更好。有48.4%的教师表示，时常会有离职的念头。还有26.9%的教师后悔当初选择了教师这一职业。甚至还有部分教师表示，只要能在其他行业找到一份待遇还可以的工作，就会转行。这些数据虽然只是对部分人的调查结果，但在一定程度上反映了目前教师的履职状态。它所显示出来的一些想法，比如盼望赶快下班回家，下班以后不再想学校里的事情，有待遇更好的工作就转行，可能在很多教师的头脑中都涌现过类似的念头。虽然这种状态可能是由于目前教师群体承受着很重的社会责任和较高的社会要求导致的，但是从教师队伍建设和个体自身职业发展这

个视角来看，这样一种状态，显然不利于我们国家的教育事业，不利于儿童成长，也不利于教师的自我发展。

所以，为什么要做一名教师呢？对于这个问题的回答不仅关系到教师的履职态度，关系到师德，更关系到教师对学生的态度，关系到教育成效。教师作为我们国家的职业教育工作者，他们的职业状态，其实也关系到学生的家庭教育，关系到学生的全面发展和成长，直接影响到下一代人，所以教师的职业认同问题是一个值得认真讨论的重要问题。

一、当前教师的类型

目前在教师队伍当中，对“我为什么要当老师”这样一个基本问题的定位，有以下几种类型。

1. 生存型的教师

在上述调查中，有职业倦怠倾向或表现的教师占了大部分。生存型的教师之所以当教师，主要是为了有一份稳定的收入，他们把教师当作工作而不是事业来做。他们不喜欢这份职业，体会不到其中的乐趣，但又找不到更好的工作，即使不愿意干，也没办法。这类人在行为上有三个特点：第一，他们不是育人的工程师，不是塑造灵魂的工程师，只是知识的搬运工。基于基本的职业道德，会尽可能好好上课，但没有目标，没有方向。第二，他们的整体职业状态体现为四个字：无可奈何。不愿意干，不能不干，只得干。第三，他们把教师职业当作下一个工作的跳板。这些人只是把教师当作暂时安身立命的工作，想赶快找下一个工作，把在教师职业中的积累当作一个跳板，利用这个跳板谋求更好的职业发展。这种生存型的教师没有对职业的根本认同，不愿意承担教师应该承担的责任，更不可能有好的师德了。

2. 享受型的教师

享受型的教师把教师这个职业当作一种享受。这类教师职业状态当中呈现出三个非常重要的特点：第一，对平凡工作的热爱，也就是说他们喜欢这个工作。第二，对工作的喜欢源于孩子的成长，这是他们做教师最大的快乐。第三，虽然工作很辛苦，但是他们在付出和给予的过程中，内心获得了满足。

做教师的时间长了，就会有很多学生，学生的成长就是对教师的最大回报。有时候，教师会在某些长大了的学生身上看到自己的一些影子、一些追求。这样一种感觉，没当过教师的人是体会不到的。把教师工作当成一种享受，把所有付出变成一种满足，某种意义上来说这是一种快乐的体验，这种体验将会成为他们不断教书育人的动力。

很多老教师对享受型的状态体会比较深，因为他们用一生的时间去做一件事，并在这件事中体会到了快乐。我们都看到过习近平总书记和他的中学语文老师的情谊，那位老师就觉得很满足，因为他认为自己能有习近平这样的学生，能培养出国家栋梁，是很让他自豪的事情。

3. 发展型的教师

发展型的教师大部分是中青年教师。他们以自我教育作为教师生涯的推动力，这是一个非常重要的特征。发展型的教师追求自我，不断地谋求自我发展，认为教师这个职业不仅是给予，也是收获。而这种收获与享受型的不一样，更多的是表现在自我成长上。所以在日常的教育活动当中，他们是反思者和研究者，在反思和研究的基础上，以自我教育的形式不断提升自我。比起生存型和享受型的教师，发展型的教师更符合当代青年的发展方向。

事实上，大多数人把教师当成了安身立命的阵地。如果想要转变目前的职业状态，获得更好的能让自己更快乐的职业状态，那需要个人更强烈的个人爱好、更快速的自我成长、更适宜的时机等。对于那将近六成的倦怠型的教师来说，与其整天倦怠，整天不满意，整天想逃跑，陷入痛苦之中，不如去接受这样的一个职业状态，努力提升自己，发展自我，更好地去体味这个职业可能给自己带来的成功和收获、自我成长和快乐。这实际上是一个人对自我的一种科学的聪明的选择。倦怠、抱怨、愤怒，带来的结果是无力，而无力会让人沉沦。这样下去最后不可能有职业发展，也不可能有快乐的职业生涯。因此，首先要明白：我为什么要当老师？我想要什么？我怎样做才能获得我想要的东西？对这些问题的回答是对教师的职业道德或者师德的基础的根本的选择。其次，师德基于对职业的理解和认识。为什么有人当老师感觉快乐？为什么有的人当老师可以谋求发展？为什么有人当老师他就是心里不痛快，觉得自己窝囊？基于对教师这个职业，我们到底应该怎么看？这是问题的关键和根本。

二、做发展型教师，追求职业快乐

发展型的教师，大致都有这么几个共同的认知。

1. 理解小学教育工作的意义

理解小学教育工作的意义，主要从三个角度进行讨论。第一，从宏观角度来理解小学教育，要理解它对国家、民族、社会的重要意义。孩子是国家的未来，是民族的希望，是社会发展的接班人。第二，从中观的角度来讲，学校教育作为孩子社会化过程中最重要的场所，承担着重要的任务和使命。第三，从微观个体来讲，好的小学教育能够帮助实现德智体美劳全面发展，不好的小学教育，不仅会影响孩子的一生，而且将来极有可能通过孩子给他人和社会带来不好的影响。

在充分了解了小学教育的重要意义后，教师才能更好地热爱小学教育阶段的教育事业。有的人天生具有乐群性，或者天生喜欢孩子，见到孩子就很快乐。但是教师对于教育事业的“热爱”，是经过理性的思考的，和天生的“爱”有差异。陈云同志的秘书在接受采访时曾经说过一个事例，陈云同志天生是个比较严肃的人，并不是很喜欢孩子，即使他的孙子来了办公室，他也顶多给孙子一块糖吃。但是，作为中央领导，陈云同志一直关注儿童发展事业的基础建设，并且最早提出所有的公共场馆在六一儿童节要对儿童开放。陈云同志作为职业革命者或者叫职业教育工作者，对孩子的爱，是一种理性的爱，是基于一种从事业出发的，基于一种更深厚的人性的爱。一名教师是否合格，不在于其性格特征如何，而在于他是否会有这种理性的思考，以及在思考之上提供的对孩子理性的爱。

在热爱教育事业的基础上，教师作为一种职业，才有了真正的专业化要求。首先，要有职业理想和敬业精神。敬业源于职业理想，当一个教师能够真正体会到教师这个工作给自己带来的快乐时，体会到那种巨大的收获时，才可能敬业。其次，认同教师职业的专业性和独特性。教师和工人不一样，和农民不一样，和各级领导干部也不一样，教育部出台的《小学教师专业标准》，提出“学生为本”“师德为先”“能力为重”“终身学习”四个理

念，明确了小学教师的道德品行、专业知识、专业能力等。这是规范，是一个好教师必须做到的。

2. 重视基础素养的提升

职业认同，同时要有建立在认同基础上基础素养的提升。对于一名小学教师来讲，职业认同包含了两方面内容。第一，懂得党和国家的教育方针政策，而且要自觉地贯彻到个人的教育生涯和教育教学过程当中。第二，自觉遵守教育法律法规。理论上讲，所有的教育行政部门的文件，教育部门颁布的《教师工作条例》《校长工作条例》《班主任工作条例》等等，这一切都是具有法规性质的，都是我们国家的教育基础要求。

3. 重视职业道德修养

对职业道德修养的重视体现在三个基本的要求上。

第一，就是良好的职业道德修养。这条在上一讲已经剖析得很清楚了，它既包括价值观，也包括思想认知。

第二，所谓为人师表，除道德修养之外，首先在言谈举止和整体形象上努力做到最好。如果作为一名工人，有不良习惯，动不动就说脏话、张口骂人，可能对自己的职业影响不大，顶多被周围的人认为没礼貌、没教养。但作为一名教师，如果克制不住自己，说话不文明，就可能影响到自己的学生。这些年颜值对教师来说也越来越重要，因为很多小孩认为颜值高的老师看着舒服、觉得亲切，也就越来越喜欢这类教师。在一个小学，一个男体育老师蹬着一个轮滑满操场跑，很多女同学就喜欢看那个体育老师，那名体育老师并不算传统意义上的帅哥，但是女同学喜欢，她们喜欢那风度，喜欢那感觉。有的时候我们会觉得这种事情很奇怪，但事实上这就是教育，每一个老师的简单的言行都可能影响到学生。曾经有这么一位男老师，形象很好，各方面的能力也很强，但是这个老师有个口头语，平常说话总会不自觉地说出来。当时这个男老师在带一个班，就在带这个班一年后，这个班的学生尤其是男生，学会这个口头语的占到了一半以上。由此可见，教师职业对他人的这种特殊影响，是任何职业都无法比拟的。所以为人师表是一个全面素养的概念，包括简单的日常行为，包括言行举止、穿着打扮等，因为这些都能成为学生效仿的对象。

其次，要特别强调团队合作。教师做的是个体性的工作，上课，带班，都是一个人的行为。特别是在班级当中，教师虽然不是主体，却是指导者，在课堂当中是一个主导者，教师自己的很多素养、素质在这个职业过程中具有重要的意义。但另外一方面，教师又活跃在人群当中。某种意义上来讲，教师这个职业具有一些与群团工作、群众工作相似的特点。教师要解决多种多样的关系：和孩子的关系，和家长的关系，和其他老师的关系，和社会上各种资源之间的关系，等等。教师想要搞一个好的活动，比如学校附近有个干休所，那里有一帮老同志，教师想组织孩子们到那里为老同志提供点服务，同时希望老同志给孩子们讲一点过去，讲点传统，讲点历史，就要进行联系，找到合适的人，提出合适的方式，不断地沟通，取得认同和接纳，而且让人家愿意通过合作把这个活动搞好，老师必须具备这样的能力。教师建立了一个微信群，把班上的所有家长都拉到群里，不同的家长，有不同的职业、不同的面貌、不同的秉性、不同的水平，如何保证这个团队有正能量？如何控制这个团队的舆论走向？怎样去有效地传递作为教育者的指导性的观点和意见？如何依靠骨干？这对一个教师来说是很高的要求。这些取决于教师是否有很好的团队合作的精神和能力。所以这些素养，它是教师职业特别要求的，也是一个好教师必须具备的。

第三，职业认同一定要渗透到职业行为当中。教师要想获得职业的愉悦感、自我肯定感，感到快乐，感到喜欢，而不是倦怠、烦躁，那就必须把职业认同渗透到日常的行为当中。能够从学生对自己的态度当中感受到温暖，感受到那种由衷的尊敬和回报，这是一个教师获得愉悦和自我肯定很重要的方面。如果说一个工匠，精雕细刻做出了一个成品，会在众人的注视中，从这个作品身上，获得强烈的自我满足感和自我成就感的话，那作为一个教师，自我满足感和成就感就体现在自己的学生身上，而且这种感觉、这种体现，是一个人的整体观念、行为情感，一个整体的形象、整体的素养。如果说工匠的自我满足和自我肯定是他用精雕细刻得来的话，那么教师在学生当中能够得到这种反馈，能够让自己得到肯定和满足，一定是渗透在教师职业生涯当中的点点滴滴，是由观念积累而成的，是由教师和孩子的关系积累而成的，是由教师的执教行为积累而成的。换句话说，一个成功的工匠，再艰

难，也数得清自己完成一件作品一共雕刻了多少刀。但是一个教师，永远数不清自己对一名学生付出了多少心血，做了多少努力，在其中体会了多少次孩子些微的变化，最终感觉到孩子自我行为和成长的回报，这是一个复杂的、多元的过程。

三、教师职业道德的落实

想要成为一个好教师，必须把职业认同渗透到职业行为当中。因此，要坚持以下几个观念。

1. 坚持育人为本、德育为先的理念

作为一个好教师，必须牢牢地抓住这个核心的东西。做教师是干吗的？有人说是为了传授知识，有人说是为了教育孩子，有人说是为了将人类原来积累的东西慢慢传递下去。但是成功的教育，一定是人本的教育，把人当成教育的核心，推动一个人健康地成长。我们把它归结为育人为本、德育为先，其实就是习总书记说的立德树人，树人是根本。树人又必须靠立德，德是根基，是人生中的第一颗扣子，教师扣的就是那个第一颗扣子，是幼年的扣子，是道德的扣子。具体到行为上有两个非常重要的东西。

第一，要牢牢把握全面发展的指导思想。即使是教常识课的老师，也知道并不是把常识教给学生就行了，而是要通过常识这门学科来促使孩子的全面发展。具体就是既要教知识，同时也要传递精神，要把自然常识、社会常识背后渗透的那些价值理念，通过这门课潜移默化地传递下去；要让学生在教学过程中，不仅获得知识，而且获得社会性的发展。这个发展包括能力，更包括价值观。这看起来简单，实际上却是和教师对职业的认同和理解紧密相关的。

第二，把知识学习能力和品德养成相结合。最好的教育形态，就是所有的教师不分班主任非班主任，不分理科文科，都围绕一个目标，从不同的角度介入学生的教育。我们所实施的教育不是简单的传授知识，不是单一的提高道德，而是把知识、道德、能力统一起来，从各自学科的角度完成一个健全人的塑造。这是教师职业的根本所在。

2. 为每个学生提供适合的教育

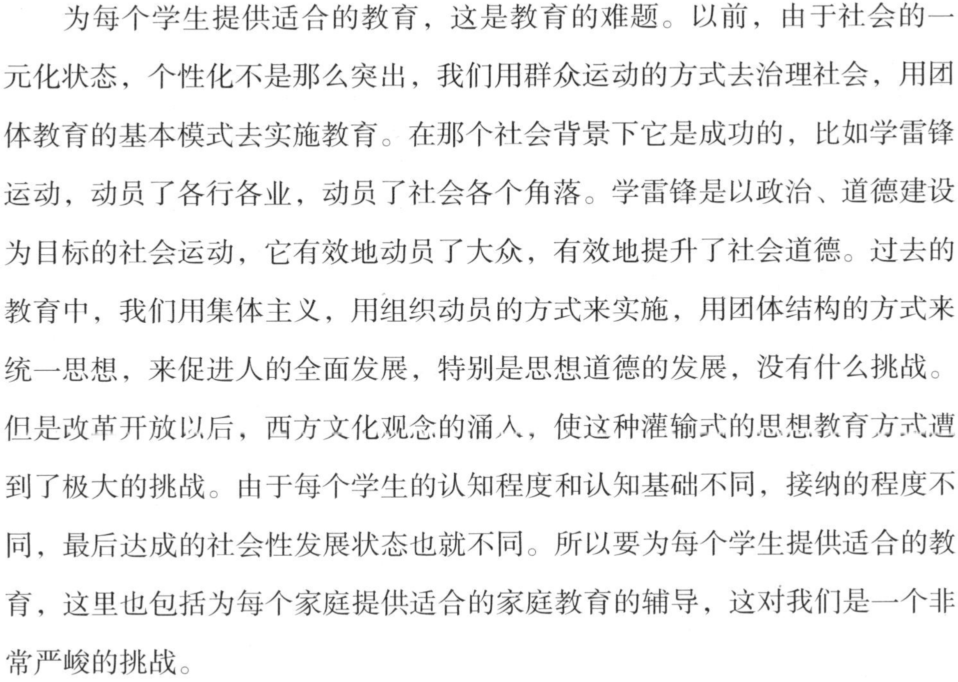

为每个学生提供适合的教育，这是教育的难题。以前，由于社会的一元化状态，个性化不是那么突出，我们用群众运动的方式去治理社会，用团体教育的基本模式去实施教育。在那个社会背景下它是成功的，比如学雷锋运动，动员了各行各业，动员了社会各个角落。学雷锋是以政治、道德建设为目标的社会运动，它有效地动员了大众，有效地提升了社会道德。过去的教育中，我们用集体主义，用组织动员的方式来实施，用团体结构的方式来统一思想，来促进人的全面发展，特别是思想道德的发展，没有什么挑战。但是改革开放以后，西方文化观念的涌入，使这种灌输式的思想教育方式遭到了极大的挑战。由于每个学生的认知程度和认知基础不同，接纳的程度不同，最后达成的社会性发展状态也就不同。所以要为每个学生提供适合的教育，这里也包括为每个家庭提供适合的家庭教育的辅导，这对我们是一个非常严峻的挑战。

什么叫适合？作为一个老师需要掌握多方面的知识，比如孩子的心理、生理特点，这是基础。其实还有孩子面临的问题的性质、来源，也还有它的环境的分析，他的家庭环境是什么样子的？他自己的经历是什么样子的？他跟谁关系密切，他的团体环境是什么样的？我们需要把这个学生放在一个大的系统当中。一个是发展系统，即个体发展、社会发展、全面发展这样一个系统。还有一个是社会生态系统，包括他的家庭、社会、学校、朋友。他的优点和缺点，他的各种问题产生的根源等，在这种全面分析的基础之上才能够把这个孩子和其他人区别开来，而有了这种区别才能形成有效的教育。对孩子深入研究的过程，同时也是教师自我提升的过程，更是一个读懂人性的过程。在读懂的过程中，去进行干预，那种成就感一定绝非一般。除了成就感，教师还会从中体会到快乐、体会到收获。所以，适合是非常重要的一个视角。

3. 重视学生人格的培养

这是人本思想中一个重要的视角。怎么培养？从教师的角度出发，有三个很重要的元素。

第一，要帮助孩子去体验学习的乐趣。作为学生，在学校最主要的生活

就是学习，只有让学生体会到学习的乐趣，他们才会愿意学。所以教师要想让学生有所成长，有所回报，必须让学生愿意学。

第二，要保护孩子的求知欲和好奇心。教师要学会面对各色的学生，如果课堂上问学生问题时他们的回答大体一样，教师会觉得很省事，如果有同学老有不同意见，老有不同的稀奇古怪的想法，教师就会觉得麻烦，因为有的时候这会影响上课进度。但是这种求知欲和好奇心在孩子发展过程中是最宝贵的，所以我们不应觉得烦，而应给予鼓励。

第三，要重视培养孩子的兴趣、动手能力和探究精神。实际上我们所讲的学生人格的培养，就是学习品质和精神的培养。

上面这三条很重要，学习乐趣，求知欲和好奇心，兴趣、动手能力和探究精神，这些是构成一个孩子良好学习品质的重要元素，也是教师职业生涯当中需要格外注意的。

4. 引导孩子的行为能力

所谓引导孩子的行为能力，一是培养孩子好的学习习惯，另外就是引导他们学会学习，这里包括社会学习，即引导他们认识社会。教师在职业生涯当中，要着眼于学生的全面发展，一定要树立大教育的观念，具体落实时需要做到以下两点：

第一，指导好学生的家庭建设。过去教师指导家庭教育，只着眼于让家长配合学校，而现在，教师要全面指导家庭教育。比如有个孩子的父亲酗酒，喝了酒就打孩子、打孩子的母亲，当这个孩子遇到这种情况时教师得管，虽然教师没有彻底解决问题的能力，但他可以去整合社会的力量对这个家庭进行干预，这体现了教师的一种责任，也体现了教师以学生为本的一种态度。

第二，必须具备动员和整合社会资源的意识和能力。今天的社会是一个多元的社会，社会对教育的影响越来越大，各种社会元素对教育有直接的影响，社会上发生的各种事情给孩子的发展带来了直接的挑战。教师作为职业的教育工作者，必须善于动员和整合社会资源、力量。上述例子中，那个孩子的父亲酗酒，教师要解决他的问题，可能很难直接面对他的父亲，这时就需要动员社会力量，比如说当地政府部门，社区的居委会、家委会，所在

社区里的专业社会服务组织等，甚至包括他父亲所在的工作单位。一个对学生负责任的教师，会有意识地主动担当起这样一个调动和整合社会力量的角色，帮助这个家庭。这对于一个教师来讲非常重要。

四、学习习近平总书记关于好教师的指示精神

职业认同是一个宏观的概念，因此我们要从一个大的教育观念出发去思考。习总书记心目中的好老师的标准是什么呢？习总书记强调了“四有”。

第一，要有理想信念。做“经师”，更做“人师”。习总书记强调要有一个大的教育观，要做人师。

第二，要有道德情操。广大教师必须率先垂范、以身作则，引导和帮助学生把握好人生方向。

第三，要有扎实学识。习总书记说，过去讲要给学生一碗水，教师要有一桶水，现在不够了，教师要有一潭水。

第四，要有仁爱之心。习总书记提到要爱岗位、爱学生，还告诉我们要爱一切美好的事物。前段时间有一则新闻：一个小区里的一条流浪狗生了一窝小狗，小狗们经常叫，有一个医生由于神经衰弱，夜里睡不着觉，觉得小狗太吵了就把这窝小狗给烧死了。这则新闻令人震惊，大家觉得对动物这么残忍的医生，恐怕是很难爱患者、善待患者的。同样，没有仁爱之心的老师，也很难真正爱孩子。所以习近平同志关于教师要有仁爱之心的要求非常重要。作为教师，要爱世界上一切美好的事物。

这一节就教师的职业认同和在职业认同基础上对教师提出的一些核心要求做了解读，希望能够引起所有教师的认真思考。

第五节　素质和修养，师德的核心

什么是素质？什么是修养？日常生活中我们常常能听到这样的言论：

这个人有风度、有教养，那个人真没素质。从心理学层面上来说，那些素质高、有教养的人，更容易被周围的人和社会接纳。职业修养，则是社会道德在职业活动中的具体体现。它既是从业人员进行职业活动的行为要求，又是从业人员对社会所承担的道德、责任和义务。

所以，职业修养作为整个社会道德和修养的一部分，对整个社会的道德建设，对某一个职业整体的社会形象的维护具有非常重要的意义。职业修养和整个社会的道德相比，特点有二：一是范围上的特殊性。它跟职业行为紧密相连，因而具有不同的影响。二是内容上的稳定性。一个成熟的职业，有固定的职业范围，有自我的职业伦理及独有的职业知识和技能，职业内容的稳定性决定了职业修养本身具有相应的稳定性。比如，对于医生来说，工作中一定要做到精益求精，认真负责。医生的这种职业伦理自古以来就有了，因而具有了稳定性和连续性。同样，教师的修养也具有社会特征，要求教师对学生、对家长、对社会的态度应当符合社会的期望。

一、教师是一个有修养的人

（一）什么是修养

修养指人的综合素质。在现代汉语中，修养是指高尚的品质和正确待人处事的态度，是不断充实学识品德的过程。唐朝的吕岩在《忆江南》中写道：“学道客，修养莫迟迟，光景斯须如梦里。”他强调修养不能耽搁，需要时时刻刻。

综观修养这一概念，可从以下几个角度来理解：

第一，所谓修养，其实是修行后表现出来的个人做派和举止等。而修行就是对自己内心思想和行为进行改造，通过修行，不断提升自己，锤炼自己的品格，修正自己的行为，然后修养自然而然就会得到提高。

第二，修养是一种综合的状态，是对他人、对社会、对事物的态度以及做事的风格，它渗透在所有人的内在品格中。与之类似的词语是“修为”，修为体现的是修行的程度，修为的层次越高，说明这个人整体的修养程度越高，达到的境界越高，表现出的状态越完美。

通过对修养概念的分析，我们可以认为，修养其实是人的综合素质的表现。而职业修养不仅体现了职业的本质特征，也体现了从业人员对职业的深刻理解，是一个人从事某种职业达到某种境界的必然条件。

在一般意义上，一个有修养的人，身上或多或少会表现出以下的特点：如守时，谈吐有节，态度和蔼，语言中肯，不自傲，信守诺言，关怀他人，宽容大度，有同情心等。教师是人类灵魂的工程师，所以教师必备的基本条件之一就是有修养，不仅如此，教师这一职业对人的举止、对人的态度、对人的行为都提出了一些客观要求，作为一位授业者，需要承担起职业价值，需要承担起推动社会文化发展的社会责任。从职业修养的角度来看，它要求做教师的人要有高于一般人的修养。在现实中，这种修养的第一个必要条件就是爱岗敬业，从某种意义上说，这也是职业修养最重要的条件之一。其实职业接纳就是爱岗敬业的前提，只有充分认识这个职业的特点、性质、功能、意义，才能接受这个职业，才能打心底热爱这个职业、接受职业本身，才能以极其认真负责的态度去对待这个职业。

（二）职业态度是修养的重要表现

职业态度包括以下四个方面的内容。

1. 乐业

乐业其实讲的是对职业的情感。一个好的教师，必然是一个对教育工作、对学生有一种发自内心的喜爱的人。对教师这个职业态度积极、兴趣浓厚，是乐业的基础。所谓乐就是喜欢，一个教师之所以能够不计较待遇，不计较地位，全情投入，就说明他从情感上喜欢这一职业，这种素养可以从很多优秀的教师身上看到。我们甚至可以看到，有的教师只要融入孩子中间，就会由衷地散发出那种乐感。我们常常讲的乐群，尤其是乐儿童群，恐怕是一个合格的爱岗敬业的教师应具备的非常重要的心理特质。

2. 敬业

敬业讲的是态度，更表现为一种结果。出于对教师职业性质所蕴含的社会意义的考虑，包括对个人发展的认识，这种态度会反映在工作作风上，认真、一丝不苟、作风严谨，这是一种认真负责的工作态度。之所以用“敬”这个字，是因为这更能体现出这一职业的神圣感，以及对个体价值的认同。同很多职业相比，其实教师的工作对敬业要求很高，因为教师本身工作量相

对较大，且工作时间长，想做一个好教师，上班、下班的概念就会变得模糊，因为要随时解决孩子身上发生的问题。此外，还要辛苦地备课，以希望获得更好的课堂效果，更要不断钻研和提升自己的教学水平，需要进行教学科研，需要多思考，多写论文，也要参加各种培训和研讨会，抓住一切机会提升自己。这就要求一个教师，除了要有主动学习的精神，还要付出很多时间和精力。只有真正做到敬业，才有可能全身心地投入到教育工作之中，并把教师这个岗位当作自己的终生事业来经营。

3. 勤业

勤业讲的是一种职业的状态，也即教师应呈现出的状态。一个人若是用那种多一事不如少一事的态度来对待工作，就不可能做出任何成绩。更不用说，去积极进取，不断创新，不断钻研，不断地去拓展新的工作领域了。态度决定了结果。对教师来讲，踏实、勤恳、苦干、尽责，只有怀有这种最基本的态度，才能达到勤业的状态，才能成为一个被学生拥戴的教师，成为一个有教学成果的教师。

4. 精业

任何职业在技术上都有高低，履职的程度决定了最后的成果。如果说，乐业表达的是一种积极的情感，敬业表达的是一种积极态度，勤业呈现的是一种状态，那精业则是这三个方面的基础和保障。想要做到敬业，需要有提升自己的渠道和路径；要达到乐业，光满足于职业的现状，不钻研肯定也不行。所以，所谓精业就是在扎实的基础上，不断钻研和提升，不断创新和发展。

从爱岗敬业的角度而言，每一个教师都要记住这四个方面：要有好的情感状态，即乐业；要有积极上进的态度，即敬业；要有不断埋头苦干勤勤恳恳的状态，即勤业；要有不断打磨、不断创新进取的态度，即精业。只有把这四个方面统一起来，才是一位好教师应具有的职业修养。

二、教师的修养要高于一般人

教师的职业素养高于一般人。这是因为对于一个成熟的教师而言，除了具备较高的知识水平，除了前面讲的几方面素养要求，还有下面这些。

1. 技能和经验

关于职业的技能和经验，很多行业都类似，无非是熟能生巧的问题。但教师这个行业却不一样，它的相关经验的形成不是熟能生巧的问题，而是用心积累的问题。教师做的是育人的工作，并非单纯地面对物的世界。人有差异性，还有主动性。教师在履行教育职能的过程中，需要靠个人不断地去领悟、去反思，不断地去积累和沉淀。所以教师这一职业的相关经验，必须通过研究来积累，而不仅仅是熟就能生巧。有的人当了三四十年教师，仍然不是一个具有专业技能和丰富经验的好教师，归根到底就是因为缺乏钻研思考和总结。

2. 负责任的意愿

这一点也是教师职业修养跟其他职业修养不大一样的地方。虽然说，任何岗位和行业都需要有负责任的意愿，但教师需要具有更强烈的负责任的意愿。同样是负责，做一个零件和教育孩子完全是两码事。做一个零件，合格不合格有着严格的标准，也能够轻易检查出来。但是，孩子教育得好不好，则体现出一个教师是不是具有负责任的态度，说得再严重一些，是不是有良心。有的孩子的问题，在初期表现得并不严重，但如果放之任之，则可能会在未来产生不好的后果，现实中有很多这样的例子。一个成年人犯了错，很少有人会去追他的小学老师的责，纠他的小学老师的错。因而，从某种意义上来说，教师做的都是良心活儿，是灵魂的工程师，因而必须具备负责任的意愿。

3. 解决问题的能力

所谓解决问题的能力，实际上是一个复杂的综合能力，尤其是对教师而言。举个例子来说，我们经常能在一些有名的技工身上看到一种能力，一般人从机器表面上看不出任何毛病，但他却能够立马捕捉到异常，甚至能准确定位到机器的哪个部位出现了问题，这是长期积累的经验在发挥作用。教师在日常工作当中，虽然也会用到一些类似的经验，但在使用过程中却需要更加谨慎。因为教师面对的是独立的个体，每个个体都不一样，如果仅从经验出发，就可能会出现偏差。因为人无法像机器那样按照固定的速率运转，更无法探究其规律，所以解决问题的能力对一个教师来说，显得尤为重要。

我们经常说家庭教育需要遵循问题取向，其实学校教育也同样需要遵循问题取向。比如，如何看待班级中成绩落后的学生的表现，如何去应对班级中那些有特殊需求的孩子，必须遵循问题取向。随着现代社会的发展，学生存在的个别化问题越来越多，比如轻微的孤独症等，如果教师没有学习相应的解决问题的技术和能力，就很难从容面对。再比如，有的学生有初级的阅读困难，需要用科学的方式进行矫正。从以孩子为本的理念出发，教师应该进行干预，但很多人都做不到，因为没有能力为那些孩子提供真正有效的帮助。所以说教师必须有事业心，必须要全情投入。从人的角度来说，教师并非圣人，面临着一群懵懵懂懂的孩子，面临着那么多难题，肯定会产生疲惫感。但是，这也是教师工作的魅力所在，如果能够做好，那一定会让人获得极大的满足感和幸福感。想要做好，必须要有事业心。这可能就意味着，别人还在睡梦中时，你已经开始上班，而别人下班时，你可能还在学校坚守。教师需要付出很多，不仅是时间，还有体力和精力。

4. 成就动机和成就感靠体验

农民看着麦浪滚滚，工人看着成堆的成品，他们的职业效能体现得非常直接，让人一眼就能看到，瞬间就能产生强烈的自我成就感。但对于教师而言，职业成果却具有延迟性，这就需要教师正确看待自己的成就，用各种办法体会到自己的成效。

三、教师修养的全面提升

怎么才能够提升自己的修养呢？我们先从提升自身的知识方面谈起。

（一）知识靠积累

前面提到知识有三大块：基础的科学知识、本学科的知识和教育学的知识。之前是从宏大的框架谈起，讲到了大教育观，也讲到了儿童观。现在，我们从以下几个角度来谈知识。

1. 基础知识

这里涉及学生的生存发展，如各种相关的法律政策，不同年龄和有特殊需要的学生身心发展的特点和规律以及学生学习的特点。这是在前面所说的三大框架下的进一步深入，这些属于学生发展的知识。

比如说，你当一年级班主任，你得知道一年级这个群体的特点及特殊之处、孩子身心发展有什么特别的规律；同时还要了解所谓特殊需要的孩子，比如说有的孩子的父亲是个酗酒者，具有暴力倾向，这时教师该如何应对？像这类知识、规律、特点，都是必须掌握的。这是对教师整体素养的基础性要求，也是在大教育观下，一个合格教师的必备的能力。此外，还有一种知识十分重要，无论在哪都需要掌握，那就是相关的法律和政策规定。懂法律不仅是政治家的事，在一个完整的民主法治社会当中，每个人都应具备一定的法治观念和法律素养，如何在法律的规定范围内，运用法律解决问题，是一项很重要的能力。

2. 学科知识

需要强调的是，学科知识并不单指课本上的知识，更不能仅满足于课本上的知识。有几个重要的观点需要进一步强调。

第一，要掌握所教学科的知识体系和完整的学科架构。比如说教师教五年级数学，那就不能只准备五年级数学的知识点，而要掌握完整的学科体系。

第二，要掌握一个学科的基本思想和方法。所谓基本思想和方法，是指某一学科整体的基本规定性。其实，不同的学科之所以有差别，主要体现在这一点。比如说社会学和伦理学，这两个学科有一定的交叉，有的时候可以用来解释同一种社会现象。那如何来界定一门学科？首先是独有的概念。虽然指涉同一社会现象，但运用的却是不同的概念。其次是基本的理论视角和体系。社会学从社会关系入手，伦理学则从道德关系入手，这是不同的理论视角。还有就是不同的话语体系。社会学解释社会时有一套自身的话语体系，伦理学也有一套独特的话语体系，虽然解释的是同一种社会现象，但在用语上能看出明显的差别。所以，教任何一门学科，都需要了解这一学科的基本思想、方法、理论体系和话语体系。一个好的教师，特别是对于从事基础教育的教师来说，必须把握住这些东西，这是一个学科的立身之本。

第三，要了解所教学科和社会实践的联系以及同其他学科的联系。学科知识可以塑造一个人，有个词叫“学养”，意思就是能把自己所掌握的学科跟其他学科融会贯通，形成深厚的学术体系。教师头脑中需要形成这种意

识，时刻想着与其他学科搭建联系，形成完整的学术架构。

3. 教育教学的知识

教育教学的知识主要包含教育教学的理论和方法。它有两个视角：一个视角是以学生为本的视角，就是指从学生品行养成特点、成长的规律出发；另一个是从教育的规律出发。

4. 通识性的知识

通识性的知识包括前一段说的知识体系和结构，特别是自然科学和人文社会科学方面的知识，还有艺术欣赏和表现的知识，以及现代信息技术知识等。我们讲的修养不是一般标准，而是通过内化表现出来的一个人高水平的整体素养，是深入的、丰富的。自然科学和人文社会科学知识、艺术知识，再加上信息知识，这三者构成了个人在通识性知识方面的基本素养。

需要特别指出的还有大教育方面的知识，包括家庭教育、社会教育方面的重要知识。比如家庭教育的功能是什么，家庭教育的概念是什么，它都有什么特点，家庭教育的内容是什么，基本的方法是什么，等等。家庭教育和学校教育有很大差异，和课堂教学差异更大，这需要进一步的学习和探讨。

（二）能力靠思考历练

从教学内容这一角度来看，一个合格的教师，他必须具备四种能力。

第一是能够自如地进行教学设计、组织和实施的能力。教师必须做到这一点，这是必备的技能，也是教师的价值所在。

第二是激励和评价能力。这是教育过程中非常重要的手段之一，也是教师必做的事情之一。所谓激励就是要发挥孩子主动的学习精神。所谓评价是对学生的学习状况及教学状况等一切相关要素进行评价。评价不仅需要道德素养做基础，而且必须具备科学的能力素养。通过科学实施评价，坚持合理公正的原则，最终提升每一个学生自身的学习动力。

第三是沟通和合作能力。教师这个行业很强调个体，但却无时无刻不身处各种关系之中，包括师生关系、上下级关系、同事之间的关系、和家长之间的关系等。善于沟通和合作，是一个教师职业修养的重要组成部分。

第四是反思和发展能力。从一定意义上来讲，教师必须具有反思能力，这是由这一职业自身的复杂性所决定的。所谓反思就是对自己的教学实践和学生的反应进行科学的分析，不断总结，并推动进一步的发展。

可以看出，一般行业的标准和教师的标准的要求是不同的，这主要体现在修养上的不同，修养进一步提升和内化了教师的学识和观念。

（三）道德素养靠修为

前面提到很多关于道德的要求，但落实到个人道德素养上，教师这个行业确实有些特殊的要求。

第一，要有“四心”，即爱心、责任心、耐心和细心。责任心对于很多行业来说都需要，但是爱心就是教师这个行业特别需要的，耐心和细心也是如此。教师的工作对象是孩子，他需要去呵护孩子的方方面面，包括孩子的心灵，这需要十足的耐心和细心，需要友善和关爱。

第二，较好的心理素质。教师这个职业对心理素质的要求比别的职业要求高。孩子喜不喜欢你，你能不能和孩子形成良好的互动关系，往往取决于你所表现出的特点。热情开朗、有亲和力的教师往往更能得到学生的喜爱，而走形式、冷冰冰地对待孩子的教师肯定无法得到孩子的认可。所以拥有良好的心理素质是教师这一职业的特别要求。

第三，善于自我调节情绪，始终保持平和心态。教师这个职业需要从业者能够及时地进行自我调节，不把自己的负面情绪带到课堂上来。教师的负面情绪会影响整个班级氛围的变化，甚至会影响到学生的情绪，对孩子的发展和班风建设都是十分不利的。所以，教师一定要比一般人更有涵养，更会控制自己，调整自己，这也体现着教师的专业性。

第四，要有进取精神。这种进取精神对教师行业来说，同我们平时想的那种有些许差别，它不强调那种轰轰烈烈的奋斗，而更强调要始终保持清醒，不断发现问题，解决问题。学生的问题，教学过程中的问题，一般不会那么明显地显露出来，所以教师如果没有积极进取、不断思考的这种特点，就很难应对这些类似的问题。

特别要提出来的一点是教师的修养。这包括教师的衣着要整洁得体，语言要规范健康，举止要文明礼貌。我们讲师范，说的就是为人之范，为人表率，因而对教师的服装、语言、行为等都有更高的要求。从这个角度来看，同样说的是道德修养的知识，但是对职业修养、职业素养这样的概念，实际

上强调的是内化，强调的是高层次、高水准、高要求。

从个体的发展角度来说，社会越来越进步，对教师的要求就越来越高。也可以说教师的能力，或说内化的外在职业要求的标准就越来越高。一个好的教师不能仅仅完成自己的教学任务，还要做到对生命负责，对一个人的全面发展负责。这不仅要求教师学好学科知识，提高个人能力和保持积极的心态，更要求把外界对教师这一职业的期望内化于心，真正融合进去，成为自己的日常状态，并把这种状态在教学过程中特别是在与孩子的交往过程中积极地表达出来。所以说，做一个教师不易，做一个好教师更不易，需要不断提升自己的教学能力，需要全面提高自身的道德修养，提高自身的综合修养。

曾有人说，社会中有两种人，是社会的影子和标杆。这两种人的道德如果出了问题，那这个社会整体上一定出了问题。这两种人中，排在第一位的就是教师，第二位是医生。教师是塑造灵魂，医生是拯救生命。从某种意义上来讲，这两种人都是行善的人，都是对他人实施帮助的人。如果这两种人的道德达不到一定的水平，那么整个社会的道德就会受到影响。所以，教师需要有更高的道德修养，需要在内心形成一整套做人做事的标准，并将它外化表现出来。只有这样，才能真正在学生当中树立起威信，才能够影响到每一个学生，才能让家长基于敬佩，愿意接受我们的指导。

第六节　学习和养成，成就师德之路

本节内容的重点是如何能够成就师德以及获得必要的技能。在现实生活当中，没有人天生就是一个好教师，每一个好的教师，都是在教学实践当中不断磨炼自己而成的。当然，在这个过程中，外部的客观条件是基础，而真正关键的动力还是教师本人，是教师自己身上所蕴藏的潜力。

有一位教师制定了个人三年发展的目标和计划。这是一位数学教师，他对自己的职业目标有着非常清晰的规划，总的来说有以下四条：第一，要做学习型的教师。他实现目标的基本思路，就是抓住平常点滴时间读书，增加底蕴，不断地充实知识，夯实基础。第二，要做反思型教师。在教师的整个生涯当中，凡事需要多思多想，总结得失，找出方向。我们可以看出这位教师是个有上进心的人，他不断通过反思寻找自己的问题，在一步步改进中不断前行。第三，要做科研型的教师。作为一名致力于教学一线的教师，他除了把岗位上的教学任务完成，还挤出时间去写作，总结自己的教学方法和模式，不断提高自己的教学科研水平。第四，要做专家型的教师。他努力在创新中构建良好的教学策略，在发展中形成独特的教学风格。从以上四点中可以看出这个教师是一个拥有远大目标，并且高标准要求自己的一个教师。他的四个目标其实是有递进性的：由开始的学习、反思到教学研究，最终通过研究能力的提升而上升为一名专家型的教师。他期望在三年内能够初步实现这四个目标，但是就我看来，三年之内无论实现与否，只要他在勤奋地一步一步落实，就能够获得非凡的成就。

目标的确是首要的，运用什么样的方法措施去实现目标才是最重要的。首先在学习上，这位教师经常向各类经验丰富的教师请教问题，并且学习各种网络课程和光盘教学课程。这些听上去很简单，但落实起来却需要极强的恒心。其次是实践，他积极开设校级以上的公开课，参加优质课评比或者创新大赛，抓住实践和交流的机会，抓住展示自己的机会，在新课标理念的指导下，立足于课堂，形成有特色的教学风格。这些是成为一名专家型教师的必由之路，只有在不断的实践中才能够获得可贵的资料与经验，才能有助于自己的反思与总结，才能在提升自我的道路上获得源源不断的动力。然后是科研，他努力参加课题研究，包括学校、区县、教育部门等开展的教学研究，同时积极撰写有质量的教学论文并争取发表。教学研究其实是每一位教师的重任，不仅关乎个人能力的提升，还关系到教育行业的未来，但是在现实中却极少有教师能够坚持下去，所以对于广大教师来说仍然任重而道远。

这位教师的身上有一个优点是非常可取的，就是坚持反思自己的教学行为，找出不足，把反思成果落实在具体事件上，坚持写教学反思并争取发表。广大教师特别需要在这个方面做出努力。其实不只是我们国家，全世界

的教育家事实上大都是由两派人组成的：一种是理论工作者，很多人是从哲学家转过来的，比如说杜威；还有一类是从社会学家转过来的，比如像陈鹤琴等一些人，他们最早是研究社会学的。从世界各国看，还有一类教育家是从实践当中来的，比如马卡连柯，他本身是一个失足青少年矫治教育的实践者，但是后来他提出了一个教学理论——爱的教育，他也因此成为名扬世界的教育家。我们国家有很多知名的教育实践工作者，有很多名校长，但是我们缺少对他们教育理念的积累。我们都知道各个名校长的教育能力，但是我们很难抓住他教育思想的特点，或者说难以了解他明确的教育观念是什么。造成这种情况的原因，是很多教育实践者缺乏积累，缺乏反思。由此来看，随笔反思是一个对教育行为和思想积累有重要影响的可行方式。你做了班主任后，可以随时把你对教育的一些想法记录下来，通过讨论思考，在三五年后就可能会逐渐形成自己独有的教育观，就像马卡连柯总结出爱的教育理论那样，而这种教育观的形成，将会帮助你逐渐形成自己独有的教育体系，形成教育理论。作为一名教师，包括所有的职业从业者，最难能可贵的就是不断地进行反思，并且把这些反思都通过文字的形式记录下来，相信经过多年的积累，便会逐渐形成一些思想与内容的理念框架，这将为成为一名拥有独到观点的行业专家奠定非常深厚的基础，并且将对其产生深远的影响。在这个意义上，这位教师的计划和做法尤其值得我们广大教师学习。

最后，这位教师还讲到了师德，他所认为的师德就是学习先进的班级管理理念，建构科学的管理模式，要注重自身修养，用心爱护学生。这里他提到两个很有意思的概念：民主和智慧，用民主和智慧去赢得学生的爱戴、家长的信赖和领导的肯定。我之所以以这位教师作为一个例子来讲述，除了前部分的因素，他所提倡的民主与智慧也是很重要的一个原因。他除了提高自身修养，爱护学生，还提倡民主与智慧，这是一种符合时代认知的科学的教育观念。教师的民主态度依赖于科学的认知观念，依赖于自身的民主素养，但离不开的还有智慧。所谓智慧，包含学识、修养等因素。由此我们可以得出一个结果，就是作为一名教师，只有把自身的积极状态呈现给别人，对方才会敬佩你，才能够亲近你，甚至崇拜你，包括你的学生、学生的家长、你的同事以及你的领导，基于学识修养等因素的爱戴或欣赏一定是由衷的。

一、学会学习

成就师德的第一步就是学习，只有不断学习，才能不停前行，而学习首先把握的就是反思学习的内容，其中最重要的就是将扎实的基础知识和综合文化构成自己能够内化的文化框架，这里面应包含的主要有以下几个方面。

1. 打牢基础

关于综合知识基础，我们一般讲七门最重要的学问：第一是哲学，它是人类对世界上一切事物的基本看法。第二是历史，作为一个教师，不管是小学、中学还是大学，不管你教什么科目，都应该懂本国史、世界史、自然科学史。第三是法学，这个法学是个大概念，它应该包括我们平常所说的法律学，也包括社会学、伦理学等，文学在一定程度上也包含在大法学里。第四是经济学，我们整个人类社会的前行，是以经济发展为基础的，我国的经济学是宏观经济学，它偏重于文科，而现代西方经济学是数量经济学。学习当前的经济学，可以帮助你把握宏观，同时如果有一些微观的数量经济学的基础思路和知识，对于丰富一个人的整个知识结构具有重要的意义。第五是高等数学，如今我们提倡所有人都要接触基础的高等数学，因为它回答的是一种现代的思维方式，高等数学帮助我们打破了许多传统的思维方式。例如一维、二维、三维、四维，还有五维、六维，它们都是什么意思？关于维度的概念在物理学体系中是很重要的，它打破了我们过去的一些基础认知。其实拿三维来讲还能懂，它是个立体，到了四维就把时间也包含进去了，就是一个特别复杂的东西。现在的孩子尽管年纪小，但由于网络的发展，他可以从很多途径获得一些新鲜的概念，而作为一名教师如果没有了解的话，就很容易被这些孩子问得张口结舌。当然教师不可能什么都懂，但是像前沿的一些东西，你知道了绝对比不知道要强很多。第六和第七分别是计算机和外语，这两门其实是工具性的学科，也极其具有专业性，是时代发展所要求的必须有所了解的，是一个现代人必须掌握的技能。这七门学科，实际上现在倡导的是不管你干什么行业，包括教师，这七门的基础知识必须掌握，它是一个人综合知识体系的基础，所有的这些基础综合起来，构成一个教师的文化基础。但同时，还需要有一些独有的文化知识，这可以分为两大部分：第一是基础的公共理论，第二是自有的专业理论，这两大块可以构成一个人整体的

知识体系。

广大教师要认真考虑一下，按照这个框架检查一下自己，想想自己缺哪些基础知识，然后能够主动去学习补充。

2. 学会学习和积累

反思，指的是技能上的反思。前面谈到一个教师应该掌握的技能，比如说要学会跟学生沟通，要会跟别人合作，会制订教学计划，会实施教学计划等等，其实这些都属于教师行业的专业技能。一个教师一定要学会精于表达，肚子里不仅要有东西，还要能够有逻辑、有趣味地讲出东西，这实际上也是一种修炼。关于这些技能上的反思应该如何去做呢？

习近平总书记谈到对青年的要求时说，要把读书学习当成一种生活态度、一种工作责任、一种精神追求。另外就是要交流和研讨，要积极把握住学习和交流的机会。在这两个基础之上，特别需要动笔，学习也好、读书也好、交流也好，一定要动笔，要及时地把学习的体会记录下来，把教学生涯当中引起你思考的细节和内容记录下来。对这些随笔进行不断的积累，不断的归纳思考，不断的总结提升，不仅可以极大地提升一个教师的综合素养，而且能够推动教师形成自己独有的教学特点。一个教师坚持不懈地要形成自己的风格、自己的特点和独有的教学方式，一定会有所作为。但这种独有的教学风格、方式如果没有总结，没有笔头的记录，就很难形成。这也要求我们要学会学习，终生学习。

二、学会反思

1. 反思自己的教育实践

首先需要反思的就是自己的教育实践。需要反思什么呢？从写教育随笔的角度来看，教育随笔记录的是小故事，从这些小故事中我们能够得到什么样的思考呢？其实应该包含两个方面：第一就是你的教育理念。什么是教育理念？就是你做某件事的时候，你的出发点和你的想法，比如我们指导一个孩子的家庭教育，这个孩子有拖延症，通过介入调查发现，他们家是隔代教育，奶奶作为主力来教育孩子，父母干预不了。当孩子说累了不想写作业的时候，奶奶出于对孩子的爱护肯定会答应，而这种教育环境正是导致孩子拖延的根本原因。这位教师在介入的时候先在家里开了一个家庭会，辅导孩子的奶奶和父母，通过有效的沟通，全家签订了一个合理的契约。这个契约带有儿童游戏的形式，甲方是孩子，乙方是妈妈，丙方是奶奶，甲方承诺以后做事不拖拉，每天完成作业不超过一小时，因为之前跟老师说一小时绝对能完成，如果能够坚持，两周时间内作业都将在一小时内完成；乙方承诺，如果孩子特别想去参观一次军事展览或者别的活动，承诺带孩子一起去参观，并且买一些相关的图书充实孩子的课余知识；丙方则负责记录孩子两周内的学习情况并表示不做出过分的干预。这个契约的目的其实是便于督促孩子，并且让孩子学会自己督促自己。因为现实中经常会有大人不停地催促孩子，其实对孩子来讲效率不是很高，而在这个家庭最后达成的契约里，奶奶进行监督和考量，孩子与父母相互执行自己的承诺，如此两周时间过去，再做两周，如果可能的话，随着孩子的认知提高和任务增加等不断有效地修改契约，那孩子就肯定能够改掉拖延的毛病。这种家庭教育的方法就是这位教师在反思教育理念的基础之上得出的，从中我们可以看出，改变孩子的行为习惯，最重要的是让孩子自我要求，这是一个很重要的教育理念。第二个理念，就是对于家庭教育这样一个复杂的多元的关系状态，协调各方达成一致是解决教育问题的关键。他这个反思，不仅把这两个理念作为重要的教育指导，同时把这个教育过程记录下来，来佐证这两个理念，这种反思非常有意义。如果他自己的每一个教育行为都认真地在理念上进行反思，久而久之，一定会积累许多有价值的教育观念，甚至一些方法上的指导性原则。

2. 反思教育内容

第二个需要反思的就是教育内容。不管是道德教育还是心理发展，其中都有些固定的教育内容。在教育实践当中，有的时候会有一些新的东西在里面，这些新的东西很值得反思。我国南方一个城市，每年都会有一场儿童的童装表演。一个学校的少先队大队辅导员就想着怎么样才能把这样一个地域特色应用到教育当中来，后来他就搞了一个由学校举办的儿童服装节。此儿童服装节跟市场上的厂家推出的模特走秀不一样。他动员孩子自己设计，自己用各种材料，比如说一部分孩子用旧报纸做一个裙子，设计简洁并且十分环保。这个过程不仅是一种审美的教育，还是一种多元的内容充实的现代教

育。怎么归纳这种教育？怎么去认识这种教育的内容？后来这位教师以随笔的形式记录下来，把这种教育的内容归结为要充分发挥孩子的主观能动性，尽可能丰富教育思想和教育内容。在这个活动当中，他列出了教育内容的几个方面，比如社会观念教育、自我成长教育、创新教育等等。他在教育实践当中通过让孩子自己去做、去挖掘、去探索，进而反思出的教育内容丰富多彩，而没有拘泥于原有的框架。此外，这样的活动还可以对孩子进行总结，这也是非常有意思的，可以分析出在活动中孩子们表现出来的个性特点、认知特点、行为特点。

还有一个不可缺少的就是方法的总结。教育方法的总结其实涉及方方面面，比如说对孩子进行核心价值观的教育一定得具体化，让孩子能够看得见摸得着。有好多学校采取了一些载体，比如一个具有茶道特色文化的学校，让孩子来挖掘茶道文化的根源，通过故事会的形式，对茶文化进行追根溯源，然后实践，开展一个“小小茶道师”的评选活动，大家也都积极地争做小小茶道师。为了归纳中华民族的茶道精神，他们还采用辩论赛的形式，让大家在辩论中得出结果，使记忆更加深刻。这一系列的活动传播了中华民族的传统文化。活动中他们的方法有两个特别突出的特点：第一，采用孩子熟悉的东西，把价值观物化，变成茶道的要素；第二，它不是简单地把真理教给孩子，而是让孩子自己通过各种模式去寻找真理，在团结合作与积极奋进的过程中实现了自我的提升。其实这些东西很多教师都习惯于运作，但是不习惯于总结，所以我们倡导教师反思，写随笔，总结教育理念、教育内容、教育对象、教育方法等，积累下来，实现提升。

另外一个就是坚持教学反思。教学活动是一种科学实践，是老师的基本功。教学反思的过程也是对教学理念、自我认知、自我能力的提升，并且可能会提高自己的心理素质和个人品格。不可丢掉的是对教材内容的反思、对教学常规方式的反思、对教学方法的反思、对教学习惯的反思以及对教学结果的反思等等。只有通过一系列的反思，才能够积累成很重要的教研成果，形成自己的教学特色。

三、不断实践，持续探索

成就师德之路的第三点，就是学习探索，不断地实践。刚才我们说到反思，反思的基础是实践，而从实践再到反思，中间必定有研究和探索。

（一）敢于尝试

首先，要敢于在实践中去尝试新的东西，这种尝试基于你读书习惯的养成，比如我们现在讲的师德，比如学校教育如何介入家庭教育，教师如何辅导和服务家长等等，这些都需要在实践中探索。有的学校搞家长开放日，一方面收集家长的意见，另一方面跟家长对话。这就需要你有明确的指导思想、明确的方法、明确的组织模式和保障，还需要有应急预案，假如某个家长提出很尖刻的问题，教师也必须做出恰当的回应。有的学校为了推进家庭教育，制订了一个普遍性的家访计划，明确提出要全覆盖和全面深入，同时进一步要求每个家访的教师要知道孩子的基本家庭经济情况、家庭成员的关系、孩子的问题、家长的问题、家庭教育孩子的优势以及问题、家长对家庭教育的认识程度有多深等。但是如果教师没有一个很好的计划和足够的认知，这种家访其实很难贯彻到底。某个学校的做法是随时通报各班的进度，随时在内部交流家访情况的体会。通过这样一些措施来探索学校教育的一些新领域。另外，《教育部关于加强家庭教育工作的指导意见》提出，要构建家庭教育社区支持体系。该如何探索？可以成立一个指导中心，学校做指导，社区、街道的工作者也来参加，共同讨论得出一个方案。要成立一个资源整合的体系，在体系当中谁应该做什么事情都需要去探索。所以，只有敢于尝试，敢于探索，才能够得出新的成果。

（二）抓好教学科研

教学科研是提升教师素质，提升学校整体教育水平的一个重要抓手。各个学校要积极承担全国性的包括教育协会、少先队工作学会和各级教委的课题，课题研究实际上跟课堂教学不一样。关于课题研究我在这里提几个简单的建议。

1. 选题

第一是选题。选题要注意两个问题，第一要选择有意义的题目。这里面有实践中碰到的问题，比如上述介绍的那些题目，都是很有意义的。现在

我们探索的学校教育该如何介入家庭教育，如何利用家庭教育来进行社会教育，去引导孩子认识社会、认识自己等，这样一些题目都是值得研究、深思的。另外，像“‘00后’‘10后’的学生有什么特点”这样的问题都是我们在教育实践当中碰到的、亟待解决的。另外一个角度就是要选小一点的题目，因为有一些宏观的问题比如关于重大的教育政策等是我们没办法回答的。

2. 做好研究

研究分两种，一种是基础理论研究，一种是实践经验总结性的研究。基础理论研究对于一线教师来说做起来有点困难，我们要做的主要是实践性的研究。研究，不是经验总结。做研究的过程，其实就是总结经验的过程，长期研究下去我们可能会得出某一种教育模式。举个例子，比如说队长轮换制、班干部轮换制等，在做了很长时间班干部的学生当中，他们也可能有一些经验，我们可以对这些经验做一些理论研讨，然后讨论出一个实施模式，在两个班进行不同的实验，最后去证明模式的合理性，得出的结果不仅仅是经验，还有在实践研究中获取的教育模式。要把握好这种特点，加强科学研究。其实人人都可以进行科学研究，关键是要迈出第一步，只有去做才会有提升。

四、在家校共育中前行

在家校共育中，教师是关键，教师自身素养的提高是做好家校共育的基础，我们怎么来做？可以有这样几个介入的角度。

1. 家庭系统的分析

家庭教育是整个教育系统的一部分，包括教师在内的教育者介入儿童家庭生活，是开展家庭教育的一个重要方法。我们介入家庭教育，一般首先从分析家庭的基本状况入手。比如在一个家庭系统中，夫妻是最基本的系统，夫妻之间关系的改变，无论是离婚、分居、遗弃或死亡，它所带来的冲突、紧张、压力会造成家庭体系的不稳定性，儿童一定是最大的受害者。其次是家庭关系，它包括几个重要的观念，比如说家庭成员、成员角色、权力分配、互动关系等等，还有一个就是家庭和外在环境的互动。从一定意义上来说，一个好的教师一定会了解每个孩子的家庭情况，要对每个孩子进行家庭系统的分析。从理论上来讲，家庭系统是一个有管理、有规则的系统，而家庭规则是家庭系统的价值呈现，每个家庭成员都被一些显性或隐性的规则所要求，在家里什么是被允许、被期待的，什么是不被允许的等等。所以家庭规则背后所体现的价值，也是教师必须掌握的。特别是父母如何对待孩子，父母对孩子有什么期待，这些期待会怎样影响孩子的成长等等。最后就是父母的教养态度，这个会直接影响孩子未来的道路。所以从家庭教育这个角度来讲，教师需要通过耐心认真的家庭系统分析来推动家庭教育的健康发展。

2. 做好家访

家庭系统的分析，常用的方法是家庭访问。家庭访问是进行个别家庭教育指导的一种常见的有效方式，我们也简称为家访，是过去很长时间以来，学校干预家庭辅导的一种非常重要的形式。对于家访应该注意以下四个方面。

第一，家访的目的是教育孩子更好地成长，它是教师介入家庭教育非常好的方法。如果说家长会是一种普遍性的指导的话，那么家访则是一种个别性的指导。

第二，家访要力求深入。教师与学生、家长面对面交流，细致了解，只有这样，教师才能了解学生的个性和想法，同时了解家长的期望和要求。

第三，家访要全面。既要了解家长对子女的关切和期望，也要了解家庭的困难和问题，特别是家长的困惑。

第四，家访要讲究方法。各个家长的情况并不相同，他们的需求不一样，思想道德、文化水平各方面也不尽相同，所以要不断地根据实际情况改变家访的方式，不断地为家访工作增添新的内涵。

家庭教育本身就是复杂的，但它只是教师工作当中的一部分。教师所要面对的每个学生、每个家庭，包括面对社会、面对上下级等各种不同的工作，所以不断提升教师自身的道德水准和工作能力，确实是一个教师愉快地履职、体验到教育生活的乐趣的关键。教师要把这个过程的主动权掌握在自己手里，要不断地警示自己，修炼自己，提升自己，其中有几个环节一定要把握：第一是读书；第二是总结和反思；第三是不断创新，不断进行研究。

我们有了好的职业期望，对职业有了积极的认定，又有了不断努力提升自己的愿望，那教育生涯一定会成为人生当中最大的乐事。从某种意义上来讲，教师塑造人的灵魂，教师也可以提升和净化自己的灵魂。

益爱海蓓家庭教育丛书

如何指导家庭教育

（下册）

孙云晓　陆士桢等　编著

河南科学技术出版社
·郑州·

《如何指导家庭教育》编委会

主编　孙云晓　陆士桢

编委　孙云晓　陆士桢　王群英

　　　葛　云　王朝庄　王文湛

　　　王宝祥　李兆良　刘凤华

　　　刘淙雨　李文道

目录

第五章 家庭教育，从心理关爱做起

李兆良

第一节　0至3岁孩子的心理关爱

《中国教育报》和《人民日报》早就有大篇幅署名文章讲过：决定孩子一生的不是成绩，而是健全的人格。在家庭教育过程中，家长重视孩子的心理成长，学会不断给予孩子成长的心理营养，是现代家庭教育的一项重要内容。基于心理学的视角，家长应该注重孩子的心理成长和人格发展，了解和遵循孩子的心理发展规律，满足孩子各种心理成长需求，引发孩子成长的内驱力，从而培养孩子的健全人格。在现实中我们不难发现，无论是在家庭还是在学校，因为心理问题引发的一些痛苦、抑郁、焦虑等负性情绪体验，并由此导致的极端行为并不少见，这些心理问题的存在严重地影响了孩子的健康成长。

一、给孩子充足的心理营养

今天的孩子缺什么？缺生理营养吗？不言而喻，答案是否定的。调查发现，今天的孩子不但不缺生理营养，有些孩子的生理营养甚至过剩。研究显示，今天的孩子更多缺乏的是心理营养。这里所说的心理营养就是在孩子成长的每个阶段，家长和教师要能够抓住孩子的这些关键期，及时有效地满足孩子的各种心理需求，给予他们充分的心理安全感、信任感、希望感、自主感、主动感，满足他们的好奇心、求知欲，认同和鼓励他们丰富的想象，让孩子在被尊重、被支持、被认同、被理解、被信任、被接纳的积极家庭环境中健康、快乐、幸福地成长。家长学习和了解孩子的心理成长需求，采用有效的科学的方式来满足孩子的这些需求，有助于培养孩子健全的人格。

孩子的各种心理需求、情感需求的满足对其健康快乐成长至关重要。在现实中我们发现，当一个孩子的各种心理需求和情感需求被严重忽略，甚至无法满足时，他们会处于一种焦虑和紧张的心理状态之中，这是一种消极的、痛苦的体验和感受，而不是一种积极的、快乐的心理感受和情绪体验。当父母对孩子的这些心理需求和情感需求进行积极回应和及时满足之后，孩子的焦虑情绪就会得到平息和化解，能够有力地促进孩子的心理成长。因此，家长在日常生活当中，要认真学习和不断总结育儿经验，与孩子建立起和谐融洽的亲子关系，做到真正用心去回应和满足孩子的各种心理需求。

例如，当一个还没有学会说话的一周岁左右的孩子出现哭泣时，哭泣行为现象背后一定存有某种心理需求。孩子通过哭声向父母发出一种信号，希望得到爸爸妈妈第一时间的关爱和照顾。生活中一些妈妈的做法并不正确，她们看到孩子哭的时候，会觉得很烦，会错误地认为孩子是在无理取闹。她们会产生这样一种想法，即让孩子哭一会儿没关系，因而故意不去管孩子，认为这是一种符合延迟满足理论的做法。事实上，我们要具体事情具体分析。针对上述这个例子，我们进行如下的分析：第一，这个妈妈做法对不对？在她的教育观念中，认为孩子哭不坏，所以可以多哭一会儿，不能他一哭就去抱他，否则会让孩子养成一种依赖的坏习惯。第二，如果你是这个妈妈你会怎么做？如果这个妈妈的做法不对，你认为正确的做法是什么？

通过分析，我们认为这位妈妈的做法不可取。因为上述情况与延迟满足是两回事，心理学家认为延迟满足更多的是用来解释和说明那些在特定的场合立刻想得到某些东西，如果得不到就会又哭又闹的孩子。对于0到3岁这个阶段，尤其是1.5岁之前的孩子，他哭一定是有原因的，从与孩子建立一种安全型亲子依恋、满足孩子心理安全感的角度出发，家长应在第一时间出现，用爱积极回应和抚慰孩子，而不是通过这种方式来培养孩子延迟满足的能力。当他哭的时候，其实是在向外界发出一种信号，希望家长能第一时间出现并给他及时的关注、关爱和照料。这样对孩子的心理成长、心理健康和人格健全，以及亲子关系的建立是有积极作用的。所以说，不管孩子这种做法不可取。另外，在这个年龄阶段，并不提倡家长过早地给予孩子一些挫折教育，或者故意设置一些困难情境来培养孩子的自控力和忍耐精神。

当在这个年龄阶段的孩子哭的时候，建议父母不要因为孩子哭而感到特别心烦，要允许孩子哭，不指责、不打骂，孩子哭是一种情绪的表达、宣泄，也是向父母发出一种需要关注、帮助的信号。父母要洞察到这一信号，

能够分析哭的行为背后的心理需要，这是尤为关键的一步。当孩子哭的时候，建议家长采取下列有效的做法：

首先，要用一种关爱的、平和的表情和态度来积极回应和无条件接纳孩子。其次，家长要通过敏锐的观察力判断一下孩子是不是渴了或者饿了。可以通过对孩子日常生活习惯的了解，判断孩子是不是该喝水了，是不是该吃东西了，是不是哪里不舒服了，或者是不是孩子产生了某种恐惧感，比如看到陌生人出现了，等等。这时父母正确的做法是通过抚摸或者把孩子抱起来，给孩子一种心理安全感，当我们这样做的时候，你会发现孩子的哭闹情绪会得到缓解和平复。这是因为他感受到了来自父母及时的关爱和照顾，尤其是情感和心理层面的关爱和支持，会让他产生安全感。最后，父母要学会站在孩子的角度，用孩子的眼光来感受和体验周围的世界，不要把自己想当然的成人价值观念强加给孩子，或者去推测孩子的真实感受和体验，这是一些父母在家庭教育中常犯的错误，主观地认为孩子应该如何，而没有站在孩子的角度去感受和体验。孩子的感受和体验是最真实的，父母绝不要忽略和轻视这些真实的感受和体验。孩子感觉好，会向你微笑，会产生正向情绪。孩子感觉不好，也会有所表现，因为孩子很真实。通过这个案例，希望能给家长一些启发和思考。

父母要永远记住，教育无小事，生活即教育。可以说，日常生活是教育孩子最好的舞台。在日常生活中，父母应通过自己积极的言行举止给孩子正向的影响，为孩子树立榜样；通过正确的教育、训练、启发和引导，努力培养孩子的积极心理品质。

可以说，孩子成长的每一个阶段都至关重要，不能出现失误。因为，家庭教育具有阶段性和连续性，是阶段性和连续性的统一，前一个阶段的顺利发展是后一个阶段顺利发展的基础。家长抓住孩子每个阶段发展的关键期，满足孩子的心理需求，有针对性地培养孩子与该阶段相适应的心理品质，会使孩子的人格不断向前发展，自身变得强大。家庭教育具有连续性，孩子身上一些问题的出现，绝不是昨天没有今天突然就出现的，而是个从量变到质变的过程，是一个长期发展累积的过程。因此，对于孩子成长的每一个阶段，家长都要给予足够的重视。

孩子处于0至3岁时，如果家长懂教育、会教育、善教育，孩子的心理发展危机会得到成功的化解，在他的人格之中会形成一些积极的心理品质。

对于0至1.5岁的孩子，可通过科学、有效的家庭教育，让他们在人格上形成心理安全感、信任感和希望感的积极品质，逐渐发展成为乐观、开朗、活泼的性格，对未来充满希望，感受到世界的美好、生活的美好、成长的美好。1.5至3岁的孩子，如果家长的教育方法正确，用有效的教育方式去对待孩子，去及时满足孩子的各种心理需求和情感需求，孩子人格中会形成自主感、自主性、自主行动、自控力等积极心理品质，会形成坚毅的品格。在未来的人生成长中，即使遇到一些困难、挫折和挑战，孩子也能很好地面对、应对。

针对0至3岁这样一个年龄阶段的孩子，父母应该学习和了解该年龄阶段孩子的各种心理成长需求，并且掌握满足孩子的这些心理成长需求的方法。

二、0至1.5岁孩子的心理成长需求

0至1.5岁的孩子刚刚来到这个世界上，他们的身心发展非常脆弱，完全依赖于成年人，需要父母的照顾。因此，成年人如何照顾孩子，如何满足他们的各种身心需求，就显得尤为重要。尤其是父母或相当于父母的监护人，他们的责任心、耐心和细心，充满爱的积极关注会有利于孩子的人格发展和心理成长。0至1.5岁孩子的心理需求包括以下几个方面：

第一，安全感尤其是心理层面的安全感的需求。研究发现，心理安全感的需求是这个年龄阶段孩子最重要的需求。孩子小的时候，尤其是在婴幼儿时期，如果缺乏心理安全感，会直接影响其后续的人格发展、心理的发展和社会适应能力的发展。

第二，信任感的需求。信任感的形成主要是指通过监护人，尤其是父母对孩子的一些心理需求、生理需求的及时回应和满足，从而让孩子对父母产生信赖。孩子在3岁之前，尤其是在1.5岁之前，一定要由父母亲自抚养和教育。有些不负责任的父母，在孩子出生后就把他们交给老人去抚养，导致孩子很难形成对父母的信任感和安全感。心理学研究表明，0至1.5岁这个阶段是婴儿与父母建立一种以情感为基础的安全型亲子依恋的关键期，对于有些

孩子来说，如果错过了这个关键期，他们很难形成对他人的信任感，甚至终生难以弥补。孩子的成长，危机重重，每个发展阶段都非常重要，不能出现问题，不能出现失误。如果父母教育方法得当，养育方式科学、有效、具有一定的规律性，孩子能很好地接受和适应，孩子就会对父母产生信任感，进而对外部世界产生信任感。

第三，建立良好亲子关系的需求。0至1.5岁是培养孩子跟父母之间良好亲子关系的关键期。哈佛大学的一项历时76年的追踪调查研究发现，关系对人的成长和发展具有十分重要的价值。这项研究结果显示，关系可以有效地影响人的幸福感、快乐感和成就感。事实上，有些家庭教育之所以没有好的效果，一个主要的原因是没有建立起良好的亲子关系。关系先于教育，关系大于教育。家庭教育中尤其要重视亲子关系的重要性，良好的亲子关系是家庭教育取得成功的关键。家长在孩子0至1.5岁时与孩子建立了良好的亲子关系，对孩子在后续的3至6岁、6至12岁、12至18岁阶段的心理成长、人格健全都会产生积极的影响。婴幼儿时期与父母建立一种良好的以情感为基础的安全型亲子依恋关系，就等于奠定了孩子今后人格发展的基石。从家庭到学校，再从学校到社会，孩子的人格发展是否正常，其关键因素是早期起点的亲子关系。因此，父母尤其要注重与这个年龄阶段孩子良好亲子关系的建立。

第四，建立安全型亲子依恋的需求。如果这个阶段没有形成安全型亲子依恋，就会形成逃避型的、焦虑型的和紊乱型的依恋，会直接影响到其后期发展。

第五，与父母建立熟悉感的心理需求。给孩子最好的礼物是高品质的陪伴，尤其是给予孩子心理陪伴和情感陪伴。孩子需要被看见，需要存在感。虽然这个年龄的孩子很多还不会说话，但他们能够看到和感受父母的情绪。父母经常与孩子进行亲子互动，陪孩子做游戏，逗孩子开心，向孩子微笑，对孩子心理安全感、信任感以及良好亲子关系的建立至关重要。

第六，对母爱的心理需求。孩子对母爱的心理需求是一种自然的、本能的需求。0至1.5岁的孩子，需要父母经常拥抱、抚摸和关爱。父母不要忽略对孩子的情感陪伴和心理陪伴。一些父母即使白天再忙，晚上也一定要跟孩

子在一起，睡在一个床上，让孩子感受到父母的存在，对其产生心理安全感也非常重要。

三、0至1.5岁孩子的心理关爱方法

第一，要有意识地与孩子建立良好的亲子关系。对于这个年龄阶段的孩子，父母进行积极的情感回应，如微笑的表情、充满关爱的眼神，花时间陪伴孩子，让孩子有一种存在感，培养孩子对父母的亲子依恋，尤其是形成安全型亲子依恋。早期与孩子建立起良好的亲子关系，就等于奠定了孩子人格发展的基石。

第二，在养育孩子的过程当中，父母尤其是母亲要有敏锐的观察力，发现并积极满足孩子的各种生理需求和心理需求，对孩子进行关爱和悉心照料。但需要指出的是，父母不要对孩子进行过度满足，更不要出现过分剥夺。而且，在满足的程度和方式上尽可能保持一致性、规律性、可靠性、可预见性，不要随意改变，即使改变也要渐进性地进行，让孩子能够逐渐适应这种变化，这对于亲子关系以及心理安全感和信任感的建立都是至关重要的。

第三，要特别关注孩子在成长过程当中的细节。这个年龄阶段的孩子大多不会讲话，无法用语言来表达自己的需求，当他们觉得不舒服、饥饿和口渴的时候，常会用哭的方式向父母发出一种信号，希望得到父母第一时间的积极回应和满足。父母要善于捕捉这些信息，对孩子进行抚摸、拥抱和关爱，这样有利于孩子心理安全感的建立和亲密亲子关系的形成。

第四，充分发挥妈妈的作用。有一句话说得好，母爱是最伟大的，女性的素质决定了整个民族的未来。在家庭教育中，如果妈妈做得好，尽职尽责，情绪正向，有爱心，能积极回应和满足孩子的各种生理需求和心理需求，孩子就会对妈妈产生一种基本的信任感，从而对他人也会产生基本的信任感，认为其他人也像妈妈一样值得信任，而不会认为世界是陌生的、可怕的和恐惧的。上述是关爱0至1.5岁的孩子心理成长和满足0至1.5岁的孩子心理需求的方法，希望家长掌握并加以实践。

四、1.5至3岁孩子的心理成长需求

我们已经知道了0至1.5岁孩子的心理需求，接下来一起探讨1.5至3岁孩子的心理成长需求及满足方法。

第一，1.5至3岁是孩子人生中的第一个反抗期，他们开始学会使用“我”的概念，用“我”“我的”来表达自己的自主性。

第二，独立自主的需求。这个阶段的孩子想自己穿衣、吃饭、上厕所、拿玩具，想要自己去做这些事情。父母不要过多地限制，也不要包办代替，要允许孩子做一些力所能及的事情，这样会有助于发展孩子的自主性、自主感和自主行动。

第三，这个阶段的孩子开始学会用“不”来表达其自主性，来反抗父母对他的控制。也就是说，孩子出现了第一个反抗期，会与父母产生冲突。

第四，这个阶段的孩子开始有自我的意愿，想随心所欲做一些事情。作为父母既要放手让孩子做一些自己力所能及的事情，又要对孩子进行管教和适当的控制，不能让他为所欲为。对于孩子，家长不应采用简单粗暴的斥责、打骂、恐吓和威胁来对待他们。

第五，这个阶段的孩子开始对性别差异有好奇心。父母应抓住孩子的这一特点，对他们进行科学的性别教育，让他们知道自己的性别，形成良好的性别自我认同，这对他们顺利进入幼儿园接受幼儿教育和适应幼儿园生活会有积极作用。

五、1.5至3岁孩子的心理关爱方法

根据1.5至3岁孩子的心理发展规律和特点，父母在日常生活中应该掌握如下家庭教育方法：

第一，要有意识地培养孩子的自主性。父母应允许和鼓励孩子做一些力所能及的事情，放手让他们独立去体验和尝试，做不好没关系，重要的是去做，只要孩子勇于去做，父母就要给予认同和鼓励。这样有助于孩子学到最低限度照顾自己的能力，对他们适应学校生活，以及未来更好地生存和发展都有十分重要的作用。

第二，在这个阶段要求父母把握好分寸和尺度，要有所为有所不为。孩

子想独立做一些事情，父母要允许和鼓励他们去做，这样有助于培养孩子的自主性、自主感，但绝不能让孩子为所欲为。因为，这个阶段也是给孩子建立规矩、规则和培养孩子自控力的关键期。反对父母在教育孩子过程中出现两种极端做法：一是孩子出现问题或过失就严厉地批评责骂，这样会损害他们的自主性，不利于他们的社会化。对于孩子出现的问题和过失，简单粗暴的斥责、打骂和体罚，会让他们有失败的、负性的情绪体验。父母的惩罚和教育方式不当，会让他们感到羞怯和自我怀疑，不利于孩子自主性的形成。二是包办代替和溺爱，没有给孩子建立应有的规矩和规则，会导致孩子在今后的成长过程中无视社会规则。

第三，父母要有忍耐精神。这个阶段的孩子年龄还小，他们的生理和心理还没有发展成熟，理性分析不足，还不能意识到其行为可能产生的结果，所以家长要学会忍耐，容忍孩子的问题和过失。每个父母都爱自己的孩子，但有些家长有爱心却没有爱的能力，爱的方式不对，爱得不够智慧。

第四，根据社会的要求，父母对孩子要有一定的限制。家庭教育中父母要给予孩子关爱、陪伴、鼓励、信任、支持和接纳，但同时对孩子一定要有要求，一定要有批评，一定要有规矩，一定要有规则，不能让他们为所欲为。

总结来看，在这个年龄阶段，父母要根据孩子的心理发展规律和特点，允许和鼓励孩子积极地尝试和体验，有意识地培养他们的自主性和自主能力，培养孩子乐观、自信和坚毅的品格，让他们对未来充满希望和憧憬。因此，对于0至3岁的孩子，家长要努力做到有所为有所不为。也就是说，家长不要时时管、事事管，管得很多，会让自己很累，效果却不好；但也不要什么都不管，放任自流，让孩了为所欲为，否则更收不到好的教育效果。父母要做到管但不全管，有重点地管，该管的管，该放手的放手，这样做既能培养孩子的自主性，让孩子的自主性得到不断发展，能力得到提升，也能给孩子建立规矩和规则，培养他们一定的社会性。上述就是孩子在0至3岁这个年龄阶段父母应掌握的关爱儿童心理的科学、有效的家庭教育方法。

第二节　3至6岁孩子的心理关爱

家庭教育要遵循孩子的身心发展规律，基于孩子的身心发展规律进行有效的教育，才能取得理想的教育效果。在孩子心理成长和发展的每个阶段，都存在一些与该阶段发展相适应的规律和特点，父母要了解和遵循这些发展规律和特点，有针对性地进行家庭教育，这样就会取得良好的教育效果。也就是说，要抓住孩子心理发展的关键期或者说是敏感期，进行适当的家庭教育。

一、3至6岁孩子的心理成长需求

父母要了解3至6岁孩子的心理发展规律和心理成长需求，掌握如何满足孩子心理成长需求的方法，给予孩子有效的心理关爱。对于3至6岁这个年龄阶段的孩子，家庭教育的重要内容是培养孩子的主动性、主动感、主动行为、目标和目的。处于3至6岁这个年龄阶段的孩子，随着年龄的增加和知识的丰富，以及大脑和生理方面功能的不断成熟，他们对周围的世界充满了好奇心和求知欲，产生强烈的探究动机。可以说，这种好奇心和求知欲就是他们的心理需求。这个阶段的孩子语言发展成熟，他们喜欢提问题，喜欢打破砂锅问到底，接二连三的问题会使父母应接不暇。有教育学家认为，儿童是天生的哲学家，他们会提出很多好问题。但问题是，如果父母自身的家庭教育素养和知识不够丰富，对于孩子的问题就不能做到科学回答，甚至有些家长对孩子的问题采取应付的态度，随意地回答，这种敷衍的态度不但不能正确地解答孩子的问题，不能给他们一个科学的答案，反而会误导他们。

在家庭教育过程中，如果孩子提出的问题家长真的不会，那就实事求是地跟孩子讲，爸爸妈妈对这个问题也需要学习，学习查阅之后再来告诉你正确的答案。父母采用这种严谨的态度来认真对待孩子提出的问题，实际上也给孩子树立一个良好的学习榜样，即知之为知之，不知为不知，不要不懂装懂。如果父母采用敷衍的态度，会给孩子造成负面的影响。3至6岁孩子的心理需求，除了好奇心、求知欲和探索行为以外，他们还具有丰富的想象力。家庭教育强调个体差异，每个孩子都是与众不同的个体，都具有发展潜力。但每个孩子能力发展是有早晚差异的，不仅存在一般能力方面的差异，还存在一些特殊才能的差异。如有的孩子有体育才能，有的孩子有音乐才能，有的孩子有美术才能，等等。家庭教育中，父母要能够发掘每个孩子自身的特长和优势，不要在孩子之间进行消极比较，拿自己孩子不擅长的方面与其他孩子的优势进行比较。这不但不能起到激励孩子的作用，有时甚至会导致孩子自卑。懂教育的父母能够做到因材施教，善于发掘孩子身上所具有的独特潜能、优势、力量和美德，通过科学有效的教育、训练和指导，帮助孩子形成自信、乐观、积极进取的品质。

这个年龄阶段的孩子还有一个特别重要的心理需求，就是他们很在意同学之间的友谊与同伴的接纳。良好的同伴关系对孩子的成长和发展至关重要。在家庭教育中，父母和老师一个重要的教育任务，就是要教会孩子如何与他人建立良好的人际关系和正常的友谊。友谊是孩子的一种心理需求，他们十分渴望得到同伴的接纳和友谊。一个孩子如果在学校和班级没有朋友，他就会感到孤独、难过。他的想法和行为如果得不到来自同伴的支持和接纳，他就会变得不自信和自我怀疑。因此，作为老师和父母，要鼓励和指导孩子积极主动地与同学交往。同时要教他一些人际交往的方法和技巧，比如欣赏同学的优点、真心帮助同学、与同学交流兴趣爱好、分享自己的快乐、宽容他人等。在人际交往中，能够做到投我以桃，报之以李。学会尊重他人；学会己所不欲，勿施于人；不嫉妒别人取得的成绩，不自私自利，不以自我为中心，能融入同学和集体生活。作为集体的成员，自觉遵守集体的规则和纪律，尊重他人的感受和体验，等等。人际交往对孩子的成长至关重要。在孩子6岁之前，家长就要有意识地对其进行人际关系教育，让孩子从小就开始逐渐学会与他人相处的技巧和方法。人际关系不仅包括良好的师生关系，也包括和谐的亲子关系、同伴关系，这些关系在孩子的成长过程中都至关重要。关于人际关系的价值，美国哈佛大学曾做过一个持续了76年的

追踪调查研究，耗资1000万美元，经过三代人的努力最终成功完成了这项研究。这项研究的目的是探讨哪些因素能影响人们的快乐、幸福和成就，研究最后得出结论，良好的社会关系是非常重要的影响因素之一。当个体遇到困难、坎坷、挫折时，良好的社会关系作为一种强有力的社会支持系统，会提供经济支持、信息支持、心理支持和情感支持。父母要教孩子学会与人相处，学会尊重别人，学会分享，学会帮助别人，学会以一种欣赏的、感恩的、宽容的心态来面对他人，要学会用别人喜欢的方式对待他们。这个年龄阶段的孩子渴望得到同学的友谊，希望得到他人的接纳，希望有一种集体归属感，父母通过科学、有效的方法教会孩子掌握如何与人相处的技巧，从而获得他人的接纳和友谊，这对孩子健康、快乐的成长尤为重要。

二、3至6岁孩子的心理关爱方法

对于3至6岁孩子来说，父母如何通过科学有效的家庭教育方法，基于孩子的心理发展特点和规律，有针对性地对他们进行科学的心理关爱，满足他们的心理成长需要，给他们充足的心理营养，是该年龄阶段孩子的父母需要掌握的十分重要的家庭教育内容。

首先，父母要懂得该阶段孩子具有强烈的好奇心、求知欲和探索欲望，父母要做到有意识、有目的地满足、激发他们的好奇心和想象力。3至6岁的孩子语言能力发展成熟，喜欢问问题，对自己、他人和周围世界充满好奇，老师和父母耐心回答他们提出的各种问题，能有效地培养孩子的主动性和积极性，使他们获得其想知道的科学知识，提升他们的能力，开发他们的智力，培养他们的社会性。在这个过程中，父母要做到有耐心，要能够不厌其烦地回答和满足孩子的各种好奇心、求知欲和探索欲望。在家庭教育的实际过程中，一些父母缺乏足够的耐心，对孩子提出的第一个和第二个问题能做到很好地回答，但对于孩子接下来接二连三的问题，则难以做到心态平和地积极回应。面对孩子层出不穷的问题，父母做到不嘲笑、不禁止、不指责、不挖苦，关爱孩子的心理成长和心理健康，真正达到培养孩子具有更多力量、美德和优势的教育目的。

其次，父母要培养孩子的主动意识、自主意识和良好的行为习惯。在学龄前期的习惯很重要，即养成教育。所谓教育就是培养孩子的各种好习惯。其中，智育培养孩子良好的学习习惯，德育培养孩子良好的行为习惯，体育培养孩子良好的锻炼身体运动的习惯。习惯一旦养成，会成为人格当中的一部分，从而决定孩子的一生，所以习惯决定成败。很多孩子在成人以后很优秀，因为他身上有太多的好习惯，所以我们要抓住习惯这个主要内容，对孩子进行有针对性的教育，培养孩子良好的行为习惯以及主动意识，这对于孩子的身心健康的发展、知识的获得、能力的培养、品德的陶冶、个性的形成乃至人格的发展至关重要甚至能让其终身受益。家长和老师要积极回应孩子的主动性和创造力。这样学龄前期的儿童会形成有目的性的想象和主动行为，有利于培养孩子探索追求真理的勇气，设定自己努力的方向，实现人生价值。在今后的人生当中，也会形成不怕失败、不惧挑战、勇于面对的性格特征。

再次，要鼓励孩子积极参加团体活动，让孩子在团体活动当中学习团体规范，学会遵守规则，学会合作，学会承担责任。父母从小培养孩子具有责任和担当意识，让他们学会为自己的言行负责、为集体负责，老师和父母等教育者应该积极鼓励孩子的进取意识和责任心，对孩子在活动当中表现出的担当进行积极回应，给予认同、肯定和鼓励。

此外，3至6岁年龄阶段的孩子具有丰富的想象力，在听故事或者读书的过程中，他们会展开丰富的想象，对此父母应该鼓励、认同他们的这些想象，这对于孩子的成长具有重要价值。孩子喜欢提问题，对自己、他人以及周围的环境充满了好奇。这个是他了解世界、了解自我、了解自我与外界事物之间关系的一个非常重要的途径，父母要给予支持、鼓励和肯定，父母的支持和鼓励，能有效地激发孩了的求知欲、好奇心和探索欲望，从而获得更多的知识，有助于促进其心理的发展和人格的健全。

3至6岁的孩子，开始在意与自己相关的一些信息，尤其特别在意父母对他的态度、反应和评价，希望得到父母的表扬和肯定。如果父母能够对孩子的一些利他亲社会行为如尊重老师、学习刻苦等给予积极的回应和肯定，这样他就会变得更加自信、乐观、积极，对未来充满希望，变得越来越勇敢。反之，因为这个阶段的孩子心理开始变得敏感，如果父母对孩子的一些问题

和想象，做出不恰当的评价，挖苦、嘲笑和否定他们的想象力，孩子可能就会认为自己提的问题不够好，认为自己的想象力不够丰富，认为自己在父母的眼中不是一个好孩子。孩子的这种想法会影响他探索外界的意愿和行动，也可能会形成消极的自我概念，产生负面的情绪体验。

孩子渴望得到老师和父母对他的肯定和鼓励，这是孩子成长所需的一种心理营养，心理营养充足了，才能健康、快乐地成长。在家庭教育中，父母要充分意识到肯定和鼓励孩子的重要性。优秀的孩子是鼓励出来的，无论他做得怎么样，只要他敢于做，敢于尝试，敢于挑战，勇于去面对，我们就要给予认同和肯定，这样才能够激发孩子后续积极探索世界的主动性、热情、意愿、兴趣和内在动机。父母给予孩子积极的肯定和鼓励，能够发展孩子的主动性、积极性和进取心。不难发现，一些孩子在成长过程中乃至成人以后缺乏积极性、进取心和目标，他们被动、依赖、消极、悲观，这消极的态度和行为，与这个年龄阶段家长没有给予他们积极的认同和肯定有着密切的关系，这些要引起老师和家长的重视。

3至6岁孩子最大的心理成长需求就是获得主动感。通过他们自己积极主动地探索、体验和尝试，他们能切实地感受到能够控制和支配自己的事情和行为的心理和体验。如果父母替代、否认或者忽视孩子这种真实的内心感受和体验，时间久了会导致孩子丧失自我，没有主见，不会独立思考，会刻意地迎合父母，会压抑和否认自己，这对孩子的健康成长非常不利，在家庭教育中要竭力避免。一旦孩子的主动感建立起来，在他的人格当中就会形成目的这一积极心理品质。一个人要想在未来取得成功，就要有明确的人生目标。心理学研究发现，目标具有导向作用，一个有明确目标的人比没有目标的人更容易获得成功，有明确的、清晰的、可操作的，经过自己努力能够达成的目标，会更有激励作用，会更容易成功。孩子在人格中形成有目标、目的的品质，他们在成长过程中不会迷失方向，会坚定信念，勇往直前，最终通过自己的积极行动、努力、刻苦、勤奋和追求，实现人生的目标，产生成就感、幸福感、快乐感、价值感和意义感，他的人生也会因此变得精彩和灿烂。

第三节　6至12岁孩子的心理关爱

6至12岁的孩子处于小学阶段，学习是他们的主要任务。在学习活动中孩子会体验到学习带来的竞争，同学之间的竞争会给他们带来某种程度的学习压力。父母和老师应激励他们积极面对学习上的各种挑战，勇于尝试，学会调整自己，把压力变为动力，通过动力提升能力。

一、6至12岁孩子的心理成长需求

孩子进入小学以后，要在学业上积极进取，勤奋学习，学会为人处世，积极参加各种文体活动，通过自己的努力取得良好的成绩，产生成就感。父母和老师应给孩子设立合理的目标，积极引导和鼓励孩子通过行动实现目标，使其获得成功的经验和愉快的体验，有助于孩子形成勤奋的个性。研究发现，一些在未来人生的事业中积极进取的成功人士，与该阶段形成的勤奋个性有密切关系。反之，如果孩子在学习中，有的不是成功的经验而是失败的体验，他就可能会形成自卑的个性。父母都希望自己的孩子具有勤奋、乐观、自信、充满希望、积极向上、永不言败的积极心理品质。抓住该阶段培养孩子勤奋个性的关键期，父母采用科学有效的教育方法，培养孩子具有更多的力量、美德和优势。适当的、科学的教育对孩子的成长是推动力，是助力，有助于孩子的人格发展，有助于孩子形成积极的人格品质。而不正确的、不恰当的家庭教育对孩子的成长是阻力，不但不会形成积极的人格品质，反而会形成诸如自卑、懦弱、胆小、害羞、多疑、自责、推卸责任等消极的心理品质，这是在家庭教育过程中我们最不想看到的结果。

6至12岁这个阶段的孩子，其做游戏的特点不同于学龄前儿童，而是带有社会性质，即转移到对现实的实践方面，孩子们希望通过做游戏能学会做一些对班级、家庭、同学、老师、社会有益的事情，这是非常值得父母和老

师认同的想法。这种动机和行为，父母和老师应给予积极的回应和鼓励。培养孩子的学习兴趣，提升孩子的学习能力，养成良好的学习习惯，引导孩子学会学习是这个阶段的重要任务。老师不仅要教书，还要育人，不仅教给他一些科学知识，还要教给他一些学习方法。联合国教科文组织指出，无论是家庭教育、学校教育，还是社会教育，都要注重对孩子进行以下四个方面的教育：一是要教会孩子如何做人；二是要教会孩子如何做事；三是要教会孩子如何与人相处；四是要教会孩子如何学习。教会孩子学习，是指教会孩子掌握主动学习的方法，孩子只有会学习，才能学得好。父母和老师要帮助孩子找到适合他的学习方法。最适合的才是最好的。父母和老师应了解孩子的个性、情绪、性格、能力、爱好等特点，从而对他们进行有针对性的教育和指导。如了解孩子是慢热型的，还是记得快忘得快的类型的；是三分钟热度型的，还是能坐得住板凳踏实学习型的。父母和老师在了解孩子的基础上，因材施教，从而取得良好的教育效果。家庭教育强调有效性，重在解决问题，不应只看表象，只做表面文章。

二、6至12岁孩子的心理关爱方法

当代父母要学习关爱儿童心理成长的科学方法，做到真正掌握并不断实践这些方法，以达到良好的家庭教育效果。对于6至12岁的孩子，父母的心理关爱方法有：

第一，多鼓励。父母培养孩子积极乐观的阳光心态，要多鼓励孩子与同伴积极互动，主动帮助同学，主动融入集体生活，真诚地接纳和欣赏同伴，在与他人的交往过程中产生快乐的体验，感受到交友的快乐和成长的快乐。

第二，在学习中设置合理目标。教育界倡导“跳一跳，够得着”，即经过自身的努力实现的目标最具激励作用。目标的实现会让孩子有成就感，会激励其继续不断进取，这是一种正强化和自我激励的力量。对于孩子通过自己的努力取得的成绩，老师和父母要给予及时的认同、表扬和鼓励。通过外因充分调动孩子成长的内驱力，激发他们做事情的内部动力，从而激励他们积极进取，这样成功的经验多于失败的经验，就会有助于孩子形成勤奋进取的个性。反之，在小学阶段，孩子学业经常失败，成绩不尽如人意，会容易使他产生习得性无力感，严重的会出现厌学和弃学的心理，甚至会导致他们在今后的人生中不敢面对各种困难、挑战和坎坷，形成退缩、悲观、自卑的个性，这对他们的成长是极其不利的。父母和老师要看到孩子的努力行为，并给予积极的回应。有时孩子在做事情的时候，即使结果不尽如人意，但若他们的动机是好的，父母也要及时肯定他们的勤奋行为。父母指导和帮助孩子学会总结失败的原因，对症下药，以便今后取得好的学习效果。希望老师和父母能采用认同、鼓励和赞美的方式，来培养孩子良好的自我概念、自我意识，这有助于他们更好地进行自我管理、自律、自我成长，这也是老师和父母应当承担的非常重要的教育职责和任务。

第三，老师要有良好的师德和教育责任感。在小学阶段，老师对孩子各方面的成长影响巨大。也就是说，对于6至12岁的孩子来说，除了父母对他们的影响以外，对他们影响比较大的还有老师和同学。进入小学以后，老师在孩子心目中的地位是非常高的，他们崇拜老师，老师的言行举止都会潜移默化地影响孩子。因此，老师要有十分明确的教育意识，一定在孩子面前为人师表，言传身教，身正示范。要做一个具有良好师德的老师，不仅要有扎实的学识，还要有仁爱之心；不仅教书，还要育人，为孩子树立学习和模仿的榜样。我们知道，孩子天生具有模仿能力，模仿身边的父母和老师。心理学中有一种社会学习理论，也称观察学习理论，该理论认为儿童具有观察和模仿成年人言行举止的能力。基于该理论的观点，在家庭教育中，父母要特别注意自己对孩子积极的言传身教，尤其注重身教重于言教。俗话讲得好，讲千遍道理不如给孩子树立一个好榜样，父母要求孩子做到的，自己一定要先做到。凡事就怕用心，父母有十分明确的教育意识，用心做人，用心做事，用心教育孩子，用心与孩子沟通，孩子一定能感受到父母的良苦用心，他们会通过自己的积极努力来回报父母的良苦用心。

父母在与孩子进行沟通的时候，要善于倾听，用心倾听，为理解而倾听，为准确而倾听，不仅用耳朵听，还要用心听出言外之意，理解孩子，接纳孩子，认同孩子，鼓励孩子，与孩子产生心灵的共鸣。父母与孩子形成平等、尊重、理解、信任、和谐的亲子关系，有助于激发孩子的积极性和主动性。父母对孩子表达充分的信任，这种信任感会内化为孩子成长、求知、学

习的动力，会调动和发挥他们自身的优势和潜能，有助于培养孩子良好的自律性和自我管理的能力，有助于他们取得优秀的学业成绩。父母和老师多采用民主、协商和尊重的态度，会有助于建立良好的亲子关系和师生关系。此外父母经常读书看报，经常讨论学习，家庭学习氛围浓厚，父母的情绪越正向，孩子的成绩就越优秀，就越容易取得良好的学习效果。

三、6至12岁孩子的学习指导

6至12岁年龄阶段的孩子正处于学龄期的小学阶段，他们的主要任务是接受正规的学校教育。学校教育的特点是有教学大纲、有教学目的、有教学计划，是由经过专业训练的老师对他们进行科学知识的传授、教育、指导和启发。

对于孩子来说，进入小学是人生中的一个重要转折、一个衔接、一个过渡，父母要帮助孩子顺利通过这个重要挑战，指导他们更好地适应小学的学习生活。这个阶段孩子的主要任务是学习，他们大部分时间都在接受学校教育，回到家里要完成老师布置的作业。与学龄前那种在玩中学的方式不同，这个阶段要有意识地让孩子增长科学知识、培养能力、陶冶情操。教会孩子如何做人和如何做事，鼓励他们积极参加各种文体活动。在小学阶段，父母和老师要培养孩子的学习能力，掌握适合自己的学习方法，培养他们具有良好的学习习惯，训练和提高孩子的学习能力。

小学生的主要任务是学习，不仅要学习文化课、体育课，也要学会如何做人、如何做事、如何与人相处。在现实的教育中，我们不难发现，总有这样的孩子，他们从小学一年级到六年级全面发展，品学兼优，在知识性、技能性方面表现得很突出。我们说，这种孩子具有的是一种普遍型学习动机。孩子在6岁之前因为父母成功的教育，人格中获得了很多积极的心理品质，他们在动机、情绪、态度、习惯、意志、行为等方面形成了有力的统合。他们热爱学习、心态阳光、自信、乐观、意志坚强、行动积极。在学习方面，他们不是消极被动地接受知识、应付考试，而是具有内在的学习动机和学习兴趣。一个热爱学习、热爱读书的孩子，会在行动上表现出极大的学习热情，会自觉、自愿、主动、自发地学习，再全神贯注沉浸在学习之中，会产

生成功的经验和愉快的体验，会形成一种自我激励的良性循环。

每一位父母都希望自己的孩子在学业上取得优异的成绩，想让孩子在学业上成为优秀的人，如何教育和训练孩子在学业方面成为优秀的人，父母尤其要注意以下两个方面：

第一，父母一定要教育孩子努力和刻苦，培养孩子具有勤奋的个性。在小学阶段，家庭教育的主要任务是培养孩子勤奋、积极进取的个性。近代政治家、军事家、思想家曾国藩在其家训中告诫其子孙后代，做人一定要勤奋和谦虚，不要懒惰和骄傲，否则将一事无成。曾国藩的几十代后人，无论是当官的、经商的、学者、教授、医生都非常优秀，没有一代败落的。曾国藩家训中说："天下古今之庸人皆以一惰字致败，天下古今之才人皆以一傲字致败。"由此可见，家庭教育中父母要教导和告诫孩子，没有人可以随随便便成功，一个人不努力、不勤奋、不付出、不打拼、不追求，就想成功，简直是天方夜谭。

第二，父母应有意识地培养孩子良好的学习习惯，让他们掌握有效的学习方法，提高他们的学习能力。一些孩子在学习上很用功、很勤奋，但成绩并不理想，没有达到预期的学习效果，其原因可能是孩子没有掌握一套适合自己的学习方法，没有形成良好的学习习惯，学习能力低下。成绩和分数固然重要，但学习和分数绝不是家庭教育的全部，它只是家庭教育的一个重要组成方面而已。父母不要把孩子的学习和成绩看作家庭教育的唯一，而忽略了更重要的品德教育、人格教育、情商教育、快乐教育、幸福教育、价值观教育、良好的行为习惯教育、人际关系教育、利他教育、感恩教育等。父母只注重学业教育会造成孩子的片面发展，容易导致孩子高分低能，以致难以更好地适应未来的社会。

小学阶段是培养孩子学习能力的关键期，学习能力包括专注力、理解能力、记忆力、想象力、阅读能力和思维推理能力等。

第一，培养孩子的专注力。这是学习的第一步，小学阶段的首要任务是培养孩子的专注力。因为，如果孩子课堂上不认真听老师讲课，即使老师讲得再精彩，孩子也无法学会和掌握。

第二，提高孩子的理解能力。有时候我们发现，孩子专注认真地听老师

讲课，但他却很难理解老师讲的内容，这主要是因为在其成长过程中，父母过多地限制和控制，没有放手让孩子去积极探索和尝试，使得孩子缺乏自主性和主动性，缺乏生活技能和社会常识，不会独立思考。建议家长鼓励孩子勇于探索、不断尝试、敢于挑战，学会与人交往，养成广泛阅读的习惯，这会有助于提高孩子的理解能力。

第三，训练孩子掌握有效的记忆方法。让孩子树立明确的目标，懂得劳逸结合，努力勤奋，提高记忆的广度、深度和准确性。

第四，培养孩子丰富的想象力。对于孩子的想象力，父母不要嘲笑，要多鼓励、多肯定，训练孩子在写作文和解决问题的过程中不断激发想象力。

第五，培养孩子良好的阅读习惯，提升孩子的阅读能力。一个从小养成阅读习惯的孩子，他的语文会学得很好，作文会写得很漂亮，他的语言表达能力、理解能力、复述能力也会很强。孩子的阅读能力会有助于分析问题、理解题意和逻辑推理。父母可以从3岁开始培养孩子的阅读习惯，要让他多读书、读好书、读经典，基于孩子的年龄和心理发展特点，选择适合他们阅读的优秀儿童书籍。常言道，腹有诗书气自华，这都是读书读出来的。

第六，就是要培养孩子的思维推理能力。教育无小事，生活即教育。父母在日常生活中，注重训练孩子学会用数学思维分析和解决问题，认识和掌握与数学相关的一些物体和现象。在生活中有意识地培养孩子的思维推理能力。在学校的数学课堂当中，老师应引导孩子形成一种数学的思维推理能力。

上述主要介绍了6至12岁孩子的心理发展规律、心理发展特点、心理成长需求、心理关爱的方法以及如何对孩子进行学习指导。父母要学会采用科学、有效的家庭教育理论、方法和技术，了解和遵循孩子的心理发展规律和特点，积极满足孩子的各种心理成长需求，给他们充足的心理营养，从而培养孩子健全的人格。

第四节　12至18岁孩子的心理关爱

12至18岁的孩子正好处于青春期阶段，这个阶段孩子的特点与低年龄阶段孩子有所不同。青春期是人的一生发展过程中非常重要的阶段，是人格发展的关键，也是父母和老师不容易与他们沟通，容易出现一些诸如亲子关系问题、情绪问题或心理问题的阶段，同时也是令父母比较担心的一个阶段。因此，父母要掌握科学的家庭教育理论、方法和技术，通过了解和遵循青春期孩子的心理发展规律和特点，对他们进行有效的心理关爱，满足他们心理成长的需求，从而培养他们健全的人格。

处于青春期阶段的孩子具有哪些心理发展规律和特点？他们的心理需求又是什么？之所以说青春期是人的发展过程中非常重要的阶段，是因为这个阶段的孩子在情绪、行为和学习上会表现出不稳定性，容易出现各种变化。如果用一个字概括青春期孩子的特点，那就是“变”。孩子的生理在变，心理也在变，变得连他们自己都不认识自己了，需要整合信息重新认识自己。有时我们把青春期又称为“第二次诞生”“心理断乳”“情绪反抗”“情绪逆反”“心理逆反期”“情绪波动”，这也反映出青春期孩子容易出现各种问题，父母会更加难以与他们进行有效沟通，家庭教育也会更有难度。因此，需要父母在面对青春期孩子及他们出现的各种问题时，做到更智慧、更科学、更有效。

我们经常会听到很多父母在抱怨，说青春期的孩子如何不听话，故意跟父母作对，过去让他做什么就做什么，现在却变得逆反，变得抵触。事实上，这是从父母角度出发得出的看法，如果从青春期的孩子的视角出发，他们并不这么认为。进入青春期，孩子的生理发展成熟，第二性征出现，由于性知识的缺乏，以及性冲动产生的心理压力，孩子会因此表现出烦恼和情绪问题。父母要理解青春期孩子成长的烦恼，用适合孩子的科学有效方法，帮

助他们正确面对和解决青春期出现的各种问题。

需要向各位父母指出的，并不是所有青春期的孩子都会出现逆反情绪和心理对抗等问题，也不是所有青春期孩子都找不到良好的自我认同。大多数处于青春期阶段的孩子会很平稳、很顺利地度过青春期。教育具有连续性和阶段性，是连续性和阶段性的统一。青春期之前，家庭教育科学有效，父母与孩子的亲子关系融洽，亲子沟通有效，到了青春期孩子的问题就会少，会很顺利地从童年过渡到成年。

一、青春期孩子的心理发展特点

通过分析青春期孩子的心理发展特点和规律，我们不难发现，青春期孩子容易情绪波动的背后存在一些客观原因：

第一，孩子到了青春期，生理趋于成熟，但心理发展相对滞后。青春期孩子性生理发育成熟，身体的变化震撼着青少年的心灵，这些身体的变化会给青春期孩子带来一定的困惑或困扰。由于孩子缺乏性方面的知识，性冲动会使青春期孩子产生心理压力，导致孩子产生抵触情绪、不快乐和烦恼，也就是青春期成长带来的烦恼。在现实生活当中，有些青春期的孩子对自身的性发育没有充分的心理准备，容易出现混乱紧张和错误的认识。如有的女孩子胸部发育以后，总是低着头，不敢抬头挺胸，不敢看异性，觉得身体发育是一件羞耻的事情。其实，这些现象背后反映的是父母对青春期孩子性教育的缺失。性生理方面的变化容易导致青春期孩子产生情绪波动和心理困扰，但有些父母并没有认识到这些困扰背后的真正原因，对孩子表现出来的烦恼、焦虑、波动情绪、抵触情绪进行批评和指责，导致青春期孩子觉得父母不理解自己，从而容易破坏良好的亲子关系和影响有效的亲子沟通。

到了青春期，父母学会用孩子接受的方式，对他们进行科学的性教育。有些家长谈性色变，认为不能对孩子谈性，或羞于谈性。其实，要转变父母的这一错误观念，因为性是一门科学。国外一些发达国家，从小就对孩子进行适当的性教育，通过学习，孩子对性和自己的身体有正确的认识，把性当作一门科学知识来接受，到了青春期不会出现问题。事实上，青春期孩子对性表现出好奇，对异性表现出好感，是很正常的事情。反之，如果到了青春期，孩子对性、对异性一点也不好奇，也没有好感，可能是他发育有问题，父母才更应该担心。

例如，有一位妈妈，她的女儿14岁了，已经进入青春期了。这位妈妈的疑问是：现在对她女儿进行性教育是否过早？应该由谁来对女儿进行性教育？其实，对于已经14岁的女孩，现在对其进行性教育已经晚了，妈妈在女儿14岁之前就应该以适当的方式来跟孩子交流性方面的常识，对女儿进行一些性保护、性生理、性卫生等方面的教育。如果妈妈对性方面的知识有过系统的学习，还可以对女儿进行适当的性心理、性道德、性法律以及性伦理方面的教育。在家庭教育中，对大多数父母来说，性教育是一种挑战。所以，父母非常有必要在这方面进行系统学习，突破自我的限制，掌握对青春期孩子进行性教育的科学知识和方法。

第二，青春期的孩子成人感增强，自我意识觉醒。过去凡事都要依赖父母，让父母替他做决定，生活、学习一切由父母料理，凡事听从父母的决定。到了青春期，孩子自我意识增强，成人感增强，他不再希望像以前那样凡事都要依赖和请教父母，他想自己面对和解决问题，想自己做决定。事实上，这是一件好事，是孩子长大和成熟的表现。如果孩子到了青春期，凡事还要不断地问父母，从某种意义上讲，是家庭教育的一种失败，是父母没有放手让孩子独立去做一些事情，过多控制和限制孩子的结果。到了青春期，孩子开始有自己的空间，有自己的秘密，会很在意同龄人对自己的评价，会反感父母的一些说教。他们希望父母能够尊重和理解自己，希望父母能够尊重自己的决定和选择，希望父母能够给他们一些个人空间，尊重他们的秘密权利，不要过多逼问和干涉。青春期孩子自我意识觉醒，他们不想再依赖父母，想独立地面对和解决问题，在情感上是痛苦的。因为，过去对父母依赖惯了，现在突然不再依赖需要适应这种改变。成长和改变是痛苦的，结束一个已经适应的旧行为，开始一个新行为，对孩子来说是一种挑战，他们会感受到一种挑战和压力。同时，由于青春期孩子还缺乏一定的社会经验，他们的理性还不够成熟，缺乏解决问题的智慧、技术或策略，所以在面对人生各种问题和挑战时，一方面很想自己独立面对和解决，另一方面又希望得到父母的帮助和指导，这种矛盾的心理，也会让他们感到纠结、迷茫和困惑。

父母了解了这一原因后，要真正给孩子尊重、认同、理解和支持，认识和理解孩子既想独立面对又想得到大人指导的矛盾心理，改变用过去对待小孩子的方式对待青春期的孩子，帮助孩子顺利地度过青春期，使亲子关系和亲子沟通变得和谐和有效。

第三，到了青春期，孩子会感受到来自社会责任和学业的压力。这一时期，孩子意识到了社会对他们提出的各种要求，将来承担社会责任，成为合格的公民，扮演好社会赋予他们的角色。他们感受到了要不断学习，不断提升自己的能力，积极承担相应的社会责任的压力。随着孩子年龄的增加，他们会感受到学业方面的压力越来越大，学习任务的难度也不断增加。青春期孩子模糊地知道求学关系着未来，但自己未来能考取什么大学，从事什么职业，他们并不十分清楚。日益繁重的学习和考试成败的压力，会让他们感到困惑、迷茫。

上述原因会使青春期孩子表现出某种程度的情绪波动和困扰。父母应学习并了解这些原因，消除对青春期孩子的一些误解，不要再认为孩子是故意逆反，故意发脾气、不听话。对于青春期的孩子，有时父母越控制，孩子可能就越抗争、越对抗。父母需要把握好分寸，掌握好尺度，多给孩子成长的空间，多尊重和理解孩子的想法，多给他们一些社会支持，尤其是情感和心理支持。

青春期的孩子容易出现情绪不稳，缺乏对自己情绪的控制、管理和调节。当取得了优异的成绩时，他们会兴高采烈，沾沾自喜；但当遇到自己不会做的题，或者遇到一个别的挫折或一个负性事件时，他们又会表现出愁眉苦脸和垂头丧气。此外，青春期的孩子也容易出现盲目自信或自卑，如当他们把自己与同学进行比较，认为自己长得不够帅、不够漂亮，学习不够好，没有朋友，没有特长，或者认为自己的家庭环境、家庭背景、家庭经济条件不好时，都可能会产生自卑心理。由于存在某种程度的自卑心理，他们可能不会积极表现自己，会怕同龄人给他们消极的评价，会找各种理由拒绝参加各种活动、演讲、竞赛等。事实上，虽然他们没有参加，但他们其实很想参与，很想表现自己，很想得到周围人的认同。父母了解青春期孩子的想法以及背后的原因以后，就要帮助他们打造积极阳光的心态，学会突破内在的自

我限制，鼓励他们勇于超越自己。

青春期的孩子正好处于中学阶段，教育界有一个现象叫“初二现象”，是指初二学生在学业和品德等方面容易出现一些问题，不听从父母和老师的管教。初二对青春期孩子来说，是个分水岭，是个坎，是个人能力和学习成绩的分界点。如一些孩子在学习方面会出现成绩下滑，甚至出现厌学、弃学的现象。有些孩子到了初二，开始出现早恋，出现厌学情绪，出现品行问题，喜欢与社会青年在一起，形成错误的自我认同等。事实上，这些行为表现的背后是有原因的。到了初二，青少年做事情的力量不再限于外部的他律。也就是说，他们做事情的动力不再是只源于老师和家长的期望和要求，而更多来自于他自己内在的想法和动力。他们开始有自己相对成熟的想法和观点，他们希望一些事情由自己说了算，他们会很坚信和坚持自己的想法，他们想证明自己长大了，想证明自己的力量，想向外界表现自己的成人感和自主性。因此，父母不要破坏青春期孩子的成人感和自我意识。

“初二现象”应引起父母和老师的足够重视，父母需在孩子初二之前，采用科学的家庭教育方法，与孩子建立良好的亲子关系，对他们多理解、支持、信任和关爱，有目的地培养孩子的积极心理品质，教育孩子学会做人、学会做事、学会与人相处、学会学习，从而有力地促进孩子的全面发展。

通过分析我们知道，处于12至18岁这一阶段的孩子，其主要发展任务是形成良好的自我认同。所谓自我认同，心理学上也称自我同一性，是指青少年对自己的本质、信仰和一生中的重要方面前后一致及较完善的意识，是对自我一致性或连续性的感知，它是一种熟悉自身的感觉，一种知道个人未来目标的感觉，一种从自己信赖的人中获得所期待的认可的内在自信，是内部心理活动与外部环境的整合与适应，常常出现在青年的后期。到了青春期，一些孩子会对自己感到陌生，不认识自己，他们需要整合相关信息，来重新认识自己。他们会基于过去的个人成长经验，结合父母、老师和同学对他们的态度、期望和评价，以及结合与他人的人际关系情况、自己的成败经验来确定自己是谁。

二、青春期孩子自我同一性的类型

从心理学的角度来说，在任意给定的时间里，所有青少年的自我发展都可归为四类下列同一性状态的一类。

第一类是同一性达成（定向型）。这类孩子已经达到了自主定向，社会发展成熟，未来发展会很顺利。这是我们特别希望的一类，孩子知道自己是谁，知道自己的优缺点，知道自己的力量和优势，知道自己的目标和价值取向，有自主性，积极进取。这类孩子已经形成了良好的自我同一性。

第二类是合法延缓期（未定型）。这类孩子正在寻找和探索自己的发展方向，他们了解自己的处境，虽然暂时还没有形成良好的自我同一性，但是通过给他们时间和实践机会，他们大多数能够形成良好的自我认同，未来发展也会很顺利。

第三类是同一性强闭（早闭型）。这类孩子的一切由父母安排，自己没有自我发展方向，凡事都是父母做决定，父母很强势，认为自己很有力量，会为孩子安排好一切，孩子的学业、考什么大学、学什么专业、做什么工作等。这类孩子的父母认为孩子没有什么社会经验，认为孩子不会选择。其实，这类父母的出发点是好的，都是为了孩子好，但效果不一定很好。因为，父母替孩子做出的决定和选择，孩子不一定喜欢，当他们不喜欢的时候他们会觉得很痛苦。例如一些父母替孩子选择大学的专业，认为这个专业将来毕业可以找到很好的工作，能够赚钱。但事实上，孩子可能并不喜欢，他们大学四年过得很痛苦，专业也没有学好。所以，这类同一性早闭型的孩子未来发展不一定顺利。

第四类是同一性混淆（迷失型）。这类孩子尚未找到自己的发展方向，他们也不考虑未来，这类孩子未来的发展会不顺利。形成迷失型自我认同的孩子，会形成反道德价值观，会容易与不良的社会青年成为朋友，会容易出现打架、斗殴、偷窃，严重的甚至会走向犯罪。这也是当前一些社会问题形成的原因。

综合上述，12至18岁孩子的最大心理需求，就是要找到良好的自我认同，对自己有正确的、客观的、理性的认识，了解自己以及了解自己与各种人、事、物的关系，知道自己的发展方向，通过自己的努力去实现人生的目标。

三、青春期孩子父母的六个转变

最好的父母是肯为孩子做出积极改变的父母。孩子到了青春期，父母学会从以下六个方面做出转变，会取得理想的家庭教育的效果。

第一，变管制为放手。一些父母习惯用控制的方式对待孩子，这种控制的教育方式对青春期之前的孩子或许问题不是很大，但青春期的孩子对父母的这种过多的控制产生抵触。因此，父母对于青春期孩子要多放手、多信任、多支持、多理解，鼓励他们独立地去面对生活和学习中的各种事情，有助于提高他们分析问题、解决问题和适应社会的能力。

孩子到了青春期，父母要学会放手，有意识地给孩子安排一些事情，放手锻炼孩子独立去承担一些事情。例如，一家人打算暑期旅游，父母可以让孩子负责做旅游攻略，让他做一些功课：订酒店、买门票、照顾爸爸妈妈等。一些父母会惊奇地发现，孩子会做得很好。父母对孩子过多的限制和控制，会让孩子觉得父母认为自己无能，什么事情都做不好，不利于孩子各种能力的培养。

第二，变主角为配角。到了青春期，父母要有意识凸显孩子的主角地位，有助于培养他们的主动性、积极性和担当，能让他们主动去承担责任。父母有意识地甘当绿叶，让孩子做红花。因为，父母都希望孩子将来能更好地展翅高飞，独立地生存和发展。随着孩子的年龄增加，不是孩子离不开父母，而是一些父母舍不得孩子。但是，各位父母应该做好心理准备，因为家庭教育的最终目的是放手让孩子独立生存发展，把自己的潜能和优势发挥到极致。

第三，变命令为商量。很多父母习惯以家长作风和采用强硬语气，居高临下地直接命令孩子这样做或那样做，要求孩子无条件接受和服从父母。到了青春期，一些关于孩子的成长、学习等事情，父母要多与孩子商量，多听孩子的意愿，对孩子表现出尊重、信任和支持。凡事多与孩子商量，多参考他们的意见，会使他们感受到自身存在的价值，感受到自己在家庭中的重要性。事实上，父母经过与孩子协商并征得他们同意的事情，他们就会很情愿

地去做。

第四，变否定为肯定。家庭教育不仅仅是问题教育，更是优势和品格教育。父母的职责也不仅仅局限在不停地挑孩子的毛病，找孩子的问题，说孩子这也不好那也不好，这只是家庭教育的一部分内容。父母应多肯定孩子，对孩子进行积极关注，善于发掘孩子身上所具有的力量、美德和优势。有一个真实的例子：一位妈妈与她青春期的儿子的亲子关系很僵化，经常吵架，互相指责诋毁，表现出很恶劣的情绪，导致母子二人都不快乐。经过分析发现，问题的原因出在妈妈这边。妈妈习惯于每天都在找孩子身上的毛病和缺点，指责孩子学习不刻苦、走路慢、吃饭慢、不懂事、卫生习惯不好、不爱运动等。妈妈或许出发点是好的，希望通过不断指出孩子的问题，让孩子身上的问题不断减少，但事与愿违，妈妈这种一味的否定和指责，无法达到好的教育效果。事实上，一味的否定和指责，即使对于理性、成熟的成年人来说，也很少有人喜欢听。如果有人天天在你耳边讲难听的话、挑你的毛病，任谁都会感到厌烦，青春期的孩子更是如此。父母要把否定的指责变为肯定的认同，积极关注孩子身上的优势和力量，挖掘他们的潜能。父母以平和的态度、温和的语气与孩子沟通，用心发现孩子身上的优点并向孩子表达出来，会使他们变得自信、乐观和快乐。

第五，变说教为身教。教育的极致是行为的影子，父母的行为将影响下一代。家庭教育中，强调父母言传身教对孩子的影响，尤其强调身教重于言教。讲千遍道理，不如给孩子树立一个好榜样。父母要为孩子树立做人做事的榜样，父母要求孩子做到的，首先自己要做到。例如，父母要求孩子做一个有爱心、懂礼貌、讲道德、有教养、守规则的人，父母应该先要做到这些。

第六，变唠叨为关爱。父母对孩子多关爱、多倾听，少唠叨、少抱怨。有父母反映，对于青春期孩子来说，一件事对他说了很多遍他都不听。事实上，正因为父母的反复唠叨，他才表现出不愿意听。如果父母习惯用唠叨的方式与孩子沟通，孩子会觉得心烦意乱，会觉得父母仍然把他当小孩看待，不信任他。青春期孩子尤其反感父母的不断唠叨，他们希望父母相信自己，相信自己的能力。

对于青春期的孩子，父母首先要做到理解和支持他们，与孩子产生心灵的共鸣，帮助和指导他们了解自己和认识自己，认识自己和其他人事物的关系，以及如何做人，如何做事，如何与他人相处；然后再帮助孩子在心理上形成良好的自我认同，帮助他们顺利度过青春期。孩子到了青春期，开始有自己的想法和观点，他们的意见可能会与父母不同，他们会与父母辩论，甚至会提出与父母相反的意见和看法。其实这是孩子成熟长大的表现，也是家庭教育成功的表现，父母应该为孩子感到高兴，为孩子喝彩，鼓励和支持孩子有独立的见解和看法。反之，如果孩子到了青春期还没有形成自己的想法和观点，凡事都要依赖父母，被动消极，这是一种幼稚和不成熟的表现，也是父母过多控制、限制和替代孩子成长的表现，这是家庭教育的失败，也是父母最应该担心的事情。

父母要学会转变观念，持有一种正确的儿童观、教育观、家庭观和父母观，用正确的家庭教育理念、理论、方法和技术，去理性地面对青春期孩子和他们出现的问题、困扰、困惑、迷茫、焦虑等，用爱心和责任心去接纳他们，去支持、理解、帮助和引导他们成为自信、乐观、勇敢、善良、有梦想、积极进取、勇往直前的人。

四、青春期孩子的心理关爱方法

父母对12至18岁孩子进行心理关爱的方法如下：

第一，父母要充分意识到，青春期是个体人格发展的关键。父母要重视这个阶段，采用科学有效的家庭教育理论和方法，用青春期孩子容易接受的有效教育方式和方法去引导、启发和指导孩子顺利度过青春期。

第二，对于青少年来说，形成良好的自我认同并不容易，是一种挑战。青少年没有形成良好的自我认同，很可能就有一部分孩子形成错误的自我认同。当青少年出现自我认同危机时，会容易受到不良社会人员的影响，严重的会做出违法犯罪的事情。

教育心理学中有这样一个模型，用来分析青少年犯罪的心路历程。青少年犯罪是全社会最不想看到的，而当青少年犯罪的时候，一些父母首先抱怨的是学校教育的失败和老师教育的不当，把这个责任推向学校和老师，还有

一些父母把原因归结为社会不良风气的影响。其实，从心理学的角度进行溯源，通过深入分析发现，青少年犯罪的真正根源在于家庭。心理学家从青少年犯罪的结果向前去寻找原因，发现这些孩子早期的家庭教育出现了很大的问题，具体表现为：孩子早期心理安全感没有建立，良好的亲子关系没有形成，缺乏来自父母的心理关爱，人格发展不健全，心理不健康。这类孩子的父母大多不懂教育，他们习惯采用溺爱、体罚等错误的教育方式和方法面对孩子及孩子出现的问题，使得孩子的人格中没有形成积极的品质，而形成了一些消极的品质。这些孩子在进入学校接受教育时，通常不喜欢学校、不喜欢老师、不喜欢学习，导致他们在学习上没有成功的经验。学业失败、亲子关系疏离，使得他们喜欢与不良社会青年交往，形成了反道德价值观念，进而导致他们容易走向犯罪。心理学研究发现，个体的发展，自婴幼儿期与父母的亲密关系开始，尔后由家庭到学校，再由学校到社会，其间发展的心路历程是否导向正常，关键因素在于起点的亲子关系。从上述分析可知，青少年犯罪的真正根源在于错误的家庭教育类型和教养方式，在于家庭教育的失败。父母要不断学习、反思、总结、成长和改变，要积极承担教育子女的责任，给孩子最好的教育，绝不能因为家庭教育的错误和失败，对孩子的一生产生不可挽回的消极影响。

第三，根据青春期孩子渴望尊重、理解、平等沟通、支持、信任和接纳的心理需求，父母积极满足他们的这些需求，给他们充分的心理营养，会使他们变得自信乐观，人格健全发展。由于青春期孩子的成人感和自我意识增强，他们这些心理需求很正常，如果父母没有及时地满足他们，会导致他们出现情绪抵触、负性情绪体验以及认知情绪行为上的问题。

父母要增加对青春期孩子的社会支持，给他们信息支持、经济支持，尤其是情感支持和心理支持，情感和心理支持会让孩子感受和体验到被尊重、被关爱、被信任、被理解、被接纳，这些支持会给孩子积极进取的力量，会让孩子在面对困难和挑战时，变得更积极、更坚强、更乐观和更自信。父母应该经常向孩子主动表达这种支持，如：“妈妈信任你！”“爸爸支持你！”“爸爸妈妈会永远做你强大的后盾！”

孩子的成长危机重重，最终想让他形成良好的自我认同，形成健全的人

格，并非易事。正确又恰当的教育，对孩子的成长来说是推动力；而不正确不恰当的教育，则会形成阻力。我们不能推卸自己的责任，更不能对孩子放任自流，其实孩子的很多问题恰恰是我们造成的，是我们不正确的方法、态度和观念造成的。我们应该学会觉察、反思、总结，学会不断加强自己在家庭教育方面的科学的教育理念和技术方法的学习，从而有效地去与孩子相处并取得良好的教育效果。

第五节　安全型亲子依恋最重要

很多家长都听说过亲子依恋这个概念，也似乎模糊地知道亲子依恋对孩子的心理成长的重要性，但到底什么是亲子依恋？亲子依恋的类型有哪些？为什么说安全型亲子依恋对儿童的成长至关重要？它对孩子的心理健康、自我概念、人际关系、环境适应、人格健全，乃至今后的人生发展究竟有什么影响？作为父母，应如何抓住儿童成长的关键期？如何与孩子建立起安全型亲子依恋？建立安全型亲子依恋的具体方法有哪些？这些问题都是众多家长需要认真思考的。

一、亲子关系的含义

从心理学角度来看，亲子关系是一种充满热情的、亲密的、积极的相互关系，是儿童出生以后逐渐发展起来的，它不是天生就具有的，而是在婴儿出生后父母通过科学有效的教育方式、教育态度和教育方法，对孩子的各种身心需要充满关爱的积极回应，从而建立起来的一种相互关系。

心理学研究发现，婴儿在6到7个月大的时候，就会对母亲或者监护人的离开感到不安、焦虑甚至悲伤，会对陌生人的出现感到恐惧、害怕和紧张。这表明，此阶段的儿童已经与父母或者其他照顾者建立起了一种亲密的情感关系，这就是一种亲子关系。六七个月大的孩子虽然还不会讲话，但他们能

够通过视觉和触觉感知世界，通过嗅觉辨别妈妈的气味。此时，父母如果给予孩子充分的抚摸和拥抱，不仅能够有效地促进他们的脑发育，而且会让他们产生安全感、愉悦感。

毋庸置疑，安全型亲子依恋对孩子的成长非常重要，而安全型亲子依恋建立的关键期恰恰是在3岁之前。事实上，很多家长并不知道3岁之前是与孩子建立以情感为基础的安全型亲子依恋的关键期，也不清楚3岁之前与孩子建立起的以情感为基础的安全型亲子依恋会对孩子3到6岁、小学阶段，甚至初中、高中、大学，乃至今后人生的发展产生长远影响的价值。大多数家长并不知道，孩子在到了小学、初中、高中、大学，甚至以后工作出现了一系列问题，恰恰就是早期自己没有与孩子建立起安全型亲子依恋导致的。

二、安全型亲子依恋及其价值

在孩子1.5岁左右至3岁，家长跟孩子建立一种安全型亲子依恋，这是家庭教育的一个重要内容。安全型亲子依恋是什么样的一种依恋？就是孩子与父母分离之后，孩子不会哭闹，也不会焦虑，不会急切地寻找父母。当妈妈离开视线后，他不会产生分离型焦虑，他会照常很安静地做自己想做的事情。因为在他的内心深处已经发展出这样一种认知模式：当他每次需要父母时，父母都会在第一时间出现来照顾他，给他积极回应，充满爱和关注。所以在父母离开的时间里，他不担心、不焦虑。这样父母跟孩子建立一种安全型亲子依恋。这种安全型亲子依恋关系里的孩子，在早期依恋经验的基础上，逐渐地就会形成一种依恋关系的内部加工模式，他会信任父母，相信父母。

研究发现，6个月大到3岁的孩子在面对一些危险的时候，有与生俱来的本能，为了种族得以延续的依恋行为会逐渐消失，这种情况下他会通过一种正常的方式寻求与父母之间的亲近和抚慰。当这种需求得到父母的积极回应和满足的时候，他会感受到一种安全型的亲子依恋，会重新回到父母周围的环境当中，继续他们的探索，也就是父母成为他们探索外部世界的一种强大支持力量和心理后盾。这个阶段会让他们在人格当中形成自信、勇敢、目标明确等积极品质，让他们在后续的人生、工作、事业中面对挫折和挑战时，会勇敢面对，积极寻找解决问题的最好方法。

为什么说安全型亲子依恋重要？一个安全型亲子依恋的家庭是什么样的？拥有安全型亲子依恋的家庭，亲子关系更积极灵活，更富有适应性。孩子是自主的，父母也是自主的，孩子不会控制父母，黏着父母，不让父母离开自己。建立起安全型亲子依恋的孩子，知道父母是他们安全的基础，是可信赖的强大后盾，依靠这个基础和后盾，他们可以积极地探索外部世界。所以安全型亲子依恋，一个非常重要的内容就是当遇到危险和需求的时候，父母如何去回应满足孩子，从而建立一个安全型亲子依恋的家庭。

心理学的研究发现，建立了安全型亲子依恋的孩子，在跟父母的亲子关系当中会更自信、更积极、更自主、更主动，在探索外部世界的过程中表现出更多的热情和兴趣，在处理和解决问题的时候也更有耐心、更有毅力。研究表明，在12个月到18个月大就已经建立了安全型亲子依恋的儿童，到2岁的时候，与那些没有建立安全型亲子依恋的儿童相比，他们会以更高的热情和更大的兴趣，去探索和解决成人提出的一些问题。当遇到不能解决的问题时，或遇到困难、打击和痛苦时，他们也很少发脾气，很少抱怨，他们不会一味地被动等待和忍受，而是倾向于采用更有效的方式和策略去积极寻求帮助，去寻求一些心理慰藉，去接受他人和父母的帮助。建立安全型亲子依恋的儿童在依赖父母与自我独立自主之间保持了一种平衡，他们既需要父母关心，又不完全依赖父母，既与父母保持和谐的亲密关系，又具有独立的自我，这就是安全型亲子依恋儿童的特点。

建立起安全型亲子依恋的儿童成年后的记忆中，他们的父母总是面带微笑，乐观地陪伴在他们的身边，态度温和有爱心，关心和爱护他们。研究发现，儿童早期与父母建立安全型亲子依恋的孩子，长大以后更自信，更喜欢别人，更信任别人，认为他人是可靠的、好心的、善良的，喜欢帮助别人。他们的利他和亲社会行为会让他们收获更多的支持、友谊和幸福。研究也发现，安全型亲子依恋的儿童成人后会努力与他所爱的人建立亲密的关系，并想方设法在依赖和独立之间建立一种平衡感。

当安全型亲子依恋的成年人面临负性事件的时候，他们会接纳自己的负面心情，不会刻意逃避，会积极地应对，想方设法利用压力情景，使压力

变成动力，通过动力提升能力，在总结和吸取经验的过程当中，让自己不断成长，并且人格健全，心理健康。安全型亲子依恋，对一个人的成长非常重要。研究发现，3岁之前的阶段是培养孩子与父母良好亲子关系的关键期，是培养以情感为基础的安全型亲子依恋的关键期。父母要抓住这个关键期，按照科学的家庭教育方式努力建立起与孩子的这种亲子关系。

三、不安全亲子依恋的类型

不安全亲子依恋的类型包括三种：焦虑型的亲子依恋、回避型的亲子依恋和紊乱型的亲子依恋。

第一种是焦虑型的亲子依恋。这种依恋类型的孩子，当父母离开其视线后，孩子会急切地寻找父母，表现出一种焦虑的情绪，内心缺乏安全感。之所以会有这种情绪行为反应，是因为其心理没有形成这样一种连续的一致的认知：父母虽然暂时离开了自己的视线，但在我需要的时候，父母会在第一时间出现并来照顾我。孩子之所以会产生焦虑情绪，是因为他会有一种担心和恐惧，认为父母可能不回来了，不管他了，不要他了，即使父母回到他身边，也不会因为父母的出现而得到心理抚慰，依然会担心父母再次离开他，会不断地缠着父母，不让父母离开自己，甚至对父母发脾气。这种情绪行为表现会让父母感到很生气，可能会给孩子消极态度的回应，甚至对其大声吼叫、指责和批评，进而会增加孩子的焦虑等负性情绪体验。这种焦虑型亲子依恋的孩子，其父母的养育方式常常是间断型的，经常变化无常，没有规律性。焦虑型亲子依恋的孩子长大以后，遇到困难和挫折的时候，会向他人不断地诉苦，诉说自己的不幸，向别人发牢骚。这种应对负性事件的方式是其内心缺乏安全感的一种表现，其表现出的情绪行为也会影响他的人际关系，影响别人对他的评价。

第二种是回避型的亲子依恋。这种依恋类型的孩子，当父母离开其视线时，并不会急切地寻找父母，而会以自身的行为回避父母，他们只是一味地自己生气，从某种意义上说，甚至采用自我惩罚的方式，以一种消极的情绪体验来对抗父母的离开。这种不安全亲子依恋类型孩子的父母，采用的养育方式也是有问题的，通常是拒绝型的。如当孩子跟父母微笑的时候，父母回应的不是微笑，而是冷淡的或严肃的表情。还有当孩子有一些心理或生理需求的时候，父母没有积极回应，没有第一时间及时满足。或者当孩子提出一些要求时，父母通常以拒绝的方式或态度消极回应。这种回避型亲子依恋的孩子成人以后，在他们的记忆中，对父母的印象是冷淡的、冷漠的和拒绝的。此类孩子成人以后对外界和他人也充满了怀疑、不信任和警惕，他们认为别人不可靠。这种对待周围人和事物的不信任态度，不但不利于他们的事业成功和自我价值的实现，也会使他们缺乏应有的快乐感和幸福感。这种类型的孩子，长大以后缺乏充分的自信，尤其是在和别人的交往过程中，他们会表现出不同程度的自卑心理，认为自己一无是处，没人喜欢，认为自己什么事情都做不好，他们会感到人生是痛苦的，严重的甚至会出现一些身心问题。

第三种是紊乱型的亲子依恋。紊乱型亲子依恋是前两者不安全型依恋的结合。紊乱型亲子依恋的孩子在与父母分离之后，既表现出焦虑，又表现出回避的一种紊乱的情绪和行为表现。紊乱型亲子依恋的孩子的父母，其家庭教养方式通常充斥着辱骂和暴力，父母自身的科学教育素养低，缺乏良好的道德品质，表现出对孩子的家长作风和不尊重，对孩子缺乏应有的科学教养，由此会导致与孩子之间的紊乱型亲子依恋关系。研究表明，紊乱型亲子依恋的形成通常与孩子早期没有跟父母生活在一起，或者父母离世，或者是单亲家庭有关。父母不在身边，会导致孩子缺乏应有的心理安全感，从而出现一系列紊乱的情绪和行为。例如留守儿童，他们在学校会出现担心、恐惧心理，害怕同学欺负自己。如果父母在身边，就会给他们面对困难的勇气和信心，会给他们一些强大的心理支持和力量，让他们变得勇敢和坚强。

不安全型亲子依恋会严重影响孩子今后的成长和发展，会造成孩子在成人以后出现一系列心理和行为问题。比如悲观、人际关系不好、缺乏自主性、不信任他人和心理不健康等。孩子的教育是不能等的，一旦他们形成了焦虑型的或紊乱型的或回避型的亲子依恋，家长再去教育，再去弥补，可能是非常困难的。所以父母一定要注意，能不离开孩子的话就尽量不要离开他们。无论自己白天多么累，多么辛苦，也一定不要给自己找理由，找借口，而要给孩子以陪伴，要和孩子进行互动，比如说跟孩子晚上在一起做点游

戏，不要把负性情绪传递给孩子等。总之，让孩子快乐成长是家庭教育的一个非常重要的任务。

四、从家庭教育的视角反思青少年犯罪的心路历程

教育心理学家曾经研究了青少年犯罪的心路历程。众所周知，青少年犯罪是我们全社会教育者和广大父母最不想看到的。但青少年犯罪每年都会发生，这是一个社会问题。当然青少年犯罪的原因是多方面的，是很复杂的。在这里，我们仅从家庭教育的角度进行分析和反思。

当一个青少年犯罪的时候，父母往往会指责、抱怨。首先他们会指责学校教育出了问题，会把责任推向老师，推向学校教育。其次他们会抱怨社会，认为孩子受到了这个社会的不良风气的影响，是社会出了问题。而往往忽略自身的原因。其实，如果家长用一种简单粗暴的体罚、辱骂、指责的方式对待孩子，将来孩子就会用同样的方式对待父母，对待别人，对待他们自己的孩子。因为他们认为这就是对的。所以家风、家规、原生态家庭对孩子性格、人格、认知情绪的影响，是一种潜移默化、了无痕迹的影响。父母要有教育意图，要有教育意识。你的言谈举止要积极、高尚、善良，打电话的时候要对对方很尊重、很友好、很温和、很有礼貌，这样，孩子就会学会用同样的方式去交流和沟通。因此，父母要言传身教，要成为孩子学习和模仿的榜样。

从心理学角度来分析，青少年犯罪的原因有：一是亲子关系疏离，没有形成亲密的、和谐的、良好的亲子关系，没有形成以情感为基础的安全型亲子依恋，导致孩子从小缺失父母的关爱。这种孩子的成长过程当中，会出现一些负性的、消极的心理体验，如不快乐、压抑、焦虑、恐惧、对抗甚至暴力行为。从小有上述问题的孩子，通常在进入学校后，会不喜欢学校，不喜欢学习，不喜欢老师。他们要证明自己的存在，会喜欢跟不良青少年在一起，形成品行障碍，形成反道德价值观，会做出一些危害他人、危害社会的事情。对于他们所出现的问题行为，他们不但不去认真反思和改正，反而认为是自己有能量的表现。事实上，这是一种消极的、错误的自我认同。这样的反道德价值观念，会容易使一些青少年走向犯罪。二是学业失败。孩子在

学习方面没有成就感，没有成功的经验和快乐的体验，经常得不到老师和父母的认同，缺乏人生的价值感和意义感，他们会在其他方面寻找这种存在感。在学校里，我们经常会发现，有一些学习不好的孩子，他们会通过调皮捣蛋、反叛、说谎甚至打架等行为方式来寻求他人的关注和自我认同。因为这些孩子在学习方面难以找到自我认同感，缺乏自我存在感和成就感，所以，他们会在其他方面来寻求自我存在感。由此可见，尽管导致青少年犯罪的原因很多，但其中的一个原因或许与早期亲子关系出了问题、安全型亲子依恋没有很好地建立有关。

父母在教育孩子过程中，要善于发现孩子行为背后的真正原因，切忌只看表面现象，要能够做到透过现象看本质，找到问题的关键所在，从而很好地化解问题。例如，有些孩子之所以上课经常说话，原因可能是多方面的，其中的部分原因可能是要引起老师和同学们的关注，以此来寻求存在感。这样的孩子往往在学习方面经常得不到老师和父母的认同和关注，他们就故意采用一种发出声音或干扰别人等方式引起他人的关注。老师和父母在平时应有意识地多关注这样的孩子，在充分了解他们的基础上，适时适度地积极满足他们的心理和情感需求，从而避免他们通过其他一些问题或偏差行为，去间接地表达自己的心理需求。

五、建立安全型亲子依恋的方法

作为当代父母，如何才能抓住关键期与孩子建立安全型亲子依恋，从而促进孩子健全人格的发展，取得良好的家庭教育效果，以下有四个方法供各位父母学习和借鉴。

第一，孩子在3岁之前，尤其是1.5岁之前，父母一定要亲自抚养孩子，尽量不要出现隔代抚养，不要让老人代替抚养。家庭教育的第一主体责任人是父母，年轻的父母不要以外出赚钱、忙工作、没有时间等为借口和理由，不去承担教育子女的责任。安全型亲子依恋对孩子今后的人格发展至关重要。安全型亲子依恋的形成具有关键期，这个关键期一旦错过，就很难再建立，甚至终生难以弥补。因此，父母抓住与孩子建立安全型亲子依恋的关键期，采用科学有效的家庭教育方式，用自己的责任心和爱心建立安全型亲子

依恋，是家庭教育非常重要的内容和任务。

第二，父母对孩子所表现出来的一些需要关爱的、亲近的、安全的、被照顾的信号，能敏锐地感知到，并进行积极的回应，及时满足孩子的各种生理和心理需求。

第三，父母多与孩子进行身体接触，如抚摸、拥抱等，这样能够使孩子真切地感受到父母是关爱自己的，是可信赖的、可靠的、安全的，能给予他们情感支持，成为他们强大的心理后盾。

第四，父母积极关注孩子的情绪反应，多陪伴孩子，与孩子进行亲子游戏，多与孩子讲话，逗孩子开心，让孩子有安全感和熟悉感。与孩子之间建立安全型亲子依恋并不是很难，关键在于父母。因此，父母要努力成为一个优秀的、心理健康的、具有积极教育心态的正能量父母。父母教育心态好，教育状态好，才能与孩子建立良好的亲子关系，才能给孩子更多的心理关爱，才能给孩子更多的积极影响，才能有效地应对孩子成长过程中出现的各种问题。

2015年发布的《教育部关于加强家庭教育工作的指导意见》进一步明确了家长在家庭教育中的主体责任。父母是承担教育孩子的第一主体责任人，父母要承担教育子女的责任，不要推卸责任。家庭教育要遵循规律性，父母不能违背孩子的身心发展规律，尤其不能违背孩子的心理发展规律进行教育。父母要因材施教。每个孩子都是独特的，都是与众不同的。父母要采用有针对性的、适合自己孩子的科学方法和技术进行有效的家庭教育。父母要以解决问题为取向。父母通过系统学习掌握一些科学、有效的现代家庭教育方法和技术，在了解孩子的基础上，真正解决孩子在成长过程中出现的各种问题。

对于孩子的教育，最重要的是适合。父母只有不断地学习、积累、反思和总结家庭教育中的规律和经验，采用适合孩子的科学理论和有效方法，才能真正做到更加科学地去爱、有效地去爱、有智慧地去爱，做到真正与孩子一同成长，做专业的、有效的、快乐的、幸福的、聪明的、成功的父母。

第六节　如何保护孩子的自尊心

自尊心对每一个人来说都至关重要，孩子的自尊心尤其宝贵。培养孩子具有良好的自尊心，是家庭教育的首要任务。每一位家长要能够做到重视和保护孩子的自尊心。因为，每一个孩子都是经由父母来到这个世界上的具有独立人格的需要平等对待和尊重的个体。在孩子的成长过程中，他们渴望能得到周围人的尊重，特别是希望得到父母和老师的尊重。父母学会培养和保护孩子良好的自尊心，是家庭教育的第一要务。

一、自尊心的含义

对于什么是自尊心、为什么要保护孩子的自尊心以及如何保护孩子的自尊心这些问题，可能大多数父母并不十分清楚。为了更好地说明和帮助大家理解上述问题，我们先从一个真实的小故事入手进行阐释。在美国南犹他州有一位年轻的父亲，这位父亲有一天接到学校的一个电话，电话告知他："你6岁的女儿在学校尿裤子了，请你来把她接回去。"这位父亲接到这一消息后的第一反应是什么？他首先想到了什么？他又是怎么做的呢？其实，这位父亲首先想到的不是孩子的行为很丢人，也没有首先想到孩子是不是很不舒服。他在第一时间里，首先想的是如何做才能化解尿裤子这个事件对孩子心理的影响，尤其是对女儿自尊心的影响。在这位父亲的认知中，这件事如果处理不得当，可能会伤害孩子的自尊心。因为，对于一个6岁的孩子来说，在班级里尿裤子是一件很不光彩的或者说很令自己抬不起头的事情，特别是老师和同学都知道这件事以后。这位了解孩子心理的父亲，在去学校接孩子之前，故意用水把自己裤子淋湿，制造出一种他也尿裤子的假象，在做好了这一切后，他就去学校接他的女儿。来到班级，他看到女儿低着头坐在自己的座位上，看起来很害羞和窘迫的样子。这位父亲来到女儿的身边，拿

起孩子的书本挡住自己裤子被淋湿的地方，他故意用这一动作吸引女儿的目光。此时，女儿抬头看到爸爸来了，并且一眼就看到了爸爸裤子淋湿的部位，然后女儿突然笑了起来，而且边笑边说："原来你们大人也尿裤子，爸爸也尿裤子，那我们小孩子尿裤子没有什么大不了的。"刚才因为尿裤子这件事给女孩带来的心理阴霾，随着她的笑声顿时散去。这位爸爸用一个巧妙的方法成功化解了这一尴尬事件，保护了孩子的自尊心，没有让尿裤子这件事给孩子的心灵造成严重的影响。

我们来认真分析这个故事，在感受到这位爸爸伟大的同时，我们也真切地感受到了教育的力量和教育的美好。在这个故事中，爸爸的行为看似很简单，实则蕴含着非常深刻的教育道理和教育智慧，或许很多父母真的想不到也无法像他这样做到，因此我们要向这位爸爸学习，向他致敬。这则故事给我们做父母的带来的家庭教育启示是：在家庭教育过程中，在孩子遇到或出现一些突发事件、负性生活事件、情绪问题、行为问题和学习问题的时候，父母应积极面对和有效解决，用适合孩子的方法帮助孩子化解事件对孩子的消极影响，从而避免伤害孩子的自尊心。在这个故事中，这位爸爸的做法，成功地化解了尿裤子事件带来的不利影响，有效地保护了孩子的自尊心，取得了非常理想的教育效果。

讲完这则小故事，接下来我们共同学习讨论什么是自尊，如何培养孩子具有良好的自尊心。简单来说，自尊是一个人对自己和对自己能力的评价。自尊是一种积极的情感，是对自我的一种客观理性评价，一种良好的自我概念和自我意识，包括自爱、自信、自强、自立。具有良好自尊的人，他们喜欢自己、悦纳自己，对自己充满信心。自尊的心理基础是觉得自己有价值，觉得自己被他人所接纳，觉得自己能够掌控自己的生活，能够做出自主选择。

父母要引导孩子对他自己的能力做出合理的评价。让孩子对他自己做出恰如其分的评价，既不认为自己是全能的，也不认为自己是一无是处的。他知道自己的优点和长处，也知道自己的缺点和不足。他能够理性看待自己，既不自负也不自卑。自负和自尊心过强，其实都是自卑的表现。自尊心强的孩子容不得他人提意见或指出一些缺点。所以说，自尊心过强实际上是不自

信的表现，也是缺乏良好自尊心的表现。真正自尊心良好的人，有良好的自我概念和自我意识，不需要通过其他的方式来标榜自己。因为他具有充分的内在自信，不需要用其他方式来证明自己。

二、自尊心对孩子成长的价值

自尊心对孩子成长的价值和意义是什么？研究发现，良好的自尊心会影响孩子的人格、情绪、行为和认知，对孩子的健康成长有着十分重要的影响。一个孩子若具有良好的自尊心，他就很少会表现出自卑和自负，他会愉悦地接纳自己，他会理性地看待自己，知道自己的优点和缺点，他会接纳自己的不足，克服自身的缺点，积极发挥自己的优势，让自己做得更好。具有良好自尊心的孩子，敢于在一些场合公开表达自己的意愿和想法，他们不会表现出担心和羞怯，也不会因为担心失败而放弃尝试和挑战。他们会产生一种自我心理免疫力，一种做人做事的道德底线和原则。在家庭教育中，我们很担心由于一些父母的错误教育方式和态度，导致孩子丧失自尊心和羞耻感。一个孩子若没有了自尊心和羞耻感，采用什么方法来教育都没有效果。这可能是因为孩子此时已经不在意别人的评价和是否尊重他。可以说，一个具有良好自尊心的孩子，是一个从小受到了父母的平等对待和尊重，心中充满正能量的孩子。在孩子一生的成长过程中，他会面临很多的遭遇，这些遭遇包括打击、困难、挫折、坎坷、不幸、诱惑等。一个从小具有良好自尊心的孩子，心中会充满力量，他会积极地应对和化解这些困难、挫折和挑战。孩子具有良好的自尊心，会有很强的自我效能感，他会满怀信心，积极进取，永不言败。

三、幼儿良好自尊心的培养方法

孩子的自尊心像黄金一样宝贵，需要父母的用心保护和科学培养。父母要根据不同年龄阶段孩子的心理发展规律和特点，采用有针对性的方法来培养他们良好的自尊心。

对于幼儿阶段的孩子，也就是学龄前的孩子，父母培养他们自尊心的方法有：

一是父母要多与孩子进行身体接触，包括抚摸和拥抱等。在幼儿阶段，父母的抚摸、拥抱可以有效地促进孩子的脑发育，让孩子产生心理安全感，让孩子感觉到父母是喜欢自己的，是爱自己的。对于孩子来说，这是一种心理需求，也是一种心理营养，会让他们有愉快的体验。

二是父母用温和的说话语气和态度与孩子交流。在亲子沟通过程中，父母与孩子讲话的语气与态度尤为重要。孩子喜欢父母的说话语气和态度，才愿意听父母讲话的内容，然后才会按照父母说的去执行。因此，父母与孩子进行亲子沟通时，一定要做到心态积极、情绪稳定、尊重孩子、有同理心，用孩子接受的方式和态度与孩子进行双向沟通。这样，才能取得良好的沟通效果，才能达到有效亲子沟通的目的。

有效的亲子沟通具有十分重要的教育功能和价值。一些父母的家庭教育效果之所以不好，其重要原因之一是亲子沟通无效，亲子关系出现问题。因为这些父母习惯采用居高临下的沟通方式，表现出家长作风、不容置疑、不允许孩子顶嘴、不让孩子解释。事实上，有效的亲子沟通不是单向的，而是双向互动的。沟通不仅仅是信息沟通，更重要的是情感沟通、思想沟通和心理沟通。沟通的最高水平是不沟而通。不沟而通是说父母可以通过使用非言语达到有效沟通的目的。具体来说，父母通过敏锐的观察力和领悟力，在了解孩子的心理状态和情绪状况的情况下，不需要过多的言语询问和追问，利用关爱的眼神、鼓励的目光、温暖的拥抱等非言语形式，表达对孩子的接纳、理解和关爱，达成一种心灵的默契，给孩子力量。这就能达到我们平常所说的此时无声胜有声的沟通目的。

例如，一位很懂教育的妈妈，她了解自己的女儿对数学还不太擅长。有一天女儿放学回到家里，在自己房间里写作业，妈妈则在客厅里安静地读书。过了一会儿，妈妈听到女儿的房间传出“啪”的一声重重摔东西的声音。听到声音后，妈妈放下手中的书，快步来到女儿的房间，想看一下发生了什么事情。来到女儿的房间，妈妈看到的情景是这样的：一本数学练习册被摔在地板上，女儿正在委屈地抹眼泪，但她并没有哭出声来。看到这种情形，妈妈并没有急于用语言去对女儿讲大道理、去安慰女儿，也没有埋怨、批评和指责女儿为什么要摔书，更没有不断地询问、逼问和追问女儿到底怎么了。而是走过去坐在女儿的身边，拉着她的手，用一种非言语的行为，默默表达对女儿的关爱、理解、信任、支持和接纳。因为妈妈了解女儿此时的心情，女儿首先需要有人理解她，理解她的内心感受和体验，然后要宣泄掉自己心中的委屈情绪。过了几分钟，女儿突然扑在妈妈怀里哭出声来，哭了一会儿，释放完委屈的情绪之后，这时女儿主动跟妈妈说："妈妈，这道数学题我怎么算都没算对，怎么办呢？"此时与女儿有效沟通的时机来了，妈妈拉着女儿的手来到客厅，坐下来和女儿一起讨论该如何学好数学。妈妈耐心地指导和启发女儿如何在课堂上专注地听数学老师讲课，如何养成课前预习和课后复习的习惯，要有错题本和难题本，要掌握学习数学的科学方法，等等。经过一学期的刻苦努力，女儿的数学成绩有了显著的提高。在这个例子中，这位妈妈首先以共情的方式表达对女儿的理解，然后与女儿进行有效的亲子沟通，达到了良好的沟通效果，值得广大父母学习和借鉴。

三是父母能准确敏锐地观察到并及时满足孩子的身心需求。例如，父母要能敏锐地观察到孩子口渴、饿了、害怕等信号，并在第一时间出现，给孩子喂食、拥抱、抚摸、陪伴，给孩子心理安全感。也就是说，父母要对孩子的身心需求给予积极回应。如果父母的喂养方式不科学，父母以消极的态度对待孩子的各种需求，使孩子的一些生理需求、心理需求和情感需求没有得到及时满足，甚至使孩子不知道什么时候才能得到满足，都不利于孩子自尊心的培养。

四、小学生良好自尊心的培养方法

小学生良好的自尊心的培养，要在原有幼儿阶段的基础上进行，但方式和方法略有不同。

第一，父母要多鼓励孩子的进取心和求知欲。处于小学阶段的孩子，他们会表现出主动的探索欲望，充满好奇心和求知欲，他们会在学业上勤奋努力，希望取得优异的成绩。父母要对孩子的勤奋努力和刻苦学习给予认同和肯定，多采用正强化的方式鼓励孩子的进取心和求知欲，这样有助于培养孩子具有良好的自尊心。孩子通过自己的勤奋努力取得优异的成绩，会体验到自身的价值感和成就感，会充满信心，会有良好的自我效能感，相信自己

有能力把事情做好。鼓励是教育孩子非常有效的一个方法，优秀的孩子是鼓励出来的，而不是打骂出来的。事实上，父母采用打骂的方式教育孩子，是无能、没有智慧、没有方法、简单粗暴、不懂教育的表现。棍棒底下打不出才子。父母对孩子管教，偶尔采用一些适度的惩戒是可以的，但绝对不能打骂。父母在良好亲子关系的基础上，通过父母的正常权威，采用平等的、民主的、鼓励的、尊重的家庭教育方式，对孩子进行科学有效的引导、启发和教育。

第二，父母多对孩子做正面回应。正面回应就是积极发现和关注孩子身上的力量、美德和优势，就是能准确地指出孩子做得好的方面，表扬孩子做得好的具体事情，不要笼统地说“你是好孩子”“你是优秀的学生”等。例如，表扬孩子对老师有礼貌，今天帮助了同学，在班级主动帮同学打扫卫生，今天的作业写得特别工整，古诗背得特别熟练，等等。父母对孩子表现好的方面进行积极回应，能够让孩子清楚地知道自己哪些事情做得对，获得正强化和自我激励，接下来他们还会继续这样做，这种积极的行为出现的频率会不断增加，这也是家庭教育中父母所希望看到的。父母希望孩子能做出更多的积极行为，避免出现一些消极的行为。父母对孩子进行正面回应，要做到少斥责、多鼓励，少惩罚、多表扬，多用积极的语言与孩子沟通，对孩子的行为进行积极的解释和归因。根据不同年龄阶段孩子的心理特点，父母可以采用口头表扬、贴纸、小勋章或小奖状等对孩子进行正强化，多对他们的努力进行积极回应。

第三，父母要允许孩子失败，鼓励他们不断努力和尝试。在孩子的成长过程中，父母让孩子做事情，让孩子挑战、尝试、体验，让孩子独自去面对，他们可能不会如父母所希望的那样做得非常好，他们一定会出现所谓的问题和过失。事实上，即使是成年人有时也难免出现失误，也会说错话或做错事。孩子在成长过程中，在学习生活中，没有达到父母提出的要求时，父母不要一味地否认、批评和打击。父母应允许孩子失败，接纳孩子的失败，科学地指导孩子学会在失败中总结经验，在失败中历练自己，不断完善自己。孩子的问题不是问题，父母对待孩子问题的态度、方法和方式才是问题。父母教会孩子学会接受失败，孩子才能不惧怕失败，才能正确看待和分析失败，才能在失败中汲取教训，避免以后再犯同样的错误，才能最终取得成功。在孩子的成长过程中，父母要允许他出现一些所谓的失败、问题和过失。孩子出现的这些所谓的失败、问题和过失，恰恰说明他还欠缺相关的知识、技能和方法。针对这些问题和失败，父母要科学地分析问题背后的真正原因是什么，然后对症下药加以有效解决，缺什么补什么，哪方面不足就在哪方面加强，这是父母面对孩子问题的理性态度和科学认知。父母允许和接纳孩子暂时的失败，鼓励孩子勇于面对困难，从中可以培养其坚毅的品格和乐观自信的性格，使孩子继续努力、不断尝试和挑战，直到取得成功为止。即使他在今后的人生中遇到更大的困难，他也不会逃避，不会找理由和借口，而是目标坚定，努力寻找解决问题的有效方法和可行路径，勇于面对，积极应对，最终获得人生的成功。

五、中学生良好自尊心的培养方法

在中学阶段，老师和父母培养孩子具有良好的自尊心，在方法上要比小学和幼儿阶段来得委婉一些，要更加灵活和变通，要能适合这个年龄阶段孩子的心理发展规律和特点。具体做法如下：

第一，要多给孩子自由选择和表现的机会，并且要尊重他们的选择和决定。这一点特别重要，因为中学阶段的孩子正处于青春期，青春期的孩子自我意识觉醒，成人感增强，他们认为自己已经长大了，他们不希望什么事都依赖父母，他们希望有自主性，想自己进行选择和做决定。对于孩子这种心理需求，父母应该给予尊重、鼓励和支持。父母有意识地给孩子创造机会，放手让他们学会选择，并且尊重他们的选择，将有助于他们更好地成长。家庭教育中，对于一些诸如穿衣戴帽的生活琐事，父母应学会放手让孩子自己选择，让他们会选择、敢选择、能选择，然后给予他们支持、肯定和认同，这样会锻炼孩子的选择能力，让他们在今后的人生发展中，当面临一些重要的选择如专业、工作和婚姻的时候，能够做出合理的选择。否则的话，孩子可能会成长为一个不敢选择、不能选择、不会选择、不善于选择、凡事总是依赖父母的人。这样的家庭教育是失败的，会导致孩子在面临选择的时候优柔寡断和痛苦纠结。父母要给孩子充分选择的机会，尊重和支持孩子的选

择。如果父母很强势，不让孩子选择，很少给孩子选择机会，否定或替代孩子的选择，或者孩子做出选择后父母却很少表现出认同和肯定，就会造成孩子以后拼命地逃避人生的各种选择，把选择当作一件痛苦的事情。

父母教育孩子要目光长远，不要仅仅看眼前，还要看孩子5年以后会怎么样，10年以后会如何发展。也就是说，父母在教育孩子的过程中，要有长远眼光，要视野开阔，要有很高的心理格局，不要永远走不出自己狭隘的小格局。对孩子过多地控制、限制、照顾、包办代替，其实就是在告诉孩子："你什么都不会！""你什么都做不好！""我对你不放心！"事实上，家长越是这样对待孩子，越是不放手让孩子大胆去尝试和体验，孩子就越有可能成为一个什么都不会、无所作为的人。

第二，父母要多鼓励孩子参加集体活动和社会服务，让他们在实践活动中增强自信和提高自我存在的价值感。父母鼓励孩子多接触社会，鼓励他们多为社会做贡献，让他们有一种成就感和人生的意义感；在做的过程当中得到别人的认同，得到社会的一种积极评价和回应，让他们更自信、更乐观、更积极。因此，父母应鼓励孩子多参加班集体、学校和社会的义务活动，例如，在一些博览会、教育活动、健康咨询活动中担任志愿者，让他们在这些活动中学到知识，积累经验，提升能力，不断成长。通过鼓励孩子参加各种社会实践活动，培养孩子的社会性，有助于其将来更好地生存和发展。

培养孩子具有良好的自尊心，有效的方法可以概括为两句话：无条件爱孩子，用正面和鼓励的语言进行亲子沟通。无条件爱孩子并不是溺爱，不是毫无底线和原则地过度满足孩子的各种要求，而是一种对孩子纯粹的、没有功利性的爱。在家庭教育中，很多父母对孩子的爱是一种功利性的、有条件的爱。孩子表现得好，考试得了100分，父母会对孩子"爱得不得了"，把孩子搂过来亲一口。而如果孩子表现得不好，没有达到父母提出的要求和制定的标准，父母会表现出截然相反的情绪和态度，用孩子的话来形容就是："我的妈妈上一秒因为我表现好，对我又搂又抱又亲，对我非常好，而下一秒因为我做错一道题，就马上翻脸，对我表现出凶恶的一面，犹如变色龙一样，让我很难适应。"

有一年的全国高考语文作文题，反映的主题就是父母有条件的爱。题目给考生呈现了几幅漫画，让考生看图写作。第一幅漫画是一个小学生回到家，手里拿着一张考了100分的试卷，孩子脸上有一个唇印。第二幅漫画中还是这个孩子，这回孩子手里拿着一张考了98分的试卷，孩子脸上有一个巴掌印。这反映的就是父母对孩子有条件的、不纯粹的、功利性的爱。

在家庭教育中，往往在孩子表现好的时候，父母会对孩子表扬、认同和肯定，表现出高兴、欣喜、自豪和愉悦。其实孩子表现不好的时候，更需要父母的爱、力量、理解、支持和鼓励。爱是家庭教育中最有力的工具，但这种爱一定是纯粹的爱、无条件的爱，而不是有条件的爱。有条件的爱是：孩子做得好的时候父母对其关爱有加，孩子做得不好的时候父母翻脸不认人。当父母对孩子表现出有条件的爱时，会让孩子觉得父母对他的爱是功利性的，会让他无所适从，甚至也学会与父母讲条件。教育的极致是行为的影响，父母用什么方式对待自己的孩子，孩子就会用同样的方式对待家长、对待周围的人。因此，要培养自信、乐观、健康、快乐的孩子，父母要给予孩子无条件的爱。也就是说，当孩子表现不好的时候，父母更应该给他理解和关爱。因为，当孩子出现所谓的问题时，其实他主观上也不想出现这种结果，他可能是能力欠缺，也可能是因为经验不足。此时，他最需要的是来自父母的爱、理解、信任、支持和鼓励。

父母经常使用积极和鼓励的语言教导孩子。语言的力量是巨大的，语言是人产生痛苦的重要根源之一。因为语言具有象征性，是第二信号系统，具有评价的功能，语言会让人产生认知融合。在人际沟通中，我们常常发现，有的人一开口就伤人，而有的人一开口讲话就让人感觉特别舒服，这就是语言的力量。生活中我们发现，人们最容易用语言伤害自己身边的亲人，特别是父母和老师，最容易用语言伤害自己的孩子和学生。父母要多对孩子讲积极语言，讲鼓励的话、认同的话、尊重的话、宽容的话、理解的话、支持的话。积极的语言会让孩子感到快乐，会使亲子关系和谐，会使亲子沟通更加有效。反之，父母的恶言恶语会让孩子痛苦、自卑，伤害他们的自尊心。语言是一门艺术，需要父母不断学习、实践和总结。在与孩子的交流和沟通过程中，多讲正向的、有利于孩子积极进取的语言，少讲甚至不讲那些伤害性的、打击性的、侮辱性的、斥责性的、恐吓性的、威胁性的语言。父母要充

分发挥积极教育语言在家庭教育中的重要作用，从而达到理想的家庭教育效果。

孩子具有良好的自尊心，心中便充满了力量，在人生的成长过程中，他们就能够勇于面对各种挑战、坎坷、挫折和不幸，这是良好自尊心带给他们的力量。每个孩子都有自尊的需要，这是一种正常的情感需求，父母应以正确的方式满足他们的自尊需求，从而培养孩子具有良好的自尊心。父母能否培养孩子具备良好的自尊心，是衡量家庭教育是否有效甚至成功的一个重要标准。

保护孩子的自尊心，培养孩子具有良好的自尊心是家庭教育的第一要务。在不同年龄阶段，培养和保护孩子自尊心的秘诀有两条：一是要做到无条件的爱和接纳孩子，无条件的爱绝对不是溺爱，而是一种纯粹的、没有功利性的爱。也就是孩子表现好父母要爱孩子，表现不好同样也要爱孩子，给他们强大的心理支持。二是要以积极的语言、温和的态度跟孩子讲话和沟通。

综合上述，父母要真正学会保护孩子良好的自尊心的科学方法，不要有伤害孩子自尊心的言行，通过培养孩子具有良好的自尊心，从而有效地促进孩子的心理成长和健全人格的发展。

第七节　让孩子在快乐中成长

追求快乐和幸福是人生的终极目标。说到让孩子快乐成长，一部分家长或许会持反对意见，在他们的教育观念中，认为不能让孩子快乐，怎么能让孩子快乐呢？也就是说会有相当一部分人反对快乐教育。当然，我们这里所说的让孩子在快乐中成长，并不是说让孩子只有那种单纯的快乐，更不是提倡那种绝对的快乐，而是从积极心理学的角度，从科学教育的角度出发，向各位父母解读快乐对于孩子成长的重要价值。强调让孩子快乐成长并不是以

忽视其他方面为代价，无原则地迁就孩子。快乐体验有很多重要的价值，父母通过认识和学习快乐的价值和意义，从而科学地培养孩子，让孩子在快乐体验中健康成长。

孩子的成长是一种自我体验的过程。家庭教育应该使孩子的成长成为一种积极的感受体验，一种愉悦的感受体验，一种快乐的、幸福的感受体验。父母用科学的方法和智慧让孩子拥有更多的积极感受和体验，对于孩子的健康成长有积极的影响作用。孩子的这种积极感受体验越多，他们就越能感受到生活的美好、生命的美好、成长的美好、交友的美好，他们就会更加珍惜和感恩自己所拥有的，会形成一种积极阳光的心态，学会乐观地、充满希望地面对生活。家庭教育应该让孩子在快乐中成长，体验到成长的幸福，这是父母应该持有的一种科学教育观念。

一、快乐对孩子成长的重要性

心理学研究发现，快乐的情绪体验对于孩子的成长具有重要的价值。美国心理学家提出了积极情绪扩展建构模型，认为积极的情绪情感体验，能充分调动个体身体、生理和心理的能量和资源，能让人有效地应对当下所面对的事情。积极情绪具有感染性，可以激励人，能够提高人的学习热情。同时，积极情绪对良好人际关系的建立和维系也具有重要的价值。我们都希望与一个乐观的、充满正能量的人成为朋友，因为他能给我们带来积极的影响，让我们感受到幸福和快乐。例如，如果你的同伴是一个悲观的、消极的、充满负能量的人，受他的影响，你可能也会变得压抑、悲观和焦虑。

此外，心理学家认为，积极情绪能为人们提供一种安全稳定的心理环境，这种安全稳定的心理环境有助于个体积极进取。研究发现，当一个孩子处于积极情绪体验中时，其会更加积极主动地参加活动、参加学习和进行人际交往。同样，当一个人心情愉悦的时候，他最想做事情，也最宽容，做事情的效果也更好，即使面对平时他不喜欢的事物，他也会以宽容的态度去面对。可见，积极情绪对人的影响有多么重要。相反，当一个人体验的是负性情绪时，他会产生悲观、失望、痛苦、焦虑等消极心理。研究显示，积极情绪有助于增强儿童在活动中的行为和认知能力，能够使他们沉浸于活动之

中，能有效地提高活动效率。例如，一个有积极情绪体验的孩子，他在课堂上注意力会更集中，记忆力更牢固，想象更丰富，思维更发散，缓解紧张的能力会更强。

快乐的情绪能够培养阳光的心态。积极情绪能够使孩子处于最优的心理状态，能极大地提高做事的效率。在现实的生活中，我们常常发现，一个具有快乐情绪体验的孩子，他会保持良好的状态。正所谓状态好，学习好，效果好，效率高，人际关系好，身体健康，幸福快乐。孩子快乐的情绪体验，有助于提高他们的认知力、专注力、创造力，增强其心理韧性。快乐的情绪会使孩子与同伴的关系、师生关系、亲子关系更融洽、更和谐，能够提高孩子的幸福感和生活满意度，能够培养孩子乐观的性格，能够让孩子感受到生活和成长的美好。

积极的情绪有助于儿童智力的发展，有助于培养孩子具有良好的品德。教育的目标是立德树人，品德教育是家庭教育十分重要的内容。积极的情绪体验有助于孩子形成良好的道德认识、道德观念、道德情感，从而有利于他们做出符合社会要求的道德行为。在快乐的情绪状态下，孩子的心智更灵活，思维更敏捷，态度更积极，行动更自觉，做事更主动。快乐的体验和感受，能够激发孩子对学习、做事、利他行为、人际交往的热情，有助于孩子主动做出一些父母所期待的亲社会行为。

快乐对孩子的成长至关重要。如果一个孩子在大多数时间里，感受到的是指责、严厉的批评、体罚及其他不尊重、不正确的对待，他们就会有更多的负性情绪体验，感到痛苦、焦虑、压抑、恐惧和紧张，会形成自卑的性格，会出现不健康的心理，也会形成消极的心态。这样的孩子，在成长过程中，在与其他人交往时，会时刻保持提防、怀疑的心理。情绪会影响人的言行举止和态度反应。在日常生活中，我们都有过这种真切的体验，即当一个人心情不好的时候他会看什么都烦，而当他心情愉悦的时候则会看什么都顺眼。快乐的心情会使我们做事情、学习、工作的积极性得到提高，能有效地提高我们做事的效率。

让孩子快乐、幸福地成长，是父母最大的心愿。如果让父母在下列三种情况中进行选择，我们会如何选择？第一种情况：孩子现在不快乐，未来也不快乐；现在不幸福，未来也不幸福。相信没有一个父母会选择第一种情况。因为，天底下没有哪位父母希望自己的孩子现在不快乐，未来也不快乐。第二种情况：孩子现在不快乐、不幸福，将来快乐、幸福。选择这种情况的父母会不乏其人，很多父母会持有这种观点："我现在打你骂你是为了你将来好！""现在让你不快乐、不幸福，是为了将来让你快乐和幸福！"我们相信，持有这种观点的父母，其出发点是好的，但这种观点其实并不太符合逻辑。因为孩子现在不快乐、不幸福，可能会出现心理不健康的问题，那他们将来就能快乐、幸福、心理健康吗？也许其中有的孩子将来会快乐、幸福，但这需要他们具有较强的心理调节能力，能积极看待和应对各种负性事件，能及时自我调节和化解来自父母的消极情绪，但这种孩子毕竟是少数。第三种情况：孩子现在快乐、幸福，未来也快乐、幸福。这是我们做父母最大的心愿。孩子现在快乐、幸福，未来才更有可能快乐、幸福。父母有意识地维护、尊重、关爱、理解、支持、信任孩子，孩子从小具有健康的心理，长大以后才能拥有更加健康的心理。事实上，一个人的心理健康或不健康，是个长期的从量变到质变的缓慢的渐进过程。孩子的成长危机重重，在孩子的每个发展阶段我们都不能忽视，不能出现失误。任何一个阶段的教育失误对孩子的终身成长都会带来一定的影响。有些影响不是很明显，有些影响则会非常明显；有些是我们父母能够直接看到的，有些或许我们无法直接在短期内看到。父母采用错误的教育方法，父母教育的失误，都无法发挥教育的正常功能和价值，也无法取得良好的教育效果。这是我们在家庭教育中，要尽力避免出现的。

让孩子有快乐的情绪、愉悦的体验，会有利于孩子形成良好的人格品质，会让他们感受到人生的美好，对未来充满希望。父母要充分认识到积极情绪对孩子成长的重要性，并且能用自己的积极情绪情感去感染孩子，让孩子成长为一个具有更多积极情绪情感的人。让孩子有更多的积极情绪情感体验，就是让孩子对过去满足、满意、不后悔、不悔恨，对现在感到快乐、幸福，珍惜当下，对未来感到乐观，充满憧憬、希望。无论过去、现在还是未来，都能有更多的积极情绪情感体验，这是每一位家长所希望看到的孩子的成长状态。

二、让孩子快乐成长的方法

快乐是孩子的一种心理需求，是孩子健康成长的心理营养素。如何让孩子在快乐中成长，父母应掌握如下方法：

首先，要学会对自身的情绪进行管理。父母在管理好自己情绪的基础上，再对孩子的情绪进行管理，让孩子逐渐学会对自己的情绪进行控制和调节。情绪管理可以从提高情商入手，情商包括五个方面的内容：一是了解自己有哪些情绪情感的特点，即自知。人贵有自知之明，只有了解自己有哪些情绪特点，才能进行有效的情绪调节、控制和管理。二是了解他人情绪情感的特点，即知彼。父母只有了解自己孩子的情绪类型和特点，才能有效地去引导、调节，支持和帮助他们。三是调节、控制和管理自己情绪的能力，这是情绪管理最重要的方面。我们要做自己情绪的主人，不做情绪的奴隶。每个人都会发脾气，发脾气并不难，难在适时适所，即在适当的地点，以适当的方式，对适当的人适当地发脾气，这就难上加难。这就是某种意义上的情绪管理。四是利用自己的情绪情感激励自己的能力。情绪可以激励人，可以感染人。学习热情、工作激情等，都是情绪对人的激励作用。五是利用自己的情绪情感与别人建立良好人际关系的能力。在与人交往过程中，我们都喜欢与快乐的人成为朋友。一个具有积极情绪状态的人会给人留下好的印象，会有很多朋友，会与他人建立和谐的人际关系。

高情商的父母懂得如何与孩子有效地沟通和交流，善于与孩子建立良好的亲子关系，知道如何培养高情商的孩子。可见，在家庭教育过程中，首先，父母要做到情绪的自我管理和调节，做好自己，控制和管理好自己的情绪，以良好的心态和积极的情绪来面对孩子，面对孩子成长过程中出现的各种问题。父母心情好，状态好，亲子关系才能好，亲子沟通才能有效。其次，父母要用科学的方法让孩子学会对自己的情绪进行管理，学会做自己情绪的主人，对自己的情绪能进行有效的控制和调节。

父母要先成长，才能带动孩子更好地成长，才能与孩子一同成长，两者互相鼓舞，相互促进。在家庭教育过程中，父母要做到：第一，不要否定自己。父母自我否定，认为自己教育不好孩子，在家庭教育中就会缺乏自信，就会不能很好地承担教育子女的责任。家长通过学习改变、成长，做一个合格优秀的家长，这是可以做到的，所以家长要相信自己，肯定自己。第二，不要否定孩子。在家庭教育中，父母肯定自己，否定孩子，就会表现出自高自大、家长作风。父母要肯定自己，肯定孩子，与孩子共同成长。父母要重视家庭教育，相信教育的力量，相信自己通过学习可以改变，可以成长，可以教育好孩子。父母如果不重视家庭教育，认为教育没有力量，认为自己不能教育好孩子，认为教育孩子是学校和老师的事情，就会推卸责任。父母是家庭教育的第一主体责任人。在教育孩子的过程中，父母要重视家庭教育。教育不能等，教育无小事。要相信科学的、有效的家庭教育一定会达到良好的教育效果，要相信通过启发、引导、教育、训练可以调动孩子成长的内在动力、积极性和主动性，可以把孩子培养为优秀的人，可以让孩子做最好的自己，可以成就他美好的人生，可以帮助他实现人生的价值。父母如果对孩子有美好假定和积极期待，孩子就会不辜负父母的所望，会朝着这个美好假定和期待的方向发展，会成长为父母所期待的那种优秀的人。孩子成长过程中出现的一些学习问题、行为问题、情绪问题，父母如何去理性地面对？如何去有效地解决？面对孩子成长中的各种问题，父母不要大惊小怪，不要夸张，不要惊慌失措，而要以一种平和、理性、良好的心态来面对和解决，这样能够真正找到问题所在，帮助孩子客观地分析问题产生的原因，给孩子力量，激励孩子用积极行动去迎接挑战。

父母具有良好的心情和良好的状态，才能给孩子良好的影响。在家庭教育中，父母面临孩子出现的各种问题，保持良好的心理状态，才能处于良好的教育状态，才能进行理性的分析和判断，才能做出正确的选择和决定。父母应具有较高的情商，学会对自己的情绪进行有效管理和调节，不做情绪的奴隶，不拿孩子当出气筒，不随时、随意、任意地对孩子发脾气。希望各位家长认识到：一个连自己情绪都管理不好的人，怎么会管理好孩子的情绪？怎么会取得良好的教育效果？父母对孩子的爱，不应该是自私的、有条件的、不纯粹的，而应该是无条件的、纯粹的。事实上，孩子出现问题的时候，是最考验父母的爱心、责任心、耐心的时候，也是最考验父母的教育水平、教育能力和教育智慧的时候。有时候，孩子做错了事情，并不是主观故意的，而是由于他们缺乏理性的分析、社会经验，他们做错事情以后会很紧

张。如果此时父母以宽容、平和、从容的态度来面对孩子及孩子的问题，就会对孩子产生积极的影响，以后孩子也会用这种从容镇定的态度去面对一些突发事件，会成长为一个沉稳、冷静、从容的人，而不是在面对人生的各种挑战、挫折和问题时，会感到非常紧张、焦虑和恐惧，会表现出慌乱和非理性的一面。

教育的极致是行为的影响。父母的每一个行为都会影响下一代。父母每天的语言、态度、情绪、行为和认知、思维方式，都会对孩子的人格、认知、情绪、行为、价值观等产生重要的影响。这种影响是一种潜移默化、润物无声、了无痕迹、更直接、更经常、更有力的影响。因此，父母一定要注意自己的言谈举止和行为方式，要做一个有教育意识的人，使自己的言行和情绪状态对孩子的成长具有教育功能和教育价值。不要做一个没有教育意识和教育意图的人，不要在孩子面前随意、任意地讲和做一些毫无教育价值的话和事。父母要时常反思和觉察自己的言行，觉察自己的情绪状态，能够清醒地意识到，自己的言行举止对孩子到底是一种积极影响，还是消极影响；自己说完某句话，孩子会有什么感受，孩子的自尊心是不是受到了伤害，孩子是否能感受到一种鼓励，等等；是让孩子成长了，还是让孩子感到压抑、痛苦、焦虑、自卑等。在家庭教育中，父母具有良好的教育意识和自我觉察能力，对于家庭教育取得理想的效果至关重要。希望每一位父母都能通过自身不断的学习、反思、觉察、总结、改变和成长，成为优秀的、明智的、专业的、成功的父母。

三、让孩子有更多快乐体验的八个方法

如何让孩子快乐成长？父母要结合孩子的实际情况，因材施教、灵活有效，不死板教条，不照抄照搬，有针对性地让孩子有更多的快乐体验。

第一，在日常生活中让孩子体验到更多的快乐。生活是教育孩子最好的舞台。父母每天有良好的情绪状态，给孩子真诚的、由衷的微笑，给孩子拥抱。有的时候，父母的一个鼓励性动作、一个微笑表情，都会对孩子产生激励作用，让他这一天都会非常开心。父母通过拥抱、拍拍肩膀，对孩子表达一种关爱、认同、鼓励、信任、理解和支持，使孩子信心十足，遇到困难

勇往直前，勇于挑战。我们都对孩子表达这种积极情绪情感，多给他一些积极情绪情感，如一次拥抱、抚摸。这些由衷的快乐的表情，这种非言语的，甚至有的叫微表情的，就像我们用真正发自内心的微笑去鼓励他，默默地给他力量，孩子会感受到。用心跟孩子沟通、交流，孩子一定能感受到你的良苦用心，这能够激励他，他也会回报的，他会积极行动，他会勇敢地面对困难。所以，家长应该用良好的情绪状态跟孩子接触，这样可以让孩子感到快乐、幸福。

第二，让孩子在日常生活、学习以及与同伴的交往中，用心去感受、去发现成长的积极意义。例如，他成功地算对了一道数学题后的愉悦感和成就感；他写了一篇好作文、帮助同学、尊重老师以及发现社会中美好的人、事、物，在这个过程中感受到成长的积极意义，发现自身存在的价值。孩子在为老师做一些事情和帮助父母做一些家务的过程中，会感受到自身存在的价值和意义。父母以积极的心态，肯定孩子的利他行为，会使孩子感到愉悦，会让他们乐观、自信、积极进取。为了让孩子在日常生活中体验到积极的意义，父母要多引导、多鼓励、多认同孩子的积极行动。孩子通过自己的积极行动，获得成功的经验和愉快的体验，能提高他们的存在感、成就感、价值感和人生的意义感。

第三，做积极的父母。父母经常与孩子一起讨论和分享生活中美好的事物。父母对周围人和事物的积极思维、积极心态、积极语言、积极归因、积极解释、积极情绪，对孩子的成长具有十分重要的影响。父母心态消极，习惯发牢骚，习惯关注或夸大消极事件，对孩子的成长会产生消极的影响，会对孩子的成长形成阻力。父母要教育孩子，世界本身并不完美，任何一个国家、任何一个时代，都会有不尽如人意的方面。但这个世界更多的是充满了美好，如果以价值取向去看待生活和世界，每天向孩子传播积极的观念，将会对孩子形成积极的人生观和价值观具有十分重要的影响。父母具有正能量，把自己关注的焦点放在生活中美好的事物上，多与孩子分享和讨论这些美好的事物，积极启发和引导孩子，让他们学会即使遇到坎坷、挫折、挑战等负性的事情，也要学会积极看待、积极解释、积极应对，培养孩子以积极的思维方式去看待和解决问题。例如，对于半瓶水，用积极思维和积极心态

来看待解释，就会让人感到很满意、很知足，会看到希望，也会更加珍惜和感恩；而如果以消极的思维和心态来解释，只有半瓶水了，那么就会让人表现出悲观、失望和痛苦。家庭教育中，我们要学习做具有积极思维习惯的父母，成为积极的教育者，用积极的行动培养积极的孩子。

第四，教育孩子以感恩心态去面对生活中的一切，做一个善良的人。父母既要教育孩子学会识别和接受他人的善意，也要学会经常表达自己的善意。父母教育孩子要做一个善良的人，但同时也要告诉孩子，善良并不等于胆小懦弱。从积极心理学角度来讲，幸福是一直善良下去，善良的人会很幸福。善良这一积极心理品质对于每一个人来说都非常重要，一个善良的人会很宽容、很快乐、很幸福，会主动帮助他人，会感恩所拥有的一切。积极心理学研究发现，感恩能够使人获得很多积极的品质，会让人产生快乐的情绪，会提高生命的价值和意义。培养孩子具有感恩的品质，父母首先要做一个感恩的人。在日常生活中，父母为孩子树立感恩的榜样，感恩自己所拥有的一切，感恩国家、感恩时代、感恩社会、感恩自己的父母等。父母用自己的实际行动感恩所拥有的一切，会对孩子产生积极的影响，会使孩子成为一个心怀感恩的人。家庭教育的一个重要内容，是父母要教育孩子学会感恩，学会用自己的行动表达感恩。清华大学附属小学有一面感恩墙，老师让孩子在纸上写出上一周需要感恩的人或事，然后把纸贴在墙上，这是一种感恩表达。老师通过教会孩子学会感恩表达，让他们珍惜、敬畏自己所拥有的，从而让孩子健康、快乐、幸福成长。心理学研究发现，连续三个星期的感恩，会使一个人的幸福感得到提升，健康得到改进。在家庭教育过程中，父母要教育孩子以感恩之心去发现、感受和识别生活中一切美好的人、事、物。

第五，鼓励孩子对未来充满希望和憧憬。父母和老师积极引导孩子，让他们乐观地憧憬未来，树立人生远大目标，心怀梦想，积极进取。对未来充满希望和憧憬，会对孩子当下的身心状态产生积极影响，会激发他成长和学习的内在动力，会让他在遇到一些困难的时候，以积极的行动勇于面对和勇往直前。父母用积极的教育语言对孩子多鼓励、多支持、多认同，对孩子进行美好假定和积极期待，鼓励孩子乐观自信，让他们学会积极的自我心理暗示。比如，与自己进行积极的自我对——“我今天很快乐”“我今天很幸

福”“我可以做到”“我能行”，等等。积极自我暗示和积极自我对话，会大大提高孩子的自我效能感和行动的自信心。

语言的力量是巨大的。在家庭教育过程中，父母不要经常对孩子说一些消极的、斥责的、辱骂的、数落的、贬低的、恐吓的、威胁的语言，因为过多的负面语言会对孩子产生心理伤害，会打击孩子的自尊心和自信心。父母应多对孩子说一些积极的语言，多说一些尊重的、信任的、理解的、鼓励的、支持的、接纳的、带有正向引导的、有利于孩子自我实现的语言。充分发挥积极教育语言对孩子成长的重要作用，从而达到我们理想的家庭教育效果。

第六，让孩子做自己感兴趣和擅长的事情。俗话说得好，兴趣是最好的老师，热爱才能使人沉浸其中，才能激发其内在潜能，才能使其全神贯注于自己感兴趣的事情上。父母有意识地培养孩子广泛的兴趣，比如学习兴趣、运动兴趣、读书兴趣，善于发现孩子的兴趣点在哪里，并且能够从孩子的兴趣出发，对他进行有针对性的教育、引导和训练，鼓励和支持他们做自己喜欢做的事情。当然这些事情必须是积极的、正确的事情，会有助于孩子的成长。对于一些错误的事情，父母一定要坚决批评和制止，不能对孩子放纵和溺爱，要有明确的规范和要求。例如，当孩子出现不良品德和不礼貌等行为问题时，父母要坚决制止，要以一种非常正式和严肃的态度教育孩子改正，有时甚至可以用适度的惩戒方式加以管教。

家庭教育中，有太多不懂教育的父母，他们没有真正学过如何教育子女这门学问，其自身的科学家庭教育素养远远落后于时代的发展，跟不上孩子成长的需求，这类家长在社会上不乏其人，他们的教育方法和方式简单粗暴，表现出不能教育、不会教育和不善于教育，不知道如何正确地教育和引导孩子。这些父母急需学习科学的家庭教育理论、方法和技术，需要不断地改变和成长。

第七，多陪孩子进行亲子活动和户外运动。孩子天性爱游戏、爱运动，渴望在大自然中尽情玩耍。孩子特别喜欢父母陪他们一起进行户外活动，如登山、郊游、旅行等。常言道，陪伴是给孩子最好的礼物，高品质的陪伴是最好的教育。心理学研究发现，运动会释放更多的多巴胺，会让孩子感到快

乐。因为，运动能够激活人体中负责快乐和幸福的迷走神经，能使人体释放更多的快乐激素，让人有身心愉悦的感觉。人们开怀大笑、拥抱抚摸、读书运动甚至正常的交友活动都会激活和打开身体中的这条神经，从而能够使人体验到更多的幸福感和快乐感。例如，我们经常会发现这样一个现象，孩子在楼下你跑我追互相追逐、嬉戏打闹时非常快乐，仿佛忘记了一切的存在，甚至达到了忘我的状态。这个时候当妈妈叫孩子回家吃饭时，他会全然不顾，忘记了饥渴和疲劳。这是因为游戏和运动给孩子带来了快乐的感受和体验。父母应多陪伴孩子参加户外活动和体育运动，这不仅有利于孩子的身体健康，也能使孩子的情绪得到有效的调节，更重要的是可以让孩子感受到户外运动给他们带来的愉悦感。

第八，鼓励孩子多和同伴交往。孩子与同伴在一起交流互动，他们会有一种快乐感和满足感。尤其是青春期孩子，他们会特别在意同龄人对自己的评价，特别在意自己有没有朋友，这是他们的一种正常心理需求。青春期的孩子可能会不太愿意与父母和老师沟通交流，不太在意成年人的评价和看法，有的孩子甚至会与父母和老师产生对抗心理和情绪，这是他们自我意识觉醒、成人感增强的表现。父母要让孩子在快乐中成长，感受到生活的美好、生命的美好、世界的美好，而不是在痛苦、压抑、焦虑中成长。在快乐中成长的孩子，他们会拥有阳光心态，会有感恩之心，会心理健康。在家庭教育中，父母应持有这样的教育理念：让孩子在快乐中成长，在成长中体验到快乐，有更多的积极情绪体验。

有一个真实的故事：有一个女孩几乎没有朋友，很少与同学在一起交流和互动，同学对她的评价是冷漠、孤僻、脸上没有笑容、难以相处。事实上，这个女孩之所以会以这样的情绪、行为方式对待同学，主要是因为受到其原生家庭的消极影响，特别是受到她妈妈从小对她的消极语言、消极态度和消极情绪的影响。在日常生活中，她的妈妈很少对她表现出积极的心态和积极的情绪反应，很少给她笑脸，总是在抱怨、指责、怨恨和生气，受妈妈的这种消极对待和影响，这个女孩内心世界没有正能量，感受到的是压抑、痛苦、焦虑和紧张，她不会以积极的情绪与同学交流和互动，很难与同学建立融洽的关系。这个故事告诉各位父母，家庭教育对孩子的价值观、认知、

态度、性格、行为和处事方式具有十分重要的影响。教育无小事，生活即教育，没有任何一项事业比培养优秀的孩子更伟大。父母在日常的生活中，应时刻注意用自己积极的言谈举止、行为方式和情绪状态，对孩子产生积极的影响。

快乐对孩子的健康成长至关重要。新时代的父母，应学习和掌握如何让孩子快乐成长以及在成长中体验到快乐的科学方法，通过不断的家庭教育实践和总结，真正达到理想的教育效果，把孩子培养成为一个乐观、自信、健康、快乐、幸福的人。

【作者简介】

李兆良：国务院儿童教育工作智库专家，吉林大学心理学系教授，心理学博士，哲学博士后，心理学系副主任，教育部国家公派美国加州大学伯克利分校访问学者，中国人才研究会经济人才专业委员会专家，国家心理咨询师考评专家，全国家庭教育主讲专家，中国养成教育主讲专家。到目前为止，公开发表学术论文50余篇，出版专著2部，编著2部，主持和参与国家级、省部级科研项目20余项。

第六章 儿童青少年心理特点与教育

李文道

第一节　了解孩子，才能教育好孩子

一、知其然，知其所以然

作为父母和老师，我们是否了解孩子？下边是一道判断题，请大家马上判断其正确还是错误：

在正常情况下，两周岁婴儿的身高可以达到其成年时身高的一半。

这道判断题所表述的是对的还是错的？

相信许多老师和父母很有可能认为这个判断题的答案是“错”。我告诉大家：这个判断题的答案是“对”。对于刚才认为这个判断题是“错”的父母和老师，我想了解一下您：您刚才判断的时候有没有依据？还是只是跟着感觉走？我相信您之所以判断错误，可能是因为跟着感觉走：一想到两岁的孩子，站在地上那么一点点高，怎么能够达到我们成年人身高的一半呢？然后马上下意识地给出一个“错”的回答。现在，请父母和老师联系实际经验，大家回想一下：你的孩子两岁的时候多高了？我记得非常清楚：我的女儿两周岁的时候身高是89厘米，89厘米乘以2等于多少？答案是178厘米，这是不是超过了她成年身高的一半？

中国男孩两岁的时候身高多为84.3~91.0厘米；两岁女孩的身高多是83.3~89.8厘米。2015年《中国居民营养与慢性病状况报告》的数据显示：中国成年男性的平均身高是167.1厘米，女性是155.8厘米。对照这个数据，我们可以很肯定地做出一个判断：在正常情况下，中国的男孩和女孩，两岁的时候已经超过了其成年时身高的一半。要正确地回答上面那个判断题，除了需要了解权威数据之外，我们更需要了解儿童生长发育的规律。发展心理学告诉了我们儿童的生理发展规律：从出生以后，个体要经历两个身体发育的关键期。第一个关键期就是0~2岁的婴儿期，这是我们出生以后生长发育最为迅速的时期。我们的孩子刚出生的时候，体长平均是50厘米，到

两周岁的时候，已经有85~90厘米了，这意味着在出生后的头两年，孩子的身高每年要平均增长近20厘米。大家想想，如果按照这个速度生长，我们长到18岁时，我们的身高可不是一米几了，而是几米几了。通过这样一个夸张的联想，我们可以更加直观地感受到0~2岁时期是孩子生长发育最为迅速的时期。两岁以后，孩子的身体发展进入了一个相对平缓期，这就是幼儿时期和小学时期。到什么时候孩子才又一次地加速增长呢？这就是青春期。青春期的孩子迅速长高，很快赶上了父母和老师。青春期以前，孩子仰视父母和老师，现在则可以平视父母和老师，甚至俯视父母和老师了。因此，如果我们了解孩子生长发育的规律，我们就会对第一个判断题做出正确的回答。而且，我们还知道：在生长发展方面，男孩和女孩的速度是不一样的，女孩的生长发展要比男孩早1~2年的时间。所以在小学六年级的时候，甚至初一的时候，女孩的平均身高往往超过男孩。

教育孩子，我们一定要懂孩子，下面我再通过一个案例来让大家了解一下如何去分析一个孩子的行为及其原因。

有一天，一位妈妈带着6岁的女儿去给老父亲庆祝八十大寿，到了姥爷家，小女孩看到姥爷很开心，老人看到小外孙女更开心，这一老一小开始愉快地聊天了。这个小女孩问：“姥爷，你几岁了？”姥爷很开心很自豪地回答：“我今年80岁了。”听完了姥爷的回答，这个小女孩若有所思，然后很认真地看着姥爷说：“姥爷，那你该死了吧。”听完这句话，老人的表情马上“晴转多云”了。如果你是这位妈妈，你的女儿在这样的场合，对着老父亲讲了这样一句话，你会做何反应？你会不会骂她？会不会打她或者是责罚她？我相信好多妈妈会生气，觉得孩子胡说八道。但是，这位妈妈很厉害，一看到老父亲不高兴，马上过来解围，指着自己6岁的女儿说：“老爸您见谅，她最近看讣告看多了。”什么是讣告？就是死亡告示。这个妈妈是位中学老师，她所在的学校里最近有两位老教师接连去世，老教师去世以后，学校一般会帮助料理后事，一般要写一则讣告。讣告一般会这样写：某某某，享年七十几岁，因病医治无效，在某某殡仪馆举行遗体告别仪式。这个小女孩来学校里找妈妈，看到讣告以后会逐字逐句地读下来，而且讣告的“讣”字她不认识，她还特意问妈妈这个字怎么念。过了没有几天，这个学校里又一位老教师去世了，又发布了一则讣告：某某某，享年八十几岁，因病医治无效去世了。我们思考一下：一个6岁的小女孩在不长的时间连续看到了两则这样的讣告，她会怎么想呢？她开始归纳总结找规律了，她自己通过归纳发现了一个规律：老人到了70多或80多岁，就该死了。而且，这个规律不是别人告诉她的，是她自己发现的。她觉得自己老厉害了：她发现了一个别人可能都不知道的规律。她一直想跟别人分享，但是一直没有机会，今天终于逮到机会了。姥爷80岁了，那不该死了吗？各位父母和老师，如果您像这位妈妈能够洞悉孩子语言背后的原因，我相信您不会去责罚她，您会在事后做一个补救性的教育。您会跟女儿探讨一下：你说的话没有错，但是说的场合不对。姥爷过八十大寿，这是一个非常喜庆的场合。在这样一些喜庆的场合，我们要说一些吉利的、祝福的话。而且老人特别忌讳“死”这个字。有了妈妈的这番教导，孩子以后说话就会注意了，她知道以后说话一要看场合，二要看人。这种能力就是情商——对她以后的社会交往很重要的一种能力。

对于以上这个案例，我一般会从两个方面来分析：一个是心理方面，一个是社会方面。从心理方面来说，6岁的孩子已经具备基本的归纳能力了，他会很自然地对周围的一些相似的事件去做出规律性的总结。这个小女孩会总结出：老人到了70多岁、80多岁就快要死了。从社会方面来分析，孩子的行为会受其社会经验的影响，6岁的小女孩还没有足够的社交经验，她还不知道什么话该说、什么话不该说。在日常生活中，我们也发现六七岁的孩子经常“胡说八道”，胡说八道不意味着他说的话本身是错的，而是因为他说话的场合不对，或者说话的对象不合适。

通过上面一个判断题和一个案例分析，我想传递给大家的理念是：想要教育孩子首先一定要了解孩子。我们要从以下两个方面来了解孩子：一是知其然，二是知其所以然。我们既要学会观察了解孩子表面的行为，还要学会分析孩子行为背后潜藏的各种原因。在日常生活中，好多父母的教育之所以没有成效，一个重要的原因是这些父母往往只关注孩子的表面行为，而没有去思考孩子行为背后的原因，父母没有找到孩子出现问题的根源所在。如果不了解孩子出现问题的原因，父母越想教育好孩子，往往就越教育不好，这

就像盲人骑瞎马。因此，教育孩子一定要知其然，也一定要知其所以然。

二、孩子跟成人不一样

了解孩子，才能教育好孩子。但是了解孩子并不那么容易。为什么？因为孩子的行为和心理跟成人是不一样的。孩子的心理和行为跟成人有什么不一样？

在行为层面，孩子跟成人有什么差别？我们来看下面几个例子：

第一个：夏天了，下大雨了，大人会有什么反应？小孩会有什么反应？我记得我小的时候，夏天到了，一下雨我们这些孩子就特别兴奋，嗷嗷叫着从屋里边往屋外边跑，在雨中打闹，特别兴奋，特别开心。而我们的父母和老师呢，一看到天下雨了，他们的反应正好与孩子们相反——从屋外边往屋里边跑，他们去屋里躲雨。面对同样的一个情形，孩子的行为反应和成人的行为反应正好截然相反。

我再举第二个例子，比如说今天晚上下了场大雨，明天早上你领着你的孩子在小区里面散步，小区的路上有个浅浅的水坑，我们这些父母怎么过去？是不是会绕过去？或者是一脚跨过去？而我们的孩子会怎么过去？是不是会一脚踩过去？踩到水里边，溅起了水花，他是不是显得特别开心？而我们这些父母，是不是觉得挺可气的?

通过上面的案例，我们发现：孩子的行为和成人的行为不一样。孩子做事情追求的是过程，是乐趣。而我们成人追求的是结果。孩子的行为往往是过程导向的，成人的行为往往是结果导向的。成人注重的是结果，注重的是业绩、成绩。孩子和成人的这种差异带来了一个问题：父母和老师在指导孩子做事的时候，往往会以成人的结果取向来替代孩子的过程取向。让孩子去完成某个任务，父母事先会告诉孩子做这个事情时容易发生的一些错误，事先把这个错误给他指出来，因为父母不希望孩子去犯错误。这样做的结果是什么？孩子可能顺利地完成了任务，但是他被剥夺了犯错误的机会。“吃一堑，长一智。”犯错误是孩子学习的好机会。父母和老师一定要有勇气，把孩子犯错误的机会原原本本地还给孩子，因为今天的孩子在生活中本来就缺少犯错误的机会。

那么孩子的行为为什么和成年人不一样呢？一个重要的原因是孩子看问题的角度和成人看问题的角度是不一样的。不管是生理角度还是心理角度，孩子的角度和我们都是不一样的。从出生一直到青春期前夕，孩子一直在仰视父母和老师，长期的仰视会让孩子觉得父母特别地高大。在孩子的心目中，老师和父母都不是“人”，而是“超人”。这种生理角度就会影响心理角度，孩子在心理上就会仰慕父母和老人，就会神化父母和老师，所以，孩子就会盲目地服从成人的要求。但是，孩子会长大，到青春期的时候，孩子迅速长高了，孩子会先平视父母和老师，再俯视父母和老师。这种物理角度的变化就会带来心理角度的改变。这个时候孩子心里会这样想：我长大了，你要把我当大人看，不要再把我看成小孩子了。因此，青春期的孩子特别希望获得他人的尊重。孩子的行为、孩子的心理、孩子的角度跟成人不一样，而我们又需要了解孩子，那么我们怎么做才能了解孩子呢？

三、了解孩子，换位思考

为了了解孩子，父母和老师一定要学会换位思考。什么是换位思考？一句话：就是站在他人的角度上去想问题，看问题，解决问题。比如说我们请客，我们首先会问客人喜欢吃什么，我们要考虑到客人的口味和饮食爱好。在家庭教育上，换位思考就是指父母和老师要学会站在孩子的角度上去想问题，看问题，解决问题。

怎样换位思考呢？下面我跟大家分享我认为非常具有智慧的两句话。第一句话：己所不欲，勿施于人。这句话很容易理解。就是你不想要的东西也不要强加给别人，你觉得这样对你不好，就不要这样去对待别人。这句话并不容易做到。我经常问父母和老师：你会当众批评你的孩子和学生吗？他们往往笑着回答说“是”。我接着问：你的孩子愿意被当众批评吗？如果你觉得被别人当众批评，你的尊严受到了冒犯，你不愿意被这样对待，那么请你换位思考一下：你的孩子愿意被这样对待吗？因为孩子和父母、老师一样，都有同样的人格尊严。我经常使用一个跟老师有关的例子。我记得在读小学的时候，上语文课，一上课，语文老师的第一项任务就是听写，常常会把我叫到黑板面前听写。老师听写了十个字，有一个字我写错了，这个时候

老师就要教育我了——这个字回去写20遍。我回家后会认真地完成20遍的抄写，一点儿也不偷懒。这个语文老师特别负“责任”。第二天上语文课时，老师又把我叫到黑板面前听写生字，捎带着把昨天写错的字再写一遍。结果我一不小心又写错了。这个时候语文老师有点生气了：你昨天写了20遍仍然写错，今天回家写200遍。语文老师认为这是在教育你，这是为你好。但是我的感受是什么？我觉得特别丢人，因为我马上获得了一个新的绰号“200遍”，一下课同学们就开始用这个绰号取笑我了。回到家以后，我绝对不会认真写200遍的，对付这样的任务，我有一个绝招——一只手夹三支铅笔。为什么？因为我觉得这不是教育，而是羞辱。

己所不欲，勿施于人，这是孔子贡献给我们中国人的一种人生智慧。光这八个字，我觉得还不够，因为中国的父母特别擅长以爱的名义、为孩子好的名义去强迫孩子做那些父母认为是对的而孩子并不一定认为是对的事情。因此，我特意加了一句话：己所甚欲，慎施于人。这句话是什么意思呢？就是父母觉得对自己好的东西，在给予别人的时候，一定要谨慎。你觉得好的，孩子未必认为是好的。父母想要的，未必是孩子想要的。因为孩子和父母是不一样的人，孩子的兴趣爱好和父母、老师的不一样，孩子所生活的时代和父母是不一样的。现在流行这样一句话：对我来说是蜜糖，对他人来说是砒霜。父母一定要谨慎，一定不要把自己的兴趣爱好、价值观念以爱的名义强加给孩子。那不是爱，那是控制、操控。在现实生活中，好多父母认为自己是那么爱孩子，自己所做的任何事情都是为孩子好，都是希望孩子将来有一个成功的、幸福的、快乐的人生，但是好多孩子并不领情，他觉得这不是爱，这是操控。己所甚欲，慎施于人。对孩子好，光有爱这个出发点还不够，还要考虑孩子是否愿意接受，孩子是否也认为这对他是好的。

如果父母和老师能做到以上两点，父母和老师对孩子就有一个更高层次、更多方位的了解。对孩子了解得越多，我们的教育就越有成效，就越有可能为孩子量身定做孩子需要的前途。

针对换位思考这个主题，下面有一首非常棒的小诗，我愿意逐字逐句地读下来，给大家分享。这首诗的名字叫《如果您能记住》，是一位叫马迪·金的诗人写的：

如果您能记住，您走一步，我要走三步才能赶上；

如果您能理解，我观察世界的眼睛比您的眼睛矮三英尺；

如果您能在我乐意的时候让我自己试试，而不是把我推到前面或挡在后面；

如果您能满怀爱心地感受我的人生，不剥夺我自决的需要，

那么我将长大，学习和改变。

如果您能记住，我需要时间获得您已有的生活经验；

如果您能理解，我只讲述那些相对我的成熟程度来说有意义的事情；

如果您能在我可以时让我独自迈出一步，而不是把我猛推出去或拉回来；

如果您能用您的希望感受我的生活，不破坏我对现实的感觉，

那么我将长大，学习和改变。

如果您能记住，我像您一样，失败后再试需要勇气；

如果您能理解，我必须自己弄清我是谁；

如果您能在我想要时让我自己寻找自己的路，而不是为我选择您认为我该走的路；

如果您能用您的爱感受我的人生，不剥夺我自由的呼吸的空间，

那么我将长大，学习和改变。

这是一首非常具有哲理的教育诗篇，它以一个孩子的口吻，对父母提出殷殷的期望，希望父母和老师们能够站在孩子的角度去看待孩子的世界。

了解孩子，才能教育好孩子。

第二节　青春期PK更年期

当孩子到达青春期的时候，父母到达了什么时期？是不是到了更年期？

在青春期PK更年期的情况下，父母教育好青少年就变得更加困难了。

作为父母和老师，要教育好青少年，父母首先要了解青少年。大家了解青少年吗？了解青少年的所思、所想、所困、所惑吗？

一、青少年，不一样的看法

下面我就通过一个问题情景来帮助大家了解青少年的心理。有这样一个情景判断：

问题情景：有一天，妻子突然得知丈夫婚后与另外一名女性发生过不正当的性关系。

问题：这位妻子该不该跟丈夫离婚？

面对这样一个问题，如果让青少年来回答，他们的答案会非常干脆：离婚。青少年一般会认为：婚姻最为重要的一个基础就是忠诚，一旦忠诚没有了，婚姻将不复存在。青少年对爱情与婚姻的看法是非常单纯的，这就是为什么初恋会让人念念不忘。面对同样的问题，成年人的回答将会犹豫得多。不管是发生在自己身上，还是朋友身上，这个问题都很难回答。作为成年人，我们一般首先要考虑他们有没有孩子。如果没有孩子的话，离婚相对容易一些。如果有孩子，离婚将变得非常困难。因为我们知道：父母离婚，受伤害最大的就是无辜的孩子。在生活中，好多父母的婚姻可能已经名存实亡了，但为了孩子，仍然维系着，到了孩子高考结束以后才开始谈论离婚的问题。离不离婚，我们成年人还要考虑到这个男人的出轨是主动的还是被动的，如果是被动出轨，被别人给诱惑、俘获了，那么妻子更有可能选择谅解。如果丈夫是主动出轨呢？妻子原谅的可能性就会大大降低了。离不离婚，我们还会考虑到财产分割的问题，还会考虑到这个妻子的年龄情况，如果这个妻子二三十岁，那么离婚是一个相对容易的决定，因为她很容易再婚。但如果这个妻子今年已经五六十岁了呢？离不离呢？她就会更加纠结。我们还会考虑到离婚不仅仅是夫妻二人的事情，不仅仅是小家庭的问题，它还要涉及双方的家庭、双方的父母。面对同样离不离婚的问题，青少年的看法是比较简单的，成年人的观念是非常复杂多元的。在生活中遇到类似的问题，青少年的观点往往是简单的、片面的，容易一叶障目不见森林，他们往往考虑不到复杂的社会现实。

青少年的心理和成人的心理在很多方面是很不一样的。要先了解青少年，才能教育好他们。

二、青春期，人生的过渡期和动荡期

在心理学上一提到青春期，我们会马上想到一个词——狂风骤雨。这是著名的心理学家霍尔用于描述青春期的词汇，他认为青春期的时候，个体往往会面临紧张、矛盾、焦虑和冲突。在心理学上，青春期被看作人生的过渡期、人生的动荡期。青少年时期是整个人生的过渡期，经过青少年的发展，一个孩子将长大成人。在青春期，青少年要经历三大过渡。第一大过渡，就是生理过渡。经过青春期的发展，一个男孩成长为男人，一个女孩成长为女人。个体的身体成熟了，性也成熟了。在青春期以前，男孩、女孩的体形都是板条形的，肩宽、腰宽和臀宽几乎是差不多的，但是经过青春期的发展，男孩的肩部向外扩张了，整个身体呈T形或倒三角形，而女孩的身体呈哑铃形了，女性的曲线美呈现出来了。青春期时，女孩变得越来越丰满了，男孩变得越来越健壮了，主要原因在于青春期男孩和女孩的肌肉和脂肪的增长比例是不一样的。在青春期的时候，男孩肌肉和脂肪的增长比例是3∶1，而女孩是5∶4。第二大过渡就是心理过渡，即青少年的思维方式从具体思维向抽象思维过渡。在青春期以前，个体眼中的世界总体来讲是具体的、有形的世界，他们思考的问题大多是具体的、有答案的问题。青春期以后呢？个体所思考的问题往往是抽象的、没有标准答案的问题。这就是为什么中学以后才开设物理、化学、代数、几何等课程，这与青少年的抽象思维发展是紧密相连的。第三大过渡就是社会过渡。经过青春期的发展，个体从一个未成年人成长为一个公民。在法律上，18岁以前的叫未成年人，对未成年人犯罪要从轻或减轻处理，对他们轻微的犯罪往往不进行刑事处罚。而18岁以上的人犯罪，惩罚的标准完全按成人的标准。18岁以后，个体将获得很多权利，如选举权、被选举权，还可以合法地申领驾照。在青春期，个体还要思考一些人生的重大问题：职业与婚恋，而这些问题往往很难有明确的答案。

在这短短的几年里，青少年要经历这么多的过渡，这给青少年带来诸多

的不稳定。不管是人还是物，当处于过渡状态的时候，往往都是不稳定的，因此，青少年期也被看作人生的动荡期。

为什么青春期容易出现动荡？这主要是以下四个方面的原因导致的：生理与心理失衡，情感和理智失衡，社会规范失序，家庭关系失和。

第一个方面的原因是生理与心理失衡。当代青少年正面对着生理成熟不断提早的现实。美国的数据表明：1900年的时候，女孩初潮的平均年龄是14~15岁；1950年的时候，就提早到13.5~14岁；1990年就提早到了12.5岁。美国青少年的生理成熟在提早，中国的青少年也在提早：1985年，中国大城市女孩初潮的平均年龄是14.5岁。到了2000年就提早到13.8岁。女孩初潮的时间在提早，男孩第一次遗精的时间也在提早。男孩女孩性成熟时间在提早，心理成熟、社会成熟时间却相对滞后，随着受教育年限的延长，今天的青少年有更多的时间待在校园里面，在学习如何应付考试。他们缺少真实的社会经验，缺少人生阅历。读万卷书，但是没有行万里路，这阻滞了青少年的心理成熟和社会成熟。而且，今天的青年人结婚的时间大大地推迟了，初次工作的时间也大大地推迟了，而工作和结婚是使一个人心理成熟、社会成熟的两个非常重要的促进性的事件。

青少年生理早熟了，四肢发达了，性成熟了，但他的头脑仍然相对简单，这就导致青少年“四肢发达，头脑简单”，容易发生问题行为，这就是青少年心理动荡的第一个方面的原因：生理与心理失衡。

第二个方面的原因是情感和理智失衡。心理学的研究表明：在青少年时期，个体的情绪情感中枢先成熟，理智中枢后成熟。在青少年时期，情感冲动在前，理智控制相对滞后，其结果就是青少年容易冲动，考虑问题容易走极端，做事情不考虑后果。

第三个方面的原因是社会规范失序。今天的中国仍然处于社会转型期，价值观多元化，是非、善恶、美丑的标准已经不像以前社会中那么明确了。社会转型带来的一个问题就是道德的多元化，即道德标准越来越多元了。正在转型的中国属于市场经济，市场经济很自然地带来一个问题，那就是物质至上，金钱至上，拜金主义盛行。大家还记得那个著名的拜金女吗？她讲过这样一句话：我宁愿坐在宝马车里边哭，也不愿坐在自行车后面笑。这就是现代版的“笑贫不笑娼”。今天的社会还是一个移动互联的社会。互联网的发展对传统社会具有颠覆性的影响。在互联网面前，成人可能是战战兢兢的，而青少年却是无所畏惧的，他们是拥抱互联网，欢迎互联网的。在互联网面前，父母老师都是“菜鸟”，青少年却是“老鸟”。

青春期容易成为动荡期的第四个方面原因，就是家庭关系失和。青春期到来的时候，家庭关系发生了一些变化，在孩子眼中，父母可能越来越不重要了。父母和孩子的冲突也会越来越多。

正是以上四个方面的原因导致了青春期成为人生的动荡期和叛逆期。青春期往往是问题行为的高发期，既是心理问题的高发期，又是犯罪行为的高发期。

三、青春期PK更年期

当孩子到达青春期后，很多父母都到了更年期。现在，青春期和更年期越来越容易碰撞到一起。青春期的变化和更年期的变化在很多方面恰恰是方向相反的。这种碰撞带来的是什么？一方面是亲子冲突的增多，另一方面就是亲子亲和的下降。

当孩子到达青春期的时候，他们会发生什么变化？第一，他们体内的性激素在迅猛地增加，正是在性激素作用下，他们的第一性征、第二性征迅速发育成熟。一个男孩成长为一个男人了，一个女孩成长为一个女人了。更年期的妈妈呢？她的雌性激素水平在下降，导致月经周期发生了变化，最终闭经、绝经。性激素的变化往往还带来一些生理的、心理的变化，更年期一到来，好多妈妈变得容易失眠、盗梦、多汗，容易烦躁不安。青春期的孩子呢，他们在身体方面越来越强壮了，他们处于上升期，而且上升的势头还特别凶猛。而父母呢，不管是爸爸还是妈妈，身体开始走下坡路了，一天不如一天了，逐渐会有力不从心的感觉了。青春期的孩子，他们的心理日趋进取，理想很丰满，他们对人生充满了很多美好的憧憬和幻想，而父母呢，他们的心理日趋保守了。人到中年考虑最多的是什么？就是自己的家庭，就是老婆孩子热炕头。大多数中年人已经没有什么理想了，保守的心理占优势了，开拓的心理越来越弱了。青春期的孩子正在试图挣脱原生家庭的束缚，

脱离爸爸妈妈，脱离家庭的束缚，他们更期待的是远方。而父母呢？他们正处于三明治阶段——“上有老，下有小”，他们的压力是最大的。

青春期和更年期碰撞在一起，青春期的孩子就像“炸弹”，更年期的父母就像“地雷”，炸弹碰上地雷容易爆炸，容易发生冲突。青少年往往习惯用负面的视角来看待我们的父母。正如美国作家马克·吐温的一句名言：“当我14岁时，我受不了我的父亲，他愚蠢至极。当我21岁的时候，我很惊讶地发现：7年后的父亲已经变得非常聪明了。”7年后的父亲真的变聪明了吗？绝对没有，改变的是成熟的孩子看待父母的视角：14岁的青少年往往容易用挑剔的眼光对父母进行负面的评价，而21岁的时候，往往用成人的视角，用更加成熟的角度来看待父母。

下面是丘吉尔留下的一段类似的话：

在我生命的最初25年里，我希求自由。

在我生命接下来的25年里，我渴望秩序。

在我生命再后来的25年里，我意识到秩序就是自由。

青春期的孩子渴望什么？渴望自由，他不喜欢家庭的束缚、学校的束缚、社会的束缚，而人到中年、处于更年期的父母，追求的是稳定和秩序。青春期的孩子的需求和更年期的父母的需求是不一样的，孩子和父母之间因此就会容易发生冲突。在青春期的孩子的眼中，更年期的父母的良好形象会逐渐“崩塌”。孩子小的时候，他们在“仰视”父母；青春期的时候，孩子在“俯视”父母，父母曾经的高大形象会逐渐“崩塌”。父母的重要性在日渐衰减，同伴的重要性在与日俱增。作为父母，我们要学会接受这种社会现实。父母还要知道：青春期是一个孩子最容易出现问题的时候，父母要好好地坚守住岗位。

四，父母是孩子的最后一条防线

孩子到青春期了，如果他的学习出了问题，或者他的品行出了问题，严重时甚至违法犯罪了，学校就很容易放弃他，因为学校有那么多的孩子需要教育。老师也很容易放弃他，因为他要教育一个班里所有的孩子。只有谁不能放弃？只有父母不能放弃！如果父母放弃了，孩子的最后一条防线就被摧毁了。父母放弃了，孩子就有可能放弃自己。当青春期和更年期碰撞的时候，当青春期的孩子容易出现问题的时候，就愈加需要父母的坚守。青春期的孩子对父母可能会不理不睬，父母仍然要对孩子不离不弃——不放弃，不抛弃。下面就是一个特别棒的例子：正是因为父母的不放弃，青春期的孩子才得以走出青春期的泥淖，才有了一个光明的未来。

这位爸爸比较有名，他就是著名作家麦家，茅盾文学奖的获得者。他在参加央视《朗读者》节目的时候，披露了自己和儿子之间的一些故事。他的儿子上初二的时候，突然有一天就不再上学了，整天在家里边宅着。一宅就是三年。父亲麦家做过好多努力，但是最重要的努力就是他的坚守和不言放弃。他做过很多的尝试。孩子不愿意去学校，他就把老师请到家里来，老师补习上了几天以后自觉没有用，就劝麦家还是算了吧，说这个孩子没救了。麦家没有放弃，既然孩子不愿意出去，他就自己花钱开了一家培训机构，希望创造机会让孩子和同龄人一起学习，然后慢慢让孩子逐渐走出宅的状态，还是失败了。他还做了很多很多的尝试，都失败了。但是麦家没有放弃自己的努力，因为他知道：一旦自己放弃了，孩子就极有可能放弃自己。他心中一定有一个信念：我的儿子一定会改变。最后，麦家的坚守终于有了美好的结果——高三那一年，儿子突然醒悟了：别人上大学，我也要上大学。然后，他便开始疯狂地补习，恶补英语，恶补绘画。儿子还树立了一个目标：报考国外知名的艺术高校。经过一年多的努力，结果也非常棒——他最后收到了六所美国高校的录取通知书，他最后选择了费城艺术大学，这个大学给了他12000美元的奖学金。麦家的不放弃不抛弃，给了儿子战胜青春期困难的勇气。我一直跟好多父母强调：父母是孩子的最后一条防线！如果你放弃了，孩子也就放弃了。

第三节 家庭教育要与时俱进

一、你“out”（落伍）了吗？

下面我跟大家分享的主题是家庭教育要与时俱进。

今天已经是21世纪了，我们早就进入了互联网时代，而且已经进入了移动互联的时代。人工智能方兴未艾，教育发展有没有跟上时代的发展？教育理念有没有得到及时的更新？教育方法是否得到了及时的更新？在今天这个时代，父母“out”了吗？“out”是什么意思？意思就是“落伍了”，“out”是今天的孩子常说的一个口头语。

下面是几个孩子经常使用的口头语，父母和老师能不能听得懂？如果你听不懂的话，你有可能“out”了。

唐僧；

蛋白质；

No zuo no die；

讨厌。

比如说有一天，一个女儿向妈妈抱怨：“老妈，你真像个唐僧。”老妈是该高兴还是该不高兴？在这句话里边，“唐僧”是什么意思？“唐僧”这个词已经不再是传统意义上“唐僧”的意义了。传统意义上“唐僧”是一个积极的正面的形象，是一个带领师徒不畏艰险、克服重重困难、取得西天真经的一个正面形象。今天孩子口中的“唐僧”是指什么？那就是周星驰所拍的电影《大话西游》中的唐僧，特指那些婆婆妈妈、叽叽歪歪、能把活人说死的人，这个词一般指妈妈比较啰唆。下边这个词是专门给爸爸准备的。一个儿子这样对爸爸说：“老爸，你真像个蛋白质。”老爸起初一听还挺高兴，但后来当这个老爸得知蛋白质的真正含义的时候，心里边就有点不是滋味了。“蛋白质”是什么意思？就是“笨蛋白痴神经质”。那么第三个

词，就是最近这几年比较流行的“no zuo no die”。这个词是什么意思？就是“不作死就不会死”。最后一个词“讨厌”是什么意思？如果有一天你的孩子笑呵呵地对你说：“老妈，你真讨厌！”这个时候你千万别发飙，你一定要注意孩子说话的表情，孩子笑着说时，“讨厌”就是指“讨人喜欢，百看不厌”。如果孩子不高兴地向你抱怨：“老爸，你真讨厌！”这个“讨厌”就是传统意义上的讨厌了。通过上面的四个词汇，各位父母和老师，你们“out”了吗？

下边是一篇小学生写的日记：

昨晚，偶GG带着他滴GF到偶家来7饭，那个MM在吃饭时一直向偶妈妈PMP。

我们读一读，看看能不能读得懂。

这段话的意思：

昨晚，偶（我）GG（哥哥）带着他滴（的）GF（Girl Friend，女朋友）到偶（我）家来7饭（吃饭），那个MM（妹妹，泛指女孩）在吃饭时一直向偶（我）妈妈PMP（拍马屁）。

这就是今天的孩子的语言。作为父母和老师，如果我们不了解今天的孩子的语言，我们从何谈起来教育今天的孩子？

二、今天的孩子跟昨天的孩子不一样

下边我要给大家分享一个观点：今天的孩子跟昨天的孩子是不一样的。作为父母和老师，我们都属于昨天的孩子，而我们的教育对象——他们都是今天的孩子。今天的孩子和昨天的孩子是不一样的。今天的孩子有下面几个特点。

第一，今天的孩子是生理早熟的，今天的孩子青春期开始的时间越来越早，性成熟的时间也越来越早。女孩的生理成熟在提早，男孩的生理成熟当然也在提早。青春期提早不单单是中国青少年面临的一个状况，在世界范围来看，青春期都有提早的趋势。当了解到今天的男孩女孩性成熟提早的现象以后，我们有没有一些担忧：今天的孩子性成熟的时间提早了，但是性教育的时间有没有跟得上？如果孩子性成熟了，但是没有及时接受性教育，这就

会给孩子的健康带来隐患。

第二，今天的孩子在知识上也是早熟的。今天的孩子越来越早地懂得了越来越多的知识。我们小时候可能都会有一个特别的困惑：我是从哪里来的？如果你问你的爸爸妈妈“我从哪里来”，爸爸妈妈一般会回答“捡来的”。还有一些爸爸妈妈，他们一般都会说孩子是从肚脐眼里边生出来的，或者是从胳肢窝里边生出来的。我们那个时候，父母说什么我们就信什么。但今天的孩子已经不像过去的孩子，面对“我从哪里来”这个问题，他们的回答跟我们很不一样。下面就是一个特别有意思的故事：

有一天，一个6岁的小男孩问爸爸：“爸爸，我是从哪里来的？”爸爸不知道怎么回答了，就想起了自己的爸爸当年的回答：“有一天，有一个老鹰，驮着一个小孩在天上飞，想给这个小孩找个人家，飞到我们家楼顶上，看到我们家整整齐齐，人也不错，就把你放下来了，结果，你就是我们家的小孩了。”听完了爸爸的回答，这个小男孩什么也没说。过了几天去爷爷家，他又开始问爷爷了：“爷爷，我爸爸是从哪里来的？”他爷爷会怎么回答？爷爷说：“你爸爸啊，有一个老鹰，驮着小孩在天上飞，想给小孩找个人家，飞到我们家院子上面，看到我们家整整齐齐，人也不错，就把你爸爸放下来，结果呢，你爸爸就是我们家的小孩了。”在这个故事中，爸爸和爷爷都在“哄”孩子，但是今天的孩子还能哄得了吗？这个6岁的小男孩听完了爷爷的回答以后，竟长叹了一声：“唉！我们家已经两代没有性生活了。”

今天的孩子生活在一个资讯爆炸的时代，生活在一个移动互联时代，只要打开电脑，只要打开电视，不该知道的，成人不想让他知道的，他都知道了。今天的孩子在知识上是早熟的，现在的一个一年级小学生的知识量，可能相当于过去一个四五年级小学生的知识量；现在的一个四五年级小学生的知识量，相当于过去一个初中生的知识量。

第三，今天的孩子的思维日趋复杂。今天的孩子在懂得越来越多知识的同时，他思考问题的方式跟过去的孩子也有所不同。过去的孩子比较听话，老师说什么，孩子就记什么。老师的答案、课本上的答案就是标准答案，他们几乎从不质疑。今天的孩子却开始越来越早地质疑父母老师的所谓标准答案了。

第四，今天的孩子多为独生子女。独生子女和非独生子女，它是有明显的不同的。一是独生子女容易感到孤独，因为缺少兄弟姐妹的陪伴，缺少同龄人的陪伴。有一次，一个七八岁的小女孩接受记者采访的时候，记者问："你平时和谁一起玩？"这个小女孩很认真地回答："我自己和自己玩。"我们特别强调孩子需要同龄人的陪伴，同龄人的陪伴是父母老师这些成年人的陪伴无法替代的，孩子最适合的玩伴就是他的同龄人。二是独生子女更容易以自我为中心。家里边只有一个孩子，父母容易以孩子为中心，孩子从小就是小皇帝小公主。有什么好吃的，孩子第一个去享用。有什么好玩的，孩子也第一个去享用。这样做的结果是什么？就是容易使孩子养成一种以自我为中心的心理和习惯。一旦遇到利益冲突的时候，孩子首先想到的是自己。这种孩子长大了以后，往往也很难去顾及别人的需求和感受。过度以自我为中心的孩子，将来走向社会的时候，往往不容易适应社会，不容易搞好人际关系。

第五，今天的孩子的社会成熟的程度是滞后的。今天的孩子生理是早熟的，知识是早熟的，但是今天的孩子社会成熟的程度却是相对滞后的，因为今天的孩子受教育的年限大大地延长了，更长时间待在学校里面，他缺少对真实社会的了解，缺少社会阅历，缺少社会的历练，这些导致今天的孩子在说话办事、待人接物时显得特别稚嫩。

三、今天的父母、今天的社会跟昨天的不一样

今天的父母和昨天的父母是不一样的。今天的父母更为焦虑。今天的父母特别担心孩子输在起跑线上。从孩子没出生起，好多父母就开始焦虑了。孩子出生以后，父母更焦虑。一旦孩子的学业表现不是那么理想，父母就开始急得像热锅上的蚂蚁。这种焦虑的背后是今天的父母对孩子有更高的教育期望，希望孩子读名校，期望孩子去海外读书。对孩子有期望总体上是好事，但是过高的期望往往并不一定能转化为孩子成长的动力，而极有可能成为孩子成长的阻力。并不是期望越高，动力就会越大。父母和老师要对自己的孩子抱有合理的期望。父母要学会接受一个现实：一般而言，孩子只是一

个普通孩子，只是一只“青蛙”，而不是一只“牛蛙”。父母的期望一定要合理，一定要符合孩子的实际表现。

今天的父母越来越忙了，陪伴孩子的时间相应就越来越少了，我们小的时候虽然生活比较艰难，但是父母和孩子是生活在一起的，父母很少离开家庭，而今天有多少父母因为生计和事业离开了孩子？当代的中国有多少留守儿童？没有陪伴就没有教育。

今天的社会跟昨天的社会也是不一样的：今天的社会是一个由封闭走向开放的社会，是一个由贫穷走向相对富裕的社会。过去的社会总体上是比较封闭的。在一个封闭的社会里，知识的话语权往往掌握在成人手中，而在一个开放的社会，知识的话语权往往掌握在孩子手中。如果父母遇到计算机、手机、网络上的问题时会怎么办？是不是有一个屡试不爽的绝招，那就是回家问问孩子？在互联网面前成人往往是战战兢兢的，而孩子则如鱼得水，孩子是欢迎这个互联时代的到来的。过去的社会是一个普遍贫穷的社会，过去的孩子特别盼望过年，因为过年的时候有好吃的，有好玩的，有新衣服穿，还可能有压岁钱。今天的孩子是不是已经不再像我们那时一样盼望着过年了？为什么？因为现在天天都像过年。社会的富裕对家庭教育总体上是一件好事，让父母和老师有更多的资源去教育孩子，应对孩子成长中可能出现的问题。但是，富裕也会给家庭教育带来一些挑战。比如说我们小的时候，父母不舍得吃，把好东西都留给孩子，那是爱，因为孩子处于长身体的关键时期，更需要这些富含营养物质的食物。今天，在物质相对丰裕的时代，如果父母再这样做，那就是害了。

今天的社会，应试教育的压力越来越大，现在流行一个词叫“压力山大”，这个压力主要指应试教育的巨大压力。在巨大的应试压力面前，家庭教育显得更为重要。我曾经说过这样一句话：应试教育越变态，家庭教育就越重要。父母要在应试教育这个空间之外，为孩子的人格成长多花心思，多下功夫，要学会“戴着镣铐跳舞”。

今天的社会还是一个移动互联的社会，人工智能方兴未艾。AlphaGo（阿尔法狗）把韩国围棋选手李世石打败了，这对人类是一个巨大的冲击。我们很多人会担心将来有一天我们的工作会被人工智能所替代。这不仅仅是担心了，而且已经逐渐成为现实。一些复杂的、重复性的工作很容易被人工智能所替代。面对21世纪的教育，我们要思考：有哪些工作人工智能难以替代？我们的教育有没有为人工智能的到来做好充分的准备？我认为，凡是跟人打交道的工作，凡是需要人际交往的工作，凡是需要情绪、情感介入的工作，都是人工智能难以替代的。在过去，记忆能力特别重要，一个人能够记得越多记得越牢，他就越有优势，但是在21世纪，记忆能力的重要性正相对下降，今天的孩子更需要的是搜索信息的能力、整合信息以获取新知识的能力。

我们的教育有没有做好准备？

四、好父母要与时俱进

今天的社会跟昨天的社会不一样了，我们应该怎么应对？这就是第三个主题：好父母要学会与时俱进。

作为21世纪的父母，我们要反思一下：我们的教育理念、教养行为有没有“out”？我们需要反思过往的教育理念，需要调整过往的教育教养方式。我们的教育理念往往来源于我们成长的那个时代和生活的那个社会。

反思我们的教育理念可知，今天的父母一定要对孩子进行性教育。过去的孩子，特别是“70后”“80后”的孩子，性教育没有那么重要，也没有那么迫切。为什么？因为那个时代是一个封闭的时代，孩子从小所生活的环境是比较单纯的，有关性的价值标准是比较单一的。我是“70后”，我记得在我小的时候，在性方面只有一个标准，只有一种性行为是恰当的，那就是结婚以后丈夫和妻子之间发生的性行为，除此之外的性行为，都属于耍流氓，都属于作风问题。在那个时候，连未婚先孕都是很丢人的事情。因此，在那个时代成长起来的孩子在性方面的价值理念是比较单一的。但是反观今天，整个社会在性方面的价值标准越来越多元了。异性恋、同性恋、双性恋、婚前性行为、婚外性行为这些名词层出不穷。什么样的性行为是对的，什么样的是错的，在性方面的价值标准不再像以前那么单一了。今天社会的性信息越来越复杂，有些网站“很黄很暴力”。性的价值标准多元了，性信息泛滥了，对于性发育尚未成熟的儿童青少年来说，他们处于危险境地。孩子性早

熟了，性教育如果没有跟得上，性早熟的孩子就会面临危险。

今天的性教育，不管是家庭层面的性教育，还是学校层面的性教育，一定是不可或缺的。家庭层面，父母要从孩子两三岁的时候，就开始培养孩子自我防护的意识，要明确地告诉孩子，自己身上有些地方是别人不能摸、不能碰的。比如，裤衩和背心覆盖的地方是别人不能摸、不能碰的。而且，父母要有意识地从小就培养孩子的一些习惯，比如大小便要避人，换衣服要避人，逐渐帮助孩子形成“性是隐私”的意识。在学校层面，性教育一定要有，而且一定要早，最好放在小学高年级的时候进行，比如小学四年级是一个比较合适的时间点，因为小学五六年级的时候，已经有相当一部分性早熟的女生来例假了。性教育最好在孩子性成熟之前就进行，以便让孩子为性成熟的到来做好知识、心理、伦理、道德、法律方面的准备。

除了理念的更新，父母还要与时俱进，改变一些不合时宜的教育教养方式和方法，比如体罚。我小时候经常挨打，在家里边挨父母打，到学校里边挨老师打，这就是体罚。对我来说，这种体罚的伤害并不大，也没有造成心理创伤。为什么？因为体罚在当时是一个相对普遍的现象，被看作一种正当正常的教育手段。那个时候，在农村，如果一个孩子犯错了，父母要不体罚他，反而会被村里面年长的人指指点点，会被认为是在溺爱、纵容孩子。今天，《中华人民共和国未成年人保护法》明确规定：学校、幼儿园、托儿所的教职员工应当尊重未成年人的人格尊严，不得对未成年人实施体罚、变相体罚或者其他侮辱人格尊严的行为。法律虽然没有对父母做出明确的限制，但是，父母如果把孩子打伤了或打残了，是要负刑事责任的。随着社会文明的进步，今天越来越多的父母已经放弃了体罚这种教养方式。作为父母，如果你仍然像过去那样用体罚的方式管教孩子，这就极有可能会伤害到你的孩子，不但伤害到孩子的身体，更伤害到他们的尊严。体罚已经“out”了。今天的父母需要学习新的管教方法来约束孩子的行为。今天的父母要与时俱进，放弃体罚的方式。

第四节　家庭教育的两个关键：关爱与管教

下面我们分享的主题是家庭教育的两个关键：一个是关爱，一个是管教。要做好父母，要做好老师，要教育好孩子，真的不容易。我们需要做的还有很多，我认为这里边有两个关键，那就是关爱和管教。

一、三个案例

我们先通过一个案例说起，这是一个悲剧。

2016年6月11号上午，高考结束刚刚没几天，四川省达州市有一位叫小思的高三毕业生突然失踪了，父母非常着急，发动了许多人去寻找。两天之后，人们在河面上发现了小思的尸体，父母痛不欲生。一个刚刚参加完高考的孩子，为什么结束了自己的生命？小思在自杀前留下了一封遗书，其中有这样两段话：

小的时候，我有一次因为一直吵着要喝花生牛奶，爸爸当时心情不好，一巴掌把我鼻血都打出来了。有点什么事情就打，考98分都被骂，吃饭打嗝一巴掌打过来，夹菜姿势不对也一巴掌打过来……当然也可以说这是什么对我的爱啊，但抱歉，我情商低，感觉不到父母的爱……

后来到了高中，第一次月考全校73名，打电话给我妈说了，我妈说才73名。我在电话另一边都快气哭了。这里竞争多激烈啊，其他同学考到前600名家长都有奖励，而我呢？

我相信小思的父母会认为他们非常爱自己的孩子，根本没有意识到他们曾经的教养行为导致了小思根本感受不到来自父母的爱，他对自己绝望了，对父母绝望了，最后他选择了自杀。

下边还有两个案例，这两个案例都曾经轰动一时，最出名的就是李某某违法犯罪一事。2011年的时候，15岁的李某某因寻衅滋事被劳动教养一年。

事情的起因是这样的：李某某和另外一个“富二代”每人开一辆豪车，与另外一对驾车的夫妇发生了冲突，把那对夫妇打得头破血流，边打边叫嚣：“谁敢打110？”事后被收容教养一年。

本来我们以为收容教养的惩处应该会改变李某某的行为，但是事与愿违，收容教养一年后的李某某的行为升级了。2013年，李某某因为涉嫌强奸，被判处十年徒刑。

那天晚上发生了什么？李某某与几个哥们开着车去酒吧喝酒，喝完酒以后去吃夜宵，最后强奸案发生了。

那么我们反思一下，李某某的生活中有没有管教？一个15岁的孩子能不能够开车？我国的法律明确规定，18岁以后，申领到合法的驾驶执照以后才能够获得驾驶的资格。李某某第二次犯罪时，他仍然没有满18岁，而且是酒后开车。当然，我相信李某某的父母实际上是很想去管教他的，否则的话，不会让他收容教养一年，但是，此时他的父母已经管不了他了。这就是我经常向父母宣扬的一个观点：小时候不管教，长大了管不了。

第二个案例是关于一个叫药某某的大学生的。2011年的一天晚上，开车回家途中，药某某把一个下班骑车回家的女工撞倒了，他不但没有施救，反而连捅数刀把人给杀死了，最后他被判处死刑。

在法庭上，药某某回顾了他的父母是怎么教育他的：

从小到大我的生活几乎除了学习以外就是练琴，小的时候每周练琴，为了练琴妈妈都会打我或者拿皮带抽我。有一段时间爸爸看我的成绩不好没有努力学，把我关在地下室里面，除了吃饭能上楼以外，其他时间都在地下室里待着，我觉得看不到希望，天天压力特别大，我经常想自杀。

药某某的父亲也承认：

他有点内向，有一阵子爱上网，我打了他，他认了错，叫我把他关到地下室，晚上锁门，省得他管不住自己。

父亲把孩子关到地下室里边去，我相信这个父亲的出发点可能是善意的。他认为自己之所以如此严格地管教孩子，完全是为了孩子。但是我们想一想，父亲这样做，药某某能否感受到父母的爱？大家想想，一个还未成年的孩子被关到地下室里边，而且门被锁上了，他会有什么感受？他感受到的是管教吗？他感受到的是粗暴。

二、家庭教育的两个关键：关爱和管教

从上边三个案例，我们都可以看出，父母在关爱和管教的平衡方面出了问题，平衡被打破了，家庭教育才出了问题，此时父母再后悔已经来不及了。这里我们要给大家分享的第一个观点——家庭教育的两个关键：关爱和管教。我认为这个观点既是中国传统文化家庭教育思想的体现，又得到了现代心理学研究的证明。

中国传统的家庭教育思想是怎样论述关爱和管教的呢？在《颜氏家训》里边有这样一句话："父母威严而有慈，则子女畏慎而生孝矣。"第二句话来自于《礼记》："爱而知其恶，憎而知其善。"爱孩子的时候，父母要心里边有一个底线，溺爱有可能让孩子人性中恶的一面滋生，惯子如杀子。有的时候孩子做错事，父母感觉到孩子很可恨的时候，要想一想，孩子也有善良、美好的一面。近代知名的教育专家陶行知先生，对爱与管教也发表了看法："父亲往往失之过严，母亲往往失之过宽……方法过严，易失子女之爱心，过宽则易失子女之敬意。"陶行知先生认为理想的父母应该是宽严相济的。

关爱和管教的重要性还得到了心理学的证明，心理学上有个著名的家庭教育理论，就是鲍姆令特的父母教养方式理论，这个理论根据两个维度（一个维度可理解为"关爱"，另一个维度可理解为"管教"）按教养方式把父母划分为四种类型：

第一种类型是最理想的，就是权威型的父母。这类父母对孩子既具有足够的关爱，又有严格的管教，就是所谓的严慈相济，该爱的时候爱，该管教的时候管教。研究表明，这类父母所培养的孩子在各个方面也是最为理想的。关于权威型的父母，我最近经常分享的一个案例就是美国的赵小兰。赵小兰的父亲赵锡成是一个成功的商人，做航运生意赚了好多钱，但是他们家从不娇惯孩子，他们家雇有佣人，但是父母明确告诉6个孩子：佣人是帮助父母的，而不是帮助孩子们的。从小孩子们就要自己做自己的事情：自己的衣服自己洗，自己的房间自己收拾，自己的事情自己料理。除了要管好自己

的事情之外，还要力所能及地承担家庭的责任，做家务。赵小兰家虽然是巨富之家，有太优越的条件，但是父母没有溺爱子女，他们对孩子的管教还是非常严格。在关爱方面，赵小兰的父母为6个女儿的教育尽心尽力，提供了最好的教育条件。他们家培养出6个特别棒的女儿，成为华人世界中家庭教育的典范。

第二种类型是专制型的父母。专制型的父母对孩子管教过度严格，关爱过度不足。因为关爱不够，管教往往就显得简单粗暴。缺少了关爱，管教往往就会成为惩罚与控制。刚才我们讲过的那个典型药某某，他的父亲就是一个典型的专制型的父亲。他对孩子有太严格的管教，但是缺少关爱。专制型的父母往往培养出两种典型的孩子：一种孩子是“小霸王”，因为在家里边父母管教得过于严格，过于简单，过于粗暴，经常受到父母的体罚，这种孩子父母越体罚他就越皮实。在家里边挨父母打，他就有样学样，离开家后就去打别人，成为人见人怕的“小霸王”。专制型的父母还容易培养出另外一种极端的孩子，那就是“小绵羊”。这种孩子被父母打怕了，打蔫了，被吓破了胆，习惯于委曲求全，逆来顺受，一到社会上就成为被他人欺负的“受气包”。

第三种类型是放任型的父母，又被称为溺爱型的父母。这种父母对孩子的爱是足够的，当然，爱得过分了，管教是缺失的。刚才讲过的李某某就是一个典型。李某某的父亲老年得子，特别宠爱这个孩子，从小就给李某某提供最优越的生活条件，但是缺少对他的管教，导致的结果是什么？孩子缺少规则意识，缺少边界意识，容易惹是生非，不断冲撞社会的底线，但往往因为父亲的影响力而没有受到相应教训，所以他就会越来越肆无忌惮，最后撞上了法律的底线。父母不管教，政府替他们管教。令他们追悔莫及！

专制型、放任型的教养方式对孩子的成长不利，但是对孩子成长最不利的当属第四种类型——忽视型的父母。忽视型的父母对孩子的爱是缺乏的，对孩子的管教也是不够的。这种孩子既没有感受到来自父母的爱，也没有感受到父母的管教。许多留守儿童的父母都属于忽视型的父母。前几年曾经发生过这样一个案件，在山东省临沂市的一个县，一,8岁的女孩被本村的一个老光棍给强奸了。得到消息以后，在外地做蔬菜生意的父亲连夜赶回家里

边，看到女儿非常可怜地蜷缩在床上，父亲就想过去抱抱她，安慰安慰她，结果这个小女孩一把就把父亲推开了："我没有爸爸，你不是我爸爸，你走吧。"这个爸爸受不了了，然后拎起一瓶农药就喝了，想自杀，幸好被及时抢救过来。如果我们有机会问那个企图自杀的父亲，他爱不爱自己的女儿。我相信他会给出肯定的回答。父亲在外边做生意非常不容易，省吃俭用，都希望自己的孩子有一个更好的生活，有机会接受更好的教育，但是这个8岁的女孩有没有感受到父亲的爱？有没有感受到父亲的管教？什么都没有！孩子感受不到的爱不叫爱，孩子感受不到的管教也不叫管教。

三、为什么既需要爱又需要管教

为什么对孩子既需要关爱，又需要管教？要回答这个问题，我们需要探讨人性：人性是善的还是恶的？对于人性的回答就包含了我们对家庭教育两个关键的理解。

关于人性的看法，古今中外大概有三种看法："性善论""性恶论"和"善恶混"。"性善论"持这样一个观点：人性是善的，人性是美好的。古代的思想家孟子就是"性善论"的代表，《孟子》讲人有"四心"：恻隐之心、羞恶之心、辞让之心和是非之心。这"四心"构成了"仁义礼智""四端"，这构成了传统"性善论"的基础。后来的《三字经》就有这样的说法："人之初，性本善。"在西方，认同"性善论"的一个著名的学者就是卢梭，他认为：在自然状态下，人的天性是善良的，是私有制让人的道德变坏的。

与"性善论"针锋相对的就是"性恶论"。中国的荀子曾这样讲："人之性恶，其善者伪也。""性恶论"认为人性本来就是恶的，做出善的举动，往往是后天人为教化的结果。韩非子认为"好利恶害，自为自利"。法家认为人性是恶的，政府需要通过严刑峻法来约束人性中恶的一面。西方学者霍布斯认为由于物质的不足，人类在自然状态下是处于竞争、战争状态的，是自私的、野蛮的。当然，基督教还有"原罪说"：因为亚当和夏娃没有受得住诱惑，吃了禁果。基督教认为人有七宗罪：傲慢、妒忌、暴怒、懒惰、贪婪、贪食及色欲。

当然还有一种中和的观点，这就是“善恶混”。西汉时期的学者扬雄认为：“人之性也善恶混。修其善则为善人，修其恶则为恶人。”战国时期的告子也说：“性犹湍水也，决诸东方则东流，决诸西方则西流。”

关于人性的看法，让我们思考：人性中有没有善的一面？有没有恶的一面？我更赞同“善恶混”的观点，认为在我们每个人身上都有善良的一面，同样也有丑恶的一面。人既可能是天使，也可能是魔鬼。

关于人性，进化心理学也有所论述，进化心理学认为人的发展就是一个从生物人发展为社会人的过程。生物人是缺少规则意识的，是缺少文明修养的，而社会人是有规则意识的，是文明的产物。著名的心理学家弗洛伊德的人格理论里边也隐含了他对人性的看法。他认为每个人有三个“我”，即本我、自我和超我。本我代表着人类本能的愿望和欲求，它是享乐的我，它的行为原则即“享乐原则”，存在的目的是为了给个体带来最大的快乐，避免任何形式的痛苦。通俗地说，这是一个自私自利的我，它不关注他人，不关注社会，不关注规则，不关注边界。而自我则处于本我和超我之间，它是人格的中间层，从本我中分化而出，用于调节本我和超我之间的矛盾。超我的行为原则叫“道德原则”，它是人格结构中约束性、限制性、惩罚性的成分，超我力图使每个人的行为要符合道德原则。

人性论会让我们产生这样的思考：孩子是“天使”还是“魔鬼”？我的看法：孩子既可能是“天使”，也可能是“魔鬼”，关键在于其后天所受到的教养。如果孩子从小缺乏管教，没有发展他人性中美好的、向善的一面，幼时可爱的“天使”有可能沦落为成年时期可怕的“魔鬼”。

正是对人性的思考，让我得出这样一个结论：家庭教育有两个关键，一个是管教，一个是关爱。人性中美好的、善良的一面需要父母用爱去滋养，用父母的爱心培育孩子的爱心。人性中不好的、丑恶的一面需要父母的管教，在父母的引导下发展孩子自身的约束能力。

四、关爱和管教的原则

人性中善恶并存，所以家庭教育既需要关爱，也需要管教，这是毋庸置疑的。下面我概括性地总结关爱和管教的原则。

如何关爱孩子，父母要把握两个原则。第一个原则：爱孩子应该是无条件的。什么叫无条件的爱？无条件的爱是指：因为你是孩子的父母，不管孩子是一个什么样的孩子，父母都要爱这个孩子。不管这个孩子可爱不可爱，漂亮不漂亮，学习成绩好不好，高矮胖瘦美丑，父母都要无条件地爱他，这叫无条件的爱。

第二个原则：爱要有原则。无条件的爱不等于无原则的爱，真正的爱是要有底线的。有两条底线至关重要：一个是道德，另外一个是法律。父母和老师从小就要教育孩子不要做违反道德和法律的事情。如果父母、老师在关爱孩子的时候能做到这两点，这种爱就是一种理智的爱，就是一种有益于孩子成长的爱。

如何管教呢？管教同样需要把握两个原则：第一个原则叫以身作则。管教孩子不是操控孩子，管教是为了帮助孩子养成规则意识和边界意识，父母的身教就变得特别重要。身教重于言传，父母怎么说的当然重要，但怎么做更重要。“其身正，不令而行；其身不正，虽令不从。”如果父母发挥榜样示范作用，在生活中时时处处做事有原则，明辨是非、善恶、美丑，不该干的事情坚决不干，不该占的便宜坚决不占，我相信孩子就会耳濡目染，就会自然而然地培养起边界意识和规则意识。

第二个原则是温和而坚定。“温和”是指在教育孩子的时候，父母不能用简单的、粗暴的手段去管教孩子，不能用体罚、辱骂等方式管教孩子，父母要顾及孩子的人格尊严，孩子跟父母在人格上是平等的。“坚定”就是指父母要学会不卑不亢，该坚持的时候一定要坚持。如果是涉及原则、底线的问题，不管孩子再怎么哭，再怎么闹，再怎么哀求，父母都要坚决地坚持自己的意见。这两个方面合在一起，就是“温和而坚定”。

这就是管教的两个原则。

第五节　关爱和管教的方法

今天我要给大家分享的主题是关爱和管教的方法。

一、如何关爱孩子

父母为什么爱自己的孩子？进化心理学给出了一些回答。第一种回答：爱孩子是一种遗传而来的生物本能，人类的繁衍依赖于年长的一代去关爱年幼的一代。对父母来说，孩子延续了家庭的血脉，保证了家族的传承。第二种回答是从经济学的角度来解释的：父母之所以爱孩子，是因为孩子是父母投资的产品，为了能够得到回报，父母要持续地爱孩子。第三种回答是从孩子的角度来解释的：父母之所以爱孩子，是因为孩子可爱。发展心理学发现了这样一个有趣的现象，就是几乎所有的动物在幼时的外形都比成年时更可爱。这是有进化意义的。孩子可爱，所以更容易得到爱，这大大提高了它的生存的可能性。

爱对孩子的成长非常重要。没有爱，就没有教育。爱使孩子有了安全感、信任感和归属感，爱让孩子有爱心、信心和自尊心。不管是家庭教育还是学校教育，爱永远是教育不变的底色。

一个经典的研究案例是有关罗马尼亚孤儿院的孤儿的研究。这些孤儿生下来不久就被放到孤儿院抚养。几年之后，心理学家发现这些孩子在认知能力、智力和社会性发展等方面严重落后于正常家庭中长大的孩子。为什么？研究者认为造成这种差别的原因主要是孤儿院的孩子缺少关爱，关爱的缺失导致了孤儿院的孩子生理、心理发展落后。

没有爱，孩子就无法成长，就像没有空气，我们人类就没法呼吸一样。有了关爱，教育就成为以爱育爱的过程。教育孩子的过程就是用父母的爱心来滋养孩子的爱心的过程。老师教育学生的过程同样也是老师用爱心浇灌孩

子爱心的过程。

父母应该如何爱孩子？下边我给大家分享一些心理学家的回答。第一位是弗洛伊德。弗洛伊德认为，0~1岁的孩子处于人格发展的口唇期，快乐的满足主要集中于口唇部位，因此按照弗洛伊德的理论可知：食物就是爱，妈妈的奶水就是爱。爱就是妈妈的哺乳，哺乳的过程既是一个营养传递的过程，更是一个关爱传递的过程。因此，我们强调妈妈要尽可能母乳喂养，哺乳的过程中，妈妈和孩子有亲密的肌肤接触，还有眼神和情感的交流，这些都是单纯的奶粉喂养无法替代的。因此，爱孩子，对年轻的妈妈来说，那就是亲自哺乳。

第二位心理学家是美国心理学家哈洛。他通过经典的恒河猴实验说明了什么是爱。哈洛做了一系列的实验，其中有一个实验是这样的：在一个实验室里有两个"猴妈妈"，其中一个叫"绒布猴"，就是在铁丝的框架的外面包裹了一层软软的绒布，这是一个柔软的温暖的"妈妈"；另外一个叫"铁丝猴"，铁丝的外面没有用任何东西包裹，但是这个"铁丝猴"的胸前绑有一个奶瓶，奶瓶里装的是小猴子赖以生存的奶水。把一个刚刚出生的小婴猴放进这个实验室里，哈洛想了解：这个小婴猴会更喜欢哪个"猴妈妈"呢？是"绒布猴"还是"铁丝猴"？哈洛的研究发现：除了因为饥饿需要喝奶的时候，小婴猴会到"铁丝猴"旁边吮吸奶水，其他时间小婴猴都依偎在"绒布猴"的身边，当感到危险的时候，他会跑向"绒布猴"去寻求保护。这是哈洛的第一个实验。在第二个实验中，哈洛对实验做了一些改进，他为小婴猴制作了一个可以摇摆的"绒布猴妈妈"，这个"妈妈"可以左右摇摆，而且他还保证这个小婴猴每天会有一个半小时的时间与其他的小猴子一起玩耍。有了这两方面的改进以后，这些小婴猴长大以后的表现就基本上正常了。第三个实验在今天看起来非常不人道：哈洛制作了一些邪恶的"绒布猴妈妈"。当小婴猴感觉到危险奔向"绒布猴妈妈"寻求保护的时候，邪恶的"绒布猴妈妈"会向外发射铁钉攻击这个小婴猴，有时，这个邪恶的"绒布猴妈妈"还向小婴猴喷射冷气，即使如此，这些可怜的小婴猴仍然义无反顾地去拥抱这个邪恶的"绒布猴妈妈"。研究表明：当这些小婴猴长大以后，它们往往表现出自闭、反社会等行为，当这些小婴猴成年以后成为妈妈以

后，它们不会去照顾自己的孩子，甚至会残忍地杀害自己的孩子。用现在的标准来看，哈洛的研究是很不人道的，但哈洛以摧残爱的研究，让我们人类知道了爱的重要性。哈洛后来总结出：爱存在三个变量，那就是触摸、运动和玩耍，这三个变量就能满足一个灵长类动物的全部需要。哈洛认为人类同样也需要这三种爱，那就是触摸、运动和玩耍。在这三个变量中，哈洛特别强调触摸的重要性。哈洛认为触摸所带来的安慰感是爱最重要的元素。

从哈洛的一系列实验中，我们会得出什么样的启示？第一个启示：有奶不一定是娘。在面临“绒布猴妈妈”和“铁丝猴妈妈”的时候，铁丝猴虽然有奶水，但是这个小婴猴却不喜欢她，而更喜欢“绒布猴”，因为“绒布猴”可以给它温暖。第二个启示：身体接触非常重要。父母和孩子要经常性保持肌肤的接触。孩子小的时候，父母要多抱抱孩子，要多亲吻孩子，要多抚摸孩子，这种皮肤的接触可以给孩子安全感。第三个启示：积极陪伴对孩子很重要。什么叫积极陪伴？积极陪伴是指以孩子为中心、满足孩子需求的父母陪伴。

第三个心理学家是人本主义心理学家卡尔·罗杰斯。罗杰斯认为爱就是无条件的积极关注，即无条件的爱。无条件的爱，就是指父母爱孩子是不需要理由的，不管孩子学习成绩好不好、漂亮不漂亮、聪明不聪明，父母都要爱他，这就叫无条件的爱。正是这种无条件的爱，让孩子的成长有了一个根基。如果没有这种无条件的爱，爱就成了无源之水。

关于如何关爱孩子，下面是我个人的观点，那就是关爱不溺爱。爱要有原则。无条件的爱不等于无原则的爱，爱要有原则、有底线。爱的底线是什么？一个是道德，一个是法律。我们一定要告诉孩子和学生，既不要做违反道德的事情，也不要做违法的事情。在这两个底线之上，孩子就是自由的。

爱不是抽象的名词，而是具体的行为，是一些具体的细节。

我认为爱有五种表达形式：

第一种爱，是言语的爱。用语言形式进行的对孩子的接纳、鼓励和表扬，就是言语的爱。

第二种爱，是服务的爱。给尚未获得相关能力的孩子做饭、洗衣服，给孩子提供生活所必需的基本服务，这就是服务的爱。

第三种爱，是陪伴的爱。父母舍得花时间和孩子待在一起，以孩子为中心，以孩子的需求为导向，这就是陪伴的爱。

第四种爱，是抚摸的爱。哈洛的恒河猴实验告诉我们，爱需要身体肌肤的接触。

第五种爱，是礼物的爱。父母在外出差回家的时候，给孩子带一份礼物；孩子过生日的时候，送孩子一份礼物。这些都是礼物的爱。

这五种形式的爱都是孩子需要的爱。在这五个方面，作为父母，您做得怎么样？缺少哪种爱？缺什么就补什么。

二、如何管教孩子

孩子为什么需要管教？这是因为人有两面性，人性既有善的一面，也有恶的一面。孩子人性中善的一面需要用爱心去滋养，孩子人性中恶的一面需要成人的引导和约束，因为人类婴儿天生缺乏自我约束和控制能力，天生是没有规则意识、边界意识的。

孩子的边界意识、规则意识从何而来？当然是从后天的管教而来。正是基于人性的两面性，管教才是不可或缺的。管教让孩子从一个生物人成长为一个社会人，生物人是没有边界意识、没有规则意识的，而社会人是需要边界意识、需要规则意识的。通过父母的管教，孩子逐渐有了边界意识，知道什么能干，什么不能干，知道是非、善恶、美丑的界限。

什么时候应该管教孩子？我认为管教有三个关键的时期。第一个时期是管教的起始期，这个起始期一般认为是从两岁开始，两岁以前的孩子有没有管教的可能性？基本上没有。因为两岁前的孩子缺少对语言的理解能力，缺少对行为的自控能力，所以对于两岁以前的孩子父母要慎谈管教。两岁以后为什么可以管教了？两岁以后，自我第一次诞生了，孩子人生中第一次用“我”这个词来指代自己，更明确地把自己的行为和自己这个人联系起来了。两岁以后，孩子的语言表达能力、理解能力基本形成，两岁以后的孩子初步获得了基本的自我控制能力，所以说两岁是管教的起始期。

什么时候是管教的关键期呢？幼儿时期和小学时期是管教的关键期，这个阶段的孩子在情感上对父母有强烈的依恋，在生活上要依赖父母，在思想

上高度认同父母。父母要抓住这个关键期，把一些正确的价值理念和行为规范传递给孩子。

青春期已经不是管教的关键期了，青春期最多算得上是管教的补救期。随着身心的成熟，青少年会本能地质疑父母和老师，这个时候的管教成效往往会大打折扣。在青春期，如果父母和老师以朋友的身份、顾问的身份，尊重孩子的人格尊严，平等地与孩子分享和探讨，父母和老师还是具有改变青少年的可能的。再过几年，一旦孩子长大成年了，父母再想去改变他，太困难了，因为18岁以后，一个人的价值理念已经基本定型了。

因此，管教的三个时期，最重要的时期是幼儿期和小学时期，即2~12岁。

父母有哪些具体的管教方法呢？我认为下边四种是比较有效的管教方法。

第一，批评与惩罚。孙云晓先生曾经有过这样一个观点，即无批评式教育就是伪教育。我们认为惩罚是教育的应有之义。因为孩子不光是“天使”，还有可能沦落为“魔鬼”。孩子的成长是需要惩罚的。只是因为批评和惩罚伴随着一系列的副作用，因此在使用的时候要有一定的前提条件。批评和惩罚要起作用，最重要的前提有两个：一个是好的关系。好的关系是指惩罚者和被惩罚者之间的关系是良好的，信任度是高的。“亲其师，信其道”，如果老师和这个学生的人际信任是好的，那么对于适当的惩罚，孩子是愿意接受的，因为他知道老师是为他好。相反，如果一个老师和孩子的关系已经很差了，那么越惩罚，这种关系就越差。这时的惩罚不但无益，反而会进一步恶化他们的关系。另一个前提就是批评与惩罚一定要公平公正。有这样一个笑话——上课了，一个老师喜欢的、学习成绩好的学生趴在课本上睡着了。老师说：“你看看人家，睡觉了还看书。”同样，另外一个学习成绩不好、和老师的关系也比较差的学生也同样趴在课本上睡着了，老师说：“你看看你，一看书就睡觉。”因此，父母和老师要谨慎批评和惩罚。批评和惩罚要有效，一定要公平公正。规则对父母和孩子应该是一样的。

第二种是自然后果法。所谓自然后果法，就是让孩子体验行为的自然后果，在后果中反思和改变。什么叫自然后果？自然后果就是非人为的后果，

如不吃饭就会挨饿，晚上不按时睡觉第二早上就起不来就会迟到，天冷了不加外套就会着凉感冒，这些都是自然后果。在生活中，如果我们善用自然后果法，让孩子从自己的行为后果中去反思和学习，就会给父母减少很多麻烦。自然后果法给孩子创造了体验式学习的机会，从学习效果来讲的话，体验式学习比父母言语教导的效果更好。

第三种是暂停法。有时候孩子犯错误了，或者孩子无理取闹了，父母怎样说都不管用，怎么办？那就试试暂停法吧。暂停法分暂停前、暂停中和暂停后。比如说一个男孩打骂他的弟弟了，父母的言语制止没有用，就可以使用暂停法。

暂停前　跟孩子面对面地接触，明确地告诉孩子：因为你打你的弟弟，所以你会受到惩罚，你要在一个没人的角落里边待5分钟。暂停前的说明一定要有，它可以帮助孩子把自身的行为和暂停的后果联系到一起。

暂停中　暂停进行中的时候，父母不能给孩子任何的关注，把孩子留在那个没人的角落，既没有积极的关注，也没有消极的关注——数落、批评孩子。

暂停后　5分钟时间到了，这个时候爸爸或妈妈过来先安慰一下孩子，抱一下孩子，跟孩子和好，然后再一次明确地解释暂停的原因，并告诉孩子：爸爸妈妈爱你，但是不会纵容你。

第四种是忽视法。对于孩子偶然的、无意的错误行为，父母要故意“视而不见”，有意地进行忽视。如果父母关注了，那么这种关注往往成为一种“强化”，会增加孩子将来发生这种问题的可能性。比如说，我的女儿前段时间不知跟谁学的，开始用脏字骂人了。在一般情况下，当孩子第一次骂人的时候，父母往往是有种强烈的反应。父母的这样一些反应，实际上有可能变相地强化了孩子。孩子会意识到自己的这句话会引发了父母这么强烈的反应，就会继续骂下去，来吸引他人的关注。采取忽视法，孩子骂完了以后，父母什么反应都没有，最后孩子往往会“自讨没趣”，就不会继续骂下去了。因此，对于孩子的一些偶然的、无意的错误行为，父母最好选择性地忽视。

教育孩子不容易，既需要关爱，又需要管教。怎么样关爱？五个字：关爱不溺爱。怎么样管教？同样也是五个字：管教不粗暴。

第六节 沟通，让父母走进孩子的内心

一、什么是沟通

下面我们要分享的主题是“沟通让我们走进孩子的内心”。父母会不会跟孩子沟通？父母会不会说？父母会不会听？这些都是我们下面的主题。

我们先看一个脑筋急转弯：

黄瓜长在什么上？

西瓜长在什么上？

笨瓜、傻瓜、呆瓜呢？

长在什么上？

笨瓜、傻瓜、呆瓜，他们都长在爸爸妈妈的嘴上，长在老师的嘴上。一个孩子之所以认为自己笨、自己傻、自己呆，是因为父母、老师经常说他笨，说他傻，说他呆。日积月累，老师的评价就逐渐地转化为学生的评价，父母的评价就逐渐转变为孩子的评价。这个世界上最强大的武器是什么？是我们的舌头，俗话说“众口铄金”。好的父母是会沟通的父母，好的老师是会沟通的老师。沟通无所不在、无处不在，沟通塑造了孩子的人格，塑造了学生的自我。

什么是沟通？沟通包括两个字，一个是“沟”，一个是“通”，“沟”是过程，“通”是结果。如果“沟”了但是没有“通”，就不是真正的沟通。有没有效果，是沟通最重要的评判标准。

沟通的过程是怎样的呢？一般认为沟通包括三个主要的环节：表达、接收和反馈。父母可以想一想，在这三个环节里边，父母最擅长的是哪个环节？在教育的过程当中，父母和老师最关注、最擅长的可能是第一环节——表达。许多父母和老师都特别能说，说得太多，往往忽视了第二个过程——

接收和第三个过程——反馈。在现实生活中，好多父母说得很起劲，有用没有用？可能没有用。比如好多父母这样抱怨：“我已经说了你一百遍了，你还不听！”如果父母说一千遍的话，孩子仍然不听，可能是因为父母只关注表达而忽视了孩子接收，更没有关注孩子发出的各种反馈信号。这种沟通就是无效的，属于无意义上的沟通，纯粹属于浪费时间。一个好的沟通者除了善于表达之外，更要善于接收，要善于观察沟通对象反馈的各种信号，观察这个沟通对象的身体语言。与人谈话时，如果我们发现对方频频地看自己的手表或者手机，那么我们就应该知道对方对你的沟通信息不感兴趣，我们就要终止沟通，或者改变我们的沟通方式。当现实生活中，孩子不愿意听的时候，父母不要简单地指责孩子，而更要反思自己的表达技能。

沟通有哪些功能呢？沟通主要有两个基本的功能。第一个是信息的传递，传递消息、思想和情感。因此，在沟通过程中，我们既要关注别人说了什么，又要关注别人的语气语调和身体语言。沟通往往不单单是思想或信息的沟通，而可能包含着重要的情感信息，这是沟通的第一大功能。沟通的第二大功能，就是沟通满足了个人的某种心理需要。比如说当我们痛苦的时候，我们需要另外一个人听我们诉说，这就是关注与爱。孩子跟我们一样。在生活中遇到挫折的时候，遇到痛苦的时候，他也希望有人能够听他说，有人能够接纳他，沟通可以满足孩子的关注和爱的需要。但是，在现实生活中，许多父母的沟通目的往往是满足自身的控制需要，希望通过言语的手段来控制孩子。

亲子沟通存在很多问题，我用五个“mang”来予以总结。第一个是“忙”，好多父母太忙了，没有时间跟孩子沟通，早上很早出门工作去了，晚上很晚才回到家。第二个“mang”，是“芒”，跟孩子沟通的时候，父母容易话中带刺，容易批评，容易讽刺，容易挖苦，跟孩子的沟通往往是负面的沟通居多。孩子表现得好了，父母认为是理所当然的，孩子一旦犯错误了，父母就去批评、指责他。第三个“mang”是“氓”，即沟通过程中父母往往粗暴简单，甚至付诸暴力。比如说爸爸和孩子沟通的时候，爸爸说的明明孩子不愿意听，爸爸偏要说。当孩子不耐烦的时候，爸爸会强求孩子去听。当孩子的意见是正确的而父母的意见不正确的时候，父母往往会

强制孩子去接受，凭借着身体、地位和经济的优势，强制孩子接受说教。第四个“mang”，就是茫然的“茫”，有的时候父母不知道孩子想听什么，不知道孩子愿意听什么，茫然不知所措，也不知道自己说了什么，只是为了尽到自己的教育责任，至于孩子听不听，那不在他们考虑的范围。第五个“mang”，是盲目的“盲”，有些父母根本不考虑孩子的需要，不考虑孩子的接受程度，不考虑孩子的爱好，盲目地跟孩子沟通，沟通根本就没有效果。大家可以对照这五个“mang”，看看我们生活中存在不存在这几个“mang”。如果存在，父母就要注意了，父母要做出改变，要改变沟通的理念，提升沟通的技能。

下面我再通过两个经典的场景来说明我们日常生活中亲子沟通存在的问题。

第一个场景：儿子穿好了衣服，准备出门了，老爸问：“干什么？”儿子回答：“出去。”父亲问：“去哪儿？”儿子回答：“不去哪儿。”

“沟”了吗？“沟”了。“通”了吗？没“通”。在好多青春期孩子的家庭里边，这种沟通场景一而再再而三地上演。

第二个场景：孩子考试考得不好，妈妈试图安慰他，孩子说：“我太笨了！”妈妈说：“你不笨。”孩子说：“我真的很笨！”妈妈说：“你很聪明。”孩子说：“我快要笨死了！”妈妈说：“你一点儿也不笨。”

“沟”了吗？“沟”了。“通”了吗？没“通”。那么我们想一想，孩子考试考得不好，他最需要的是情感上的安慰。但是这个妈妈是怎么安慰他的？她拒绝了孩子的感受，用自己的判断去代替这个孩子的判断，结果怎么样？沟而不通，无果而终。

上面这两个沟通场景，会加深父母对日常生活中无效沟通的理解。

二、如何听，孩子才会说

如何听，孩子才会说？在现实生活中，父母会听吗？是不是既不会听也不愿意听？在听的过程中，父母容易存在什么样的问题？最主要的问题就是听得不够，说得太多了。

简体字的“听”怎么写？“听”字的左边是一个“口”，在日常生活中需要父母听的时候，父母说得太多了，用“说”代替“听”了。如何听？真正的倾听是繁体字“聽”，我们的祖先在造字的时候，已经把听的真正含义造进去了。我们看繁体字“聽”，左边是一个耳朵，右边中间是一个横立的“目”，右边最下面是一个“心”。我们的祖先很有智慧，认为要用耳朵去听，要用眼睛去看，还要用心去体验。古希腊的著名哲学家苏格拉底曾说：“自然赋予我们人类一张嘴，两只耳朵，就是让我们多听少说的。”好的父母，要嘴巴小，耳朵大，说得少，听得多。好的父母，首先是好的倾听者。

如何做一个好的倾听者呢？父母要掌握四个字——望、闻、问、切。下面通过一个例子来说明如何望、闻、问、切。比如说一个四年级的男生，下午放学回到家里，推开门以后，耷拉着脑袋进来，满脸的不高兴，见到妈妈后眼泪都快出来了：“妈妈，我被老师冤枉了！”这个时候，妈妈应该如何倾听？首先要“望”，这个妈妈不管当时在做什么，不管是在厨房切菜，还是在看电视，还是在打电话，还是在看手机，都要把这些事情统统放到一边去，然后找一个座位，跟孩子面对面坐着，专注地看着孩子，保持眼神的接触。如果这个妈妈做到这些，孩子就会收到一个信号：妈妈已经做好准备了，妈妈愿意听我讲。所以说这个“望”特别重要，“望”显露的是妈妈的态度，是妈妈对孩子的重视。第二个就是“闻”，“闻”就是听，身体要前倾，要两只耳朵竖起来，专注地听孩子说了什么，认真地捕捉孩子说话的语气、语调。第三个就是“问”，父母不能光听孩子说，还要学会去问。但是父母一定要注意，这个时候父母的角色是倾听者的角色，所以父母的“问”一定不要喧宾夺主，“问”的目的是鼓励孩子继续说下去，问的目的是告诉孩子：妈妈在认真地听，妈妈对你所讲的很感兴趣。所以说“问”一定要简短，比如妈妈可以问：“怎么了？”“下边呢？”“你感觉怎么样？是不是特别难受？”经过上面的三个过程，这才有可能达到沟通的最重要的、最核心的环节——“切”。切是心灵上、情感上的共鸣，是设身处地地感受他人的境遇。

学会望闻问切，父母就学会了倾听，就会逐渐地拉近与孩子的距离，遇到困难的时候孩子就愿意与父母分享，父母就能对孩子发挥积极影响。

三、如何"说"，孩子才会"听"

家庭教育还是个言教的过程，父母还要学会如何"说"。通过"说"，父母可以把自己的关心、关爱、管教传递给孩子。那么如何"说"，孩子才会"听"？下面我们就分享一些"说"的技巧。"说"总体上可以分为两个方面，第一个是表扬，第二个就是批评。我认为：表扬比批评更重要。父母要多看孩子的优点，少看孩子的缺点。家庭教育应该以正面教育为主，负面教育为辅。

怎么表扬？许多父母习惯上怎么表扬孩子？是不是最喜欢这样的句式："孩子你真棒！""孩子你能行！"

这是一种什么形式的表扬？我称之为评价式表扬，即直接把某种积极的评价传递给孩子，甚至硬塞给孩子。评价式表扬过于直白，就像直辣辣的太阳光，会让被表扬者感觉到不舒服。评价式表扬往往给孩子贴了一个标签，容易让孩子画地为牢，比如说父母夸一个孩子："你真乖，你真是个乖孩子。"这个孩子往往就会以乖孩子的标准来要求自己，当他的意见与父母或老师不一致的时候，他不敢表达也不愿意表达，因为他必须做一个"乖"孩子。

有没有一种更有效、孩子更愿意接受的表扬方式？那就是描述式表扬。我认为表扬有两种方式，一种是评价式表扬，如"孩子你真棒"等。评价式表扬直接指向孩子的人品，直接把某种判断和评价施加于某个人或物体，直接得出结论。第二种就是描述式表扬，通过语言的描述，描述孩子的行为，还有父母的感受，让孩子自己得出评价性的结论。下面我再举个例子：一个5岁的小女孩在家里边画了一幅画，晚上妈妈下班回家了，小女孩兴冲冲地跑向妈妈，向妈妈展示自己的画作："妈妈，你看我画得好不好？"如果是评价式表扬，这个妈妈会这样回答："宝贝，你画得真好！你真是个天才的小画家！"如果这个妈妈换一种方式呢？换作为描述式表扬呢？妈妈把这幅画拿过来认真地端详一番，然后妈妈这样说："宝贝，你画的这是一条小河，弯弯曲曲，这小河里面还有两条小鱼，河边是青青的绿草，草上面还有一个羊宝宝，羊宝宝旁边是羊妈妈，羊妈妈的旁边还有一棵大树……"这个妈妈没有用一个"好"字，但是经过妈妈的这样一番描述，这个孩子会特别

高兴，心里肯定会美滋滋的。通过妈妈的描述她知道妈妈很喜欢她画的画，她就会自己得出结论：我画得很好。与直接送出结论的评价式表扬相比，描述式表扬更有效。心理学研究表明：描述式表扬对孩子行为的激励作用远远胜过评价式表扬。

描述式表扬要怎样描述呢？下面是我总结的描述式表扬的三种基本模式。

第一种，描述所见所闻，即描述看到了什么。比如父母看到女儿把房间收拾得特别整洁时，可以这样使用描述式表扬："地板那么干净，被子叠得也很整齐，书架一点儿也不乱。"你没有直接夸奖孩子做得很棒，但是孩子听完父母的描述以后自己会得出结论：我的房间收拾得很棒。

第二种，描述你的感受。比如父母走到女儿的房间，可以这样描述自己的感受："走进你的房间，感觉到很舒服，感觉到特别敞亮，感觉你的房子变大了。"父母对感受的描述会让孩子感受到父母的欣赏，进而进行积极的自我评价。

第三种模式，把描述的现象总结成一个词。对于年龄小的孩子，父母需要在描述的基础上进行引导性的总结。比如说对一个5岁的孩子，父母可以这样描述："你把铅笔、钢笔放在不同盒子里边，找起来很方便，这叫什么？有条理。"这种总结不等于评价式的判断，这是一种积极的引导。

描述式表扬对许多父母来说可能是一种新的表扬方式，需要多加练习，才会熟能生巧。

有表扬，就有批评，孙云晓先生讲过"无批评教育是伪教育"。如果孩子犯错误了，就需要批评。批评是一种正当的教育手段，关键在于如何批评。要让批评有效，要让批评对孩子发挥积极的作用，首先要遵循一条最为重要的原则——对事不对人，即批评指向的应该是孩子具体的行为，而不应该把孩子的某个错误行为泛化、类化为孩子的人格。具体的行为是相对容易改变的，而人格却是稳固的，是相对难以改变的。如果父母在批评的时候伤及孩子的人格，那么即使孩子明明知道自己做的是不对的，他也不愿意接受父母的所谓正确的批评。

应该用什么样的方式批评呢？我认为最好的批评方式是描述式批评。批

评和表扬一样存在两种方式，一种是评价式批评，一种是描述式批评。评价式批评，直接把某种负责的评价传递甚至强加给孩子。对这种批评，孩子当然不愿意接受，因为孩子跟成人一样都有自我保护倾向，批评会激发孩子的自我保护倾向。要让批评有效，父母需要习得一种新的批评方式，这就是描述式批评。描述式批评和描述式表扬在形式上非常相似，它的完整公式是：孩子的行为+父母的感受+父母的解释+愿望与建议。下面举一个例子予以说明：孩子放学回到家，一进门就把书包往门口一扔，书包里边的书和文具都散到地板上了。以往爸爸可能使用的是评价式批评："你看看你，怎么搞的？那么邋遢！书包又乱放，你的耳朵长哪里了？你怎么屡教不改！"因为爸爸的批评，孩子可能会被迫把书包收拾一下，但是心里边会感到特别不舒服，觉得爸爸小题大做，爸爸在攻击他的人格。孩子更有可能消极对抗，爸爸不在的时候他会一切如故。如果爸爸使用描述式批评呢？简单描述一下孩子的行为就可以了："你的书包!"当然爸爸还可以描述自己的感受："我提醒你好多遍了，你一直没有改变，爸爸很生气。"这样，孩子就会感受到爸爸的情绪了，知道爸爸不高兴了，他更容易做出改变。爸爸还可以解释："因为你把书包随地放在门口，别人进来的话会被绊倒的。明天早上你收拾书包的时候会特别花时间，容易迟到。"爸爸还可以说出自己的愿望和提出建议："儿子，咱们想想有没有办法可以改掉这个不好的习惯。要不要在门口贴一个标记？一进门的时候你一看到标记，就会想到爸爸的提醒。"如果爸爸用这种描述式的批评，没有损及孩子的人格尊严，没有威胁到孩子的自我价值，那么孩子更愿意接受批评，更愿意做出改变。

描述式批评当然也需要父母不断地练习，熟能生巧，让批评成为一种对孩子成长有益的工具。

【作者简介】

李文道：首都师范大学教育学院副教授，北京师范大学发展心理学博士，首都师范大学家庭教育研究中心副主任，中国教育学会家庭教育专业委员会常务理事，曾著家庭教育畅销书《男孩危机》《女孩危机》《好好做父亲》。

第七章 家长如何指导孩子学习

刘凤华　刘淙雨

教育科研工作者经过长期跟踪调查发现，当今中小学生普遍对课堂上学习的知识内容不感兴趣，缺乏足够的学习热情，厌学比例非常高。相较于十几年之前，老师常常在每天的基本作业之后，放上一道“兴趣题”，目的是鼓励和吸引部分同学，挖掘他们的学习潜力，激发他们的学习兴趣，帮助他们积累强化成就感。每个班都有许多同学跃跃欲试，或者暗自尝试，或大家讨论，当他们解决了问题后，会有很强的成就感，甚至以此向别人炫耀。而在今天，同样的作业形式，几乎没有学生愿意承担。

从这个角度来看，我们发现，孩子学习的热情在下降是不争的事实。那么到底原因是什么？本章我们就来探讨一下，老师和家长如何帮助学生热爱学习，有效学习。

第一节　学习是人的本能

片面地追求升学率的现象在中国已经存在了若干年，虽然大家都清楚，升学率不能成为评价一个人学习成果的全部指标，但无论是学生还是老师都被片面追求升学率压得喘不过气。中小学生在升学的压力下备受摧残，很多人对此深恶痛绝，老师和学生背负着沉重的枷锁，身心俱疲。

然而，当今社会的一个奇怪的现象就是，虽然没有人喜欢片面追求升学率，但是大家却都在不遗余力地追求升学率，不甘心落后，不敢落后。探究背后的原因，原来追求升学率的幕后推手既不是学生、家长，也不是老师，而是中华民族的传统文化。中华民族向来注重文化传承，《论语》告诉我们要见贤思齐，无论是面对一个人还是一个团体，只要他或是他们在某一方面有所建树，我们都会很羡慕，并且愿意向他们学习。崇尚学习是内化在我们每一个华人骨子里的一种文化传统。深受儒家文化影响的不仅只有中华民族，几乎整个东南亚都在儒家文化的辐射圈之内。

不仅仅我们这个民族崇尚学习，学习几乎是所有人的本能，只有学习才能促进我们的发展。

一、什么是学习

玉不琢，不成器；人不学，不知义。学习在我们任何一个人的成长过程当中都占有很大的比重。心理学认为学习是一个人态度和行为的转变。一个人在某一个环境当中，通过外在的环境的影响，态度和行为发生改变的过程就是学习的过程。从这个意义上来讲，任何人出生以后，无时无刻不在学习，没有人能逃避学习，没有人能拒绝学习，学习是人的本能。主动或被动地成长都离不开学习，学习就是改变自己的过程。人们通过学习可以改变自己，适应或改造环境，而改变自己难免会面临压力。

意大利著名心理学家安东尼奥·梅内盖蒂创立的本体心理学，专门研究人的精神活动的原始动因和人对存在的理解。他指出，人具有一种天生的智慧，这种智慧有益于同环境的互动，但由于历史和社会的原因，人的直觉及其天生的智慧很大一部分都丧失掉了，如果能找回失去的部分，人就可能获得成功。

人都是想要通过学习走向成功的，在同社会环境的互动中，人要通过学习适应外部社会。就追求升学率而言，罪过不在于追求本身，而在于追求升学率带给不同群体的巨大压力。如何妥善处理这种压力，变压力为动力，激发学生的学习热情，提高学习效率，就成为教育的首要目标。教育的根本任务，在于根据人的智能结构和智能类型，采取适合的培养模式，来发现人的价值，发掘人的潜能，发展人的个性。

有效的学习，可以让孩子在学习的过程中获得成功的体验，促进孩子的全面发展。当老师和家长在探讨个人成长的问题时，学习是永远绕不开的话题。在心理学的概念中，学习的定义是一个人态度和行为变化的过程，也就是说当一个人经过了某一个过程之后，他的态度、行为发生了变化，我们就说这个人已经学习过了。在平常生活当中，你会发现任何一个人的态度和行为时时刻刻都在发生改变。这样，你就可以认为，我们任何一个人，任何时候都在学习。

从学习的体系上来讲，我们把学习分成两部分，一个是广义的，一个

是狭义的。广义的学习是指一个人从出生以后，他经历的所有的过程都是学习。比如说孩子学说话，这就是学习。一个孩子为了扩大个人生活范围，他要走路，这也是学习。再比如一个刚刚出生的孩子，对外界的某一个陌生声音非常敏感，甚至当这声音出现的时候，他会吓一跳。但是当这种声音逐渐出现的时候，当孩子意识到这种声音没有危险的时候，慢慢地他就接受了，慢慢地他就习惯了。这样的结果为什么会产生？是因为这个孩子学习了。我们有大量的这种例子。任何一个人的学习从他出生的那一刻，就已经开始了，并且会伴随他的一生。我们的生活是由一个个学习的过程组成的。

狭义的学习，特指在学校的课堂上的学习，根据我们国家的要求，学习特定的知识、发展特定的能力的一个过程。平常，老师、家长以及学生，更加关注的是狭义的学习。之所以把这两种学习都列出来，是想说明这样一个道理：课堂上孩子的知识和能力的学习，甚至在学习过程当中，学习方法、学习策略、学习动机、学习热情，这些东西一定不能脱离广义的学习，而且应该建立在广义学习的基础之上。没有哪一个孩子在课堂上的学习是孤立的，课堂上学习的问题是孤立的，或课堂上学习品质的锻炼是孤立的，要想改善课堂上的学习，往往都要到广义的学习当中去吸取营养，去寻找它的基础。

一般来讲，人的学习分为两种，一个是为了我们每个人的生存，我们要进行那些非常具体明确的功利性的学习。从孩子的生活角度来讲，他要学习吃饭，要学习说话，要学习走路，这些功利性都非常强。学不好这些他的生存就会出现问题。对于我们中小学生来讲，功利性更强，比如说当前的社会，什么样的行业发展前景最好，这些行业需要什么知识，需要什么能力，而这些知识能力对一个中小学生来讲，需要进行哪些早期的知识储备。更加直白地说，就像许多家长说的，高考考什么我们就学什么，高考不考的那些东西，我们就不学。为了个人的生存，这是第一种。

第二种是为了我们个人的生存品质提高而学习，无论是从个人意愿还是从个人需求来讲，人活着，不仅仅要生存，还要提高个人生存的品位、需求、体面、尊严。中国人遵守着“穷则独善其身，达则兼善天下”“两袖清风”等精神满足，所谓“生活不只是眼前的苟且，还有诗和远方”。这生存的品位说起来很复杂，我们不妨举例子来说明。当我阅读一本书的时候，阅读的这些知识充实了我的身心，我很高兴。但同时在阅读的时候，那种安静的、愉悦的体验，对我来讲也是很深刻的。在我阅读的时候，我突破了个人的种种限制，比如说地域的限制，由于个人的某些原因，我不能到很远的地方去，但是通过读书，我就可以跟很远的地方的一个人沟通、对话、讨论问题。甚至可以跟国外的某一个人，我很崇拜的一个人，进行面对面的对话。甚至还可以突破时空的限制，虽然我们不能跟古人生活在同一时代，但是可以通过阅读，跟古人对话，跟我们的先贤对话，跟我们的圣人对话，向他们学习，遵从他们的教导。阅读得疲劳了之后，即使没有更多的阅读所得，也仍然会深沉而满足地睡去。

这两种学习的目的，会给我们每一个人的学习带来深远的影响，前者能改变生活的质量等实际问题，后者提高了个人的自我满足度，后者在前者的基础上延伸。如此说来，功利的学习是生活基础，无可厚非，但后者也是人的基本需求。比如说，由于我们现在这个社会的选择是多元的，每一个孩子的成长目标也是多元的，成长目标这么多元，孩子现在到底应该学点什么呢？学习什么东西才能满足我们的需求呢？目标越多元，孩子需要学习的东西就会越多，学习的任务就会越重，学业负担就会越重。当前孩子学业负担重，在短期之内是不可能改变的，而且随着社会的发展，社会知识的爆炸更新让人眼花缭乱，加大了学习负担。孩子功利性的学习的责任越重，负担越重，寻求学习的本来意义就更加重要了。

我们对个人生存的品质要求越高，学习的任务越重，因为我们对生活品质的种种追求，只有依赖学习才能达到。要学习，就要处理学习带来的压力，没有一个人的学习是轻松的。放眼世界，没有一个国家的孩子是整天玩，不用学习的。那种认为中国的孩子很辛苦，外国的孩子不学习很轻松的观点就出现了偏差，对学习的定位出现了问题。

这两种学习目的并无高低贵贱之分，我们想追求较好的生活品质，一定要依赖于第一种功利性的知识性的学习，没有知识技能的学习，我们个人的品位是不可能提高的。

二、学生的学习方式

学习类型又叫学习风格或学习方式，主要包括认知风格、学习策略、内外控制点、焦虑、兴趣、态度等。每个人的学习方式是不一样的，从一个人的生长过程来看，分类角度不同，有许多种表现。

1. 直接经验的学习

个体的生活体验的来源在其生活的范围之内，他所接触到的生活之内的积累的经验，这些经验必须是他亲身感受的。举例来说，一个人如果看到炉子上有一壶烧开的水，用手去摸一下，感觉到烫，被烫疼了，那么下次再看到炉子上烧水的时候，他就一定不会用手去摸了，而会小心翼翼地避开这个热水壶，避免再受伤。当一个人走路的时候，走到某个地方摔了跟头，下次他再从这个地方经过的时候，也一定会变得很小心，因为他不想再摔跤了，他的生活经验告诉他在这里可能会摔跤。一个人从个人生活当中得到的个体体验极其深刻，永久不忘，因为这是他多种感官对这个体验总结后得到的一种结果，所以个人体验在学习当中非常重要。在中小学阶段，尤其是低年级更是如此，老师在教学生的时候，总是喜欢让学生念一遍，去做一做，去摸一摸，大家来活动活动，因为这样一种方式，能够促进个体获得深刻的体验，进而加深理解。

2. 间接经验的学习

大家都知道，尽管每个人的生活体验很深刻，但是个人生活圈子太小，局限性太大，我们不可能每个方面都要亲自去做。所以我们需要总结前人的经验，吸收经验中的精华，而吸收学习这些经验，需要的不仅有我们的体验，还有我们的思维。我们在吸取继承前人经验的基础上，学习知识是一个方面，而锻炼个人的思维则是另一个方面。吸取前人经验的效率非常高，因为我们是站在前人的肩膀之上。体验个人的经历，跟总结前人的经验，这两种方式没有好坏之分，从获得学习经验上来讲，这两种方式都是不可或缺的。

3. 创新式学习

任何一个人、一个团体并不能简单地继承前人的学习成果，我们要进行发展，要创造，这就是创新。当前国人对创新意识、创新行为有一个心结。

因为中国的孩子创新能力相对欠缺，我们在如何处理继承和创新这两者的关系上就常常会出现问题，总有一些老师或者家长认为，当前孩子的创新能力之所以比较差，是因为对前人的东西吸收得太多了。这种观点失之偏颇，其实出现创新能力不足这一问题的原因，不是当前孩子对前人的知识积累学习太多了，而是他们在学习过程中的学习压力太大了，学习策略和方法不合适。创新意识、创新精神，包括创新行为，都依赖于一个非常宽松的、没有功利性的环境，和基础知识的学习没有关系。

当一个人面对巨大学习压力的时候，根本就没有时间来考虑其他的东西，就会造成他在学习过程中思维视野狭窄，尤其当我们的情绪发生变化，处于一种焦虑状态的时候，就更不可能创新了。当前孩子的创新能力比较差，原因并不是在继承前人的经验上出了问题，而是在学习方法、学习方式上出了问题。对前人的经验继承得越多越好，只不过在学习方式上，需要做些改进，给孩子留足可以进行创新的空间和宽容、非功利的心态。还需要强调的是，创新一定是在继承的基础之上，甚至可以夸张地说，任何一个人、一个团体，若不能创新就不能发展、不能进步，而若不能继承就根本不能生存，继承在先，创新在后，一定不能将两者的顺序弄颠倒。

要想让每一个孩子很好地学习，那我们自然要提供很好的教育策略，而这些教育策略一定要依赖于每一个孩子的个性特征。孩子的个性特征不一样，其学习方式、学习策略和方法相应也不同。

1983年，美国哈佛大学心理学家加德纳提出了多元智能理论。他认为，个体身上存在着八种智能：语言智能、音乐智能、数理逻辑智能、空间智能、动觉智能、内省智能、交流智能和自然观察智能。这种理论认为，有的人偏重于逻辑思维，有的人偏重于形象思维，有的人偏重于语言的发展，有的人偏重于人际交往，有些人偏重于空间知觉，甚至有些人偏重于运动。每种智能都有优势，每名学生都有发展的潜能。教师和家长要改变以往用一把尺子衡量学生的标准，关注学生的差异，用赏识和发展的眼光去看待学生的差异。要根据每个孩子的智能优势去选择最适合他的学习方式，做到因材施教，突出学生的主体地位和主动精神。

比如最典型的像运动员刘翔、邓亚萍等，智商都非常高，大家可不要

觉得他们头脑简单、四肢发达，他们的很多能力是我们所不及的。这种理论告诉我们，每一个孩子的能力是多元的，发展方向是多元的，学习的任务也是多元的，教育策略也应是多元的，我们应该让孩子在他自己的基础之上发展，而并不一定严格地按照我们成人的标准，千军万马过独木桥；否则，有些孩子的能力可能就会受到压抑。

4. 听觉型学习

有些孩子听觉非常敏感，他们对语言的理解能力很强，而且在学习的时候听觉优先，这些学生在课堂上表现得非常活跃，跟老师配合得非常好，当老师讲课的时候他们就会非常愉悦，非常愿意听，而且对于老师讲的内容，他们能够理解得非常深刻，甚至有些学生在课堂上，老师说上半句，他就能接下半句，跟老师互动非常好。这些孩子在上课的时候非常受老师喜欢，但是他们也有不足，因为听觉优先，他们可能在其他方面就会稍显欠缺了。当然也可能他们既愿意听也愿意说，与老师互动频繁显得吵闹。比如有一些学生在自己阅读的时候，他不能安安静静地读书，而是嘴里念念有词。而且有些学生更加夸张，在考试的时候不会自己审题，需要老师或者是自己来念一遍，还需要耳朵帮助他们来理解。在这些学生自学的时候，老师要加强对他们的帮助和支持，允许并强化他们的行为。他们阅读时，眼睛要是不够用，一定要用嘴来帮忙，用耳朵来帮忙，多种感官配合。

5. 视觉型学习

跟听觉型的学生不太一样，这些学生学习时是视觉优先，他并不喜欢别人说的话。当老师讲课的时候他们不愿意听，其实他们并不是不喜欢听，而是因为他们在学习过程当中是视觉优先的，所以听觉理解不理想。他觉得老师讲课啰里啰唆太麻烦，半天也讲不到重点，他们脑袋转得快，而老师讲得慢。这些学生在上课的时候，与老师互动差，显得注意力不集中，反应慢，可能会不讨老师的喜欢。比如说老师在这跟大家强调，“我们上课了，大家看黑板，大家看我这儿，大家听我讲”，而这些学生却陷在学习当中出不来，这些学生认为听老师讲课还不如自己学习效率高。我们要理解这些学生，他们不是故意和老师捣乱，而是因为他们偏重于视觉学习，所以不自觉地选择了自己认为效率高的学习方式。

6. 感觉型学习

这种孩子除了听和看之外，更偏重于去亲身感受一下，去做，去看，去摸，光听不行，一定要见着具体的图或形，越具体越好，越形象越好，能参与体验更好。比如，他们想得到凉和热的感知，需要亲自体验凉和热，乃至在什么情况下、多高温度，才分清是凉和热。再比如，他们对团结互助的理解很模糊，需要设计一些情景，才能在绘声绘色的描述中刻骨铭心，在学习知识当中他们需要通过图画、图表、学具试验操作，从这些活动当中感受理解并归纳提升。他们更喜欢通过游戏互动、参与来加深理解抽象的知识或事物。

学习类型还分左脑型、右脑型。大家都知道，一个人大脑分左半球、右半球。两个半球的功能相互联通，可以互补，但功能是不一样的。简单来讲，右半球更多偏重于形象思维，重感性，而左半球更加偏重于一个人的逻辑推理能力，重理性。因为两个半球的功能差异，所以我们在平常生活当中看到，有些人左半脑稍微发达一点，有些人右半脑稍微发达一点，针对不同的学生安排的学习内容、学习任务、学习方式也应该不一样。对于左脑发达的孩子，我们应该让他们安安静静地坐下来，一环一环进行推理能力的训练，重书面语言。而对于形象思维比较发达的这些孩子，我们对他们的教育，更多地应该借助于形象一点的人、事、物、景，借助于口头语言，以帮助他们理解。

在这里还要强调，左右脑没有哪一个是更高级或低级的。中国学生，原来一直被认为是形象思维稍稍欠缺一些，所以社会上对右脑开发变得极其热衷。右脑开发并不因为是右脑重要，而是我们对过去失误的一种矫枉过正。左脑、右脑都很重要，而且左脑、右脑需要协调发展。现代科学研究发现，左脑和右脑尽管有不同的分工，但是它们之间相互的补偿作用也是很明显的。老师和家长应对这个问题加以关注。

三、性别差异与学习方式

从每年高考录取情况来看，理工类院校里，男生、女生的数量大体上相等，而文科院校里女生占绝大多数。仅仅从大学生人数的角度来讲，我们就

知道男生人数比女生要少。一些重点高中里，女生都比男生多，这两年初中也已经出现这种现象。孩子的性别差异导致学习类型的差异，简单来讲，男孩、女孩在性启蒙之前，他们没有更多的性别感，在学习方式上几乎是一样的。他们的学习方式，是知识点之间的高度依赖。也就是说明天的学习依赖于今天的学习，今天的基础打扎实了，明天的学习要容易得多，今天的基础没有打好，明天可能就接不上茬，就学不会，这叫知识点之间的高度依赖。

小学高年级、初中、高中，性启蒙以后，男孩、女孩有了性别意识，他们的学习方式就不一样了。女孩大部分仍然沿用她们原来的学习方式，就是知识点之间的高度依赖。小女孩越长大，就越来越按部就班，越来越稳当，学习成绩会越来越平稳。而男生则发生了变化，当他们进入到性启蒙时期之后，他们的知识点之间的联系逐渐减少，逐渐走向相对的独立。直白地来说，一个女孩今天要学好了，明天就可能学好，今天没有学会，明天就可能出现学习困难；而男孩不是这样，今天他学会了，明天他可以好好学，今天没有学会，明天也照样能学，就看他高兴不高兴。所以我们会发现男生岁数越大，学习成绩越不稳定。我们在这强调一点，出现这种情况不是因为这些男生不老实了，也不是因为这些男生在跟老师、家长作对，而是因为他们的不稳定跟他们的大脑发育、学习类型、学习方式变化有关。

从这个角度来讲，学习方式的改变，需要孩子找到适合于他们的学习策略，这样才能提高他们的学习成就、学习效率。孩子的学习类型不一样，学习方式、学习内容、学习策略都要随之变化。

四、学习兴趣与学习方式

再来看学生的学习过程，学习过程涉及的环节、因素、内容非常庞杂，一个孩子如果对某一个方面有兴趣，有足够的好奇心，是一件非常可喜的事。兴趣是最好的老师。但是各位老师、家长，在这时候一定要清晰地认识到，对某件事情有一种内需力，而且非常积极地愿意付出心血的，有建设性的一种学习，这叫兴趣。因为兴趣而取舍是允许的，但这里面绝不包括以没有兴趣为借口的逃避行为。

有些家长经常会问一个问题：有没有这样的一个学习过程，让孩子每天

吃饱了就睡觉，睡醒一觉以后把前面学的这些知识都学会了。有没有这种方式？我告诉你，没有。这是人类的一个永恒的课题，现在还没有解决。有些学生说，我就喜欢看电视，我就喜欢睡觉，我不喜欢学这些东西，其实他们不是没有兴趣，而是在逃避。孩子如果有兴趣，老师家长就应当支持，但是这些兴趣需要在好奇心的支持之下付出心血，获得建设性的成长。如果孩子以没有兴趣为借口逃避课堂内的知识学习，那他根本就不是没有兴趣。

当今社会也存在一些呼声，要大力提倡快乐教育、快乐学习。那么快乐教育最早是由谁提出的呢？这个说法是由英国哲学家、社会学家赫伯特·斯宾塞提出的。斯宾塞认为教育的目的就是为了让孩子成为一个快乐的人，应该让孩子在快乐的状态下学习。他强调顺随孩子的天性发展，以“让孩子成为他自己”为主导教育理念，他的教育法则被证明是普遍适用的，因为其揭示了人性和心智发展的规律而使孩子和家庭受益。

没有任何老师能够保证所有学生都对某一门学科感兴趣，人跟人之间的区别就在于，是不是感兴趣的事能做好、不感兴趣的事也能做好。这个区别的核心就是是否具有学习责任心。

在一个人的成长过程当中，个人的兴趣一定要跟社会的需求结合起来。国家、社会需要他做的事，即使他原本不喜欢，但是在责任心的驱使之下，他也能够做到。能做好某件自己感兴趣的事，那是很自然的。一个人若对某件事不感兴趣，也愿意去做，而且能够做好，这才是一个人社会化的最终标志。

以上是我们对一些普遍的学习现象、学习理念的一些探讨。学习是我们中华民族崇尚的一种活动，是深入到我们每一个人血液、骨髓当中的一种行为。而从一个人的本性来讲，学习是人的本能，没有哪一个人拒绝学习，事实上也不可能拒绝，因为人的成长过程本身就是一个学习的过程，社会的进步也需要每个人的学习来推动。

第二节　教师的教育策略

学生的学习过程，一定伴随着老师和家长科学而有效的教育策略，由于学校教育具有系统性、连续性的特点，学校教育占据了学习的大部分时间，这其中，教师的教育策略对学生的学习效果产生了重要影响。古人说教学相长，教和学两方面互相影响和促进。教学是教与学的交往互动，师生双方相互交流、相互沟通、相互启发、相互补充，在这个过程中教师与学生彼此间进行情感交流，从而达成共识、共享、共进，实现教学相长与共同发展。

教师对于学生教育策略以及针对性的选择，直接决定了学校教育的针对性。我们经常能在现实中看到，教师教育效率有高有低，从学生角度来讲，有些学生跟另外一些学生相比，虽然付出同样的努力，但是效率却不一样。所以对教师来说，关注学生的学习过程当中的策略和方法，比关注他们的学习成绩更重要。

经典的心理学理论认为，教师在学生学习时采用的教育策略不同，对其学习效率产生的影响也会不同。

一、精神分析学说与学习策略

奥地利的精神分析学派创始人弗洛伊德第一次从精神动力学和精神分析的角度对人的发展和行为进行了描述。任何人若需求满足过多，他就会缺乏动力；而若需求得不到满足，他就会不高兴。

弗洛伊德认为，人格发展存在三个主要的、连续的阶段，这些阶段主要反应在本我、自我和超我的发展过程中。弗洛伊德学派认为，人的所有活动都是“本能冲动”（不是通过学习获得的倾向）以及原始的反射，“本我”是由大量不受约束的精神能量组成的，这些精神能量几乎不顾一切地追求欲望的满足，因此，“本我”遵循的是享乐原则。人在生活中并不是所有的愿

望都能马上得到满足，人在成长的过程中逐渐知道了不能随时随地发泄自己的欲望。成人的社会要求同本来的愿望之间会发生冲突，“本我”的冲动与现实之间不断冲突导致了人格的第二种水平，即“自我”的发展。“自我”是人的各种理性水平，是人在与环境的关系中逐步形成的一种心理组织。受人的社会规则的制约，“自我”遵循的是现实原则，它是人格的心理成分，一方面使“本我”适应现实的条件，从而调节、控制或延迟“本我”欲望的满足；另一方面还要协调“本我”与“超我”的关系。“超我”是人格中的最高部分，“超我”在儿童早期已开始发展，并且主要来自于对同性父母的认同，儿童努力像成人一样，接纳别人的价值观与信念，将成人对他们的要求转化为自己的行为，形成规则并自觉遵守。如果自己的行为符合自我理想，个体就会感到骄傲，否则个体就会感到焦虑。因此“超我”遵循的是道德原则，是人格的社会成分。

弗洛伊德的精神分析学说经过后人不断地完善，现在已经成为一个庞大的理论体系。这个学说承认我们每一个人都是有欲望的，而我们每个人一旦欲望得到了满足，就会比较高兴，若得不到满足就会不高兴。当一个人因欲望得不到满足而有些不良情绪的时候，这个情绪就要及时发泄掉。不良情绪的长期积累，会使人产生焦虑，干扰人的成长。因此，在教育学生的过程当中，面对孩子成长过程中的不良情绪和行为，我们不应简单地计较对与错、得与失的表面现象，而应及时地通过对表象的分析，直接探求孩子心理的需求。弗洛伊德认为，需求才是我们进步的动力，需求不足，或过分满足，都会让人失去足够的动力。动力来自寻求需求的满足。

举个简单的例子，现在有的学生不喜欢学习课堂知识，老师和家长经常给他们做工作，教育他们要向好学生学习，要认真学，要努力，但是总有些孩子会不咸不淡地跟家长说：不如我的人多了。老师和家长面对这样的学生，会非常生气，认为这些孩子不求上进，得过且过，家长甚至不明白这些孩子为什么不向好学生学习。其实在对这些现象生气之余，我们不妨来分析一下。表面现象和真实的事实有时是不一样的。是他们不求上进吗？孩子说的话很可能不是事实，非常有可能是他们在学习基础或学习能力方面出现了问题，他们当然不会愿意简单地承认自己能力差，方法缺失，甚至常常处于

无能状态，成就感全无，成功无望，更不愿意承认由于自己的过错造成了基础不好，总得找一个借口，两害相权取其轻，简单的做法就是他们不承认自己能力差，而是辩解自己不愿意学。他们说的话并不是真心话，而是在自己学习能力不足的时候，为了掩盖自己的不足，而用沉沦的面目求得心理平衡。

在过去十几年对学生的各种学习状况进行调研的时候，我们发现学生在学习时磨蹭拖拉这个现象非常普遍，这是一个高居榜首的问题，很多老师和家长对孩子在学习的时候磨蹭这个现象深恶痛绝，他们一般采用的就是一再督促或指责，甚至拳脚相加。我们透过现象会发现，绝大多数孩子的磨蹭，并不是因为他真的愿意磨蹭，而是因为他学习能力不足。还有部分孩子是在用磨蹭行为对成人的过度无理要求进行抗议。再有部分孩子是大小动作发育不完善，或对作业相关的知识储备不够，运用不熟练，每个过程盘桓时间过长，注意力又不足以支持，导致磨蹭拖拉。如果我们能够通过表面现象看到事情的本质的话，就不会再针对那种表象进行督促了，而是针对孩子的内心需求来做出目标、方法、策略等方面的调整。精神分析学说是我们每一位老师、每一位家长分析孩子的一个理论基础。通过现象，看到孩子某些方面问题的本质，当抓住了这些问题的本质之后，直接满足孩子内心的需求，让他在最基本的需求方面得到满足，激发出学习的动力，那么，那些表面的问题就能迎刃而解了。

二、行为主义学说与教育策略

20世纪初期，西方心理学中诞生了行为主义学派，华生、斯金纳、班杜拉是行为主义学派不同阶段的代表人物。其学习理论主要是联结论和刺激-反应理论。这一学派的基本观点是，学习是环境刺激与学习者行为反应之间的连接过程。行为主义学派既注重外部条件对学习的影响，又注重学习者对环境的行为反应。

美国心理学家华生是行为主义的创始人，华生认为心理的本质就是行为，行为是可以预测和控制的，已知刺激能预测反应，已知反应能推测出刺激，这就是刺激-反应理论。华生否认遗传的作用，认为环境和教育是行为发展的唯一条件，因此他认为学习本质上是刺激与反应之间的联系。这种理论非常强调一个人的刺激反应，特别强调一个人的行为习惯的培养。而作为老师和家长，我们也都知道，一个学生好的行为习惯直接促进他的学习效率的提高。比如说当学生对一个公式或定理理解并熟练掌握之后，再遇见一个类似的问题，他就会用这个原理解决问题。

良好的行为习惯对学生的学习效率会产生重要影响，所以养成良好的学习习惯是必需的。而不良的行为习惯会使学习效率大打折扣。行为主义非常关注一个人行为习惯的训练。由于不同年龄阶段孩子的心理特征不同，相应的行为刺激策略也略有不同，良好习惯的形成依赖于良好行为刺激的重复与强化。强化好的行为便形成好的行为习惯，强化不好的行为就会养成不好的行为习惯，当一个新型的良好行为习惯形成之后，不良行为习惯随之逐渐退化，这种策略就来自于行为主义学说。

比如说，我们对幼儿阶段和小学低年级的孩子在行为习惯培养方面，教育策略跟其他年级的应该是不同的。很形象地来说，小学一、二年级及其以下的孩子，应该注重外在的环境营造和熏陶，因为他们有做一个好孩子的需求，每个人都愿意做个好孩子，但是好孩子的标准他们还是不太清楚，其具体要求和实现过程他们也不知道。所以在小学一、二年级及其以下的孩子中经常会出现这种现象。老师问他们：这个黑板，黑不黑？他们说“黑”。老师又问：黑板真的黑吗？他们又说“不黑”。这黑板到底黑还是不黑，他们并不关心，他们只关心是不是和老师一致。他们往往人云亦云，不能自己独立判断。如果哪一个老师真的去这么问孩子，就会发现这些学生真能让人给弄蒙了。因为他们对黑白没有明确的辨别能力。对于一些不具有思辨能力的孩子，进行行为习惯的培养，应少说多做，关注环境的营造，在这种环境当中让孩子去模仿，而且重复去做这些模仿。

曾经有这样一个教育案例，人们在狼窝里发现一个孩子，给他起名叫狼孩。刚被发现的时候，这个孩子跟我们人类是截然不同的。他已四五岁，智商却只有人类三四岁的水平。这个孩子只会像狼一样叫，不会人的语言。这对于我们有一个启示：孩子在什么样的环境下，他就会长成什么样的人。具体的行为习惯培养也是这样，小孩子没有很好的思辨能力和自我调节能力，

周围是什么环境，孩子就会成为什么样的人。

再举个很常见的例子，我们都愿意让孩子认真学习，让孩子有学习的积极性。如果哪些孩子放学在家更喜欢看电视，喜欢玩电脑，喜欢玩手机，不喜欢和家长玩，可能就会有问题。一点儿不夸张地说，现在很大一部分孩子，长期受这些机器的吸引和困扰，他们对人类的喜欢已经远远比不上对机器的喜欢，机器对他的影响比人的影响要大得多。如果说一个孩子长在狼旁边就变成狼孩了，那么可以说这些孩子就变成“机器孩”了。当一个人变成机器的时候，那么他自然而然地就已经具有了机器的品质。机器是冷血的，是没有感情的，没有温度的，不会感恩，也没有上进心。环境对孩子的成长有决定作用，家长和老师为了培养孩子的行为习惯，一定要善于营造周围的环境。

在家庭当中，家长也应该用个人的行为做出榜样，帮助孩子养成良好的行为习惯。举个很简单的例子，当孩子写作业的时候，家长最好坐在孩子旁边，以一种极其认真虔诚的态度，也在很认真地学习，家长学什么都无所谓，主要是用自己的行为，为孩子营造学习的一个环境和氛围。如果家长经常坐在孩子旁边非常认真、高度专注地学习，孩子也会越来越稳定，学习效率越来越高，逐渐地就会养成一个习惯，这就是环境的模仿作用。我们倡导营造学习型家庭的意义也在于此。

环境营造是一个方面，环境的重复强化也很重要。要想让孩子养成某个良好的行为习惯，一定要依赖重复。在学校老师会经常有这样的教育策略，当刚开始学某个字的时候，让大家多念几遍。如果这个字大家还不会写，就多写几遍。模仿重复是一个不可或缺的教育策略。这个重复是我们任何一个孩子、任何一个成人都不能逾越的一个很好的学习策略和学习方式。

小学高年级孩子在行为习惯方面的训练就不一样了，主要策略就是奖励和惩罚。谈到教育策略，行为主义认为，合理地运用奖励和惩罚是老师和家长不能回避的一个话题。奖励和惩罚都是科学的教育策略，是前人留给我们的教育遗产。忽略惩罚不是科学的教育，行为主义很重视惩罚的作用。

奖励的意思是，当我们期望孩子在学习方面出现一些良好的行为、良好的态度、良好的苗头，并期望这种现象更频繁地出现时，就会对孩子进行

正向的鼓励表扬，对他这种好的行为进行强化。今天做得好，明天能不能做得一样好，或更好一些；今天认真，明天能不能再认真些；今天写作业写得多，明天能不能再多一点。正向的刺激，让孩子有愉悦的体验，让这种愉悦的体验跟积极的心态、积极的行为，建立一个稳定的连接，对孩子良好的行为习惯的养成起促进作用。所以奖励是必不可缺的，而且应只针对孩子良好的行为。

惩罚跟奖励是一对双胞胎，它俩常常同时出现，而且必不可缺。惩罚的意思是，当孩子在学习当中出现了一些不良的行为、不良的状态，甚至不良的苗头的时候，家长就要给他负面的刺激，让他不舒服。因为他感觉到了痛苦，痛苦就跟他的不良的行为产生稳定的连接，产生自我约束力。家长期望通过这种负面的刺激，让孩子这些不良的行为逐渐地减少、淡化直至消失，这就是惩罚的作用。从这个角度来讲，惩罚和奖励必不可少，往往在一个孩子成长过程当中，它俩需要交替使用。奖励和惩罚的目的不单单是让孩子愉悦或自信，更重要的是约束，奖励和惩罚都是约束。惩罚不是家长和老师自我情绪的宣泄，不是打击羞辱孩子，而是帮孩子产生自我约束能力、责任感、独立性，进而产生成功的体验，积累成就感，这是社会化的必要过程。

由此看来，每一位老师或家长，对奖励和惩罚都不应该有所偏好，而且也不应该有所回避。需要强调的是，当孩子好的行为习惯出现的时候，要尽可能多地进行奖励；当孩子不好的行为习惯出现的时候，要想让这种不好的行为习惯逐渐淡化消失，惩罚是必需的。

到中学，行为主义的策略就又发生了改变，更注重行为刺激的体验。对中学生实施教育和指导，简单的行为刺激是不够的，而是让他们能够体验到。举例来讲，曾经有这样的一个学生，他在学习方面积极性非常差，从来不主动学习，而且还经常用学习行为来威胁父母。他最常说的话是：你们要再让我学习我就不吃饭了。对这个孩子的这种不良的行为矫正，我们首先想到的是要惩罚。

在对他训练的过程当中，让他和一个小学一年级的小朋友住进一个宿舍，让他管理照顾小朋友。用这种生活的情境来激发他的积极性。开始时，这位中学生明确拒绝所有的责任和义务。这时候需要给他营造一个情境，对

他进行惩罚教育，我们告诉他这个小朋友晚上可能会尿床，如果晚上这个一年级的小朋友真的尿床了，就让他和小朋友换床睡。

结果我们发现，一年级的小朋友躺在床上睡着了，这个中学生却陷入痛苦当中。他要想办法阻止尿床现象的发生。他从老师那儿借了一个手机，定上闹钟，提醒小朋友起夜。因为他没有足够的生活常识，不知道一个孩子晚上解手需要间隔多长时间，于是他定了闹钟，每一个小时响一次，铃声一响，他就叫小朋友起来去厕所。到了早晨，他很惊奇地发现小朋友果然没尿床，他便非常激动地给家长打电话，并炫耀自己的做法和成就，虽然只是一次成功的体验，但是却极大地激发了这个孩子的学习积极性。我们来分析，这漫长的一夜，究竟是谁让他接受了惩罚呢？其实他的惩罚不是来自于外界，而是来自于自我惩罚、自我体验。上面的例子，可以让孩子明确地知道，惩罚不是外在强加的，在一定情境中，让孩子为了逃避某个惩罚，他必须约束自己，从而带来他和我们都期望的成功。在惩罚时，不以羞辱对抗为目的，边惩罚边奖励，引导孩子走向成功，并以成功的快乐来抵消惩罚的痛苦，这里最大的奖励就是成功的体验。

三、认知主义与教育策略

认知主义学说认为，简单粗暴地惩罚孩子的时候缺失了认知的疏导，如果在行为训练的同时，和孩子沟通，疏导错误的认知，更能够有效地激发孩子的内在动力，效果要好得多。

认知疏导是每一个老师和家长都很熟悉的教育策略。人们常常把它简化为给孩子讲道理，给孩子进行认知梳理。事实上，这种教育策略的针对性，决定了其有效性，给孩子讲道理是对的，但是不同年龄的孩子，我们给他们讲道理时应该采用的方式是不一样的。

幼儿、小学低年龄段的孩子，他们没有很好的逻辑思维能力，缺乏对有些事情的对错的判断能力，没有个人的标准。老师、家长对这些孩子进行教育的时候，最好的讲道理的方式是告知。也就是说，要明确地告诉他这个字读错了，这个事不对，应该这样做，不能那样做，越简练越好。表达必须清楚准确。一般不要给孩子讲过程，讲危害，因为那样不仅无益，反而有害。

举例来讲，有一个家长给自己的孩子辅导学习。学习两个字“未来”。这个家长告诉孩子说，这两个字念“未来”，这两个字非常相像，这个字多两个点，那个字少两个点，多两个点的字是“来”，少两个点是“未”，合起来，读“未来”。当这个家长反反复复讲了若干遍之后，发现孩子从此就混淆了，再也分不清楚了。孩子没有分辨能力，说的太多只会造成他的混乱。所以对这个年龄的孩子来讲，一定要就事论事，直接告知就行了。假如某个孩子在行为方面出现了问题，我们就应该就事论事，东拉西扯会把最重要的事情给掩盖了。总之，越简练越好，越明确越好。

对于小学高年级的孩子，就要讲解辨析，这是我们最熟悉的给孩子讲道理的方式。比如当孩子在学习上出现困难之后，用一些外在的力量来约束他。我们经常会从各个角度来论述，如他们要是不好好学习，国家就不发展，民族就不发展，中国梦就实现不了。还有一个角度，就从孩子个人角度来讲，就是如果他们不好好学习，他们就上不了初中，上不了高中，上不了大学，一生就会受到很多影响。从原因到过程，一直到危害，家长给孩子反反复复辨析。对小学高年级的学生来说，这样的方法非常合适、非常合理，也是非常必需的。认知疏导是对事件和行为的认知辨析和激励，并不是证实孩子的错误，有的家长和老师不是在辨方向、给方法，而是在证实孩子确实有错，这是不应该的。

面对中学生，认知主义的教育策略就又不一样了。我们发现孩子到了中学，好像我们说什么他们都懂，都知道，我们讲的所有东西都是老生常谈，虽然他们什么都懂，可就是做不到。事实上，孩子在这时候还是需要这些道理的，他们虽然都懂，但懂得不深刻，不是真懂。关键是孩子既不是真懂，又不愿意听我们讲道理。到中学阶段，老师和家长不应再让他听一遍道理，而应让孩子自我体验这些道理，在体验中加深理解，在体验中领悟，达到真懂。

在这里有一个案例。我们都知道一个人的生活习惯决定了学习习惯。俗话说“一年之计在于春，一日之计在于晨”。一个人早晨起床的状态能够决定其一天的状态，如果早晨起来很紧张，很紧凑，很有效率，很高兴，这一天就过得很顺利且高效。如果早晨起床就磨蹭，这一天就会过得很低效。

所以我们调整孩子的学习状态，最好从早晨起床开始。在我们的案例中，就遇到了这么一个中学生，他每天早晨就是不愿意起床，并且用起床作为条件要挟家长，屡屡成功。在我们对他训练时，他故伎重施，早晨不仅仅是不起床，而且用挑衅的眼神来应对老师，潜台词是“我看你能怎么办”。我们不是给他讲道理，督促指责，而是坐在他床边耐心地等待他起床。一直等到这个学生自己躺累了，主动要求起床。这样做的目的是让这个孩子自己提出要求，让他自己决定起床还是不起床，而且让他体验一个早就熟悉的道理，自己的事情自己做，自己的责任自己承担。他需要体验的道理具体是没有按时起床，就没有饭吃了。到中午饭的时候，他仍然没有醒悟，慢慢地走到食堂以后发现，中午饭也没了。到该吃晚饭时，他饿得真走不动了，结果等他磨磨蹭蹭地走到之后，又发现晚饭也没有了。前面的这一系列过程，都是在营造情境。等到晚上他睡下以后，对他的认知疏导才刚刚开始。给他做认知疏导的方式不是给他讲，而是由同学和老师逐次地去问他：“这里有个人一天不吃饭，你知道是谁吗？”“你一天不吃饭，你真的不饿吗？你为什么不吃饭呢？”我们这些老师只是在提问，只是在启发，只是在引导。最后他在极度的饥饿中知道，自己的事情自己做，自己的责任自己担，自己的错误自己改，自己的药自己吃。这些道理不再是老师和家长口头上说的道理，而是他自己切身体会到的道理。这样一种体验对他来讲会极其深刻。

接受训练的这个学生现在已经大学毕业了，每年暑假过来看我们的时候，我们总忘不了问他一句：最近你饿了没有？这就变成一个仪式了。这种体验通过抽象、总结变成一个符号，变成了对他个人能动性、主动性学习上的一个重大动力。所以认知疏导在每个年龄段疏导的方式是不一样的。

四、人本主义学说与教育策略

人本主义心理学认为，任何一个人都是有积极性的，任何一个人都是有生命动力的，任何一个人都是向善向上的。我们老师和家长要善于激发、陪伴、信任、欣赏孩子。这是大家最熟悉的理论，要求我们信任、欣赏孩子，信任和欣赏能够强烈地激发孩子的自信和生命力。

但是，人们一定要说明，这个理论的前提是每个孩子都有生命力。当学

生有足够的自我约束能力的时候，这种方法才可以拿来运用。如果有一些学生在学习上出现了严重的困难，天天上网，就是不学习，就是不写作业，我们不去指责他，而是引导他，并给予他充分的信任，积极寻找他身上的闪光点，如头脑灵活、喜欢思考等特质，发现并放大这些闪光点，可能会产生不一样的效果。

我们把这几种教育策略梳理了一遍，这是老师们非常熟悉的，而且也是生活当中最常运用的。在这基础上我们不妨做个小结，老师在谈到孩子成长的时候，这种教育策略的针对性是起决定作用的，那就是根据孩子不同的年龄特征、不同的表现，运用的教育策略一定是不同的，这就是教育策略的针对性。如果说这种教育策略发生了颠倒，很可能是因为针对性错了。

这些教育策略和方法，在教育过程当中哪一种都不可或缺，我们不应该有所偏好。这几种策略没有高低之分，哪一种教育策略都有它的针对性，都是前人留给我们重要的遗产，甚至可以说，在一个孩子完整的学习过程当中，这些策略和方法都用全了，这个孩子的成功就有希望了。如果哪个老师对这些策略当中某一个方面有偏好，那么他的教育成效可能会大打折扣，这些教育策略的针对性和科学性，是老师教育孩子在学习成长过程当中的关键。

第三节　营造学习型家庭

不同的家庭环境对孩子的成长和定型起到了重要的作用，这是不言而喻的。相同学校、相同班级的学生是不同的，因为学生生存的环境不同，他们的家庭不同，家长的教育素养和教育艺术不同。通过对孩子的考察我们发现，任何一个孩子的问题都可以从他父母的身上找到相应的痕迹，任何一个孩子的成功也都可以从他的父母身上找到相应的痕迹。

很多家长不能有效地解决孩子的教育问题，其根本的原因是家庭教育知识的片面和零乱、使用方法的随意和盲目，家长缺乏必要的教育素养。要想从根本上解决这些问题，家长必须更新自己的教育理念，学习系统的教育知识，掌握科学的教育方法，给予孩子适合的家庭教育，把孩子培养成出类拔萃的人！

家长必须注重系统的学习，注重自身的成长，只有明确自己的教育目的，掌握孩子的成长规律，清楚孩子的独立个性，才能够给予他们科学的、系统的、适合的家庭教育；做学习型家长，建立学习型家庭，才能帮助孩子养成一系列良好的习惯，使孩子在未来社会的竞争中处于优势地位。

一、学习型家庭的六个误区

综合当前的家庭教育，我们发现有很多的误区，在这里我总结出六个方面的误区。

1. 关注孩子的成才教育，轻视成人教育

所谓孩子的成才，在当前的教育中，标准也是非常简单的，就是学习，把学习的标准作为衡量孩子成才的唯一标准。家长们经常有这样的议论：谁谁家的孩子学习好，谁谁家的孩子肯定能够成才。

实际上成才包括学习，但学习并不是全部。成才跟成人相比，面窄了很多，成人对一个人来讲不仅仅是学习好，不仅仅是成为有一技之长的人才，而且还应该有相应的社会道德，有相应的、能够适应社会的能力。要想在社会上有立足之地，对一个孩子来讲，成人的意义要远远大于成才。一个人如果没有一技之长，不能成才，那是很可悲的。但是，如果仅仅有才能，不能成人，也是不行的。我们经常发现，有的人才能非常突出，但是他的才能受到客观环境的影响很难发挥出来，这是因为他在成人方面出了问题。

2. 关注孩子学习的结果，轻视学习的过程

从孩子的成长过程中我们发现，家长非常关注孩子的学习结果，比如说考了多少分，考的分数高家长就高兴，考的分数低家长就不高兴。那么，在这个过程中孩子到底付出了什么样的努力、受到了哪些锻炼却被家长忽视了。实际上一个人的成长并不仅仅是由结果决定的，更多的在于过程。孩子

在成长的过程中除了学习文化知识之外，更多的是要享受这种过程所带来的乐趣，如果说没有一个充满乐趣的过程，仅仅有一个结果，那其实是非常不理想的。我们每个人从自己的成长中也都能体会到，如果成长在非常不理想、非常不快乐的过程中，就算有一种非常好的结果，那么孩子也会和我们一样不愿意接受。

3. 关注孩子现在的表现，轻视未来的发展

家长仅仅关注孩子当前发展的环境，对于未来社会对孩子的要求，家长考虑得不多。现在的社会飞速发展，十几年后、二十几年后，社会到底会是什么样的？要求孩子具有什么样的品质？我们的孩子能不能适应未来的要求？关于这些问题，家长往往很少考虑。他们只是考虑孩子现在的学习怎么样、能力怎么样。实际上对今天的孩子而言，他们更重要的生活是在10年以后、20年以后。我们都有这样的体会，我们上小学、上中学的时候所学习的知识、接受的一些观念，包括我们的一些行为习惯，与现在相比差别很大，如果我们仅仅用原来的那些标准来要求我们的孩子，那会是很可笑的。如果我们不为孩子的未来做一些打算，不考虑未来对孩子的要求，仅仅要求孩子掌握今天社会所需要的这些知识、能力，就很难适应未来的要求。不能适应未来的孩子，当然也就不会有前途。

4. 关注孩子的表面评价，轻视行为的训练

在教育孩子的过程中，家长更多采取的是言语方面的说教，从我们教育工作者的角度来看，说教就是一种评价。比如说，你今天好还是不好，你今天做得对还是不对，这些仅仅是对结果的评价。到底怎样改正当前的错误行为，怎样使良好的行为继续发扬，家长在这方面并没有提供有效的方法。所以，很多孩子告诉我们，他们的妈妈特别唠叨，所以他们不愿意和妈妈谈话。确实我们现在的一些言语更多的是在评价他们现在的行为，在表扬他们或者是在指责他们。那么，孩子到底应该怎样改变现状呢？家长没有教给他们一些操作性的方法，孩子从我们的言谈中得不到他们真正需要的、能改变他们行为的方法。

5. 关注个别事件，忽略孩子日常生活中的习惯培养

一个人的成长过程就是一个培养习惯的过程。我们经常学习新知识，形

成新行为，并把这些良好的行为固定下来，来约束我们日常的行为，这就成了习惯。培养习惯是一个长期的过程，是通过生活中的一点一滴完成的。有些家长在教育过程中不重视孩子稳定的生活习惯的养成，而是更加注意孩子生活中的一些突发事件，比如考试出现的滑坡，或者一些更严重的让家长关注的事件，家长感觉到这些事件太大了，他们有意无意地对这些事件进行夸张，夸张到了孩子生活中的方方面面。比如说一个孩子偷偷拿了同学一支铅笔，这是一个事件，此时家长不是好好解决这个问题，而是把这个事件推广到他的整个一生：你今天拿支铅笔，明天拿什么呀？后天拿什么？长大以后你会不会成为小偷呀？这样就把一个行为无限地夸大了。之所以出现这种现象，是因为家长没有从孩子的行为习惯出发，没有从孩子整体的角度来考虑问题，这样的教育是肯定要失败的。

6. 关注孩子的发展，忽略了家长自身的提升

有些家长说了，既然是搞家庭教育，教育的重点就是孩子本身。这种观点当然没有问题，只是他们不知道，教育过程是双方互动的过程，是教育者和被教育者相互合作的活动。教育者是家长，被教育者就是孩子，双方缺一不可，不应该忽视一方，也不应该过分重视一方。在当前的教育过程中，家长过分忽视自己的教育理念，把所有精力和注意力都放在孩子身上，而对自己到底应该干什么却很少关注。殊不知只有平等看待教育的双方，这种教育过程才是成立的。

家庭教育中的这些误区，在平时生活中，每一个家长都能够碰见。我们在这里并不是讨论这些误区，也不是把家长当靶子来批，而是为了和家长一起反思教育中的一些问题，提出我们的教育方案。

教育中有误区，怎样来改正呢？下面有几道小题目，家长可以来简单地检测一下，看自己是不是一个合格的家长。

1. 你每天主动和孩子谈话的时间有10分钟吗？（　）

A. 是的　　B. 经常是　　C. 不是

2. 你每天都能静静地观察孩子一会儿吗？（　）

A. 是的　　B. 经常是　　C. 不是

3. 你的孩子每天都能给你讲故事吗？（　）

A. 是的　　B. 经常是　　C. 不是

4. 你经常和孩子一起外出、玩耍、谈话吗？（　）

A. 是的　　B. 经常是　　C. 不是

5. 你认真倾听孩子对行为的辩解吗？（　）

A. 是的　　B. 经常是　　C. 不是

6. 你经常在别人的面前说你孩子的缺点吗？（　）

A. 是的　　B. 经常是　　C. 不是

7. 你经常把自己的孩子和邻居的孩子相比较吗？（　）

A. 是的　　B. 经常是　　C. 不是

8. 你谈论你的孩子的时候觉得难为情吗？（　）

A. 是的　　B. 经常是　　C. 不是

9. 你经常看到孩子的不足，而看不到孩子的优点吗？（　）

A. 是的　　B. 经常是　　C. 不是

10. 你相信你孩子的能力吗？（　）

A. 是的　　B. 经常是　　C. 不是

11. 你经常对孩子唠叨或发牢骚吗？（　）

A. 是的　　B. 经常是　　C. 不是

12. 你对孩子说过“我再也不管你了”或“我不要你了”吗？（　）

A. 是的　　B. 经常是　　C. 不是

13. 你不高兴时，会对着孩子发脾气吗？（　）

A. 是的　　B. 经常是　　C. 不是

14. 孩子喜欢干什么，你会干涉吗？（　）

A. 是的　　B. 经常是　　C. 不是

15. 你认为好的事情，会强迫孩子去做吗？（　）

A. 是的　　B. 经常是　　C. 不是

16. 你对孩子的心事刨根问底吗？（　）

A. 是的　　B. 经常是　　C. 不是

17. 你陪孩子学习或是监视他学习吗？（　）

A. 是的　　B. 经常是　　C. 不是

18. 孩子学习成绩不好时，你会趁机指责他吗？（　）

A. 是的　　B. 经常是　　C. 不是

19. 你为了孩子的学习可以牺牲自己的一切吗？（　）

A. 是的　　B. 经常是　　C. 不是

20. 你认为孩子失败的主要原因是他不努力吗？（　）

A. 是的　　B. 经常是　　C. 不是

21. 孩子以不学习为借口要挟你，你会让步吗？（　）

A. 是的　　B. 经常是　　C. 不是

22. 为了学习你会讨好你的孩子，对他许诺吗？（　）

A. 是的　　B. 经常是　　C. 不是

23. 你允许孩子与同学聚会、游玩吗？（　）

A. 是的　　B. 经常是　　C. 不是

24. 你会当着孩子的面发泄对孩子的老师或自己的领导的不满吗？（　）

A. 是的　　B. 经常是　　C. 不是

25. 你会在孩子面前夸大自己的困难或自己的成功吗？（　）

A. 是的　　B. 经常是　　C. 不是

注：

1、2、3、4、5、10题中，答“是的”得3分，答“经常是”得2分，答“不是”得1分。其他题中，答“是的”得1分，答“经常是”得2分，答“不是”得3分。

若你的总分在60分以下，说明你不是合格的家长，或者说，你的教育方式不理想，你已经被孩子的成长问题所困扰，需要接受专家的指导了。

根据这些题目，我们每个人都可以反思一下，自己作为家长是合格还是比较合格，还是不大合格。这些题目既是检测我们是不是一个合格家长的小测验，同时也是教育我们成为合格家长的一个训练材料。

二、学习型家长的六种角色

学习型家长，应该在自身角色上进一步确认和强化。从家长的具体行为做起。

1. 家长是孩子平等的朋友

只有和孩子成为平等的朋友，相互尊重，相互理解，才有可能营造一种民主、平等、宽松的家庭环境。所谓平等，就是家长和孩子应该站在同一个平台上，每个人都可以自由地发表自己的见解，表达自己的感情和思想，这是家长和孩子沟通的基础。

2. 家长是孩子宽容的长者

我们说天底下最宽容的人是家长，家长应该宽容自己的孩子在成长过程中出现的任何问题，孩子成长过程中必然要犯错误，不犯错误的人就没有改正错误的机会，也没有锻炼的机会。我们说容忍、接纳他们并不是指无限制地接受，也不是说纵容他们的错误，而是通过这种容忍和接纳来建立一个亲子交流平台，为解决他们的问题、引导他们成长提供一个良好的环境。

3. 家长是孩子智慧的参谋

所谓智慧的参谋，就是说家长在孩子面前应该是一个有智慧的长者。当孩子出现问题的时候，家长不是训斥他、批评他，而是非常理智地帮助他解决问题。如果家长能够为孩子寻找到解决问题的方法，孩子的成长可能就会比较顺利。

4. 家长是孩子学习的榜样

作为家长，我们应该用自己的影响去引导孩子，在我们每个人的成长过程中，都可以发现祖辈、父辈的影响，那是我们向他们学习来的。所以，我们就应该从方方面面成为孩子学习的榜样，包括人格方面、学习态度方面……我们现在不仅仅是家长，还是教育者，承担着很重的教育责任，我们的一言一行、一举一动，都是为教育孩子而服务的。

5. 家长是孩子精神的支柱

一个人在成长过程中总会遇到挫折和磨难，总会走一些弯路，这时人最需要的是精神上的支柱。只要有精神上的支柱，他就不会倒塌，如果一个人的精神支柱倒塌了，那么这个人的整个心理状态、生活状态肯定会很糟糕。所以家长要给孩子提供支持。举个简单的例子：孩子考砸了，在这个时候他需要的不是批评，而是家长在背后的支持。当孩子成功的时候，家长要与他分享，因为分享快乐是对孩子的肯定，是对孩子的精神支持。

6. 家长应该成为家庭文化的向导

每个家庭都有自己独特的家庭文化，你的家庭文化是先进的还是落后的？是积极的还是消极的？积极的家庭文化需要家长来营造，家长还应该成为家庭文化的主导，引导家庭文化继续往深处发展，这种文化就是家庭的教育氛围，包括亲子之间的关系。家长应该牢牢掌握这个主动权，因为你是教育者，你的孩子是被教育者。

三、做学习型家长，建立学习型家庭的十个基本要素

1. 学会关注孩子的发展，发展是我们的希望

孩子在发展过程中，家长应该关注孩子。那么，应该关注什么、不关注什么呢？我们建议，家长每天要关注孩子五分钟，五分钟不算长，但是并不是每一个家长都能做到的。在这五分钟里，家长尽可能地关注孩子，而且是非常有效率地、积极地跟孩子互动，在互动过程中，家长可以了解孩子身体方面、生活方面、心理方面的发展过程到底是什么样。我见过一个家长，他说自己出差回来之后发现孩子一下子长大了，实际上这种感觉我们很多家长都有。如果说你的家庭中也有这种现象，你应该意识到，你没有充分地关注你的孩子，因为孩子的成长绝对不是一夜之间发生的，这说明你在关注孩子方面应该多努力。

2. 学会接纳孩子的失败，没有失败就没有成长

接纳孩子并不难，难的是接纳孩子的不足、接纳孩子的失败。孩子会有成功之处，也总会有失败之处，他们在成长过程中不会一路绿灯，也不会都是亮点，总有一些不尽如人意的地方，那该怎么办呢？这就需要家长来接纳他。孩子的缺点在其他地方很可能得不到接纳，他的情绪得不到发泄，他的心理得不到安慰，需要家长来接纳他。家长要接纳孩子，给孩子一个安全的感觉，给他们一个改正不足的机会。

3. 学会分享孩子的成功，成功是自信的源泉

接纳孩子的失败不容易，分享孩子的成功也不容易。每个孩子都有成功的地方，从人一生的成长过程来看，付出的努力远远多于取得的成功，也就是说我们更多的时候是在辛苦地努力、辛勤地耕耘，而享受这种成功的机会

并不是很多。既然这样，家长就更应该跟孩子一起分享成功，鼓励他从成功走向成功。如果不能跟孩子一起分享成功，孩子就意识不到自己的成功，更不能很好地来品味成功、珍惜成功，增长自信、增长经验。孩子不知道什么叫成功，当然也就不会从成功走向成功。

4. 学会尊重孩子的选择，选择能力是生存之本

孩子的选择有很多方面，有一些是有原则性的，有一些是没有原则性的。从个人的经验来讲，我们有些选择是正确的、功利性的，有些选择是无所谓的。孩子跟我们一样，也会面临生活中方方面面的选择，会尝试选择。那么这些选择有没有道理呢？我们暂且不论。作为家长，我们应该尊重他们，给他们这种选择的机会，让他们在这个过程中锻炼自己，学会选择，增强选择的能力。前面有一条路时，任何人都不会有问题，当有两条以上的道路时，就会感觉困惑。在选择多元化的时代里，当孩子面临交叉路口的时候，他需要知道如何去选择。

5. 学会等待孩子的成长，等待是一种教育策略

孩子的成长过程是非常缓慢的，一个人的成长期是十几年甚至20年，有的达30年之久。为什么这么长呢？因为人是高级动物，智力非常发达。智力越发达，越高级，生长期相对越长，而成长期长，人就有可能发展得比较好。如果家长期望自己的孩子迅速长大，那么有可能在这个过程中会压抑孩子某一部分的成长。成长过程中的任何一部分都是不能压抑的，任何过程都需要时间。对于孩子的成长过程，家长要有充分的耐心。

6. 学会与孩子沟通，亲子沟通是社会交往的前提

学会用心跟孩子沟通，是一个合格家长必须要做到的。因为孩子要走向社会，最先面临的就是家庭，最先见到的社会角色就是父母。孩子要想在社会上跟其他人很好地交往，首先要学会跟家长交往。家长应该跟孩子平心静气地、开诚布公地沟通。人生的很多问题最后都是由沟通来完成的，不管你在沟通之前采取哪些手段，最后都要回归到沟通。比如说亲子之间发生了一些问题，彼此感情都很冲动，但是不管这个过程多么复杂，最终都会通过沟通来解决。在这个时候，家长应该运用更多的沟通技巧，用沟通来引导孩子往前走，并在这个过程中教给他交往的知识，培训他交往的技巧，为他以后

走向社会做好充分的准备。

7. 帮助孩子学会与别人沟通，同学沟通是社会化的必需

一个合格的家长，还应该帮助孩子做好与别人的沟通。前面我们说了，孩子应该在家庭里进行亲子之间的沟通，有了这个好的基础并不代表孩子以后就能够很好地走向社会，家长还应该帮助孩子跟其他孩子沟通，甚至应该参与到孩子的沟通当中去。当孩子在他所处的社会环境中交往出现困难的时候，家长应该助他一臂之力，不管是知识上的、心态上的还是行为上的，都应该给孩子提供方法上的指导和精神上的支持。

8. 学会正确赏识和惩罚，赏识和惩罚是一对“双胞胎”

赏识教育和惩罚教育这两种理念都是教育理念的一部分，也是教育方法的一个侧面。赏识教育和惩罚教育从来都是相辅相成的，在赏识孩子的同时引导孩子往前走，明确告诉孩子，我赏识你的部分就是引导你往前走的部分，同时还要告诉孩子哪些事情不能做，哪些地方不能去。做了不该做的事情，去了不该去的地方，就要接受惩罚，接受挫折，这是规矩，是惩罚教育的一部分。仅仅有赏识教育是不够的，没有一个人是在单纯赏识中成长起来的，当然也没有一个人永远会生活在惩罚教育当中，只有将这两种教育有机地结合起来才是完整的教育。那么在赏识、惩罚当中应该掌握一个什么样的度呢？这是每一个家长所应考虑的事情，在后面我们也会有详细的介绍。

9. 学会开发孩子的学习潜能，能力是生活的通行证

每一个孩子都有潜能，开发孩子学习潜能的程度决定了孩子以后的发展程度。开发孩子潜力并不仅仅是学校老师的事情，家长在这方面也有很多的工作要做，但是开发孩子潜能是有规律和方法的，平时大家见到的训练，大多是肤浅的、表面的。比如，要提高孩子的记忆力，并不是像我们平时经常做的那样多给他报几个学习班就可以达到目的，而应该根据孩子的具体情况采取适当的方法。虽然能开发学习潜能的方法都是好方法，但关键是适合于孩子的方法才是最好的方法。

10. 学会与孩子一起快乐，快乐是人生的终极目标

人生的终极目的是寻找成功，成功又是为了什么呢？就是为了快乐。从心理学的角度来讲，人一生的奋斗目标是通过各种途径寻找快乐，体验快

乐。我们的教育过程也应该是这样的。作为一个家长，从孩子的成长过程和成长结果来看都应该尽可能让孩子积极地去体验快乐，即使在过程当中有一些苦难，有一些挫折，最后换来的结果也应该是快乐的。现在的孩子们中间流行着一个词叫“郁闷”，“郁闷”这个词就是不高兴的意思，现在的孩子不高兴的比例占得很高，甚至每一个家长都能体会到孩子的不高兴。家长在这方面到底能做哪些工作？怎样才能够让孩子在现有基础上更好地享受自己的快乐人生？积极面对是唯一的方法。一般来讲，一个人是快乐的，他的人生就会是积极的。如果说一个人总的基调是不快乐的，他的人生就是不幸的。不管一个人成功与否，不管他的社会条件、经济条件如何，也不管他的知识层次高低，最后他是否幸福的标准都由快乐与否来衡量。

以上我们讲的是作为一个合格的家长应具备的六种角色和应掌握的十个方面的要素，这些问题在后面还要详细地叙述。说实话，要成为合格的家长非常不易，需要学习，需要提高个人的教育素养，同时还应该随着孩子的成长学习相应的教育方法。

四、做孩子学习的榜样

孩子的成长需要有效模仿，孩子模仿的对象是父母，每个人的身上都会有父母的影子。一个孩子的成功不是无缘无故的，与家长个人的成功、失败没有必然的联系，真正需要的是家长有积极健康向上的心态，有崇尚知识、崇尚有知识的人——老师的日常行为。

一个成功的学生和一个成功的家庭都是非常令人羡慕的，那么孩子的成功到底是由哪些因素决定的？家长在其中到底起了什么作用？

很多家长在教育孩子的过程中，虽然有很好的愿望，但言传与身教相脱离，存在着消极、牢骚、不积极进取、不崇尚知识等现状，客观上给孩子造成了很坏的影响，导致他们不能健康地成长。有什么样的家长，就有什么样的孩子。为了孩子将来能成为出类拔萃的人才，家长应该约束自己的行为，做到言行一致，成为孩子学习的榜样。

1. 家长要积极、乐观、心理健康

家长在人格方面应该成为孩子的榜样，家长人格方面的特质应是积极乐观、健康向上的，这是非常重要的特征，不管处于什么样的角色、什么样的地位，这个优良的个性品质都是不可缺少的。

我接触过一个成功孩子的家长，这个家长以卖菜为生。他的社会地位不高，经济地位也不理想，但这个家长每天辛辛苦苦，卖菜非常认真。就是这么一个卖菜的人，在一米长的摊位上组织了一个买菜俱乐部，他给买菜的固定客户发卡、打折。很多人会觉得卖菜的生意赚不到多少钱，有点小题大做，但这个家长恰恰把卖菜当成一个很伟大的事业来做。他挣多少钱，我们不去讨论，他这种工作的态度，直接影响了他的孩子。这个家长对他的孩子经常说的话就是："我水平的确不高，我没有良好的机遇，我不抱怨谁，但我必须把今天的事做好，我卖菜要比别人卖得好。"这个家长和孩子说："咱家经济条件不好，没有太好的衣服穿，我的衣服有补丁，但是我要把它补得整整齐齐，我有我个人的尊严。"这就是一种乐观向上的人生态度，不管这个家长将来会干成什么样，他的心态都会非常积极，非常向上。

不仅如此，他没有把他的行为看成个人行为，而是看成教育孩子的一个过程，一种手段。他在与我交谈时说了一句很实在的话："我很贫穷，我也很自卑，我的工作太辛苦，我自己的条件太差，但是我决不会让这些影响到我的孩子，孩子不管将来干什么工作，都应该把工作当成一个事业来对待。"这就是积极、健康向上的态度。

一个人要想走向成功，需要不断地克服困难，不断地与困难、痛苦做艰苦的斗争。逃避能走向成功吗？不能。这就是人格的魅力，这就是积极向上的品格。

在报纸上见过这样一个例子：一个大字不识的老农，培养几个孩子上了大学，上了硕士研究生、博士研究生。这个老农文化水平不高怎么就能培养出这样的孩子呢？一个有相同经历的老农亲口和我说过，从孩子上学起他就没管过孩子的学习，因为他管不了，他只是告诉孩子，一个人要想成功，就得吃苦，就得面对困难，就得往前走，不走就没有路。他说他讲不出什么道理来，就会说这个。恰恰就是这几点成就了他的孩子。他的孩子从小就知

道，想成功，就要努力。怎么去努力呢？乐观向上，不断追求，不管到什么样的程度，都要追求。

我们在平时的教育过程中也发现有些家长不是这样做的，比如说有一位家长，他个人的工作不太顺利，回家后就对着孩子发牢骚、发脾气，每天把所受的痛苦统统告诉他的孩子，这个家长的意思是用痛苦来激励孩子。我告诉他：一个人在发牢骚、发脾气的时候，是最无能的时候，如果你有能力解决这个困难，有能力解决这个问题，你绝对不会发牢骚、发脾气，只有当你黔驴技穷时，发牢骚和脾气才会变成你最后的自卫武器。你在告诉孩子，你是无能的！

家长积极乐观、健康向上的态度将影响孩子的一生。纵观自己的成长经历，我们能感觉到，在我们的成长过程中，有我们祖辈、父辈的影子，这是影响我们成功与否的重要因素。所以中国的传统教育特别注重家风、学风。

我曾接触过一个案例：一个孩子自杀了。原因是在学校里老师批评他了，回家以后家长也批评他了，这个孩子就认为"我很差"。实际上他差不差呢？不差。按一般的标准来讲，这个孩子学习名列前茅，在老师眼里是一个好学生。为什么这么好的学生会采取这样极端的行为呢？因为他认为自己不好，那么这种思想是从哪儿来的呢？来自于他的家长。他的父亲从来都不接纳他，而且也从来不接纳自己。他的父亲是一个有完美主义倾向的人，永远感觉自己不行，永远感觉自己不好。他把这种影响，灌输给了孩子，这就是人格上的熏陶。家长给孩子的一个印象，就是你永远不行，不管你怎样努力，你永远是失败的。这个孩子尽管现在学习不错，但他看不到成功的希望，永远体会不到成功的快乐，最后用这种极端的方式来结束自己的生命，寻找自己的成功。这是非常不幸的。

2. 家长要崇尚学习

家长个人是否崇尚学习跟孩子学习的成功与否有直接关系。有些家长会说，自己的文化水平不高，甚至还有些家长认为，自己时间不够，没有办法学习。实际上家长只需在学习态度上给孩子树立榜样，并不一定要有实际的学习行为。

我在《读者》杂志上看到这样一个例子：有位爸爸是一个矿工，他的

孩子非常优秀。这位爸爸在工作之余每天陪着孩子学习。在孩子上小学的时候，他拿着一本《三国演义》天天看，不仅看，还为老乡们讲解。等孩子上初中后，他仍然每天看。孩子上高中了，他还在看，让人觉得这本书其乐无穷。从孩子上小学到高中，家长几乎把这本书翻烂了。孩子上大学回来后问爸爸："这本书真这么好看吗？看了这么多年你真不烦吗？"爸爸说："不是这样的。孩子，我告诉你，我不认识字，平常我给大家讲的那些故事，都是当矿工的时候听来的。"孩子奇怪了，你不认识字，为什么要天天读书呢？爸爸说："我没有文化，我不能学习，我没有办法学习，但我非常崇尚学习，我不能学习，我总能装装样子吧。你学习那么刻苦，那么辛苦，我不能为你做什么，我总该陪你一下吧！"

这个故事非常感人，作为家长要有一种学习的态度，如果能够学习，能够在自己的专业上取得进步，当然是最好的。如果实在没有能力学习，也应该像这个家长一样，装装样子，表现出崇尚学习的态度。

家长的学习态度对孩子来讲，的确是至关重要的，生活中这种例子也有很多。比如有一个家长，他为了鼓励孩子学习，为了孩子在学习方面能更进一步，对学习的态度能有所转变，就跟孩子一起学习。孩子学习学校的课程的时候，他就跟着孩子一起学习孩子的课程。因为他有毅力，当孩子考大学时，他大学自学考试已经毕业了。他对孩子说："你学，我也学，你学你的，我学我的，你为你自己的前途着想，我为我自己的前途着想。我知道我不学习不行，所以每天我都要学习，也用学习的行为来激励你。我并没有给你讲道理，说学习如何重要，我只是让你看看我是怎么学习的。作为一个成人，受这么多事情的干扰，有这么多家务和工作，我还能坚持学习，作为学生你能不学习吗？你有什么理由不学习呢？"这位家长的这种行为显然要比说教有用得多。

现在家长陪着孩子学习的不少，看着孩子学习的也不少，但跟孩子一块儿学习的有多少呢？的确不多。有些家长在孩子学习的时候在旁边看着，监督孩子，他是监工，不是学习者，没给孩子一个正向的影响。还有些家长尽管非常重视孩子的学习，但经常要出去参加一些不必要的活动，孩子怎么能专心学习呢？对孩子大谈学习如何如何重要，实际并没有让孩子看到学习的重要性，这些话能起到多大作用呢？

3. 家长要崇尚知识，尊重老师

家长应该能学习尽量学习，不能学习时，也要有一个非常好的态度。崇尚学习，崇尚知识，尊重有知识的人。对学生而言，最有知识的是他的老师。老师受到的尊重程度，决定了学生学习成功的程度。

前几天，有个学生出了一点问题，家长并没有从孩子的角度出发，解决孩子的问题，而是要执意向学校索赔，要找老师算账，要老师道歉。我们不来评价事件本身，也不知道这个事情的真相是什么样，但是我们知道，家长的这种做法严重损害了老师在学生心目中的形象。有些新闻媒体也是这样，在学校遇到问题的时候，不是在实事求是地分析问题进而解决问题，而是在炒作。这样，老师在学生心目中的地位不断下降，学生不能亲其师，就很难行其道，很难继续学习。

有些家长反复给孩子讲学习的重要性，实际上他信奉的却是读书无用论。我接触到的一个家长就是这样的，他非常愿意让孩子学习好，而且想尽一切办法给孩子搞辅导学习。他请我去给孩子辅导，孩子进步很快，但在最后感谢我的时候，这位家长和我开玩笑说我是个书呆子，说读书的人是百无一用的人，说我是没用的人，除了读书之外什么都不会，辅导孩子算什么本事，又不能赚钱。本来孩子在我的辅导下有所进步，对我很崇拜，很信任，对我教给他的方法也很信服。可是家长的几句话，就把我的地位降低了。我在孩子心目中地位降低，孩子的精神支柱倒塌了，本来我在孩子心目中是一个有知识的人，是引领他的人，但由于他父母的嘲笑，他就认为念书的人是没有用的人，念书是没有意义的事情，那么他以后还能学习吗？果然这个孩子上大学之后就不再好好学习了，现在已经退学。他认为学习是没有用的，他的成长目标是他爸爸那样的人，这样孩子在学习上就是不成功的。

与此相关的是师生关系问题，这是一个敏感的话题，后面我们还要专门讲到。家长普遍反映现在的师生关系非常不好处理，每个家长都能找出好多问题，比如说有些老师的敬业精神有问题，有些老师的教育方法、教育理念有问题，我想这些问题我们都可以讨论。正是大家的监督和讨论，对教师素质的提高起到了一个积极的作用，但是这个问题没有必要暴露在孩子面前。

当孩子知道他所信奉、崇拜的老师是一个不值得他信赖的人时，就不会认真听讲，学习就会受到影响。

有一个学生跟老师关系不好，他说老师水平不高，因为老师在某一堂课上讲错了一道题，这个学生从此就不信任这个老师了。这个学生说，爸妈在家里说过，老师是不能出错的，出错是不称职的表现，是不合格的。老师一出错这个孩子心目当中的精神支柱就坍塌了。

师生的关系发生不和谐时，学生学习大都会受到影响。比如，有些学生跟某一学科的老师关系不好，他这一学科的学习也不好。为什么会造成这种现象呢？其实，在这里家长能起的作用非常大。学生跟老师有了矛盾，家长应该认识到，师生出现这种矛盾是很正常的，所以应该主动去调解矛盾。家长在这个时候应该注重矛盾本身的解决，而不是做评判，没有必要分清谁对谁错。老师与学生之间出现矛盾，并不一定是因为对与错而产生的。有些家长在这里非要分出个对错，在家里跟孩子说，你老师这样不对，老师这样不好，他应该怎样对待你，甚至有些家长直接到学校找老师对质。事实上，这样做不仅加深了师生之间的矛盾，还使家庭和学校产生了矛盾，激化了矛盾。即使老师真有错误，解决老师的问题也完全可以换一种形式。如果家长想建立一个良好的师生关系的话，应该跟随孩子一起充分地尊重老师、崇拜老师，因为老师是知识的拥有者，是孩子目前接触的人当中最有知识的人。家长尊重老师、崇拜老师，孩子就会受家长的影响，跟家长一起尊重老师、崇拜老师，当出现问题的时候，也会心平气和地来解决问题，这样就会有良好的师生关系。师生关系好了，对学生而言是非常愉快的体验，他在学习时也会非常认真。

4. 家长让孩子坚信学习是一件容易和快乐的事

一个孩子想走向成功是很正常的，很容易的。如果我们经常告诉孩子，学习是一件很快乐的事，是一件很容易的事。从编写教材的角度来讲，每一门学科的教材，都是针对最一般的学生来编写的，也就是说，一般的人都能很轻松地学好。按说学生除了学习这些知识之外，还有其他的成长目标需要实现，光学习这点知识应该是很容易实现的事。然而现状是学生学习时都很吃力，即使很聪明很认真的孩子学习时也很吃力。这就跟家长的影响有关系。

有些家长在学习态度上有些消极，比如说有一位家长，自己求学期间学习不好，经常在孩子面前讲学习太难，学习太不容易了，他自己在小时候用了很大劲也没有学会，这给孩子造成了一种印象，即认为学习是件很难的事情。还有的家长计算能力有问题，就说这些问题太麻烦了，简直没有办法来做好。他夸大了学习中的困难，而且每当孩子学习有困难的时候，他总是告诉孩子，学习是件很困难的事，这就在无意中给了孩子巨大的压力。

这种现象在中考、高考之前更为突出。我们都知道，中考、高考前有一部分学生压力大，会出现考试焦虑。一般而言，出现考试焦虑的学生后面总有一个焦虑的家长，为什么呢？当孩子遇到困难的时候，家长首先焦虑了，他们自己总是认为考试太困难了，简直过不去，当困难到来之前，孩子没有被压倒，他首先被击垮了。孩子在这个时候就会认为学习太困难了，那还能通过考试吗？一旦把比较简单的学习过程复杂化了，每当困难到来的时候，孩子首先想到的不是积极进取，不是冲破困难，而是逃避，为什么呢？是因为受到了家长的影响。

在学习习惯上，家长的影响也时时存在。很多家长愿意把自己原来的学习习惯告诉孩子，把自己受过的磨难、曲折和学习时的尴尬告诉孩子，这其实能让孩子知道除了良好的学习习惯之外，还有不良的习惯。孩子会认为，当前的不良习惯和事业成功没有关系，爸爸原来就是这样的。从这个角度来讲，家长提供了一个坏的榜样，严重影响了孩子对学习的看法、对知识的看法、对成功的看法。对学习、知识、成功的不良看法、不良习惯，都会成为成功的绊脚石。因此，家长应该在学习的态度方面，给孩子树立一个良好的榜样，即使不能做出良好的榜样，也要至少不成为孩子走向成功的干扰因素。

第四节　培养学习型的学生

由于受到儒家文化的影响，我们的家庭崇尚学习，希望孩子能喜欢学习，能有较高的学习效率，成为学习型的孩子。然而在现实生活中，许多家长的希望和行为并不一致，比如有的家长急功近利，追逐学习成绩，关注学习的结果，却忽略了孩子成长过程中最重要的核心要素——学习热情和学习能力，会学习的孩子才有未来。

家长必须转变自己的教育观念，更新自己的教育知识，寻找科学的教育方法，培养学习型的孩子，让孩子成为学习型人才。

以什么样的标准来衡量孩子是否成功，这取决于孩子成人以后的社会。当前的孩子是否适应未来10年、20年、30年之后的社会环境，这才是衡量孩子是否成功的最终标准。每一位家长都渴望自己的孩子能够成功，每一个孩子也都把成功作为自己的成长目标。从这个角度来讲，成功的标准就变得很重要。

到底怎样才算成功呢？家长衡量孩子成功的标准和孩子自己对成功的衡量标准是不一样的。我们经常听有些家长说："我别无所求，只要孩子能够学习好，考上一个好大学，能够出人头地、光宗耀祖就行。"还有的家长说："我的孩子身体不好，只要孩子身体好，我就什么都可以舍弃。"甚至有的家长说："孩子和我沟通起来特别困难，如果哪一天，我的孩子听话了，他就是一个好孩子了。"……

从这些话语里我们可以感觉到，这些家长是针对自己孩子的问题而提出的成功标准，孩子缺什么，他们就非常渴望在这方面有所补充。比如孩子学习不行，他就提出"如果我的孩子学习好，我就非常高兴了"的标准；如果孩子不听话，那么他就会提出"哪一天孩子听话了，我就成功了"；如果孩子身体不好，他会说"孩子身体非常弱，哪一天孩子身体壮了，那么孩子就

成功了”。

孩子对自己的成功也有很多标准，他们希望自己成为一个成功的企业家，或成为一个商人，或成为一个科学家，或成为一个军人，等等。他们希望考上大学，有一份好工作，有一个喜欢的人，有钱，等等。从对孩子的考察中我们发现：孩子衡量成功的标准相对比较模糊，这个标准更多地建立在一个远大的目标上，而家长对成功的标准可能更加针对自己孩子的具体情况，更功利化。

无论透过家长还是孩子对成功的认识，我们都能看到这里有一个共同现象，就是家长和孩子在讨论成功的标准时过于注重当前的利益，过于功利化，这种所谓成功的标准其实是不准确的。

一、让学会学习成为孩子的成长目标

联合国教科文组织曾提出：一个学生要学会学习，学会做人，学会交往，学会做事。我们认为这“四个学会”就是一个孩子成功的标准。也就是说，当一个孩子在这四个方面有所成就的话，我们就可以说这个孩子是成功的。

联合国教科文组织还提出了对健康的评价标准：一个人的健康不仅仅是指身体上的健康，他还应该具有一个完满的心理状态，有对周围环境的良好适应能力，有积极的社会道德品质。达到这样的标准，这个孩子就是健康的，就是成功的。每一个家长在理解这个成功标准的时候，都会结合自己孩子的情况，结合孩子当前的学习、生活、成长情况。这个标准无疑是很有指导意义的。

还应该指出，仅有这些是不够的，这些标准更多地是指孩子当前的成功标准。此外，还应该有一个远期的成功目标来约束当前成功的标准。我们知道，孩子今天仅仅是一个学习者，明天才是建设者，明天才是他们发挥才能的舞台。那么以什么样的标准来衡量他们是不是成功呢？这取决于他们成人以后的社会，他们所在的未来社会生活环境将给他们一个公正的评价。

所以，家长在给孩子提标准时，应该考虑到以后的10年、20年、30年，预测那时的社会到底是什么样子，那时的社会判断一个人是否成功的标准到

底是什么。这个问题很复杂，我们不可能很准确地预测，但是，我们可以预测成功的标准的核心，那就是今天的孩子应该有一个比较扎实、广泛的素质基础，应该学会持续性学习，不论环境有什么变化，他们都可以通过学习来适应它，因为学习可以使行为得到改变。

从上面提出的对孩子成功的评判标准来看，我们可以发现，很多孩子的标准和这些标准是不相吻合的。

举例来讲，有个孩子在学校里学习非常好，每科成绩都名列前茅。他在同学当中是学习的榜样，每个人提起他都赞不绝口。那他是不是成功的呢？显然当时他是成功的。但是从远期目标来具体地衡量可能就不是了。因为他除了学习之外在家庭当中生活自理能力很差，在上大学后，因不能适应学校的生活被劝退了。这个孩子为什么在中学阶段那么成功，后来却不成功了呢？问题就出在远期目标和近期目标发生了矛盾。在中学，大家评价他的时候仅仅是从眼前的利益来看，过于功利化，没有考虑到远期目标对他的影响，也没有考虑到未来对他的要求，他只是学习的机器、学习的奴隶，并不是未来所需要的人才，所以还没有等到十几年之后的考验，他就被淘汰了。

这样的例子太多了，很多家长要求孩子必须学这必须学那，哪方面都好。家长对孩子们提这些要求本无可厚非，但是家长有没有想到，我们对孩子提出的这些要求，有哪些是能够适应未来的？孩子当前学习的这些东西、掌握的这些能力，哪些对未来是有用的？如果对未来没有用，我们现在为什么要以此为标准要求孩子呢？

我在这里无意说培养哪些不合适，只是说在发展孩子能力的时候，在孩子学习知识的时候，家长应该清醒地认识到这些能力和知识需要具有两个方面的作用：一是能够在未来用得着，二是对孩子适应未来的能力发展有助力。

我辅导过一个学生，给他提供家庭教育方案时，发现这个孩子在小时候学习成绩非常一般，小学、中学、高中直到大学学习成绩都一般，乍看起来不是太理想。但他能够很好地适应社会，善于协调人与人之间的关系，能够观察思考人与人之间的差别。这个孩子走上社会后，他超越了比他学习好的同学，成了一个非常成功的人士。为什么一个看来很一般的孩子走上社会后反而成功了呢？

因为当他走上社会后，他的基础知识、基本能力已经足够用了，他的工作要求他有很强的协调能力，他找到了一个非常适合发挥他的能力的环境，所以他成功了。

还有一个和他一样成功的孩子，这个孩子学习时特别重视对知识结构的整理，对一些具体的题目不太用心，因此，平时学习成绩不太好。但由于他像下围棋一样，先圈下了大块的地盘，建立了稳定的知识体系，因此拥有了很大的发展空间，这样，在大学学习时，别人刚刚忙着建体系、占地盘，他已经在往体系里吸取知识。最后他超越了同学，研究成果层出不穷。

从这些例子中我们发现：一个人的成功不仅仅要看他近期的目标，更重要的是着眼于远期的目标。孩子是未来社会的栋梁，现在学习的成功是在为他未来的成功打基础。

二、培养学习型人才的几个原则

1. 与当前孩子成长的目标相比较，家长应该更加关注孩子未来成长的目标

这个问题在上面我们已经涉及了，家长在培养孩子的过程中，在决定他要学习什么、干什么的时候，不仅仅要关注他当前的学习，更应该关注当前的学习在他未来的发展中占什么样的位置。

这里有一个例子。有位家长非常有名气，号称训练孩子的专家，他的孩子经过他的教育，13岁就上了大学，17岁考上了硕士研究生。但那个孩子不会洗衣服，不会做饭，也不会“吃饭”。有人问他喜欢吃什么，他说：妈妈做什么他就吃什么。他没有同学，没有朋友。他是成功还是不成功呢？据说，他2005年退了学，又重新参加当年的本科生考试。

我们可以预想，这个孩子学习了很多知识，年纪轻轻就上了大学，那么他的知识结构到底还有没有发展的空间？他现在学的这些知识将来上大学已经足够了，在未来他还能学什么东西？还能干什么？假如一个人的学习空间、成长空间没有了，未来他还能继续成长吗？他还能不能发展呢？所以说，家长在对孩子今天的这些行为进行选择的时候一定要注意。

每一个家长都非常关注孩子智力的发展，我们说智力的开发是成长的一个很重要的基础，既然这样，我们可以把孩子的智力发展作为一个远期目标。从现在的活动来看，只要能发展孩子的智力，选择什么方法、什么样的途径都不是最重要的，但是有很多家长过分关注开发智力的方法和途径的选择，却忽略了智力本身，这是不可取的。

2. 与孩子成长的目标相比较，家长更应该关心孩子今天的行为习惯

孩子的远期目标和近期目标是推动我们前进的动力，是我们追求的一种理想。要实现这种理想，我们一定要关注今天的行为。没有今天的行为，明天的目标是难以实现的。

我们刚才说要关注未来的目标，现在又说要关注今天的行为，是不是矛盾呢？其实是不矛盾的，因为只有今天的一步一步前行，一点一滴积累，才能实现我们远期的目标，关键是我们今天无论干任何事，一定要与明天、与未来相照应。

我们知道，一个人的习惯是日积月累形成的，习惯决定人的性格，进而决定人的命运，那么今天我们的孩子应该干什么？一个孩子今天的行为习惯并不复杂，无非是吃喝拉撒睡，学习、交往。学习就是学习今天的功课，交往就是和亲朋好友、老师、同学建立一种良好的关系。这些东西说起来非常琐碎，但是只有一天一天地做，一点一点去做，才能形成良好的习惯。只有这样，才能建起明天的大厦。

从身体成长的角度讲也是这样，我们每天要按时吃饭，吃饱，吃好，按时起居，逐渐养成良好的习惯，才能拥有健康的身体。

关注今天，这是每一个家长和孩子都要做到的。对学生来讲，这个问题更加重要，因为很多学生都会说：“我的明天还很长，我的明天还有很多机会；今天不学习，我明天可以弥补；今天作业不写，我明天可以多做一点。”

但是《今日歌》就很好地反映了这样一个问题：没有今天，就不会有明天。我们在前面也说过，一个学生如果能把今天老师讲的完全吸收、消化，那么他就是一个非常好的学生。没有一件件具体的小事，就不会有明天大的目标的实现。

有些学生常说：我要做一个高尚的人，要做一个道德品质非常高尚的人。可是，今天看到地上有一张纸片，他不去捡；有人随地吐痰，他不制止。试想，今天这样一件小事他都做不好，怎么能谈得上明天做一个道德高尚的人呢？一屋不扫，何以扫天下？所以，需要家长和孩子一起去做，一点一滴地去积累。

3. 与孩子成长的结果相比较，家长更应该关注孩子的成长过程

成长结果对我们当前来讲固然很重要，但是如果家长把一个孩子放在一个时代来看，用发展的眼光来看，当前的这些结果就不那么重要了。

比如说孩子今天犯了一个错误，或他今天考试不理想了，就今天而言，他是不太成功。但如果从长远来看，这些都显得不太重要，然而造成他这样结果的过程却值得我们关注。因为人生本来就是一个过程，我们走向成功也是一个过程。我们正是在这个过程当中体会成长，体会成长的快乐和痛苦。

我们前面举过很多这样的例子。一个孩子考试失败了，这并不重要，关键是家长和孩子要一起讨论这次失败的原因。看看原因是平时学习不认真、偶尔的失误，还是知识能力上有疏漏，这个过程的总结和体验能带来下一步成长的经验和体会，所以说成长的过程才是重要的。

在生活中一个孩子良好习惯或者不良习惯的形成也是这样，家长不仅仅要关注他现在的习惯，更要关注他的习惯的形成过程。

就拿孩子上网来说，很多家庭深受其害，家长对孩子上网深恶痛绝。其实，网络无罪，上网没有问题，孩子对网络感兴趣也不是错，那么到底是哪个地方出了问题呢？原因是成长过程出了问题。有些家长到我这儿来，请我帮助孩子从对网络的依赖中走出来。但我告诉他们，那不可能。为什么呢？因为他们仅仅关注孩子对网络的依赖，而没有关注孩子形成网络依赖的过程。我们曾对一批上网成瘾的孩子进行调查，发现这些孩子真正对网络感兴趣的不到1%，也就是说更多的孩子并不是对网络感兴趣，而是因为他生活空虚，无所事事，在现实生活中没有成功的感觉，认为缺少亲情，家庭没有吸引力，他才到网上寻找同类，寻找成功的感觉，打发时间。

所以，解决孩子上网成瘾这个问题并不是我们要努力的目标，而是怎么让孩子的生活更加有吸引力，怎么引导孩子在现实生活中更好地体验成功。

如果家长能让孩子感觉到生活的乐趣，感觉到学习的吸引力，那他们的孩子自然而然就不会上网了。允许孩子自由上网的家庭很多，但很多孩子并没有出问题，因为任何游戏的吸引力也敌不过亲情的力量。如果家庭教育过程的问题得不到解决，孩子即使不上网，也会用其他方式来逃避社会。

再拿孩子早恋来说，孩子为什么早恋呢？我们很多家长用堵的方法，甚至用非常残酷的方法来堵孩子，但仍堵不住。那应该怎么解决这个问题呢？

从教育过程解决。孩子早恋是因为孩子对异性的好奇，因为孩子在成长过程中积累了性的能量，却缺少交往对象。如果说孩子周围有很多很多交往对象，有男有女，他的这些能量就会得到有效的发泄，而且他的关注点也不会集中在某一个孩子的身上。我们调查发现，当前孩子早恋的第一个原因是缺少交往伙伴，第二个原因是在学习不成功时把它当作炫耀的资本。如果这些需要得到满足，早恋是可以控制的。这种成功解决早恋问题的例子也有许多。

所以说解决孩子的早恋问题，不能只抓住结果不放，很多家长都有这种体会：如果仅仅抓住结果不放，那在解决问题的时候注定要失败。

因此，家长不仅仅要在孩子成长过程中让他体会这个过程的成功、快乐和痛苦，更应该在矫正问题的过程中，抓住形成问题的过程，在过程当中解决，在过程当中发现孩子的问题。

4. 与孩子的社会期望相比，家长更应该关注孩子本身

有哪一个家长不关注孩子本身呢？没有。但是我们也发现：很多家长的确过多地关注了邻居家的孩子，关注了自家孩子自身以外的东西，如成绩、目标、榜样等。

给孩子寻找学习的榜样，这没有问题。关键是想让孩子向别人学习，取得别的孩子那样的成果，该怎么去做。

这个问题我们已讲了很多，我们要了解孩子，了解孩子方方面面的特点，给他提出具体的方法，而不仅仅是给他找一个榜样。给他找一个榜样的作用仅仅是给他提供了一个目标，给他成长的动力，而我们更应注意的是他采取什么样的方法才能够实现这个目标。这可能是每一个孩子更加需要的。

我们在很多调查中发现，有一些孩子抱怨家长对自己不关注。是不关注

吗？不是，关键是没有关注孩子自身。

例如，有些孩子身体不舒服，身体不舒服会耽误学习，那么我们是要身体还是要学习呢？每一个家长都很清楚：要身体。但是在实际生活中，有一些家长会为了孩子的学习，而牺牲了孩子的身体。

具体的案例是这样的：有一个孩子情绪非常不好，于是家长领着孩子来到我这儿，说："刘老师，只要你把孩子的情绪调整过来，我在其他的方面没有任何要求，我的目标就是让孩子快乐。"我们对孩子实施了一系列的方法恢复孩子的快乐情绪，让孩子体会到人生的目标就是快乐，而且我们通过一系列的行为引导孩子寻找快乐。然而，当这个目标实现以后，这个家长忘记了他原来的诺言，他原来认为只要孩子快乐了，他就别无所求。但是一旦发现孩子快乐后，他马上又提出了新的要求：我的孩子仅仅快乐是不够的，还应该提高他的学习成绩，而且对孩子的学习成绩要求很高。学习成绩和孩子的快乐并不矛盾，但是对个别学生而言的的确确是相关的。家长在这个时候关注没关注孩子本身呢？没有，他过多地关注了孩子的学习，或者说过多地关注了他自己。从整体来讲，他没有关注孩子生理的发展，也没关注孩子个性的发展。

一个孩子如果因为目前功利性的目标而损失了他的快乐，损失了他的天真，是不合算的。我们到学校调查，发现现在的学生普遍早熟，缺少天真，你跟他们聊天，你会发现他们很成熟，像一个个小大人，说着他们不理解的成人语言，做着他们不懂的事。很多孩子也会说："今天我很高兴。"这不是孩子的语言，空洞乏味。他们的天真、活泼、快乐呢？都没有了。我们用孩子童年的快乐换来了他的早熟。

从这个角度来讲，每一个家长都不应该牺牲孩子本身，牺牲孩子的今天来换得自己所希望的明天，因为那样得不偿失。孩子本身的成长、孩子本身的快乐才是最重要的。

当一个孩子失去天真，失去快乐童年的时候，他成长过程的基础是不扎实的，他早晚要回来补课。

5. 与孩子成长的失误相比较，家长更应该关注的是孩子的成功

每个人在成长过程中都会有很多的失误，没有失误，就难以取得成功。

一个人成长的过程就是一个人尝试错误的过程。有哪一个人没犯过错误呢？从教育的角度来讲，哪一个孩子犯的错误多，他得到的锻炼就可能多。如果孩子在犯错误之后经过正确的引导，改正了缺点，那么孩子在未来就有可能见识多，抗挫折能力强。如果一个孩子从小就没有犯过错误，或者犯错误很少，他的未来就会知识面窄，见识少，面对社会阴暗面的时候就不能适应。

有这样一个例子：一个小学生经常和别人打架，对学生而言这是不对的，与社会规范不符。但是我们也应该看到，孩子打架是一种交往手段，在打架的过程中可以比较双方的智力、体力以及解决问题的方法和策略。

打人是不对的，但是不可忽略孩子的这种交往策略，有些家长会把这个缺点无限地夸大："哎呀，我的孩子好打架，老打架会不会进监狱？"这就是把一个小问题无限地夸大了，仅仅看到了孩子现在行为的不足，而没有看到他在这个过程中的收获。

实际上，在孩子的成长过程中，家长仅仅看到失败，没有看到成功的例子还有很多。

失败并不可怕，关键是家长怎样引导孩子由失败走向成功。家长应该看到孩子除了失败之外，还有更多的成功之处。每个孩子都渴望成功，他们的失败仅仅是过程当中的一部分，如果家长用欣喜的心态来看待，孩子就容易走向成功。从家庭教育工作者的角度来讲，不管哪个孩子，当他犯错误的时候，我们都会非常高兴，因为这是他成长的表现。

关于这方面的问题，有些家长还有另外一种心态：孩子毛病越来越多，是不是家长或老师教育不当呢？其实孩子的这些问题、这些失误，来自于很多方面，有学校的责任，也有家庭的责任。还有另外一个很重要的方面，那就是在孩子成长过程中，因为对社会好奇，他会去探索，自身会出现很多缺点。我们暂不给这些缺点寻找原因，关键是家长怎样看待并帮孩子改正这些缺点，把它们变成走向成功的步骤。

6. 与管教孩子相比较，家长应该更加关注自身的成功

孩子成长的过程是家长和孩子一起走向成功的过程。很多家长迫切需要孩子成功，把自己所有的心血都放到了孩子身上，希望通过自己对孩子的教育使他走向成功，但恰恰忘记了他们自身的成功。我们看到，有些家长为了

孩子的学习，辞去了工作，失去了自己的生活，失去了自己的快乐，失去了自己成长的空间。有些家长说："我是无所谓了，已经老了，没有奔头了，不会成功了，我所有的愿望都在孩子身上。"那么一个不成功的家长怎么能教出成功的孩子来呢？这就是我们传统意义上的言传和身教的问题。

事实上很多家长经常要求自己的孩子成功，给孩子定了很多条条框框，讲了很多道理，但是恰恰忘记了自身行为的教育，殊不知一个不成功的家长是不可能轻易培养出成功的孩子的。

不管家长们现在是成功还是失败，是生活在顺境还是生活在逆境中，都应该帮助孩子们养成积极进取走向成功的心态。比如说家长现在成功了，那么他就可以用成功的经验来教育孩子；如果现在不成功，也应该总结经验教训，有一个继续走向成功的心态。这种积极的心态是影响孩子走向成功至关重要的因素。

从这个角度来讲，家长自身行为的教育就变得尤其重要，因为我们经常看到，有些家长把自己的生活安排得非常松散，从来也不学习，在面对问题的时候就会发牢骚、发怒，就会着急、生气，这些都是很消极的。

消极的心态，不仅存在于不成功的人当中，也存在于一些成功人士的行为当中。判断一个家长的成功与失败，不在于你现在取得多大的成就，关键在于你现在的心态是不是积极，是不是正在走向下一步的成功。

我们上面谈了六条培养学习型孩子的原则，你可能觉得这六条原则的角度和出发点不一样，甚至有些方面有些矛盾。任何一个孩子走向成功的道路都不是唯一的，每个孩子成功的标准也不是唯一的。孩子的个别差异很大，没有一个人会把这六种方法、措施用于一个孩子身上，那也是不可能的。家长在利用这些方法的时候，应该有所选择。对这六种方法我们可以加以概括，那就是家长在培养孩子的时候，应该着眼于未来，从当前做起；选择适合于自己、适合于孩子的行之有效的方法；不仅仅是把孩子培养成能够适应现在环境的人，成为今天成功的人才，更重要的是培养成为适应明天的人才。一个孩子所具有的持续成长的能力越强，他就越容易在将来取得成功。这是每一个家长所希望的。从这个角度来讲，这种孩子是成功的，其家长也是成功的。

三、培养学习型孩子的策略

每个人的成长都有其内在规律，任何阶段都不能错过和跨越。但是，有些家长为了孩子学习成绩优秀，牺牲了孩子身体的发育和个性的完善；为了孩子优点的张扬，牺牲了对孩子的不足的改进……成长过程中的任何疏漏和跳跃，都需要付出更大的代价来弥补。所以，为了孩子循序渐进地发展，不给人生留下遗憾，每个家长都应耐心等待孩子的成长。

每个父母都期望自己的孩子快点长大，孩子成长是父母心中最重要的事情，每一个家长都对自己的孩子有很高的期望，在实现期望的过程中，有一些需要我们探讨的问题。

我们在跟学生的交往过程中发现了一个问题。有一个学生说："我的父母给我的压力太大了，在我学习的过程中，我的进步永远也得不到家长的肯定。我本来在学校中的名次是第200名，家长说期末要前进100名，他们每天非常焦急地等待着我的好消息，给我很大压力。"

在成长方面也是这样。有些家长盼望孩子快点长大，孩子今天1.3米，明天能不能长到1.5米呢？他自己知道不可能，但是仍然存有很高的期望，每天急不可待地盼望着孩子长高。

之所以存在这些问题，是因为家长对孩子存有一种与生俱来的期望。这些问题的特征是：家长在等待孩子成长的过程中，忽视了孩子成长的规律，提出了过高的期望，甚至在某些方面拔苗助长，使孩子在成长的过程中出现了一部分空白。

一个人的成长，从出生到长大，是整个人类成长历史的一个缩影。在今天看来，可能只是几天、几个月、几年的事，但是这个过程在人类发展过程中可能是几百万年的过程。几天、几个月的事可以忽略，但几百万年的过程是不能忽略的，如果把这段忽略掉，将会对人类的发展产生不可弥补的影响。同样一个人在成长过程中，如果漏掉了哪一个过程的话，早晚是要回来补课的。

1. 对孩子的身体发育要有耐心

身体的发展是有规律的，孩子是一天一天逐渐长大的。有个家长向我提出了这样一个问题，他说他的孩子已经上初中了，个子矮小，上进心不强，

对考试分数不在意，对男女同学交往没有任何感觉……按说初中的学生都应该对自己的形象有一些认识，但是这些都没有引起这个孩子的关注。

一个人的自尊心包括虚荣心，对自己的定位，不仅仅受当前社会环境的影响，更主要的是靠他自己的反省、认识。自尊心的发育跟身体的发育是息息相关的。简单来说，一个人从进入青春期发育开始才有真正的自尊心。进入青春期以后，随着性腺的发育、性意识的觉醒，他开始关注别人，关注异性。他会反思自己：我的形象好不好？我的衣服得体不得体？我应该取悦哪一部分人？我应该怎么做才能讨别人的欢心？怎样做才能学习更好？这些才是他个人自尊心的来源。随之而来的是他意识到他应该有尊严，应该有地位。学校衡量学生尊严和地位的标准是什么呢？那就是认认真真地学习，提高学习效率，有一个好的成绩。如果没有好的学习成绩，至少学习态度应该积极。除此之外，还有道德、品质、气质等方面。

想要解决这些问题，家长不能着急，因为孩子还没有发育好，所以家长只有等待。在这个过程中，家长可以引导、教育，但是这些教育，也仅仅是为他身体的发育提供了一个基础，更多的是等着他的发育。一旦他进入了青春期，他的身心发育都会突飞猛进，就像变了一个人。

2. 对孩子的心理发育要有耐心

心理发育跟身体发育是息息相关的，一个人的心理发育是有其规律的。对一个孩子而言，其心理发展也是不平衡的。

我接触到一个女生，这个女生大大咧咧，对什么都不在乎，本来女生到一起喜欢叽叽喳喳，说一些悄悄话，但这个女生则大不一样。别人烦她她没有感觉到，喜欢她她也没有感觉到；她做一件事情成功了她不知道，失败了她也不知道，根本就没有反思的能力和意识。家长非常着急，感觉女孩长这么大了，根本就不像一个女孩。我告诉家长：你可以调整她，比如帮她增加社会的阅历，给她讲一些故事，但是孩子行为的改变需要等待，等到她“顿悟”为止。还有一个可能，假如孩子性格就是这样的话，也许这个孩子永远不能改变。家长在对待这些问题的时候，也要有耐心。

孩子的交往，也有一个心理上的等待问题，男女生交往是一个非常不好解决的问题。我们在研究中，已经关注到这个问题。如果一个男生或者一个

女生在小学里面有早恋的倾向，不管采取什么样的方法促使他们结束，到了初中后，他们仍然会早恋；一个学生初中的早恋结束了之后，到高中他仍然会早恋；在高中有这方面经历的人，到大学他仍然会很快地恋爱。家长没有办法杜绝这个问题的发生。没有办法杜绝，是不是也就没有办法解决呢？不是的。我们在其他部分已提供了一些解决问题的方法。但是在这里我要告诉家长朋友们，当孩子出现这个问题之后，家长应该有足够的思想准备，等待着他这次早恋的结束，下一次的发展。如果家长没有这个思想准备，而是强行限制他，就不能真正解决问题。比如男女生在一块儿接触，我们等待着他们的发育，等待着他们交往的进展，当进展到一个比较深的程度之后，他们自己对于这种活动的探索会自然停止，会变换方式、变换对象。这时，再等待他下一次的开始，如果硬性干涉，就会把孩子赶往“地下”，让这些孩子到没有人干涉的地方去早恋，那将是非常危险的。

还有一个追星问题，孩子追星是自我意识觉醒的表现，他们追星的意义在于渴望成为像明星一样的人，或得到明星的认可。明星的力量可以引导他们约束自己，更快走向成熟。疯狂追星的孩子在现实中一般不会早恋，等他们对明星有了足够的认识，自己身上具有接近或超过明星的某些品质以后，他们的追星会自然停止。家长在引导他们追星行为的同时，要耐心地等待他们成熟。

3. 对孩子的学习发展要有耐心

在学习方面，家长更应该有足够的耐心来等待。有些家长在这方面经常出现问题，我们一开始说到了，很多家长期望自己的孩子一夜之间名次提高多少，有可能吗？没有。这是一个期望的目标问题。

我们经常给家长们讲，一个好的马拉松运动员，要跑40多千米才到达目标，他怎么来完成呢？他首先得有一个大的目标，那就是40千米之后那个终点。仅仅有这个终点目标是不够的，应该把这个大的目标分解成若干个小目标，比如1千米是一个小目标，2千米又是一个小目标。那么运动员在起跑的时候，并没有想着一下子就跑到终点，而是在不断想，我现在要努力跑，首先冲向终点1千米处的那个地方。到了1千米处后，再调整目标。第二目标是什么呢？就是2千米处的地方。1千米1千米地跑，直至终点。这需要耐心，

需要稳下神来耐心地等待自己跑步进程的推进。

学习中写作业也是这样，有些孩子面对桌子上堆积如山的作业感觉烦躁，家长看到孩子烦躁，也跟着烦躁。家长有时候也提这样的问题，学校留的作业这么多，孩子怎么能完成呢？要是不能完成这些作业怎么办呢？然后开始烦躁、埋怨、争吵，最后的结果是不管作业多还是少，一点儿都没做。这时家长和孩子应该一起耐心地来等待，等待孩子在学习过程中一步步往前进行，等待写作业的良好状态。桌子上作业堆积如山，我们先从第一科开始做，做完第一科，再做第二科，就跟马拉松运动员似的，放下这个远大的目标不管，先从第一步开始，跑完第一步，再跑第二步，这个过程需要耐心，需要冷静。

学生在学校听课也是这样。好的听课标准是把当天老师讲的内容消化掉。对学生来讲，这个目标很具体，而且很容易完成。我们经常看到很多学生在考试之前都在紧张地复习，家长们也很着急。为什么要复习呢？是因为之前没有把学过的东西消化吸收掉，给现在留了一些旧账。如果在之前有足够的耐心，等待着学习进程的发展，打好基础，就不会出现这种现象，学习过程也是一个逐渐发展的过程。

学生背诵东西更是如此，有的人背诵很快，可要是没有遵循记忆规律，结果忘得也快。怎么办？还是要慢慢来。

我还接触过这样一个学生：有一个老师告诉过他，学习英语就是学习英语国家的人说话，也就相当于一个孩子在学说话，人家说桌子，你就说桌子，人家说凳子，你就说凳子，只要背诵就行了。他觉得这话的确有道理，于是就开始背诵，从第一课开始背，第二课，第三课，第四课，一直把整本书都背过了，最后结果怎么样呢？他也只是会背，却不会运用。因为他在背的时候，缺了一个环节，跳过了一步，那就是在背诵的时候没有理解。

这个学生不仅仅在学习英语时使用了这种方法，在学习语文时也使用了这种方法。如，他背《春江花月夜》，这首诗很长，但他能背得滚瓜烂熟，可我们在检查他时，如果把其中的一句摘出来再让他接着这句背，他就背不下去，他只能从第一句开始，一直背到那一句，才能接着往下背。他在学习过程中，失去了耐心。他仅仅采取了一个最简单的方法来进行，那就是通篇

背过，但背诵的是一个他根本不懂的东西，在背诵过程中，失去了耐心。要想解决这些问题，只有一个办法——回来补课，一边背诵，一边理解，背诵完了以后，弄懂《春江花月夜》到底是什么意思，里面有几个环节，然后可以检索任何一句，假如不能检索的话，还可以靠理解当中的线索来提醒，通过联想把某一句话有效地检索出来。这个学习过程才是完整的。

学习的进步也是这样。有一个家长给孩子提了一个问题，问他能不能在今年暑假之前，达到班上前10名，孩子说可以。真的可以吗？学习名次进步的最大步幅是多大呢？超过前头的一名就够了。事实上，只有一名一名地超，孩子才可能达到第十名，如果他把这个过程忽略掉，哪怕他这一次真正超过了，回头仍然要补课。

4. 对孩子改正错误的过程要有耐心

在平常的教育当中，我们发现有些学生特别是小学高年级的学生和初中的学生，在说起道理时，头头是道，但是在做事的时候却无从下手。

我辅导过这样一个学生，非常典型。他的学习品质和行为习惯都不是太好，我在训练他的过程中，发现他在认知上一点问题都没有，说起为什么学习、怎么学习，道理很清楚，在行为习惯上的认识也非常深刻，改正的方法也很清楚，对自己犯的错误进行辩解也是头头是道，让人听着觉得简直无懈可击。既然他这么清楚，这么明白，应该做得很好吧？可事实并非如此。以后在他遇到类似情景的时候，错误照犯不误。家长对此手足无措。我们在训练时发现，原因是家长在教育孩子改正缺点的过程中，缺乏足够的耐心，把其中的一些过程省略掉了。

家长说这个孩子从小就好打架。对此家长应该让他认识错误，反省自己为什么要打架，打架能不能解决问题，除了打架还有哪些方式能解决问题。除此之外，家长还应该给孩子以足够的行为训练。比如我们搞了这样一个行为训练：这个孩子攻击性强，具有反社会的倾向，以打人为乐。为此我们设计了一个情景，除了告诉他不能这么办之外，还让他作为打击、欺负的对象，让他体验被打的痛苦，从而让他明白打人是不对的，打架会给人带来伤害，是一种不文明的行为，对解决问题没有任何益处。这样一个过程就是让孩子既知道了打架不对，还能强化他的心理体验。如果家长仅仅告诉孩子为什么不能做，行为训练的过程就被忽略了。因为家长不够耐心，常常认为这个问题好解决，以为只要给孩子说通了道理，孩子认错了，就解决了问题。实际上这个解决过程还有待深化，孩子认识到是一回事，做到又是一回事。

5. 对家长自己的成长要有耐心

作为家长应该和孩子共同成长，个人素质需要提高。但个人教育素养的提高也有一个过程，它是随着孩子的成长而进行的，随着解决孩子问题过程的发展而发展。

好多家长抱怨自己的文化素质、教育素养不高，对孩子的问题束手无策，觉得自己是一个很无能的人，甚至有些家长明确地跟我说："刘老师，孩子我已经管不了了，我能不能把孩子送给你？"我说："不可以，这样做不行。"

因为每个家长对他自己的孩子都有教育的权利和义务，这是一个方面。第二个方面，不管这个孩子成长得如何，最后他都应该回归到家庭中去。专家教育得再好，水平也不会超过家长。作为这方面的专家，我永远要表现得比家长低一个层次，我决不会让孩子感觉我的水平比他的家长高，因为如果孩子跟我在一起非常舒心，非常顺利，等回家之后，这个反差会让家长的教育难度变得更大。所以，我们在教育的过程中，应努力来维护家长的权威和教育方式。家长对自己的这种期望不要太高，也不要断然放弃，而要一步步地学，随着孩子的长大，跟孩子一起成熟起来，这需要的是耐心，需要的是勇气，是永不退缩的勇敢进取精神。

每个家长不都是想把孩子培养成为积极进取的人吗？那么家长自己首先应该成功。我们既然要求孩子在成长过程中有耐心，那么我们在教育孩子的过程当中也应该有耐心，对自己成长的过程更应该有耐心，如果没有耐心，给自己压力太大，就会使个人的成长过程首先出现问题。这是每个家庭都不愿意看到的。

第五节　培养孩子良好的学习习惯

良好的行为习惯能有效地促进孩子成长的效率，良好的学习习惯是学习效率、学习成就的根本保证。良好的行为习惯的形成依赖良好行为的重复，需要家长对良好行为的关注，需要良好的家庭教育氛围。良好的学习习惯会让孩子终身受益，不良的学习习惯则会使孩子终生受害。

所谓学习习惯，就是伴随学习过程中的一些行为习惯。我们都知道，习惯决定性格，性格决定命运。行为习惯直接影响着学生的学习效率和学习成绩。在考查学生学习的过程中我们发现，一些学习成绩不好的学生，学习效率不高。学习效率不高，说明他的学习习惯肯定存在问题；学习习惯不好，说明他的生活习惯不好，一般来讲，都有这样的规律。

矫正不良的学习习惯单靠孩子的认知是不能解决的，所以，家长必须帮助他们进行反复的行为训练，使孩子养成良好的学习习惯，进而提高学习效率和学习成绩。

当一个孩子的学习习惯出了问题之后，他的学习成绩自然会不理想，他终生都将受到影响，所以学习习惯的培养是学习过程中非常重要的一部分。

生活习惯和思维习惯决定学习习惯，而学习习惯决定学习效率和学习成绩。所以，培养学习习惯应该从培养生活习惯和思维习惯入手。

一、与学习效率有关的三种不良习惯

1. 不良的生活习惯

有的孩子在家中从来不做家务，做任何事都虎头蛇尾，三分钟热度，不能坚持。很多道理他都懂，就是不能落实到行动中去，即使落实到行动中，也没有效率，能拖就拖，得过且过，做任何事，都是随性所至，喜欢干就干，不喜欢干就不干，大事干不来，小事又不愿做。

2. 不良的学习习惯

有些孩子在学习过程中丢三落四，一道题做半道丢半道，还有在写作业的过程中，只管写不管对错，在上学时总是有几本书带不全。还有些孩子在上课的时候总是不记笔记，常跟同学交头接耳，这些现象都是我们常见的。还有对于课后作业，有一些孩子经常是回到家以后先玩，玩够了以后再写作业，这样作业的质量就得不到保障。另有一些孩子在家里喜欢一边学习一边看电视，一边学习一边听音乐。有的学习时不是在书桌前坐着，而是躺在床上，有的在家里学习的时候只是用眼阅读却从来不动笔。这些都是学习过程中的不良习惯，这些不良习惯的形成肯定有不良的生活习惯做基础。

3. 不良的思维习惯

我们也可以举出好多不良思维习惯的例子来，有些学生不喜欢动脑，上课时老师讲什么他就听什么，思维不积极。更有甚者，老师讲什么他都听不进去，这样他的思路跟老师根本就不合拍。

还有一种我们大家没有关注到的不良思维习惯，就是有一些孩子经常看动画片，看一些没有文字的图书，而这种思维习惯跟当前学生课堂学习中的思维习惯会产生冲突，这种思维方式跟我们的思维方式不吻合。

综观这么多的不良习惯，它们的综合特征就是，跟知识发展的规律、孩子学习的规律以及孩子的年龄特征不相吻合，正是这些不吻合，影响了孩子的学习成绩。

二、培养良好学习习惯的两个原则

1. 家长少说多做

习惯是做出来的而不是说出来的。当家长想培养孩子良好的学习习惯或者是改正孩子不良的学习习惯时，应尽可能地少说多做。习惯只有在行为中才能形成，行为经过多次重复，沉淀下来才能形成习惯。家长不仅要让孩子反复做，还应该跟孩子一起来做，这样能够保证孩子在形成一种良好习惯的时候，有足够的耐心和足够的精神支持。

比如，一个孩子对刷碗不感兴趣，就可以把刷碗当成训练孩子的一种手段，跟孩子一起做这件事。每当他妈妈要做这件事的时候，就把孩子喊

来，跟孩子一边聊天一边做，在聊天的过程中讲一些非常可笑的笑话和一些趣闻，使洗碗的过程不再枯燥，让孩子在一个非常愉快的过程中自然而然地把这项活动做完。妈妈天天跟孩子一块儿做，或者是跟孩子一起刷碗，或者是跟孩子搞一个小配合——妈妈刷碗，让孩子把碗放到碗橱里面排列整齐。孩子在这个过程中不仅仅享受到了亲子之间的欢乐，也享受到了刷碗成功的快乐。天天如此，最后孩子就形成了一种习惯，每天在刷碗的时候他都会想到，刷碗是一种很愉悦的活动，刷碗既能够跟妈妈在一起，还能够听到一些非常愉悦的小笑话，只要妈妈在，他就去刷碗。以后，妈妈就可以有意识让孩子自己去做，因为刷碗没有给孩子形成一种不好的印象，没有让孩子感觉到刷碗有多么可怕，这样刷碗的习惯就形成了，孩子就会把刷碗当成了他自己每天的工作。

由于孩子在这方面形成了一种非常好的习惯，在班上同样也会养成帮助同学的好习惯，因为他知道跟别人交往会得到一种乐趣，帮助别人学习也会使自己得到提高，在帮助同学学习的过程中，体会到这也是一种良好的学习习惯。在自己学习的基础上，加上帮助同学学习，这个孩子学习的习惯、学习的行为就有了双份的成就。这是一个很典型的从生活习惯向学习习惯过渡的案例。从这个案例中我们能够看出，妈妈没有督促孩子去做，也没有强迫孩子去做，而是自然而然地引导孩子一起来做，在形成习惯的过程中，孩子没有感觉到任何不适。

从另一个角度来讲，一个不良习惯的改正是非常困难的。习惯，是孩子长期以来行为的积淀，一个不良习惯的形成需要很长时间。有人很夸张地说，要想改正一个不良习惯，不良习惯的形成需要多长时间，纠正它就需要多长时间，可见纠正不良习惯有多么困难。那么纠正孩子的不良习惯也是应该少说多做。当孩子意识到这种不良习惯的危害之后，我们就没有必要再言语，再来强化他了，只有在做的过程中来改变才是最佳选择。

2. 父母用行为为孩子营造良好的情境

有一个孩子有注意力不集中的习惯，妈妈为了改变他的这个不良习惯，尽可能地少给他不良刺激，比如当孩子学习的时候，妈妈会关掉电视，谢绝客人，营造一种特别适宜学习的环境。然后，妈妈坐下来，认真地看书，妈妈学习也成了学习习惯形成中营造环境的一部分。妈妈看书了，外面环境很安静了，孩子受妈妈的影响，也会去学习，在学习的时候因为没有其他因素的干扰，注意力就比较容易集中。注意力很集中地学习的妈妈，成了孩子的榜样，孩子就会越来越快地进入学习状态，越来越聚精会神。当他体会到这种注意力集中是一种非常愉悦的事情的时候，体会到良好习惯会促使他学习进步的时候，其学习动力就更强，他追求这种习惯的欲望也就更强，在形成良好习惯和改变不良习惯的过程中，他就变得更加主动，更有目的性。

这儿还有一个思维习惯方面成功的案例——有一个孩子思维习惯不好，非常懒惰，对于作业他是能不写就不写，这种习惯使他对知识掌握不牢。他的家长采取了一种营造环境、积极引导的方法。在营造了一种良好的环境之后，妈妈在旁边学英语，不仅用嘴巴念，而且用手写，用眼看，效果非常好。在孩子看来，妈妈物我皆忘，完全沉浸在学习之中，看到妈妈学习是这么一种习惯，而自己却是另一种习惯，他就想去试一试，他在试的过程中得到了正向的强化，思维也就变得比原来活跃了。在这个基础上妈妈又给他提出了更高的要求。学英语是这样，那么学数学呢？一个数学问题有没有两种答案呢？有没有两种解法呢？孩子惧怕困难，不愿意去试。这时，妈妈就跟他一起来做，而且妈妈在面对这个问题的时候表现出很浓的兴趣，甚至比孩子更感兴趣，用这种情绪来感染孩子。做完每一道题之后妈妈都会找出另外的解法，孩子非常惊讶，他问妈妈："任何一个问题都有两种以上的解法吗？"妈妈说："是的，不信你试一试。"果然，他发现每一道题都有几种解法，只不过这些解法有难有易，有繁有简，这样他就形成了一种习惯——对于任何一个问题，都要用发散思维去解决，而且任何一个问题都会有不同的角度。这样，孩子的思维就更加活跃，更加开放，也就形成了一种很好的思维习惯。

从我们举的例子中可以看出，没有任何一种良好的学习习惯是说教出来的，而是需要孩子去做，在做的过程中，家长尽可能地减少干扰，多给孩子以精神上的支持。

我们知道一个孩子良好习惯的形成和不良习惯的改变都不容易实现，都需要一个过程。在这个过程中，孩子需要意志力，他们要克服困难，走若

干个弯路，才能形成一种良好的习惯。在这个过程中，家长要和孩子一起成长，这样孩子的学习习惯就会有效地形成，也会得到巩固。

三、培养良好的学习习惯

1. 培养有始有终的生活习惯

我们发现学习不良的孩子，生活习惯往往也不良，二者密切相关。所以，谈学习习惯仍然要先从生活习惯入手。在生活方面，我们要培养孩子有始有终的生活习惯。所谓有始有终，主要是指孩子在生活中应该有秩序、有责任感。有始有终的生活习惯是必要的教育过程，不是可有可无的，是影响孩子一生的基础，这种基础只能在家庭中形成，所以说家庭教育起着重要的作用。

有秩序的生活习惯的培养要从家庭教育中的一点一滴做起，简单来讲，先从做家务开始。有些家长对这些问题并不关注，他们认为，家里家务很少，家长自己做已经足够了，没有必要让孩子来做，甚至有些家长说孩子学习负担已经很重了，没有必要再让孩子来做家务。其实这不是一个家务劳动量大小的问题，家长应该把做家务当作一种教育过程来看待，通过做家务，训练孩子有始有终的责任感。自己的事情要自己做，自己的事情要自己来承担责任。比如，孩子早晨起床以后要叠被子，不仅要叠，而且要叠得非常整齐，要合乎家长的规范要求，假如早晨没叠，中午也要补上；中午没叠，晚上也要叠。也就是说，这件事情终归要落到他的头上，他既要有始也要有终，要非常完整地把这一件事做完。

比如吃完饭以后孩子要刷碗，不仅要刷，而且要刷干净，还要摆放整齐，做到整齐有序，这也是一个责任感的问题，是生活秩序性的训练。这种习惯只有在生活中一点一滴地训练，效果才最好。

我们还应该让孩子在家庭里承担起他所具有的责任。有这样一个案例——爸爸平时很忙，经常不在家，爸爸就跟孩子说："孩子，你妈妈胆很小，她自己在家里害怕，作为一个孩子，你应该学会照顾妈妈，当妈妈有困难的时候你应该来替她解决，在家庭当中你要承担一部分责任。"当孩子承担一部分责任的时候，为了完成这项责任，他就会想方设法来实现自己的目

标，在这个过程中他就会运用自己的智慧，尝试看怎样才能够很好地完成，这样他就会有始有终，体验到责任感。

在我们举办的夏令营活动中，就非常突出地解决了孩子们的生活责任感和计划性问题。那是在一个炎热的夏天，我们带孩子去爬山。爬山之前，每个人发一瓶水，老师很明确地告诉大家，这一瓶水是支持你们上山和下山整个过程的，如果你自己不计划好，到时候你就会没有水喝。可是有些孩子把老师的这些话当作耳旁风，他们一边走一边喝，还没有上山，有一部分孩子的水就已经喝完了。等他们真正爬上山顶以后，发现烈日炎炎，一些孩子嘴上已经裂口了，干渴难耐，又没有水，怎么办呢？这时他们发现老师手里有一瓶水，就跟老师要水喝。老师告诉他们：这是我自己的水，是我自己省下的，因为在这之前已经说过，一瓶水不仅要拿到山上，而且还要拿回到山下。在这个时候他们就会有一种心理体验，为自己没有很好地计划自己的活动、没有为自己负责而后悔。老师为了强化他们的这种责任感，给每个人一小瓶盖水。矿泉水的瓶盖是很小的，其中有一些孩子把这一瓶盖水喝了，而另外有一些孩子小心翼翼地把这一瓶盖水倒回自己的瓶子中，仅仅用来沾沾嘴唇，因为他们知道这一瓶盖水来得非常不容易，这几滴水能够支持他们从山顶一直走到山下。在下山的过程中，喝完水的那些孩子已经非常干渴了，而瓶子里面有一瓶盖水的同学还能不时地拿出水来沾沾嘴唇。这时所有孩子都体会到，什么是计划，什么是责任，应该如何对自己的行动负责。

到了山下，老师给每个人半瓶水，然后告诉他们，你们现在可以尽情地喝。这时我们发现，有一部分孩子并没有尽情地喝水，因为他们知道从山下走回夏令营的营地还需要一段时间，这段时间仍然需要喝水，几乎有一半的同学把这半瓶水原封不动地带回了营地。这部分孩子成功了，在生活的训练中，他们有了体验，知道做一件事要有始有终、有计划，只有这样才是对自己最负责的一种表现，才能让自己的生活更加顺利。

家长完全可以多进行这些方面的训练，只有在生活中的训练才能够给孩子以更深刻的感悟，只有在生活中形成的习惯才会有效地迁移到学生生活中去。有始有终的生活习惯会使孩子在学习当中也有始有终。

但培养有始有终的生活习惯对家长来讲，做起来并不容易。平时，当孩

子叠被子的时候，有些家长发现孩子叠不好，就在一旁唠唠叨叨，指责他，评价他，这样会打击孩子的积极性，更有甚者，一见孩子叠不好，就把孩子拨到一边说："你看，你连这个都干不好，我来替你干吧！"孩子的活动只有开头，没有结尾，他的结尾由家长来补充，于是孩子就会形成一种习惯：不管干什么事，我仅仅干一半就足够了，后边会由家长来补充。有些孩子一旦遇到他不愿意干的事，就会毛毛糙糙，故意地把事情干得不理想，因为他知道，一旦自己干得不理想，家长就会适时地介入，然后他就会成功地逃避这项活动。

2. 培养尊师重教的师生交往习惯

师生关系对学生的学习而言，重要性是不言而喻的。师生关系是否和谐，直接影响学生在学习过程中的积极性和学习效率。当学生在学习效率、学习成绩方面发生波动，首先想到的就是师生关系出现了不和谐。师生关系的核心是学生尊重老师，尊重老师的知识，尊重老师的要求，尊重老师的劳动。而影响师生关系的重要因素就是家校关系，老师和家长小心翼翼地维护师生关系变得至关重要。

当前师生关系变得异常复杂敏感，经常会出现一些师生矛盾。我们在研究中发现，师生关系发生矛盾的事件中，有70%左右的矛盾事件是由学生主观杜撰的。这并不是说这些学生的道德品质出现了问题，而是由学生的心理特点决定的。经常感受师生矛盾的学生有两个重要的特点：一是这些学生没有把更多的学习时间用来学习，而是用来感受师生关系本身。另一个是这些学生一般很脆弱、敏感、自卑，喜欢关注师生关系当中的负面事件。面对这样的矛盾，如果家长、老师和学生一起过多地关注矛盾事件的本身，会忽略学生学习时间的不当分配和学生心理健康的现状，进而忽略学生学习能力的发展。当一个学生把主要精力用在学习上，而且有学习成就感的时候，往往不会关注老师的具体行为。哪怕是师生关系当中的确出现了矛盾，他们也不会过多地产生负面情绪。

可见，在维护师生关系的过程中，家长和老师应尽可能少地在学生面前关注教育的弊端，因为教育改革是成人的任务，否则就会为学生逃避学习找到借口。这里有一个案例：两个家长在一起讨论当前教育的弊端，比如他们认为孩子学习负担重，家长和学生付出许多的辛苦，也没有达到他们期望的结果。客观来讲，两个家长之间的讨论无所谓对错，关键是他们把这个问题暴露在孩子面前，对孩子产生了非常不好的影响。他们的孩子马上对家长讨论做出反应，孩子说：我早就知道上学没有用，我本来就不愿意学习，我再也不用学习了。从这里可以看到，孩子逃避学习的借口部分来自于家长或老师。

3. 培养适合中国传统文化的思维习惯

在平时对学生的研究中我们发现，一些孩子学习的姿势会影响他的思维习惯。当一个人身体处于非常放松的状态时，他的人脑会非常活跃，但是这个时候他的思维特征是不连续的、缺乏逻辑的、跳跃性的，突出的特征是具有创造性。我们每天临睡觉之前，身体处于极度放松的状态，在这个时候大脑非常活跃，会有若干个好点子迸发出来，第二天早上起床后我们会发现，头一天晚上的那些好点子都消失得无影无踪，自己还要沿着原来的生活轨迹前进。我们还发现，当孩子身体非常紧张的时候，他的大脑也会处于一种非常活跃的状态，但这时候思维是连续的、有逻辑性的。从这个角度来讲，反观文化传统之下的教材体系和我们的知识形成体系，这些体系也是具有连续性和逻辑性的，是一环扣一环的。既然教材的知识体系具有这样的特征，就需要我们具有这种特征的思维方式才能与之相对应。我们不来评价一个人学习时的姿势应该是坐着还是躺着，是紧张还是放松。我们只是说，学习中国的文化知识体系，只有在坐着的时候，这种思维方式才能跟它相对应，只有坐着学习，效率才会更高。

还有非常普遍的当前孩子们看动画片的问题，现在大部分的动画片都是外来的，都带有它们原产地的一种思维方式和思维特征，那就是跳跃性极强，非常幽默，具有创新性。孩子经常沉浸于动画片的一种思维方式当中，自然会受这种思维方式的影响，当孩子的思维方式被这种动画片的思维方式同化以后，再来学习传统文化的知识体系就会感到很困难。

现在中学生当中流行一种卡通书，这些书只有图画没有文字，或者说文字很少，但成人看不懂，这也说明成人的思维方式跟孩子的思维方式不一样，孩子的思维方式已经出现了变化。在这里我再强调一点，我无意于区分

思维方式的优劣，只是比较两种思维方式的不同。对中小学生而言，中国人的知识体系需要用中国人的思维方式来学习，否则就会出现学习困难。从这个角度来讲，每一个家长都应该给予足够的注意。

目前还有一些孩子思维极其懒惰，也形成了一种习惯，用我的话来讲，就是这些孩子在思维方面对现状极其满足，没有上进心，感觉什么都好，感觉什么事都可以，缺乏激情。我就遇见过这样一个孩子，假如在学习方面你问他：今天咱学不学呢？他会说：学也行，不学也行。你问他：今天学语文行吗？他回答：行。你问他：今天学数学行吗？他回答：可以。你问他：今天就学到这吧？他回答：可以。似乎在这个孩子那儿没有任何不可以的事。这样的孩子没有学习的主动性，他的思维也变得非常懒惰，大脑中空空如也，没有最基本的资料来发展他的思维能力、充实他的思维。具有这种思维习惯的孩子，不可能有好的学习效果。

4. 培养自我负责的学习习惯

我们把学习习惯定位在自己负责，也就是说我们应该培养孩子为自己负责、主动学习的一种行为习惯。孩子在学习当中的一些不良习惯都跟责任心有关，比如说背书包丢文具，一道题只完成一半。那么我们怎样才能培养孩子良好的学习习惯呢？怎样才能让他在学习中对自己负责呢？

首先培养孩子在学习过程中预习的习惯。就是让孩子每天在学习之前先预习。我们暂且不谈预习的质量，起码要让孩子对今天要学的东西能够有一个印象，浏览一下，知道今天将要学习什么，这些东西自己有哪些懂了，有哪些还不懂。

然后培养孩子上课认真听讲的习惯。孩子在课堂上的听讲习惯有三种：一个是非常积极的听课习惯，当老师提出一个问题的时候，态度很积极的孩子就会想：老师出了一道什么题？老师为什么要出这道题？这道题的答案有可能是什么？在老师讲解之后，他会把老师的讲解和他自己的答案相互对照，相互印证，如果完全一致，说明自己是正确的，如果不一致，就来看自己的不足、缺点在什么地方。这样就非常有针对性，注意力非常集中，这是最好的一种习惯。

还有一种是老师讲什么，孩子听什么，这是一种被动的学习习惯。孩子

的态度不积极，他在此时仅仅成了一个接受知识的容器。

再有一种就是孩子在课堂上，老师讲课他根本就不听，没有注意力非常集中的习惯。对于这种习惯，除了要在学校由老师训练改善之外，在家庭里还应该对孩子多进行注意力集中的训练。

再后是培养孩子听课后复习的习惯。一个学生在学习后一定要养成复习的习惯，因为学习的过程是一个循序渐进的过程，每一个人在学习知识的过程中都会有所遗忘，因此每个学生都要及时地对当天老师讲授的知识进行复习，在复习的过程中查漏补缺，温故知新，对所学的知识进行巩固。

我们发现，很多孩子尤其是初中或小学的孩子回家后急急忙忙写作业，根本就没有复习的习惯，只是在需要的时候才会回到课本上去查公式，这样的复习是不完整不系统的，更主要的是写作业的时候会耽误大量的时间。

最后是写作业的习惯。孩子写作业是巩固知识的一种最基本的方式，也是运用知识解决问题的一种最基本的方式。每一个孩子每天都要写作业，只不过作业形式不一样，作业量也有大有小。在孩子写作业的时候，家长也要督促孩子形成一种良好的习惯，回家以后应该先写作业然后再去玩耍。假如有一些孩子做不到的话，家长应该很明确地告诉他，可以先玩后写作业，但是一定要保证作业的质量。

怎么才能保证作业质量呢？这就涉及自我检查作业、自我反思的习惯。

孩子写完作业，要进行反思、检查，比如看一看这道题做得对不对，是不是符合老师的要求，是不是忠于原题的思想，这道题完整还是不完整，原因是哪些，自己能不能解决这些问题，除了这些作业之外，还有哪些作业要做。这是对一天学习的完整的反思，只有到这个时候，一天的学习过程才算结束。

如果把这几个环节把握好，孩子就会形成良好的学习习惯。我们从这几个环节当中发现，在一些学习习惯的形成中，家长起着重要的作用，比如说家长要指导孩子预习，督促孩子复习、写作业，督促孩子自我反思，这是家长义不容辞的责任。但有些家长可能会有一些不利于孩子好习惯形成的做法，像家长在孩子作业本上签字，本来会起到一个很有效的督促作用，但是家长仅仅应该签字、督促，而不应该负责对孩子作业的检查，假如家长想要

对孩子作业进行检查，也应该建立在孩子自己首先检查过的基础之上。有些孩子反映，他们写作业只管写，至于对错由家长来负责检查，他们认为当这道题出现错误的时候，是因为家长没有检查出来，而不是说因为他们自己没有做对，这样他就把学习的责任推到了家长身上。

5. 培养自我反思的学习习惯

学生的反思习惯对学习意义重大。通过复习与反思，学生对每天的学习过程以及相关的事件进行梳理强化，在反思中寻找自己的不足，并梳理学习过程的方法策略，强化重要的知识点，为知识点和学习环节中的重要事件建立稳固的联结，形成知识网络，便于在知识应用的时候及时准确地提取。

在培养学生反思习惯的时候，老师和家长不妨从一天当中最简单的生活经历反思谈起，逐渐向主要学习任务靠近。比如谈谈孩子今天在学校有没有什么高兴的事件，大家一起分享。学校内外、课堂内外、学习内外的事件都可以谈，引导他们反思，比如今天上的课，学的知识，在学习的过程当中与老师的互动以及他们的所得，今天的作业等。

这里有一个尽人皆知的例子。中小学生写作文是一件非常困难的事，许多学生写作文的时候假大空，没有真情实感。总有人认为这个问题是语文老师的责任。我们在研究过程中发现，学生写作文困难，不愿意写作文，往往不是因为遣词造句出现了困难，而是他们没有对生活进行反思，写作文的时候没有话说。最难写的题目是“一件难忘的事”，几乎让所有学生望而却步。如果家长和老师经常和孩子一起反思每天的所见所闻，从当中提取有意思有意义的环节，进行积累，学生的作文就会变得容易许多。

除了对学校生活进行反思，老师和家长还应该经常抓住生活当中的具体事件，和学生们讨论，比如每天和孩子沟通今天看了什么书，看了什么电视剧，对其中哪些环节、哪些人、哪些事印象更深，哪些更有意义，更有意思。古人说“熟读唐诗三百首，不会作诗也会吟”。当前孩子阅读量大，而不会写作文的矛盾就迎刃而解。

6. 培养自我探究的学习习惯

每个学生在学习中都会遇到学习困难，当他们遇到学习困难的时候，老师和家长最直接的办法是就某个知识点再给学生讲解一遍。事实证明，这种教育方法效果并不理想，原因也很简单，有些学生学习效果不好的原因是他们学习基础、学习能力、课堂学习习惯出了问题，若这些问题不能很好地解决，再多讲几遍也是没有意义的。我们在这里给各位家长和老师提供一个培养孩子的自我探究习惯的小方法，一共有三步：第一步，先鼓励孩子提问，让孩子知道提问越多越好，提的问题越多改正的机会就越多，提问题本身就是一种非常好的行为习惯。第二步，家长、老师和学生一起探究当前学习的难点。请学生通过梳理问题，慢慢地找学习难点，了解自己学习过程的缺陷，让学生知道，明了自身不足是优良的学习品质。第三步，家长、老师和学生一起探究解决这个难点的途径、方法和策略，引导学生回归课堂，到老师的课堂当中去寻找线索，或者引导学生回归教材，到教材当中寻找例题、公式等所提供的线索，寻找解决这个问题的具体方法和策略。用这三步鼓励学生自己学习，自己探究，自己寻找学习的方法策略，积累自己的学习成就感。在家长和老师的引导之下，孩子养成探究学习习惯，学习效率就会有所提高。

部分家长在解决孩子学习问题的时候，直接给孩子讲解知识，不仅剥夺了孩子自己学习、自己思索的机会，而且还会使部分孩子忽略课堂学习的重要性，对课外辅导产生依赖性，导致学习低效。在学生探究学习的过程当中，老师和家长的主要作用是鼓励、陪伴、引导、欣赏，而不是替代。在学习过程中，孩子是学习的主人，他的学习过程、学习成就没有任何人能替代。

所以，学生学习习惯的培养，并不仅仅是学校的任务，课外学习习惯的培养也直接影响他们的学习成绩。好的学习习惯决定有效的人生，良好的学习习惯是有效人生的成长方式，孩子的成长应先从养成良好的学习习惯开始。

【作者简介】

刘凤华：河北省教育科学研究所心理教育专家、家庭教育专家，河北省家长教育工作指导小组成员，河北省家庭教育专家团团长，河北省中小学心理教育创始人之一。三十年来，从事中小学生及家长的生活、学习辅导，

讲座听众数十万人次，亲自辅导学生、为学生设计个性化的教育方案数以千计。出版有《合格家长系列教学》《和孩子一起走向成功》《中学生心理辅导丛书》《中考复习策略与指导》《高考复习策略与指导》等。

刘淙雨：石家庄幼儿师范高等专科学校教师，毕业于天津师范大学音乐与影视学院理论作曲专业。参与河北省教育科学规划重点课题“基础教育阶段家庭教育实施途径与策略的实践研究”。

第八章 家校合作，引领孩子健康成长

王宝祥

孩子的成长是有普遍规律的，每个孩子还有自己的发展特点，无论是学校教育还是家庭教育，都要从孩子的实际发展状态出发，选择符合教育规律的适合孩子的教育方法，才能收到好的教育效果。教育，最令人担忧的是违背孩子的发展规律、违背教育规律。遗憾的是，现在有太多的家长、太多的老师没有按规律办事。俗话说：“违背规律，必然受到规律的惩罚！”我希望大家一定要遵循规律，按规律办事。

第一节　教育是系统工程

一、怎样理解教育是系统工程

长期以来，人们习惯于说家庭教育、学校教育、社会教育是一个系统工程。有些领导这样说，有些专家也这样说，那么这句话到底对不对？我觉得这个说法是不科学的，因为它把教育对象排除在外了。我们的教育是为了孩子，为了学生能够健康发展，既然是系统工程，怎么能够把目标排除呢？何况目标是我们的孩子。孩子是有主体积极性的。因此，这系统工程必须包括孩子。如果我们要盖一座房子，我们要用很多的材料，那么你把最重要的目标去掉了，房子怎么盖？你光说外因，不讲内因，实际上是不科学的。

苏联有个著名的教育家叫苏霍姆林斯基，他曾经说过：“只有能够引发自我教育的教育，才是真正的教育。”“才是真正的教育”也有的翻译成“才是成功的教育”。自我教育，是说谁呢？就是孩子本人，是学生本人，他得进行自我教育。所以这系统工程一定要把孩子包括在内。应该怎么表述才科学呢？我想应该这么表述：家庭教育、学校教育、社会教育、自我教育是一项系统工程。把自我教育加上了，这就完整了，就科学了。

二、家长的责任

在家庭教育当中、家校合作当中，我们家长的责任是什么呢？《教育部关于加强家庭教育工作的指导意见》指出，教育孩子是父母或者其他监护人的法定职责，并且列出了法定职责的具体内容和要求。大家注意，这是法定职责。那么首先是父母，有的时候父母不在孩子身边，那就必须有监护人。比如说有的父母外出打工了，把孩子交给谁了？交给了爷爷奶奶、姥姥姥爷或者其他的亲属，他们就是监护人。监护人跟父母一样要履行法定的职责。有的家长对自己有法定职责不理解，而且不按要求去做。他认为只要把孩子送进学校，教育全是学校的事了。孩子发展得好不好，就说明你学校教育得好不好，老师教得好不好，把全部责任都推给了学校。

我想举个例子，最近我到一所寄宿制学校讲课，这是某省在北京办的学校，孩子的家长有的是在北京打工的，也有经商的。学校开家长会的时候，好多家长不参加，为什么？他怕耽误了自家的生意，怕耽误了自己挣钱，所以就不参加。大家想一想，他不参加学校的家长会，他怎么理解学校的要求？怎样教育自己的孩子呢？而法定职责里是要求必须得参加学校家长会的。有的家长平常跟孩子不联系。校长跟我说，学校要求孩子，每个礼拜要跟家长通话一次，就是让孩子打电话给家长，让家长了解他在学校的情况。我跟这位校长讲，你应该倒过来，不要让孩子给家长打电话，应该让家长每个星期必须主动给孩子打一次电话，因为他是家长，他要履行教育孩子的职责。你要求他主动打，而且明确告诉他这是必须做的事情，要进行表扬和批评。

三、家长要给孩子做榜样

家长应该怎么做？最重要的是要给孩子做榜样。你也许短时间内不接触孩子，但是从长远来讲，你的言行都会影响孩子。前国家副主席宋庆龄说过："父母的一言一行都对孩子产生深远的影响。"你的一句话，你的一个行为，甚至一个动作，都会对孩子产生深远的影响。深远到什么程度？深远到孩子的一辈子。宋庆龄是主管妇女儿童工作的，她关于家庭教育的讲话是很多的，我们应该学习。

我想给家长提出一个基本的要求，概括成20个字，大家体会一下，看这20个字能不能理解，能不能做到；想一想，有哪些做到了，有哪些没做到。

这20个字是什么呢？是“正派积极，求知善思，勤奋刻苦，文明友善，民主乐观”。我解释一下，这从几方面对家长提出要求，“正派积极”说的是人生态度，你是不是正派的人？你是不是积极进取的人？我们也知道有的成年人很正派、很积极，但是也有的成年人可能做的一些事说的一些话，是不够正派的，甚至是违法乱纪的，当然说不上积极进取了，这当然是个别人、少数人。我相信我们大多数家长，都是正派的积极的。“求知善思”指的是什么呢？爱学习，渴求知识，善于思考。一方面爱学习，一方面善于思考。“勤奋刻苦”指的是你在工作、生活中的表现，你是勤奋的，你是刻苦的。“文明友善”指的是你有文明行为，对人是友善的，不管是对家里的人，对周围的人，对工作单位的人，你讲文明、很友善，不是动不动就动粗、骂人，甚至于动手打架，你是一个友好的善良的人。“民主乐观”，指你有民主的思想，允许别人说话、发表意见，生活态度是乐观的，特别在家里是讲民主的，不搞“一言堂”，不是我一个人说了算。当爸爸的也好，当妈妈的也好，你不能一个人说了算。应该遇事跟家里人商量。你应该是乐观的，不管遇到什么事，哪怕是困难的事、麻烦的事，也能够乐观地对待，想办法去解决它，不是遇到什么难事就愁眉苦脸。当然，有时遇到很大的麻烦事，需要请有关的人或机构帮助解决。

这几条，你做到了没有？有哪一条还没有做到，你就应该规范自己，严格要求自己，努力去做。我认为我们的家长如果能够在生活与工作中做到这20个字，孩子的成长就会有基础保障；你这么做了，对孩子有直接影响，你就成了最好的老师。

四、学校的责任，班主任的责任

学校和教师的责任是什么？教育部的指导意见里也指出了，要充分发挥学校在家庭教育中的重要作用，提出了四项最基本的要求：①强化学校家庭教育工作指导。②丰富学校指导服务的内容。指导不要光讲道理，光提要求，要丰富内容，通过丰富的活动、方法去影响家长。③发挥好家长委员会的作用。现在有要求，学校要建立家长委员会，要求年级要建立家长委员会，甚至班级也应该建立家长委员会。选出有代表性的家长，作为家长委员

会的委员，跟学校领导一起来研究家长委员会怎么发挥作用。④共同办好家长学校。家长学校是必须办的，有的地方叫家长教师协会，这是从外国吸取来的一种方式，其实跟家长学校基本上差不多。要办好家长学校，怎么叫办好了？就是说你一定要适时地、有计划地给家长讲家庭教育的科学知识、科学的方法，帮助家长解决遇到的各种问题，真正发挥家长学校的作用。这是教育部对学校提出的几项要求。

班主任的责任是什么？

在学校里，最应该发挥直接指导作用的是谁？应该是班主任。教育部有一份文件，叫《中小学班主任工作规定》，这份文件里就指出了，班主任是中小学日常思想道德教育和学生管理工作的主要实施者，是中小学生健康成长的引领者。班主任要努力成为中小学生的人生导师。因此，班主任指导家庭教育是非常直接的、具体的、经常的。现在存在什么问题？我们的班主任能否科学地指导家庭教育？我在北京市某区给班主任老师讲课，讲的就是家校合作，帮助家长走出家教误区。我现场做了一个调查，就是调查我们的老师对家庭教育理论、知识的了解。我问：有哪位老师读过家庭教育学？一个举手的都没有。我又问：有哪些老师读过指导家庭教育的著作？只有很少的几个人。我自己也出版过多本指导家庭教育的书，比如有一本书在全国发行量很大，叫《教子有方》。我从不同的角度讲孩子的问题，家长应该怎么办？我主编了6本家长学校用的《家长读本》（幼儿的、小学的、初中的、高中的、中考的、高考的，一共6本）。我主持教育部的课题“跟踪指导家庭教育实验研究”，出版了4本各个学段的指导书。我和一位教授合作，写过一本书叫《家庭教育新理念》。家庭教育的书籍太多了，可惜老师读得很少。然而老师是经常对家长进行指导的，有的动不动就把家长请来了，给家长提出这要求那要求。我就想，你没有读过家庭教育学，也没有读过几本或者几篇相关的著作和文章。那你是怎么去指导人家的？你的指导科学吗？所以我这里提的问题是，班主任能否科学地指导家庭教育？有的老师是做得很好的。山东有一位老师，他写了一本书，这本书里包含什么内容？包含他每个月要给家长写一篇家庭教育方面的文章，讲观点、方法、措施。他给我发过来8篇，我看了以后发现这位老师他真的懂得家庭教育。他的指导就是

科学的，写了以后发在网上。有的家长不会上网，或者没有时间上网，他又把文章打印出来，让孩子带回家去请家长阅读。我想，这位老师指导家庭教育，他就注意了科学性。他自己首先学习了家庭教育知识，研究了家庭教育的很多问题。

我们有的老师凭着自己的经验，凭着自己的主观想法，就去指导家长，往往是不科学的。我在给老师讲“家校合作，帮助家长走出家庭教育误区”的时候，一方面讲家长的普遍误区，还专门讲我们老师存在的四个误区，比如说我们老师有“自居心理”——我是老师，指导家庭教育当仁不让；比如说，我们老师对自己孩子未来发展的要求比普通老百姓更高，因为自己是老师，而且有学历，更“望子成龙”。我举个例子，是很痛心的。我在出差的时候，在南方看到一个视频，一个小学的校长居然差点被她14岁的儿子掐死。原因是什么？原因就是她没有科学地去指导自己的孩子，一直带在身边，多年的“三好学生”。上了初中时，妈妈认为近处的初中不好，花钱进了一所比较远的民办学校。有一天孩子回家的时候，老师留了一篇作文“冬天”。他们那地方是亚热带，孩子不知道冬天怎么回事，所以孩子就写了一句话——“我们这里没有冬天”。他妈妈在办公室一看特别生气，就把它撕了，这孩子火气上来了，就冲向妈妈，大声喊：“我掐死你！我受够了！”后来记者采访，妈妈说：“我就这么一个儿子，我那么爱她，没想到他会有这样的举动。”采访儿子，儿子说什么？儿子说：“我发现我从来不是我自己，我就是我妈身边的一个动物，什么事情必须得听她的，我根本没有自己。”我们作为家长，作为老师，一定要学习家庭教育的科学知识，科学地去指导孩子，引领孩子。

五、家校合作的多种方法

多数学校已经成立了家长委员会或者家长教师协会，班主任有时候进行家访，有时候家长校访，到学校来访问老师。我们可能电话联系，有的用联系本，老师有什么写在联系本上，家长有什么写给老师。我们开家长会，有的地方的学校有开放日，家长可以到学校里去听课、参观；还有的班级搞活动、年级搞活动，请家长参与；还有的办家校共育小报。我在做课题研究的时候，有若干学校都办了家校共育的小报。在小报上，老师、家长、学生、专家，都可以写文章，可以发表意见共同育人。我想这些做法，有的是近些年的，有的过去就有的。如果觉得需要，还可以继续使用。但是现在是互联网时代，互联网时代产生了许多新的家校合作的方式。比如说家校通，好多地方都有家校通，是吧？北京也有，现在北京有的地方把家校通又取消了。

现在有别的途径可以直接联系。好多学校班级有网络平台，有的学校有学校的网络平台，年级有网络平台。当然最受家长重视和欢迎的是班级网络平台。有一次我在南方出差，听老师们讲经验，其中有一个二年级的班主任，他把他们的网络平台在屏幕上展示，最后他请各位专家登上他们的网络平台，给他们提出意见和建议。现在，微信非常普及，很小的孩子就会发微信。有一个孩子上了高一，他说，现在同学都搞一个“脱单运动”。脱单，那意思就是要搞对象。男孩也好，女孩也好，都在找另一半，这是在高中甚至在初中都有的现象。我就问他：“你们班主任知道不知道？”他说估计班主任不知道。我问：“为什么？”他说：“我们有两个微信群，一个加了班主任，另外一个不加班主任。加了班主任那个，我们都说一些正能量的东西，实际上是蒙老师的。我们自己的微信群当然什么都可以说。”大家想一想，这是一个新情况吧。

还有一个新情况：我到北京市某区讲家庭教育，有一次给某校初中一年级学生的家长讲课。校长跟我说：“王老师，麻烦您提醒一下家长，微信群要加我们的班主任。”我问怎么回事，他说：“我们有的班主任比较年轻，好多家长觉得自己水平高，看不起班主任老师，于是家长自己建微信群。孩子中有什么问题，家长凑在一起研究，自己去解决，把班主任甩在一边。我希望家长都把班主任加进去。”

有一个老师很聪明，他是北师大毕业的一个研究生，他怎么让家长把他加到微信里呢？每天提前两三分钟到班上，拍照片。谁来了谁没来，谁在干什么，把照片发到家长的微信里，课间休息也拍照片，发到微信里，搞活动拍照片，甚至录像，发到微信里。只要有一两个家长加他的微信，马上就传开了，告诉其他家长，赶紧加老师的微信，为什么呢？孩子一天的表现从早晨一直到放学排队的时候，全能看得到。这么一传，家长们的微信把班主任

加上了。这是非常好的办法。

我还曾经在网上看到一篇关于网络家长会的文章，讲的是：班主任每隔一段时间，就通过网络开家长会。用班级平台，根据班上的情况，设定一个主题，跟家长讨论。家长都可以发言，选择一天晚上大家集中上网参加家长会，最后还请专家发表意见。这很好，在过去是不可能的。我想我们应该用多种办法进行家校合作。通过网络平台可以发布重要的通知，可以发布班级、年级、学校的教育计划，可以发布班主任对家长、对学生的建议与要求，还可以做班级情况分析，可以搞网络板报，可以进行家庭教育指导，针对家长存在问题，请专家写文章或者班主任写文章，或者摘录文章，都可以。我想在利用网络方面，我们的班主任应该发挥创造性，充分利用互联网，把家校合作的方式，通过互联网搞得有声有色。真正能起到家校合作，共同育人的作用。

第二节　教育孩子必须懂孩子

一、不懂孩子是教育不好孩子的

你要教育孩子，你不懂孩子怎么教育？那就是盲目的教育了。

咱们先学鲁迅的一段话："孩子的世界与成人截然不同，倘不先行理解，一味蛮作，便大碍于孩子的发达。"孩子的世界指的是什么？这世界首先指的是孩子的心灵。他脑子里想什么？还有他的生活世界，孩子的生活世界，跟成年人是完全不一样的。如果你不弄懂，你就会按照自己的意愿去蛮做。蛮做就是不讲究方式方法，蛮做的结果，大碍于孩子的发达，就是非常妨害孩子的健康成长。

鲁迅写过一篇文章，叫作《我们现在怎样做父亲》，大家应该读一读。

我们的古人就研究家庭教育，大家都知道"司马光砸缸"的故事。司马光是当官的，而且是个文人，他也研究家庭教育，他说了这样一段话："为人母者不患不慈，患于知爱而不知教也。”什么意思呢？做妈妈的你不用担心她不慈爱。“患”就是担忧，担心。患于知爱而不知教也，值得担忧的是什么呢？她知道爱孩子，却往往不知道怎么教育孩子。我想，当妈妈的要注意了，你是否“知教”？并不是说爸爸就都懂，许多爸爸也不“知教”，后边我们还要讲到这个问题。孩子的发展是有规律的，研究孩子发展一般从三个方面着手：一是生理方面的发展，身高、体重、性成熟以及其他的生理因素的发展。二是心理的发展。三是社会化的发展，他是怎样一步一步地完成社会化的。这些规律我们不能都写出来，大家可以通过各种渠道去学习、了解。我们要告诉大家，从家庭教育角度来说，必须懂得孩了是怎样发展的。

教育部的文件里边有这样的话：家庭教育要严格遵循孩子成长规律。是严格，不是自作主张的。对学龄前儿童、对小学生、对中学生的教育文件都提出了具体要求。学龄前的孩子，家长要注意哪些规律性的问题，你应该怎么办，小学生、中学生的发展规律是什么，都提出了具体要求，而且特别指出，要跟学校配合。目前，一个重要的事情就是减轻孩子过重的学业负担，要指导孩子学会自主选择，让孩子有自主学习、自主发展的积极性。文件里明确指出：切实消除学校减负、家长增负，不问兴趣、盲目报班，不做“虎妈”“狼爸”。

二、不要盲目报课外班

现在好多家长，孩子很小时就盲目地报班。有一次一位小学老师找我，他咨询什么？他说给孩子报了几个课外班，有的课外班孩子不想上了，怎么办？我问他不想上什么课外班了，他说孩子不想学钢琴了，我问：学到什么程度了？他说学到四级。我问他：还有别的班吗？这个老师一说，我发现给孩子报的班太多了，压力太大了，除了钢琴之外，还报了剑桥英语班、奥数班、航模班、萨克斯班。孩子星期六和星期天几乎没有闲着的时间，跑这跑那都在上课外班。这是爱孩子还是害孩子呀！我说他不想上这个钢琴班就不要上了，把钱退了吧。他说那多可惜，我说，孩子学钢琴对他未来发展有好处，但是你想将来成为钢琴家可能性太小了。你看那些成为专家的大都是从小有家学渊源、有学音乐的条件。一般孩子学钢琴，是发展一种兴趣，获得

一种素养。孩子现在不学就不让他学了，以后有机会可以“再捡起来”。

我给他举一个例子，有一次我在美国开会，有一个教授请大家到他家里聚会。中间娱乐一下，请一个博士研究生演奏钢琴，弹的是《梁山伯与祝英台》，弹得非常棒。我就问这个中国留学生：“什么时候学的钢琴？学了几年？”他说小时候学了三年，后来功课太多就不学了。我问：“现在怎么又捡起来了？”他说现在读博士快毕业了，有空余时间，又找了一个懂钢琴的人重新学起来。你看，这不是很好吗？

我跟这位家长说，千万不要给孩子报好几个班，我们主张孩子感兴趣的班报一个就行了，报两个就有点多了。报多了，孩子压力太大，实际上是家长在给孩子增加负担。

家长还有其他增加负担的方式，比如，孩子放学以后，一定是先做作业，不做完作业不能玩儿；作业做完了，有的家长又给加作业，这不是增负吗？这个我有体会，我有一个孙子，上小学的时候，放学以后先让他玩儿，玩儿一个小时，你再回来，洗手后做作业，特专心。孩子都累了一天了，干吗让人先做作业呢？有一位家庭教育专家，是一位女士，写了一本书，我建议大家好好看看她怎么说的，她说：“儿时不竞争（指的是知识竞争），长大才胜出。”很小的时候，不要陷入知识竞争，长大了才能胜出，才能成功，才能成才。她怎么解释呢？她认为，童年是独特的年龄阶段，有独特的任务，不是向外延伸，而是向内积累。启蒙教育，要呵护儿童的好奇心，发展孩子的自由意志，让孩子拥有幸福感。

我有一个老同事，他的孙子报了英语班，交一万块钱，一百块钱一次课，那就学一百次了。那么学了几次以后，我在院里碰到了，我就问这小朋友，我说：“小朋友，英语都学了啥呀？狗，英语怎么说？”那孩子说dog。我说：“好。猫呢？”孩子摇头，他爷爷跟我说：“老王我跟你说，这狗还是我教的。”我说：“那是怎么回事？”他说去了那个学英语的地方，挂了好多图，就让孩子看图，练一两遍就过去了。然后就玩儿，玩儿一个小时就回来了，所以这几次就没学什么。

大家也知道，现在有好多课外的班，实际上是不合格、不科学的，甚至是蒙钱的。通过孩子，掏家长兜里的钱呢。近几年，有好多班，人走楼空，把家长的钱给骗走了。我不是反对报班，报班要有选择，一定报真正有资质的。现在教育部有文件，要严格清理校外班。

三、“不要让孩子输在起跑线上”流毒全国

大家都知道有一个口号：“不要让孩子输在起跑线上！”这是一个不科学的口号，是一个蒙蔽家长、伤害孩子的口号。

现在还有人拿这个口号指导家庭教育。不让孩子输在起跑线上，我相信有好多家长、老师根据这句话，在孩子的起跑线上做文章，加大孩子学知识的压力。教育部基础教育司原司长王定国同志，他有过公开讲话，他说：在新形势下，如果还一味宣扬不让孩子输在起跑线上，从而驱使孩子加班加点，再不摆脱只重知识摄取，并且过于分分计较的文化偏执，就不是合格的基础教育工作者，更不可能营造教育家办学的局面。我知道，他在好几年前就在电视讲话里说过，“不让孩子输在起跑线上”是不科学的。

我知道这是谁提出来的口号。我也说过这个口号不科学。在一次全国性教育会议上我讲这个口号不科学。我知道，提这个口号的人，是一个硕士毕业生，夫妻都是有学历的，家庭条件很好，他也指导家庭教育，他每个月出一本书，就叫《不让孩子输在起跑线上》，出了几本以后，他到北京，他知道我也研究家庭教育，他就来找我。找我的时候，我就给他提了个意见，我说：“你这个口号是不科学的，因为孩子是没有同一起跑线的。你说你家的孩子，你走出去跟那个打工的孩子比一比，人家几平方米的地方，住了好几口人，打工为了解决吃饭问题，天天辛苦劳作，家里也没什么书，没有报刊，跟你家的孩子比一比，有同一起跑线吗？而且，一个孩子你用灌输式起跑他跑快了，分高了，但是从长远来讲，他是不是老在前边？因为孩子他不光是读书的问题，不光是学习知识的问题，是不是？”后来这位同志改成了“不让孩子输在自己的起点上”，这话倒是有一定道理了。自己有起点，是不是？自己跟自己比，点滴进步都是好的。可是原来的话是流毒全国的，到现在为止，有一些人还在拿这句话说事。有的领导讲，有些指导家庭教育的人也在讲，拿这个话忽悠人，后果很不好。所以我们要注意，我们教育领域的好多口号，都要过过脑子，要请教一下真正的专家，请教真懂行的教育部

门的领导同志。

四、孩子生理发展的特点

孩子发展到底有什么特点？我们不能全面讲孩子发展特点，因为这是有很多书可以参考的。有的一本书可能就讲一方面特点。在这儿，我只重点讲几个方面的特点，供大家参考。

首先，孩子0~18岁发展大致可以分三个阶段：第一个阶段是婴幼儿期。从出生到3岁是快速生长期，出生第一年，生长速度最快，可以长25厘米，家长们都有体会的。第二年生长速度是10厘米左右，但每个孩子是不一样的。这个时期主要是营养状态和生长激素的调控，既要保证孩子需要的营养，又要保持其营养均衡。第二个时期是儿童期。儿童期从3岁到12岁，这是稳定生长期。女孩是平均到10岁，男孩是平均到12岁。这期间生长主要是由生长激素和甲状腺激素调节，每年约增长5.7厘米。第三个阶段是青春期，12~18岁，这相当于从小学六年级以后，初中到高中，叫加速生长期。孩子进入青春期以后，生长再次加速，生长激素和性激素共同起作用。性激素除了促进生长外，还促进性成熟和骨骼的闭合，最终导致身高增长停止。在整个青春初期，女孩身高可增加20~25厘米，而男孩青春期比女孩青春期晚两年左右，13~15岁男孩又迅速超过女孩。这个家长们都有体会。小学中年级以后，女孩明显的比男孩子高，到了初中男孩长得快，到初二以后很快就超过女生了，这是加速生长期。

那么在这个生长期里有什么基本特点？

随着年龄增长，孩子逐渐知道听从权威的重要性了，他越长越大，知道有的权威人士的话要听了，如果不服从会招致不好的结果。权威，父母是权威，老师是权威，领导是权威。9岁以上的孩子认识到对权威的服从可以有两种表现：自觉自愿和被迫，即有的是自觉自愿的，有的是被迫的。这就提醒我们教育者，提醒老师和家长，我们要选择教育策略。如果你经常用简单的命令、训斥、惩戒，一定效果不好，要慎重，因为什么呢？因为你那样做，会引起孩子的反感。这一点我希望各位家长要特别注意。要启发他、引领他自觉自愿，你必须有教育策略方法的选择。

五、孩子思维的发展特点

思维是智力的核心。智力包括记忆力、观察力、注意力、想象力、思维力，思维力是核心。很多专家都在研究思维发展规律。

关于思维发展，有一个五阶段说：第一个阶段叫直观行动思维，在半岁左右，他有生理需要，他就产生行为，有简单思维。比如说你喂小孩子奶，你把奶瓶给他的时候，如果你不直接放在他的嘴里头，他抱着奶瓶，瞎杵，半天放不到嘴里去。经过多次以后，他可能会杵到嘴里去。在这个直观行动当中，他是有思维的，他知道需要把这奶瓶搁到嘴里才能喝，杵到眼睛不行，杵到鼻子也不行，对不对？这是直观行动思维。妈妈喂奶也是这样。这个时间比较短，很快就进入到下一阶段。

第二个阶段是具象思维，或者叫形象思维。这一般是从半岁左右到三四岁，他特别能够感受形象的事物，比如说妈妈到他面前的时候，他就笑了，高兴得不得了。为什么？因为妈妈的形象他太熟悉了，而且妈妈都会有抚爱他的若干动作。如果爸爸经常不回家，见不着，他一看爸爸，他可能会皱眉头，甚至会哭。如果你让一个生人到他面前，他也可能皱眉头，他会哭。为什么？他在感受这形象曾经给他带来的感觉，愉快还是不愉快？这是具象思维。

第三个阶段是经验性逻辑思维。一般的是4~8岁。什么是经验性逻辑思维？就是用已有的经验去判断、去推理、去认识事物。我举个例子，小学一二年级的老师带孩子出去的时候会遇到这样的情况。比如说有一个小男孩，他带了三个鸡蛋，老师说该吃饭了，他拿出鸡蛋，不知道怎么吃？拿嘴咬不行呀。因为他从来没有剥过鸡蛋，他就去找班主任老师，班主任老师拿过鸡蛋来告诉他，你看这鸡蛋是熟的，在这石头上磕一磕，把皮磕碎了，然后把皮剥掉，就可以吃了。孩子有了经验，不管是鸡蛋、鸭蛋、鹌鹑蛋，只要是熟的，就这样吃。这叫什么？经验性逻辑思维。因此，引领孩子获得各种实践经验是非常重要的教育。

第四个阶段叫形式逻辑思维，一般的在7岁以后和初中。大多数孩子处在形式逻辑思维阶段，我们也可以叫它平面思维、直线思维，它有片面性。我举个例子，比如说我们的几何课是在初中开设的，几何课里讲三角形全等，有四个定理，大家都会背吧。哪四个定理？边角边、角边角、边边边、角角边全等。老师的例题就用这四个定理去做，给你留的最早的作业也是用这四个定理。后边出的复杂一点的题，无非加辅助线，用的还是这四个定理。你做作业的过程一般都是“已知、求证，因为、所以”。这就是一个形式逻辑的过程，形式思维的过程。

第五个阶段，辩证逻辑思维，一般的在15~20岁形成，就是会辩证地思考问题。什么叫辩证？他可以多维度地思考问题，如对上下、左右、里外进行比较等。辩证逻辑思维一般的在初中之后高中形成。有没有初中的孩子也能进行辩证思维的？也有，我就遇到过，有一个学校初二的一个孩子遇到问题，他的思维分析就是很辩证的。但是这样的孩子在初中阶段比较少，大多数孩子到了高中的时候要学会辩证思维。

大家可以想想我们的孩子处在什么思维阶段，我该如何去发展他的智力。教育要讲针对性，如果你不知道这个，你没有看到他的思维特点，不论是家长还是老师，你的教育常常是事倍功半，因为你跟他的思维水平对不上号。我经常接触各种人，我发现有的人的思维水平一辈子就停留在第四阶段，不会辩证思维。我举个例子，是书上讲的：有人习惯说，在哪儿跌倒了就在哪儿爬起来。那你在哪儿跌倒，爬起来又可能跌倒了，再爬起来还在那儿吗？不，有人就不这么说了。有人说：在哪儿跌倒了换个地方爬起来，可能就真的爬起来了。如果不成，再换个地方。这种思维就不同了，我想这里就有辩证思维的影子。再比如，教育部出的一本书里面讲到了“失败是成功之母”，还有人给通俗化了，“失败是成功的妈妈”，对不对？有道理，但是它是直线思维，我看教育部那本书里边讲了一句话，叫“成功更是成功之母”。你的孩子在发展过程当中，给他成功的机会，他可能更好地发挥积极性了，要不然他可能老失败，是不是？这就避免了绝对化。现在我们教育领域改革有些新的要求，提倡培养学生的批判式思维，就是从小培养孩子的优良的思维品质，实际上就是培养辩证思维。只是在孩子小的时候，可能他还达不到辩证思维的水平，所以提出了批判式思维。

那么作为教育者，作为家长或者老师，你要注意提升自己的水平，你提高了自己的思维水平，你才能根据你教育对象的认知特点，来有效地进行引

导。你不了解孩子的思维水平，用过难的题目要求他，实际上把他难倒了，他也没有真学到东西。如果有的孩子，他的思维水平很高，你用很低层次的东西来给他，实际上他吃不饱。所以我们教育领域里有一个口号是对的，就是“要让孩子跳一跳够得着”。你要不懂孩子，你怎么解决跳一跳够得着这个标尺问题，如果不用跳就够着了，那就简单化了，是不是又低了？我希望大家好好研究这个问题。

六、孩子的人格发展

我们必须重视孩子人格发展，培养孩子的优良人格是教育的重中之重。人格，不只讲道德，还包括思想观念、个性品质、人文素养。我们在这里讲讲人格的发展。爱因斯坦有一段话，他说：一个人智力上的成就，很大程度上取决于人格的伟大。这一点往往超出人们通常的认识。那么通常的认识是什么？通常的认识就是指“智力成才”，智商高就能成才。现在我们还有人持这种观点，简单化地把智商高与成才联系起来。有一次，我在南方参加一个会，有一个专家，是大学教授，他根据国际上的一些研究总结了八个字——“智力正常，个性成才”。只要这孩子智力在正常范围内，决定他成才的是他的个性品质，也可以说是他的性格。那么在人格里是包括个性和性格的。

有一个案例是特别能说服我们的：在上个世纪初，有一位心理学家叫特尔曼，他进行了一个大规模的追踪调查，选择了1500名智商平均151的超常儿童（用某种量表），连续追踪30年。孩子已经30多岁了，选择了150名成就大的，150名成就小的来进行比较。他们当初都是智力超常的，有的很有成就，有的成就很小。智力水平没有明显差别，差别在什么呢？在人格，在非智力因素。一个孩子是不是有自信、有理想、有责任心、有毅力、有坚持性等，最终决定他的发展。这是很有名的一个追踪调查。我想我们各位一定要好好琢磨琢磨这个实验带给我们什么。

清华大学一位老师介绍了一件事，当年我们一起在北京市给市民做科普讲座，后来还出了一本书。这位老师讲他有一个学生，是学生会干部，学习也挺棒。卡特尔人格因素测验（另一种测试量表），聪慧性满分是10分，这

个学生聪慧性只有6分，其他的学生是9分、10分，在清华大学大多数学生智商很高。那么是什么促进这个同学智慧和潜能的发挥呢？就是他的人格，他的非智力因素。老师找这个同学聊天。问他："你虽然聪慧性不高，但是你不但考上清华，而且干部当得很好，学习也不错，是什么原因呢？"这个学生说："我从小就知道自己的脑力不如别人。别人可能一心二用都行，我是不行的。但是我记住了一句话，家长说的叫'笨鸟先飞早入林'。凡做事，我先走一步，我专心做，专心做完一件事情，再做另一件事情。我就是这么走过来的。"大家可以想一想，一个聪明度不高的孩子，他能考上清华，原因在于他的人格和非智力因素，这点我们可以借鉴。不要觉得自己的孩子不够聪明就没有前途。

教育部有一位顾问陶西平，当过校长、北京市教委主任，后来是北京市人大常委会副主任，是联合国教科文组织中方的总代表。他有一次在讲话里说：社会对教育最大的不满，就是我们没有能够教会学生做人，而当今世界遇到的很多问题都关乎做人的问题，就是人格。

可见我们重视孩子人格教育培养是非常重要的。北京师范大学一位心理学家，他跟踪19年，观察研究促进孩子健康发展的若干因素，最后发现最重要的两项因素是什么？一个是自主性，一个是自制性。自主性就是他的自己的主体积极性，自己做自己的主人；自制性是自我管理的能力，很大程度上是孩子的人格修养，特别是他的意志品质。这两条最重要。我们家长应该从孩子小时候就重视起来。

七、注意孩子的全面发展

重视从小培养孩子的责任意识、责任能力，重视发现发展孩子正当的兴趣爱好，重视培养孩子正确的思想观念，重视培养孩子的优良道德，培养孩子的良好习惯（文明礼貌习惯，饮食、起居、劳动、学习、节俭、卫生等习惯），培养孩子良好的人际交往能力，是否善于交往，有没有交往的好朋友，培养孩子辨别是非、美丑、善恶的能力。如果你忽视了这些素质的培养，必将影响孩子的一生。

讲一个真实的案例，北京某校一个初中学生写了一篇文章《今天我做司令官》。文章讲道，从小学三年级开始，每个月有一个星期日，孩子做一家三口人的司令官。今天是星期六，明天该孩子做司令官了，爸爸妈妈和他在一起讨论明天做司令官的安排。爸爸给他80元钱，让他安排明天的午饭和晚饭，要去买菜，要一块儿做饭。爸爸妈妈让他考虑好明天一天怎么安排。孩子说了他的安排："明天是星期天，爸爸妈妈可以晚起会儿，起来以后吃早饭，妈妈准备早点，爸爸打扫屋子。吃完早饭以后，我去采购中午需要的菜品。中午饭咱们分工做，谁做什么谁做什么都分配好了。"爸爸妈妈问他："下午呢？"孩子说："下午我去滑旱冰，回来咱们一起去看看姥姥。"他提醒爸爸妈妈一定要准备点礼物送给姥姥。爸爸妈妈又问："咱们晚饭在哪儿吃？"孩子说："如果要在姥姥家吃晚饭，那么就早点吃，咱们回来不要耽误看《新闻联播》；或者咱们回家吃，早点回来，不耽误看《新闻联播》。"问他："晚上怎么安排？"他说："吃完晚饭以后，先看《新闻联播》，有时候可能一边吃一边看。看完《新闻联播》我还要复习两门功课，九点半，我睡觉。你们两个可以选择电视节目看。这就是一天的安排，九点半我这个司令官下台了。"

这是北京市西城区某校初一孩子写的文章。一位特级教师退休以后给学生进行心理辅导，他把孩子们的几十篇文章搁在一起，出了一本书，他送了一本书给我，我是从这本书里头挑的这个案例。大家可以想一想，从小学三年级他一个月就有一次做司令官。你看这一次，他的计划性、他的学习安排、他的孝心、他的劳作、他的采购，等等，培养多方面的人格，培养多种能力。我想这对咱们大家肯定会有启发，大家可以思考，一件事情，可以培养多方面的素质，事物都是互相关联的。现在教学改革，提倡综合课，就是一次课有多方面的效果。大家要动动脑了。

第三节　科学引领孩子健康成长

一、孩子健康成长需要家长的科学引领

科学引领，指的是什么？孩子成长有若干重要因素，既有内部因素，又有外部因素，需要我们家长注意学习、思考。内部因素，就是属于孩子自身的因素。你要引领孩子发挥主体积极性，你必须了解他的内部因素是什么。

第一个内部因素是孩子的自我意识，也就是自我认知、自我评价。一个孩子自我意识水平的高低，关系到这个孩子能否健康发展。什么叫作自我意识呢？简单地说，就是孩子对自己有没有比较客观正确的认识，能不能看清自己的优点和缺点、长处和短处。当然，低年级的孩子需要家长具体的引导，因为他对这些概念都不知道，什么是优点，什么是缺点，你要引导他。我举一个实际案例：有一个小学低年级的学生，他的班主任对同学说："你们回家以后要跟父母或者其他长辈征求意见，看看你有什么优点、有什么缺点，怎么去发扬优点、克服缺点。"这孩子回去以后，就跟一个长辈说了，说："我们班主任老师说了，让家长给提提我有什么优点，有什么缺点，我好改正缺点，发扬优点。"大家想一想，一个小孩他肯定是有缺点的，大人也有缺点甚至错误嘛。这位家长的做法值得我们借鉴。孩子问完了以后，这位家长对孩子说："我这脑子里头净是你的优点，当然也有缺点，我还没想清楚，你优点这么多，为什么不让我先说优点？"这孩子说："那好吧，你先说优点。"这位家长就一个一个地说孩子的优点：那天你自己洗袜子了，这就是优点，你肯定以后还坚持。那天你帮助擦地了，这是优点，是不是？你现在每天都能按时完成作业，也是优点……一连说了七八个优点。孩子就说："你老说我优点，你不说缺点，老师说要知道缺点，好改正。"家长说："你的优点还没说完，你再让我说几条。"于是又说了几条。孩子就催快说缺点。家长知道孩子有好多缺点，比如说，有时候做作业不认真，有时

候有点贪玩，有时候跟家长说话不礼貌，有时候吃东西挑挑拣拣，等等。这么多缺点都说吗？不能都说。这位家长很明智，说了孩子一个主要的缺点，就是有时候做作业写的字不太工整、不太清楚。告诉孩子别的缺点我还没有想起来。好了，第二天开始，这孩子写字就工整多了，他在改正缺点。

大家想一想，如果换另外一位家长，他会怎么做？他希望孩子快点改正缺点，于是一股脑儿说了很多缺点：你吃饭的时候挑食，写作业的时候不专心，放学回家太贪玩，看电视时间太长，等等，说六七个缺点，优点一样不说。孩子会怎么样？孩子就蒙了，这么多缺点，明儿我改哪个？等于是家长给孩子泼了一瓢冷水，让孩子没有真正客观地评价自己的思路。

我举的上面的例子中，第一个家长的做法是非常高明的，因为我们面对的毕竟是孩子。当然，如果这孩子比较大了，小学三年级以上，要逐步引导他自己去认识，自己去分析。你可以启发他：在某方面你是否再考虑考虑。也要注意尽量让他看到自己的优点，也看到自己的缺点。引导他思考如何巩固、发展优点的方法，思考克服缺点的方法。尽量保护孩子的积极性，让孩子获得积极向上的力量。

我们有些家长或者长辈面对孩子的时候，一看到孩子，就想到他的缺点，就想“教育”“教训”他，这是不利于孩子健康发展的。

那么，引导孩子自己评价自己有哪些内容？

孩子的学习状态：学习目的，学习态度，学习方法，作业情况，学习效果，考试情况，教师评价（好几门功课，你也不见得一次门门都评）。

孩子的人际关系：在班级里的人际关系，和班主任、任课教师的关系，在班级里的表现。在班集体当中，他是一种什么角色地位？我们可以通过老师、同学了解他的情况，通过跟孩子沟通了解他的情况。

孩子性格上的特点：有什么优点，有什么需要调整的，他的意志品质、自控能力如何，他有什么兴趣爱好，哪些兴趣爱好是正当的，有没有不太好的兴趣爱好，比如有的小孩子在家里头乱写乱画、乱扔东西等，就要引导了，也不能简单地批评他。

如果孩子自我评价过高了，觉得我什么都好，这也不是好事；如果过低了，我什么都不好，也不是好事。所以要尽可能准确、恰当。老师和家长首

先对孩子要有一个正确的分析，在分析的前提下去进行引导，引导是很重要的。

我再强调一下，不是所有这些方面内容，一股脑儿的都拿来引导孩子评价，而是有重点、根据最近的情况选择。比如，可能谈谈学习状态。学习状态还不一定都谈，可能就讨论讨论语文或者数学、英语。家庭人际关系、班级人际关系，也要选择，不要贪多。贪多孩子承受不了，效果也不会好。

我建议家长一定要注意对自身有正确的评价，对自己的家庭教育水平（观念、措施、方法）有一个正确的自我评价，这是前提。首先知己，才能知彼嘛！

二、引导孩子树立正确的奋斗目标

每个人都应该有奋斗目标，孩子也应该有奋斗目标。有的孩子没有奋斗目标，有的孩子有奋斗目标，但可能又不是我们所希望的。奋斗目标从哪些方面考虑，我罗列出来供参考。

第一，在班集体中的角色地位目标。在班上处在一个什么位置，要做一个什么样的人，是积极关心集体的，积极跟老师配合的，还是认为集体跟我没有什么关系的。

自己有什么特长？要不要为班集体做什么事？想不想当班干部？当不上班干部应该怎样对待？

在班级里心中的榜样是谁？班级以外，榜样是谁？自己有没有缺点？有没有克服缺点的计划？具体措施是什么？

跟小朋友交往情况如何？跟班主任和各科老师的关系如何？孩子跟老师的关系直接影响他在班级中的状态，影响他的学习，影响他的发展。如果跟哪位老师关系不好，要想办法与孩子沟通，与老师沟通，调整他跟老师之间的关系。

第二，大一点的孩子要分析对未来有什么想法。孩子定目标，应该有近期的，我最近达到什么目标？还应有中期的、远期的。目标是在自我评价的基础上产生的，所以各个年段的孩子都需要家长和老师的引导。年龄越小的孩子，越需要具体的指导。

我给大家举一个简单的例子：有一个非常著名的老师叫魏书生，是教育专家。他接了一个新的初中班，这个班学习成绩较差。为了提高学习成绩，他跟这班学生商量制定学习目标："咱们定一个学习的指标，看你们同意不同意。全班同学期末争取各科平均分都到80分可不可以？"学生说："不可以，达不到。""那咱们70分可不可以？""不可以。"最后定到65分。他就是引导孩子们从实际出发，定一个合适的目标，到了65分的时候，再往高了定。

那么，对于一个孩子来讲也是这样。看他的实际水平什么样，在这个基础上让他提高一点就行了，不能盲目拔高。没有正确的目标，就没有方向，没有动力，会陷入盲目过日子状态。就像一个谚语故事里说的："像驴推磨似的打发日子。"定目标要注意一定要切合实际，从孩子的实际出发。哈佛大学有个调查证明：有明确的科学的目标的人成功率高。从学生开始到成年人，有明确的努力目标的人，他成功率高。

三、培养孩子的责任意识，责任能力

孩子有没有责任意识？他的责任感与责任能力如何？如果他有责任意识，有没有责任能力？能不能去承担责任，负责任？要分析他的责任意识怎么表现的，对自己是否负责任，应该从小就培养对自己说的话、做的事要负责任。比如，学习、作业他是否负责任？对家长、对家庭是否负责任？对班级、对老师是否负责任？列出这些，实际上是从对自己说的话、做的事负责任开始的，然后扩大到对家长、对家庭、对班级、对老师。小孩子的责任首先得对自己该做的事负责任。那么这种责任意识和责任能力，不是靠口头说教就能形成的，是长期训练培养的结果。你光对他说你要对自己负责任、对家长负责任、对学习负责任是不行的，你得通过具体的实践去培养。我前面讲到初中生那个《今天我做司令官》的例子，就是家长善于用具体的方法培养他的责任意识、责任能力。除了学习任务之外，我们一定要给孩子承担实际责任的机会，明确目的，明确要求。对孩子实践的结果进行客观评价，还应该有必要的激励措施。

我再讲一个德国的案例。德国对孩子的劳动，有法律上的规定：6岁

以前可以不劳动，有些劳动也就是模仿。6岁开始，法律正式规定有劳动项目，它很具体。6岁开始要学擦皮鞋，当然是先擦自己的小皮鞋，如果能帮家长擦更好。随着年龄增长，对孩子的实践的要求越来越高，越来越复杂。规定到什么时候要学会择菜、做饭、打扫房间。比如说到初中要会修篱笆墙，会擦自行车。更有意思的是，法律规定了以后，家长到时候就要引导孩子去实践；如果家长没有让孩子去实践，孩子根据法律的要求，可以状告父母违法，父母就要受罚。这是上海教科院一个老师给我们翻译的资料，《班主任》杂志把它刊登出来了。有的国家规定，家长不让孩子去上学是要罚款的。因为你有责任把孩子送到学校去受教育，送到学校以后就有人教育，有人管理了。你不把他送到学校，那你就违法，要被罚款。我们国家也有法律规定，比如《中华人民共和国义务教育法》《中华人民共和国预防未成年人犯罪法》等，有的地方执行的力度不够。

给孩子创造独立承担责任、处理问题的机会，这是培养孩子成人成才的非常重要的措施。让孩子独立承担责任、处理问题，我们能不能做到？根据不同年龄的特点，凡是孩子能自己做的事情，家长千万不要包办代替。有一个专家说了一句话："家长退一步，孩子进一步。"如果家长总在进步，什么都包办代替，孩子就会退步。一定要给孩子承担并处理个人事务、家庭事务的机会和权利，家里的重大事情（除了隐私之外），应该允许孩子发表意见。

我讲两个案例。有一次我到湖北去讲课，教育局长先讲了一个案例，一个女大学生不会洗衣服，怎么回事呢？19岁考上北京的一所大学，裤子脏了，她晚上洗，十点多了，给她妈打电话，妈妈说："这么晚了有什么事？""我洗了一条裤子，现在怎么也投不干净了。"她妈妈在电话里说："闺女，你肯定肥皂粉放多了。"这女儿说："妈，我没搁多，我只搁了半袋洗衣粉。"那说明什么呢？说明这个孩子很长时间里，自我服务的劳动都没做过，所以闹出这样的笑话。

有一位家长让他的两个女儿为家里决定重要事情，一个上初中，一个上高中。什么重要事情呢？别的亲友家都买了录像机，自己家里没有。这个家长想得很对，把这个事情的决定权交给两个孩子，他把孩子叫过来跟他们说："你看咱们好多亲友都有录像机了，咱们好不容易攒够了4000多块钱，这录像机现在买还是不买，由你们两个说了算。你们说买，说三条理由；说不买，也说三条理由。你们去讨论。"这俩孩子讨论一会儿就回来了："我们想好了，不买。""为什么？请说理由。"孩子说了三条理由："第一，没时间看。我们上学晚上得做功课，你们晚上也有事，什么时候看？第二，中央电视台、北京电视台好多节目看不过来；第三，我们有同学家买了以后，无非家长放些港台的言情片、武打片，那些东西没什么意思。"那爸爸就问她们了："那什么时候买？""我们俩都上大学以后你们再买。"等到老大上大学，老二上高中住校，家长花4000多块钱买了，结果真没有多大的用处。买了没多久，就出了新的东西了，那个VCD、DVD出来了，两三百块钱就能买一台了。这位家长，现在还留着那个录像机。我问那位家长为什么。他说："孩子留学了，我到美国去看望孩子，吃饭的时候孩子说：'老爸，你当初让我们决定买不买录像机这件事，对我们教育很大，让我们觉得我们就像一个大人了，一定要主动地做出正确的决定。'"

我讲这么两个小故事都是真实的，大家想一想你能不能根据孩子的年龄特点，给孩子创造独立承担责任、处理问题的机会。喜欢包办的家长，往往把孩子培养成无能之辈，吃亏在未来。我们当老师的，在班里一定要给每个孩子发挥主体精神的机会。

四、培养孩子的意志品质

一个孩子自控能力的强弱，就是意志品质的强弱，这是一个孩子发展得好不好的非常重要的因素。对于成年人来讲，是他能否走向成功的重要因素。

自控能力一般从哪些方面表现出来？自律能力、自我管理水平如何？我们的孩子从小长大，有从他律到自律的一个发展过程。自律就是自己要求自己，自己管理自己；他律是靠别人管理。大家想想，这过程是不是这样：孩子很小的时候，是他律为主的，靠别人管、家长管、老师管。随着年龄增长，自律的程度逐步增加，原来自律可能10%，那么增加到20%。自律不断增加，到一定时候他律和自律各占一半，即各占50%。到高中，就以自律为

主了。我们成年人，也还有他律和自律的问题，自律强的可能你百分之九十几是自律的，那还有他律，我们有道德管着，我们有法制管着，是不是？孩子的成长是一个从他律逐渐发展到自律最后以自律为主的过程。然而，每个人的情况是不同的，有的差别很大。这跟培养、教育有很大关系。这个过程中意志品质、自控能力起了重要作用。

自律、自我管理表现在很多方面：做事情有没有计划，能不能坚持计划；是不是珍惜时间，能否精力集中的做事，重视做事情的效率，不是磨磨蹭蹭；是不是能够劳逸结合，该工作时工作，该休息时休息；对困难与挫折的态度如何，意志品质坚强的，遇到困难能想办法克服，意志品质不坚强的，遇到困难和挫折就灰心丧气，一筹莫展。

自觉性、自律能力，从小到大是逐渐发展的。为什么有的孩子年龄很大了，却缺乏自觉性呢？这就是没有从小培养他的自律能力、自控能力。能不能抵制不良诱惑要看自控能力。前些时候出了一个游戏叫《王者荣耀》。有的孩子入迷了，钱花了很多，控制不住；有的孩子也玩了，但是有控制，没花很多的钱。有的孩子因为玩这个连学都不上了，跟家长打起来了。你说怪孩子吗？实际上你从小对于他的意志品质的培养没有重视，没有下功夫。能不能控制玩网络游戏，能不能控制看网络视频、看不良信息，跟意志品质有很大关系。网络上有很多内容是不适合孩子的，有的孩子感兴趣，又没有控制，难免出问题。有的耽误了学习，有的损害了身体，有的损失了钱财。最近，有的孩子看网络直播"打赏"，把家长辛辛苦苦攒的几十万元都打出去了。还有的孩子通过网络聊天交朋友，交异性朋友，受骗上当，做傻事。如果孩子能在家长的教育引导下学会自我反思和总结，能够吸取经验教训就是具备自律能力了。

意志品质对人太重要了。我在《北京晚报》看了一篇文章，一个人说：我从小就有一个理想，一定要做一个发明家，想好了要发明什么，可是我太贪玩，我就没工夫去做。上初中我想这回要做，可是初中又面临着中考，上高中又面临高考，我想的挺好就是没有做。好不容易考上大学了，这回我可要发明创造什么了。但是大学我又谈恋爱了，还是不成。毕业了工作了，我想这回我一定要好好地搞我的创造发明了。然而结婚了，有孩子了，家务事多了，又没有时间、精力去做。最后他说，我今年已经48岁了。这是一个读者给晚报写的真实的故事，我们看出什么呢？因为他的自控能力弱，意志品质差，所以想的事情就没做成。我们做家长的仔细想想，到现在我们自身的自控力如何？

五、一个真实的案例

夫妻俩有一个儿子，儿子放学早，天天回家以后，进家门就看电视，没有自我控制。爸爸妈妈回来以后才关掉。怎么办？老看电视也不成，后来爸爸想了一个办法，每个礼拜让孩子去买电视报，跟孩子说，这电视不能看太多了，你看太多了会影响你的学习，影响你的眼睛，能不能这样：礼拜一到礼拜五，你有两次看电视的机会。星期六、星期天可以增加，另定。你在电视报上圈一下。每次看多长时间也规定了，大概40分钟到1个小时。孩子问爸爸妈妈："你们看不看？"爸爸说："我们要工作，要做家务，我们每个星期，除了必看新闻之外，只看一次节目。你两次，我们一次。"孩子按这规定办，那你要多看了怎么办？你自己定一个惩罚措施，惩罚措施是什么？下星期减少一次。你要是多看好几次，停一个星期。实际上是培养孩子的自控能力。

晚上做作业，孩子有时候潦潦草草，怎么办？爸爸说："你在里屋做作业，我在门厅读书。"爸爸一边读书一边做笔记。爸爸的读书笔记写得特别认真，书上画重点、有眉批。爷儿俩约定好了每半小时下楼活动一次，打拳、摔跤，活动十几分钟，再回来接着做作业。这孩子走过来走过去就看他父亲那字写得特别认真，家长也没说什么，再看孩子做的作业也比原来认真多了。

就这样一直到上了高中，这孩子因为养成了好的习惯，自控能力强，学习挺好。到高二毕业的时候，学校保送他到华南理工大学。开家长会回来，家长特别高兴，说这儿子有出息，现在可以免试保送华南理工大学了。结果儿子回来说："对不起，我不接受保送，把名额让给别人了。"为什么？孩子说："我早就跟你们说过，我特别想学建筑，我要考清华大学建筑系。"他爸爸说："那你考建筑系，万一考不上呢？"孩子说："请允许我复读一

年，还是奔清华大学建筑系。你们说过，人要有自己的奋斗目标，要有志气嘛！”结果他没接受保送，考上了清华大学建筑系。一位记者得知了消息，就到家里来采访，介绍北京广播电台晚上有个节目《万家灯火》，请他们爷儿俩去做节目，讲他们怎么样互相沟通、互相勉励，促进孩子发展的。他爸爸当时就答应了。结果孩子回来以后，他爸爸跟他说：“我答应了广播电台，礼拜六晚上去做节目。”儿子说：“你答应了你去，我不去。我考上清华大学建筑系，并不意味着我是建筑家了，离那儿还远着呢，你这么早让咱们上电台去干吗？”这爸爸死说活说，这儿子最后说：“好吧，下不为例。”

我为什么讲这么一个故事呢？这位父亲帮助孩子逐渐提升了意志品质，他有具体措施，而且以身作则，给孩子做榜样。培养孩子自控能力，不是靠嘴巴说，靠实际的引领和有效的措施。

孩子的自控能力、意志品质是逐步增强的。我曾经对我的孙子用过一个激励的办法。我用给他打分的方法鼓励他。比如小学中年级的时候，我从他的实际表现出发，对他说：“最近看来你的自控能力大大提高，我可以给你打到78分了，你不简单呀！”他很高兴，因为原来我就给他打75分。过一段时间，确实他注意这个问题了，而且自控能力确实高了。我说“你自控能力按我的判断已经到80分了”，而且还加一句话，“我像你这么大的时候，自控能力可不如你呀”。孩子特高兴。等到上了初中，随着他的进步打分越来越高。上了高中，我就讲了：“你完全具备了自控能力，只是还有小小的缺点而已。”他什么都能按计划做，自己控制自己。仔细一想：为什么？从孩子小时候你注意激励他，选择比较科学的做法引导他，必然有效果。

大家一定要注意选择科学的方法，比如说孩子小时候的自控能力弱，做作业5分钟就坐不住了，这正常。有的孩子5分钟，有的孩子10分钟。如果你一下子半小时不许孩子动，“我看着你”，这做法是错误的，是盲目的，肯定不行，因为他的自控能力只有几分钟、十几分钟。

有一个老师做了一个调查：小学一年级，给孩子们一张纸，抄黑板上的字词，老师不说话，看着手表，前5分钟鸦雀无声；第6分钟，有两个孩子动了，坐不住了；第10分钟，六七个；第15分钟，十几个；第20分钟，大乱。

好了，老师记下来，5分钟时动的是谁，10分钟时动的是谁，都记住了，他有名单。转天，还是每人发一张纸，写黑板上单词。特别有意思，老师看着表，5分钟，鸦雀无声，第6分钟有两个动的，就是上回动的那两个，第10分钟动六七个，就是上回动的那六七个，几乎是一致的。这说明什么？说明每个孩子的自控能力是不一样的，张家的、李家的孩子不一样，那怎么办？你必须得从他的实际出发，去给他提要求。这是真实的一个实验，培养孩子的意志品质，不是一蹴而就的，要从孩子实际出发。

以上四个方面是一个整体，相辅相成，我希望大家回过头来把这四项内容记住了：自我评价，责任意识与责任能力，奋斗目标，自控能力。一定要好好琢磨琢磨，咱们家孩子这几方面做得如何，能不能想办法扬长补短，这关系到孩子一生。

大家注意，我所说的四项内容是缺一不可的，你在教育孩子的过程中，你一定要注意这四个方面，而且要抓早不抓晚，那么孩子年龄大一点的，你发现这几个方面有欠缺的，你要好好学习研究这方面的内容，不只看我写的东西，应该看书、看报、上网搜索、请教专家，然后针对孩子的实际，进行教育、引导。教育孩子是要花心血的。

第四节　科学地指导孩子学习

一、激励孩子的学习积极性

我们的家长非常关心孩子的学习，这是正常的，也是对的。但是怎么来指导孩子学习，这就是我们应该解决的问题。如果你指导孩子不科学，那么他的学习不但不能进步，反而可能后退。

我给大家讲一个真实的故事：这是一位校长教育自家孩子的故事。这位校长是我的一位朋友，他是全国政协委员，有一儿一女，儿子上小学的时候，数学学得不好。有一次考试了，回来以后拿着卷子，哭丧着脸跟爸

爸说："爸爸，我考得不好，不及格。"爸爸问考了多少，他说考了18分。一般的家长要听到18分的时候，肯定这火气就来了，但是这位家长听了以后，就说："让我看看卷子。"看了卷子以后，这校长说什么？他没有批评孩子，他说："儿子，考了18分，说明你学习了，你要不学习怎么能得18分呢？你想想，18，那比0分要高出18分呢！是不是？18–0=18，说明你还是学了，可能学得不到位，不到家，别垂头丧气的，好好学就是了。"

这个孩子的愁容没有了。过了几天又考试了，得了多少分呢？25分。又哭丧着脸拿着试卷回来了："爸爸，又考得不及格。"爸爸问："考多少？""25。""爸爸看看卷子。"爸爸一看这卷子说："儿子有进步！"这儿子一愣。爸爸说："你想想，25–18=7，进步了7分，不错，说明你学习比原来努力了，听课认真了，别垂头丧气的，有进步了不能垂头丧气的。"这孩子情绪又不一样了。就这样，一点点鼓励，这孩子的学习越来越好。据我所知，这个孩子后来上了大学，毕业了到一家电视台去工作了。

我想这个故事应该引起我们广大家长深思。如果换另一位家长，孩子考18分，考25分，肯定是一顿批评，怒斥："你就考18分！你怎么上的学？你怎么听的课？咱们家好吃的你也没少吃，钱也没少花，你就考18分！我看对你是没有指望了！"下回考25分时，"你瞧瞧，还是不及格，我看你就不是念书的料"。大家想一想，我们当家长的是不是有好多像我后边模仿的这样？那你想想，如果你这么去指导孩子学习，孩子能学得好吗？这位校长的做法，对你有什么启发？

二、知识学习与学习能力

首先，我们要正确地认识知识学习。孩子是要学知识的，我们怎么对待知识，我说说我的看法。有一句话说：知识改变命运。这话说得没错，所以知识学习是必需的。关键是什么？能不能学以致用？我们学来的知识是为了用的，不是让它存在脑子里的。过去曾经有一个说法，叫作"两脚书橱"，这是形容有一些人，他学的知识很多，都装在脑子里头不会用。他学的知识是死的，没有指导实践，没有动手能力。所以说这个人就是个"两脚书橱"。我们说，有人有"学历"了，但是"学历"不等于"学力"。你有学历并不等于你有学习的能力，因为有的人都是死记硬背的嘛，背出个学历来，但是真正的学习能力，它是需要实践性、主动性和创造性的。有人说，没有学历，有能力，有可能是比那个有学历而没有能力的人在社会上发展得好，站得住。

这种事情是有的，我讲个案例：有一个博士生退学了，为什么退学呢？这个博士生是在中国社科院读博士，他妈妈跟他到北京来了，租了一间房，每天博士生回到家里头，妈妈给做好饭伺候他；依然是过着衣来伸手、饭来张口的生活。但是，社科院要带着这些博士生到农村去，进行实践活动，搞调查研究。当然他妈妈不能去了，结果去了没两天，他受不了，跑回来了。那单位领导一看，这样一个人怎么能留在这里继续读博士呢！所以就劝退了。电视台的记者采访他妈妈，说："您是否发现这孩子非常缺乏生活能力？您这么跟着他，这实际上对他一点儿好处没有，你应该培养他生活能力。您打算怎么办呢？"这位妈妈说："回去以后复习，明年再考。"记者就问："说明年再考，您还跟着来吗？"这位妈妈居然说："当然得跟着了！"大家看一看，这个家长好像是在帮孩子，实际上在害孩子。这是电视台报道的一个真实的案例。

还有一次，我到北京的一所中学去，这所中学是办得不错的，有好多博士都应聘到这所学校里来当老师。我记得校长跟我说，应聘来的博士大概有十七八个。我问："这些博士在这里教初中的孩子或者高中的孩子，怎么样？"校长说："大部分还不错，但是有一个博士，我发现他有知识，但是他不会教，他教不了我们的孩子。所以我跟他谈话，对他说，你不适合在学校当老师，你应该另找工作。"的确是这样的，当老师也没那么容易嘛。

一个孩子从上幼儿园就开始学习了，到小学、初中、高中，所学的知识都是基础的，有许多知识是生活中需要的，有的知识是继续深造需要的。家长和教师应该引导孩子把知识与实践结合起来，学以致用。现在，我们的教材、教学方法正在进行改革，注重学生多种能力的培养，家长和老师要特别注意教改的发展，提升孩子的全面素质。

很多孩子要考大学，将来要读研，乃至出国深造，当然基础要打好了。从小在孩子发展过程当中，尽力引领孩子全面发展，特别要重视孩子多种能

力的提升。举一个学习能力的例子：报载，有一个小女孩数学不好，他爸爸也当老师，是教体育的，怎么办？她爸爸在报纸上看到一篇能够提高数学兴趣、提高数学能力的文章。说的是什么呢？用扑克牌训练，扑克牌它都是有数字的，1、2、3、4、5一直到13，你选择一组，跟孩子玩连加、连减的游戏。比如说1+2，拿一个1再搁一个2，等于3，再搁一个3，它是多少？1+2=3，3+3=6，6+4=10……这么着，到一个数值的时候，加完了你再减。减一个1剩多少？减一个2剩多少？减一个3剩多少？最后是零。记每个人用多长时间，用时间短的就赢了。玩的时候你开始要赢她，但是你又不要赢得太多。到一定时候你跟她持平。然后，你适当的时候输给她，比如说这一组数字加完了以后，再减，你原来用3分钟，孩子用不到3分钟了。她比你快了一点儿，这样，孩子的兴趣就来了。每天玩几次，因为孩子小，喜欢跟爸爸比赛。玩了一段时间以后，老师反馈的信息是什么呢？说你们家女儿数学进步特大，特快。实际上这就是一种科学的引导。

当然类似的方法很多，大家可以找这方面的书读一读，比如，怎么记忆东西，有多种记忆方法，练习起来很有意思。再如怎么观察事物，有多种观察方法。所以家长指导孩子学习一定不要简单化，不能用指责、批评的方法。

三、正确理解素质教育

教育部原部长袁贵仁说了三句话来解释素质教育。素质教育就是：“德育为先，能力为重，全面发展。”德育为先，德的教育是放前头的，人格的教育是放前头的。能力为重，能力包括多方面的能力，比如说他的学习能力、劳动能力、交往能力，等等。一个孩子要从小培养多方面的能力，在这里我们要强调一下，孩子的主要任务是学习，要重视培养学习能力。最后一句是全面发展，德智体美劳要全面发展，只有全面发展的孩子，他才具备走向成功的基础素质。我们现在的教材、教学方法、考试方法，问题是挺多的，大家在电视里、在网上、在报刊上经常看到分析批评我们教育领域的一些弊端。这些问题正在改进，正在改革。比如现在我们国家成立了最高层次的教材委员会，新的教材已经编出来了，出版了。我们家长、老师们都要注

意，看看新的东西跟过去有什么不同，怎么样在使用新教材的过程当中去提高孩子们的知识水平和他们的多种能力。

从其他方面来看，我们的教育改革发展也给我们很多启示。我想提出几点大家参考。现在改革的一项重要措施是中考、高考，特别重视对学生的综合素质评价。不是只看你那学科考试分数了，要看你综合素质如何。现在一些省市已经出台了综合素质评价的标准，规定了内容和指标。怎么去评，怎么打分，非常全面，而且比较科学。还有一些省市实行了12年义务教育，中考也取消了。

现在具体说说道德品质在综合素质评价里面有哪些内容。大家看一下。

1. 尊敬师长，团结同学

这里面包括孝敬父母，尊敬师长，与同学友好相处，乐于帮助同学。

2. 勤奋进取

勤奋进取又有三项：有没有进取心，学习目标明确不明确，学习是不是积极努力。

3. 正直守信

正直守信又分为几条：不作弊，诚信待人，守信用，不做损人利己的事情。

4. 关心集体

关心集体包括两个方面：是不是珍视集体荣誉，是不是维护集体利益。

大家看，道德品质方面它就分了这么多，每一项做得如何都要打分。你比如说不作弊，完全做到了给多少分，有过作弊行为那要给多少分，那就不一样了。整个综合起来，它会有一个总的分数，每个孩子都有。据我所知，有的地方用学业水平考试、综合评价衡量学生。初中升高中有了新办法：从初一开始，初二、初三都有记录，等到初三毕业的时候，根据学业水平考试、综合素质评价的总分排好队。按照排队的顺序由学生选择本地区优质的高中。不愿意选择可以参加选拔考试。总之，考试改革在研究探索中。不考试也不意味着不进行评价。

现在，教育部有新的改革计划，要在全国陆续普及12年教育，中考也要取消了。但是，学业水平考试、综合素质评价还是应该有的。

四、注意高考改革、职业教育的改革

高考改革也有新的动向，现在大家知道了有些省份文理不分科；外语社会化考试，一年考两次，你满意的分数作为高考录取时的分数。北京市高三学生进行了两次口语考试，满分30分。一次达不到30分，还可以再考一次。高考学科3+3，语文、数学、外语这三科是必考的。然后再加一个3，这个3是什么？就是“文综”的3或者“理综”的3。将来高考肯定还会有进一步的改革措施。大家要随时关注。

我们的职业教育要改革要发展，力度很大。整体的方向是大力发展职业教育。据我所知，全国一千多所综合大学，将有一半要重点发展职业教育。在职业教育工作会上明确提出来，我们要借鉴德国和美国的经验，发展职业教育。现在我们有一些措施，各省市不尽相同。比如说，初中毕业生考职业学校，就有多种模式，像北京有三年制的，有五年制的。上海试点了七年制的，职业学校上七年，中间有考核升级，毕业的时候就是本科毕业，可以考硕士、考博士。三年制的职校学生毕业后加两年进修，就可以得到大专学历。那么有大专学历的，或者说是五年制职校毕业的，再进修两年，就是本科学历，同样可以考硕士、考博士。有人管这个叫作“高教的立交桥”。不像以往，有的学生就一门心思考高中，高中毕业考大学，然后读研究生。每个孩子发展轨迹是不一样的，读职业学校的学生，有的到一定时候，他的学习兴趣和学习能力可能有新的变化，他当然可以选择考硕士、博士。

五、充分利用在线教育、智能教育

现在在线教育发展得特别迅猛，通过网络，用电脑、用手机都可以学习。比如，孩子们做作业，小学高年级以上、初中、高中，有的作业题不会，你把它扫描放到网上，几秒钟就有答案。现在这样的网站很多，比如作业帮、小猿搜题、学霸君，现在有新的小猿辅导，我看了一下，怎么回事呢？可以有老师给你讲课、辅导。前些日子我看报道，有120万人上小猿辅导。我这节课没听，或者听了没听懂，或者我因为有病请假，那怎么办？你就上这小猿辅导。当然是收费的，并不高。查作业题的答案，好多都是不用花钱的。

我们北京教育科学研究院有一个教研中心，曾经搞了一个网络数字学校，从小学一年级到高中，一共是15000课时，各个学科都有。请北京市各门学科最优秀的教师来讲课。同时可以容纳10万人通过电脑、电视、手机学习。比如说我有一节课，因病没听，你打开这个公共教育的数字学校平台，查到年级、学科、你需要的内容，点开就可以听课了。

我在学校讲课的时候遇到一件事：有一个小男孩，头一天跟他妈妈一起看了数字学校的数学，第二天她找老师说："老师，数字学校那个老师讲得比你讲得清楚，以后你讲课之前先看看数字学校，好不好？"我在北京下学校讲课的时候，我常常调查一下，问我们的老师有多少在讲课之前看看数字学校课的，遗憾的是比例不高，可能时间不允许。

北京的数字学校对全国有影响，有一次我听我们的院长说，某省知道我们的数字学校以后，就跟我们院长说："我们能不能花钱买你们这个数字学校的课？"我们院长说不用你买，我们送给你，但是有两点：①你得结合你们省的特点，进行一些修改，加上你们本省的东西。②我们每年根据教材的变化要改版，你们给点改版费就行了。其实这样的事情各省都可以搞，而且要不断地改进。

最近，智能教育有了新的发展，小小的智能机器人已经上市了，可以回答学生的任何问题，成了辅导老师。此外，有一些教育机构，在研究推广"智慧学习"的措施、方法。一线的许多学校在实验多种教学改革，"反转课堂""幕课""微课"等多种实验在进行，还有的学校与国外学校同时进行教学实验。总之，老师和家长一定要关注、了解教育发展的形势，避免观念上、认识上落后。

六、记忆曲线的启发

孩子的记忆力在学习当中是很重要的。学的内容记得住记不住，与理解教材、完成作业、复习巩固、学习新知识都有很大关系。

学习方法有很多种，那么孩子在学习过程当中，不管学哪门课，老师都会教给他学习方法，最重要的是孩子是不是善于总结，是不是善于创造适合自己的方法。比如背书，有的孩子他没读几遍就直接背，效果往往不佳；有

的孩子就不是这样，一段一段地背，读一遍，再读一遍，先背一段，效果会好一些；有的孩子把全篇文章意思搞明白了，看文章的顺序是怎样的，然后再一段一段地背诵，效果可能更好。

老师、家长要根据孩子特点来引导他，因为每个孩子不一样。像提高记忆力，我们可以参考记忆曲线，这个记忆曲线是怎么回事？叫艾宾浩斯记忆曲线，这是德国的一个心理学家通过研究提出了记忆曲线的问题。他研究遗忘是怎么回事，用无意义的音节作为记忆资料，有些音节没有什么意义，也连不起来。实验记忆和遗忘的速度，然后就把实验数据绘制成一条曲线，这就称为艾宾浩斯记忆曲线。他用坐标图表示。我们用数字来表示：刚刚记忆的是100%。20分钟以后是58.2%。1小时以后，就剩44.2%了。8~9小时后就剩35.8%了；1天以后剩33.7%，两天以后剩27.8%；6天以后剩25.4%；1个月以后剩25.1%。大家看，刚刚记住的时候，要及时地复习，效果就会好。如果你不复习，就会出现上面的情况，到1个月的时候就剩1/4了。如果记100个单词，1个月后就剩1/4，剩20多个了。

记忆有八个记忆周期：你学完了以后，要及时复习。第一个记忆周期是5分钟。第二个记忆周期是30分钟。第三个记忆周期是12小时。第四个记忆周期是一天，24小时。第五个记忆周期是两天。第六个记忆周期是4天。第七个记忆周期是7天。

如果按照这种基本规律，及时复习，在一周之内，你复习三四次，就不容易忘了。因为你通过复习把要记的东西都记在脑子里头了。我现在回想，我小时候学的东西，凡是及时复习的就记得比较好，没有及时复习的就忘得差不多了。我想每个人都会有类似的体验。所以，每天做作业之前一定要复习一下，复习之后再做作业。那么作业发下来老师批改了，可能都对了，也可能有错误。这个时候要再复习所学的内容，记忆就深刻了。现在有的孩子作业都不好好做，抄别人的作业，应付差事，考试的时候肯定抓瞎。第八个记忆周期是15天，到两个礼拜的时候，应该再复习一下。

七、正确对待分数，未来是能力社会

我们如何正确对待分数是值得重视的问题，很多家长总是拿考试分数来教育孩子。比如有的家长这样批评孩子：你上次得80分，这次得75分，你越活越抽抽（意为缩短、收缩变小），你退步很严重。其实家长也不明白，这75未必不如那80。因为什么呢？因为我们老师出题的时候，它有一个出题的标准，比较讲科学。教师都知道，我出十道题，一般的比例是什么呢？最容易的题占40%，中等水平的题30%，难度大的题30%，即4：3：3，加在一起不是100%吗？考完了以后，我这班大多数学生都是在及格线之上的，对不对？如果我想让孩子们警惕一下，就吓唬吓唬他们，可以改成什么比例呢？不是4：3：3，变成3：3：4。各位想一想，会是什么情况？平均分都低10分了，对不对？因为我用的是3：3：4了，而不是4：3：3。有的家长就不清楚了，恰好你赶上我这次出题是3：3：4，那普遍都掉分了。人家孩子掉5分，你还跟人发脾气，只能说一条，你不懂。所以不要简单化地拿分说事。有的时候孩子分数低了，也有多种情况，这一段没学好，没弄懂，还有身体的原因、脑子的原因，各方面都可能，是不是？所以不要简单化。

我给大家讲一个案例，这个案例是我做《班主任》杂志主编时的事情。我们教委主任找我，跟我聊，他说："我们现在有的老师，开家长会的时候，把分数排名都写在黑板上，从第一名写到最后一名，而且用不同颜色的粉笔。最后那几名，他用灰色的粉笔，看不清楚，什么意思？家长你来开家长会，你不得找孩子那分数吗？找不着，到黑板前头去找，原来是后几名。这家长如果是爱动怒的，都攥上拳头了，是不是？"教委主任就问我："你是杂志主编，你说这是素质教育吗？"我说当然不是了。他说有的班主任做得更极端，不但有排名，后边还有括号：爸爸，某某，妈妈，某某，点着名地刺激家长、恶心家长。他问："你说这是素质教育吗？"我说当然不是了。他说："咱们意见一致。你写一篇文章，讲一讲作为老师应怎么正确地对待分数。你要写上，如果有老师还这么做的话，咱们给他曝光——某校某位老师这么去拿分数去刺激家长，去刺激学生。"

当然我没有这么写了，因为我看他是很生气的。我写：如果你在考完试以后，有一个排队，放在自己的手里，你在研究某个学生考好也罢，考不好也罢，分析是什么原因，我怎么进一步去指导他、帮助他；或者我怎么跟有关学科老师沟通，去帮助学生。我说这个排队可以，目的是为了帮助学生。

但是如果你简单化，就拿着分数来刺激人，这就不对了。这篇文章能查得到，在《班主任》杂志头条，署名就是教委主任的名字。

有的学校的领导也不明白应该怎么办。有一次我到一所中学去，我看他们那个楼道的电视正在播期中考试情况，某年级前十名，还有照片。我一想，这还可以，表扬一下。后边再一看，我就不同意了，为什么？后十名，也有照片。这不是用这个办法恶心人嘛，这能促进人进步吗？有的孩子有可能想，我得发愤图强了；有的孩子可能就破罐子破摔了。所以我们不能简单化地对待分数。

另外，我想告诉大家，我们常用的一种对学生分数评价方法叫正态分布。什么叫正态分布？根据学生的分数情况，某一科分数可以，各科的总分也可以，画一个坐标图。大家都知道数学的坐标图。一般是馒头形，右边是分数高的，左边是分数低的。按高分低分来做文章，这叫正态分布评价，它可以让我们看看孩子们现在的总体情况。通过这个也可以研究我们这一个班、一个年级学业的进展，我们怎么样去通过教研来改进工作。还有一个是零起点评价，这是从欧洲兴起的零起点评价。什么意思呢？每一个孩子他的学业水平都是零起点，不是说零分，比如他50分的水平，他的50分是他的起点，他是70分的水平，70分是他的起点。那么50分的孩子，如果他考了51分、52分，那就应该表扬他进步。就像我前面举过的那个例子，18分比0分高了18分，25分比18分高了7分。这就是零起点评价，这是很重要的。据我了解，由于我们用统一考试进行测评，大多数的地区、学校、老师还只用正态分布评价学生、评价学校、评价老师，没有用零起点评价方法进行评价。其实零起点评价，对孩子来讲更有激励作用。两种评价方法各有各的用途。请家长想一想，你评价孩子用正态分布可以告诉你在群体里的位置，按他的个人情况进行零起点评价，纵向比较，可以有效地选择教育方法。

有这样一个案例：我的一个同事到日本留学，他有一次到一所小学三年级的教室里去了解情况。当时是自习课，他问一个小男孩："你能告诉我你们班谁最聪明，谁学习最好吗？"小男孩说："你是问语文还是问算术？"同事说："我问语文。"男孩又问："你是问古文还是问现代文？"同事说："我问古文。"小男孩："你是问朗诵，还是问默写？"结果什么也没问出来。再问一个，也没问出来。这就给我们一个启发，他们的老师，日本的班主任老师肯定知道哪个孩子聪明度高，总体学习好，但是为什么他教出来的孩子会给我们这样的反馈呢？实际上这个老师就用了零起点评价，每个人都有自己的长项、优势。我们说，分数不能决定孩子的未来，我们的社会是能力社会，你有学历固然好，你还得有能力。

有一年，我去美国住在我孩子家，孩子的住房在一楼，二楼上是一个博士，音乐博士，据说是独弦琴的音乐博士。已经55岁，还从来没工作过。后来我一了解这个人就是没有能力。以前跟他母亲住在一个房子里，后来他母亲去世了，就把这房卖了，买了我们住的这房子上面那层。怎么证明他没能力？特别有意思，有一天，我在练习弹钢琴。他就写一个条塞到我们的门底下，他写什么？早知道你家有钢琴，我就不买上边这层房。后来我就不弹了，他可是天天弹琴。有一天他又塞进一个字条：我今天又闻到了你们家做饭的味道。那天我们是包饺子，后来我一想，我就跟孩子说，咱们盛一盘饺子送给他，他家门口有一个柜子，我就把饺子放在木柜上，写一个条：请您品尝，这是中国的饺子。他吃了饺子以后，应该见面打个招呼表示感谢，他没有。吃完了以后，第二天早晨他把这个盘子放在我们门口的柜子上，写了一个字条，字条上画了一个三种颜色的抽象画，用英文写了“谢谢”。就是这么个人，有时候在楼底下剪剪草种种花之类的，后来我一想，这个人没有能力，连一般的交往能力他都没有，你楼上楼下见面打个招呼说两句话可以吧，没有。我举这个例子就是想说，人的能力是非常重要的。

教育部的顾问陶西平同志，他做报告的时候讲了一段话，他说：“一个国家劳动力的技能，比平均受教育程度能够更好地预测这个国家的经济发展。”以前预测国家经济的时候，是看国民的受教育年限，你是12年还是14年还是18年，现在要看公民的素质，特别是能力。所以我们家长要高度重视对孩子多种能力的培养。

我要提醒大家，除了我所讲的道理之外，请注意我讲的案例，案例里边都蕴含着一些基本道理。

第五节　选择科学的教育方法

一、亲子关系与教育

从教育孩子的角度看，亲子关系最重要。

讲一个真实的案例，即一位出租司机怎样教育自己的女儿。我打车去北京的石景山区讲课。路上我发现这个司机特别地兴奋。我就问他："你今天怎么这么高兴？"他跟我说："我女儿考上北京市最好的高中了。"我说："那我得祝贺你，你肯定是教育孩子特别有好方法。"我告诉他，我是北京市家庭教育研究会的副会长，主管家庭教育研究。我对他说特别想了解他是怎么教育孩子的。我就先问他："你读过几年书？"他说初中毕业。我问："初中学习成绩怎么样？"他说："不怎么样。"我问："你爱人呢？"他说："我爱人初中没念完。"我说："两个夫妻初中水平，能把孩子教育、培养考进最好的高中，你肯定教女有方。我是研究家庭教育的，我特别希望你给我说说你的经验、你的方法，至少得给我说两条。"他想了想说："我很少居高临下地教训孩子，我从来没有对孩子说你要好好学习，只有好好学习，成绩好，将来才能考好的高中，才能上好的大学，等等。"我问他为什么，他说："我一想，我自己初中学得都不怎么样，而女儿学得不错，我就没有什么理由居高临下地去要求人家，是不是？"我问："孩子学习的时候你怎么办？"他说："我们家是个两居室，孩子在一个屋里学习。我不打搅她，中间我会过去一次，过去干吗？问女儿：'闺女，爸爸给你倒点热水好不好？'女儿说：'我这热水还没喝完，不用倒了。'我就退出来了。"我说："你从来不居高临下地要求孩子，还能平等地去对待孩子，支持孩子，你的教育是比较民主的。"他说："我有那么好吗？"答案很明显。因为我知道好多家长都居高临下地要求孩子，训斥孩子，以家长身份自居。这样的教育有问题！

我请他再给我讲一个教育孩子的例子。他想了想，给我讲了这么一件事，大家想想，这个家长的做法是不是很好。他说：“我女儿在三年级的时候就已经表现得不错了，我就预备了一个小本儿。这本儿干吗？专门记孩子的好事，好的表现，受表扬的事情。”我问有没有记录孩子不好的事情？他说：“没有，孩子有点小的失误，不值得记，我就记好事。某年某月某日，女儿考试成绩很好，写上具体内容；某年某月某日，女儿在哪方面受到了表扬，等等。”我肯定他的做法很好。我问上了初中以后有没有什么可记的事，他说有。他说：“给你讲一件事，有一次我到孩子的屋里去了，孩子正在那专心学习。我还是按惯例说给她倒点热水吧，她说不用。‘那爸爸就回去了。’我就往外走。孩子叫我：‘爸爸你等一等。’她把我叫住了，跟我说：‘爸爸，我悟出一个道理来。’我问什么道理。‘我想，今天的学习质量，就是明天的生活质量。’我让她再说一遍。‘今天的学习质量就是明天的生活质量。’我使劲鼓掌：‘太棒了，这是名言！爸爸得记下来。’我就回去拿那本儿来了。记上：某年某月某日，女儿说‘今天的学习质量，就是明天的生活质量’。女儿说：‘老爸，这你也记，我就那么一想，那么一说，你记它干吗？’我说：‘你就那么一想，那么一说，都这么好，你要使劲想使劲说肯定得更好了。’说完我就走了。”

大家可以想想，这时候女儿的心理是什么状态：我的话让爸爸记下来了，我可得对得起我这个话，复习、做作业特别认真。为什么？质量问题呀！第二天上课想起昨天晚上自己说的话被爸爸记下来了，那肯定得好好听课，认真思考，质量问题嘛！

各位家长、各位老师，我给她换一个父亲看看会怎样。

大家看，有没有这样的父亲？孩子把爸爸叫住了，说：“爸爸，我悟出一个道理来。今天的学习质量，就是明天的生活质量。”这爸爸一愣眼睛：“这还用你说吗？我都说过八百六十遍了，现在不好好学习，考不上好的高中就考不了好的大学，将来什么质量也没有。你别胡思乱想，你抓紧时间复习功课、做功课就是了。”大家看看，这样的家长有没有？肯定有，而且我认为不少。孩子什么感受？这是一瓢冷水泼在了孩子脑袋上。你走了，这孩子觉得委屈，好不容易想出一句话跟他讲，他给我枪毙了，是不是？后边的

功课也都复习不好了。那么第二天上学想起这件事，心里就难受，课都听不好了。各位家长，一件小事两种完全不同的教育方法，说明什么？一个是懂得尊重孩子，按能促进孩子的方法进行教育，虽然他没学过这方面的理论，但是他明白，将心比心，他有一种亲身体会，他觉得应该理解孩子，该肯定的一定要肯定。他明白怎样做孩子会更好地接受，受到激励。

我给这位家长总结一下，他学历不高，当初学习也不怎么好，为什么他对孩子的教育效果好呢？他做到了尊重孩子，跟孩子之间是民主的、平等的，他不是居高临下的，而且他的言行得当。还有一点，大家注意，要向孩子学习，怎么看出来的？从三年级开始，预备一小本，记孩子好的表现。这就是向孩子学习，把孩子的好的事情、成功的事情记下来。这个过程本身是在向孩子学习，也会反思自己，是不是？他也说了，他当初成绩也不好，孩子学得比他好。

二、您是合格的"第一任教师"吗

讲到亲子关系，我写过一篇文章发表在一本杂志上，这篇文章的题目是《家长切莫误读"父母是孩子的第一任教师"》。父母是孩子的第一任教师是肯定的，但你是不是合格的教师，这就值得研究了。教育部在前几年公布了幼儿园、小学、初中和高中的教师标准，就是你作为学生的教师，你要达到什么样的标准，你掌握的知识水平应该是什么样的，你的教育思想、教育策略应该是什么样的，应该怎么去教学，这都有具体要求，有标准。牵头制定这标准的是一位教授，他在接受记者采访的时候说，如果按照这个标准衡量，我们有些教师是不合格的。他还讲了不合格的比例有多少。教育部又有另外一个规定，教师要按要求进修，每五年要综合考核一次，如果不合格，要取消教师资格。大家想一想，我们的老师绝大多数都是师范院校毕业，五年考核一次，当几年老师，他在教育岗位上肯定在积累经验，尚且有不合格的。我们家长，如果你没读过师范院校，而且你教育孩子也没有过往的经验，你能够说"我是合格的第一任教师"吗？

另外，我们的家长很少认真读过一些指导家庭教育的书，或者听过家庭教育的讲座，是不是？所以我们有些家长他就误读"父母是孩子的第一任教

师”，以第一任教师自居。既然我是第一任教师，我就得像教师那样来教育你，而这种教育常常不科学。我们管这种家长的心态叫“自居心理”，以第一任教师自居，摆出一副训教的架子，孩子能接受你的教育吗？

我曾经访问一个五年级的孩子，他们学校是“五四制”，快上初中了。我就问这孩子：“你能告诉我，你的家长教育你吗？”这个孩子非常厌烦地拉长声、皱着眉头说：“教——育！”我问：“都谁教育？”“都教育！”我接着问：“你妈教育你什么感受？”“甭提了，我妈这人特可怜！”我问：“你爸爸呢？”孩子：“特可恨！”我追问：“你妈怎么可怜？”他说：“我妈工作很累，下班回来家务事全是我妈做的，在这么忙这么累的情况下，每天得有那么20分钟左右训我，批评我。”我问：“都说什么？”他回答：“回家以后麻利做作业，别贪玩，做作业认真点，别浮皮潦草。有时候作业做完了，还问，看看有没有附加的，咱们买了一本书，再做几道题！你说我妈可怜不可怜，她天天说那话都一样，还没我水平高呢，她还天天说。”我问：“你爸爸呢？”他说：“我爸爸竟跟我穷横！我还不能反驳他，如果反驳他，他还要打我，我还得逃跑。都21世纪了，你说这样的父亲可恨不可恨？”我追问：“一个可怜一个可恨，你怎么办？”这孩子说了三个字，让我哭笑不得，我又佩服这孩子，又同情这孩子。你猜他说了哪三个字？“强忍着”。各位家长，各位老师，这孩子还真能强忍着，很多孩子是不会忍着的，跟你对着干。我想我们的家长应该反思一下，你有没有“自居心理”。我在给老师讲课的时候常讲，老师也不要有“自居心理”，以为自己很懂家庭教育，其实未必。我前面曾经讲过，我调查过，读过家庭教育学的，读过有关家庭教育指导书的，接受过家庭教育培训的老师，很少。我们作为教育者，不管你是老师，还是家长，都不要有一种盲目的自居心理。

三、身教最重要

身教、境教、言教，身教放在第一位。我做过几个北京市的、教育部的、全国妇联的家庭教育课题，调查过几千户。我发现我们的家长当中，有70%左右存在着不同程度的教育误区。早在2004年，我在中央电视台科教频道就讲过家庭教育，我第一讲讲的是《可怜天下父母心》，副标题是“走出

家庭教育误区”。当时全国的观众看到这节目的不少，许多家长打电话到我家里来，要求我回答他们的问题。通过调查，存在着误区的家庭里头，妈妈的误区更多，因为什么？中国有一个特点：孩子小时候，妈妈管得多，长大一点上学了，还是妈妈管得多。有的爸爸管得很少。那么，妈妈管得多，妈妈如果有误区，那就会影响到孩子的健康成长。

其实，我们对妈妈的影响力有调查，妈妈的影响力，高峰就到小学三年级，一过三年级影响力就下降。爸爸的影响力是缓坡上升的，到初中二年级的时候，爸爸的影响力超过妈妈。这是我用很多的调查数据研究的结果，再利用调查数据绘制出图来，发现妈妈对孩子的影响力呈抛物线，父亲的影响力开始很低，慢慢往上升，到了初二以后超过妈妈。有的妈妈可能也奇怪了：为什么到三年级都下降了？我讲一个道理大家就清楚了，妈妈在孩子小的时候，以养为主的阶段即养育阶段，有绝对的优势。但是孩子长大了，进入以教育为主的阶段，你把养育阶段的那种优势带到教育行为中来，是长大的孩子不欢迎的，不愿意接受的。妈妈细致入微、时刻关注、一件事说很多遍的做法，被孩子认为是“婆婆妈妈、唠唠叨叨、烦人”，长大的孩子他不愿意听你的了，你想想是不是？这是我研究以后的结论。所以，我们从长远来看，妈妈管得多，误区也就多。我们研究家庭教育的，常说一句话：“问题孩子的背后常常存在着家长的问题。”

举一个例子：有一次，我到一所中学，给初中二年级学生的家长讲家庭教育，中央电视台录像。我讲完了以后，有一位妈妈找我，这位妈妈神情不安，担心地跟我说：“我们家发生问题了，我丈夫把儿子那电脑的键盘给砸了，砸碎了。为什么呢？他以为儿子上网全是玩，其实有时候是学习、查资料。他爸爸不懂，就把键盘砸了。孩子上不了网就急了。他爸爸中午睡觉的时候，儿子拿着一个刀子，从爸爸睡觉那旁边过，故意碰他的脚，那意思是如果你起来对我动手的话，我就拿刀子扎你。已经好几天了，我看了甭提多担心了，我劝孩子也不成。”大家看这是一件真事，我对那位家长说：“这爸爸做得不对，如果孩子玩电脑有过头的现象，你应该说服他，给他定出规则来，固定一个时间段，不能超标。如果问题没有解决，让孩子的爸爸给我打个电话，沟通一下，我劝劝他。另外，可以跟老师配合，请老师做工作。

我建议她回去后赶紧给孩子买一个键盘安上，而且跟孩子承认砸键盘是不对的。不让孩子总在电脑上玩是对的，应该讲究方式方法。”

所以我说：“为人父者，不患不严，患于知严而不知教也。”现在，有太多的父亲，是属于“知严而不知教”。我建议不管是谁看到这段文字，要联系家庭教育情况，家长互相沟通一下。如果父亲看了，要好好反思，在教育孩子过程中有没有不妥之处。如果妈妈看了，自己要反思，同时你也建议爸爸认真思考思考。为人父母，身教是第一位的。大家回忆一下，我前面曾经讲到了父母要做到20个字，那20个字，不是随便写的。如果家长能做到那20个字，你的孩子的发展肯定会比较好。因为按照20个字规范自己的言行，就是在身教。

四、境教的重要性

境教是什么？家庭的环境、教室的环境、校园的环境。那么我们家里的环境应该包括两个方面，第一是精神环境，家里有没有良好的文化氛围、心理氛围？你家里有文化氛围，才能熏陶孩子；家里有良好的心理氛围，才能让孩子的心理状态好。还有一个是物质环境，我们希望我们的家庭都是质朴的、大方的。适合孩子身心健康发展。我们不同意炫富，不同意奢侈。我想给大家讲一个例子，既是身教又是言教，还是境教。我认识一位北京广播电台的著名主持人，是我们家庭教育研究会的成员，而且是常务理事。他主持晚间的一个谈话节目。有一次他讲道，他们到澳大利亚去，访问一位华侨，这位华侨很有钱，有高堂大厦。请记者一行人吃饭，吃完晚饭天快黑了，他们往外走。这位主人送客人，这个时候，有两个小男孩也跟着往外走。记者们出来了，孩了还在往外走。记者就问男孩：“都快睡觉的时候了，你们还往外走，干吗去？”孩子说：“我们睡觉去。”记者又问：“你们去哪儿睡觉？”两个孩子用手一指，那里有一辆面包车。“我们在那儿睡觉。”记者看了看，面包车里头有两张小床。这时候老先生说话了：“我的孩子，在他不懂得什么是吃苦耐劳、应该如何做人的时候，让他们在这车子里睡觉，体会普通人的生活。我们还有其他方法教育他们要懂得如何做人。到一定的时候，他们有进步了，懂得做人的基本道理了，才能回到这个大房子里去睡

觉。”

我听了这个故事以后，颇有感慨。我想家长们也会有所思考。你看看，既是身教，又是境教。肯定得说道理，给孩子讲明白。这是一个真实的案例。很多海外华侨对子女教育都是极其重视的，而且有各种有效的方法。

五、言教的重要性

关于言教我做过研究，一定要以表扬激励为主，批评为辅。就是表扬要多，批评要少。表扬也好，批评也好，我们要做到四个有。哪四个有呢？有理，含着一定道理；有例，要有例证；有力，要有力度，不要啰唆、不得要领；有节，有节制，不能说个没完。有理、有例、有力、有节，做到这四点是不容易的，需要家长动脑筋，积累经验。

我们强调，表扬与批评都要讲道理，你表扬他，为什么表扬？你批评他，为什么批评？都要讲道理。经常要亲子沟通，跟孩子之间平等地谈心、聊天。要给孩子机会说话。我建议一个比例：讲道理的批评和讲道理的表扬、激励比是2∶8，当然更好的应该是1∶9，也就是说有20%是讲道理的批评，有80%是讲道理的表扬、激励。

我举个例子：大家知道“知心姐姐”卢勤老师，是《中国少年报》的总编，她讲过一个案例，我觉得很有道理。有一次，她给编辑们讲：“你们对孩子不要老批评，要多表扬，你总批评他就没干劲了，他就气馁了。你表扬他就有干劲了。”因为卢老师只是简单地说了应该怎样，没有过多讲怎么表扬，怎么批评。结果有一位女编辑，儿子上五年级了，她一想平常净批评孩子了，今天多表扬。从接孩子出校门就开始表扬：儿子，你挺棒的！你挺好的!这孩子茫然了，妈妈从来不这样呀！到家门口的时候这孩子扬起脸说：“妈，你今天有病了吧？”你看，这不是闹笑话吗？所以表扬和批评不能简单化。

另外，我们跟孩子之间谈话要多商量，不要随便指责批评，用“汉语语法”的说法就是不要用、尽量少用祈使句，不要直接提要求、下命令。很多家长，常常用手指着孩子：你应该这样做！你必须那样做！你绝不能……

还有一种方法叫“寓贬于褒”，要讲他缺点的时候，不妨说说跟这缺点

相关的优点，“你看你那一点……做得挺好，还有那一点……也不错，这个问题……是不是可以改进”。这效果就不一样了。孩子听到你褒奖他，他当然高兴，对缺点就重视了，是不是？

跟孩子沟通有三个要求，我用三个词儿概括，哪三个词儿呢？①平和。态度要平和，不要高声大气、声色俱厉。你家房子也没多大，你高声大气，街坊全听得见，没必要。平和容易让人接受，大家想想是不是？②慢速，尤其小孩子，他的知识范围有限，理解力有限。你说得慢一点，才能进脑子。你腾腾腾说得挺快，然后还问他听懂了没有，听懂了改不改。他能说没听懂吗？能说不改吗？慢速，让他一字一句地听进去很重要。③商量，用商量的口气跟孩子谈问题。既然不能用命令式，就有事商量。尽量不用“你”字开头，用“我”字开头，从自己的认识出发：“我想这个事能不能这样，你觉得呢？”我们有的老师做得很好，带班，有事情跟学生商量，不是令由自己出，“你们必须按我说的去做”，而是讲民主的。所以大家记住我说的这几个词——平和、慢速、商量，这都是很重要的。家长、老师都应该注意。

第六节　家长和孩子一起成长

为什么讲这个题目，这可是有来头的。有一个年轻的母亲，是做编辑的，她在自己的孩子出生之前就开始写日记。出生以后日记记得更详细：孩子变样了，孩子成长情况如何，出现什么问题，得了什么病……记到孩子小学三年级的时候，孩子提出来：“我跟妈妈一块儿记。”于是，一边是妈妈记，一边是孩子写。妈妈就对孩子说，等到孩子18岁、长大成人的时候，把所有的日记整理好，印成册，甚至可能出书。这里的内容记录了孩子的成长，还包含家长的成长，因为妈妈在记录过程中学了很多东西。还没有到出书的时候，这件事被北京市的一位领导听到了、看到了。这位领导也研究家庭教育，抓家庭教育工作。他想到了这么一句话——“家长和孩子一起成

长”。后来，有人又把这个意思给扩大了，“教师和学生一起成长”。当然这个成长不是说的长身体，而是长修养——文化修养，品格修养，能力修养。

我们的家长也好，我们的老师也好，要不断地提升自身的方方面面的修养。毛泽东主席曾经教导青少年“好好学习，天天向上”。大家都知道这个口号，而且以此来要求孩子，孩子以此来要求自己，激励了无数的青少年刻苦学习，不断进步，成人成才。现在，人们出于对家庭教育的重视，对家长的期望，借此提出了一个新的口号：“家长好好学习，孩子才能天天向上。”说得挺好，也很有道理。在现时代，如果我们家长不努力学习，是不可能把孩子教育好的。社会飞速发展，有太多的新生事物。孩子可能懂得了很多新生事物，学会了很多新的技能。我们家长有可能落在孩子的后面。即使年轻一些的家长懂的很多，会的也很多，也可能跟孩子之间有信息差，孩子知道的你未必知道。这种信息差会导致不理解孩子，教育、引导孩子抓不到点子上。特别是岁数大一点的爷爷、奶奶、姥姥、姥爷跟孙辈的差距更大，教育中会出现很多问题。然而，许多孩子是由祖辈看管的。所以我们做家长的，要紧跟时代的发展，跟着孩子的成长，要不断地学习新东西，要提高自身的修养。

二、家长要有向孩子学习的意识

有一个案例，是传媒上报道的。一个没读过书的父亲，不但学到了知识，而且促进了孩子的发展。这是在山区，一个父亲大字不识。他的儿子上小学了，儿子每天回来以后，有时候念语文，有时候做算术。这位爸爸就想：我没上过学，我能不能让儿子当我的老师，他跟老师学了语文、算术，回家以后教给我。就这样，爸爸开始向孩子学习了。这孩子在学校里学习特别认真，为什么呢？因为他回去要给爸爸当老师嘛。到孩子四年级前后的时候，有比较难的数学应用题，孩子有的题也不会做。那怎么办？他爸爸想，儿子不会做，应该找老师请教，可是老师住得很远。爷俩决定，星期六或者星期天，带上干粮，走20多里的山路去找老师请教。老师也很感动，很耐心地给爷俩讲解。

这孩子在学校里、在班级里成了“学霸”。其实原因就是因为他给爸爸当老师，他的学习动力非常足。后来这孩子考中学、考大学都很顺利。这篇报道确实对咱们有启发：家长好好学习，孩子才能天天向上。

实际生活中，类似的例子是很多的。我们讲过，台湾的一个小男孩，英语学得非常好。《北京晚报》记者采访他，问他：“你为什么英语学得那么好？”孩子说：“儿子给妈妈当老师，儿子会学得更好。”

我们的家长应该想一想，在学习上跟孩子之间的角色地位是否可以变一变。这种变化，对孩子是一种尊重，对知识也是一种尊重。尊重会使人获得前进的动力。

事实上，在许多方面都可以以角色的变化促进孩子的发展。

三、孩子是家长的影子

有一句话大家可能听说过：“孩子是家长的影子。”也就是说，你看到这孩子的种种表现，就会想到他背后有什么家长了。在民间还有另外一句俗语：“孩子是家长的另一张脸。”孩子言行如何，实际上是反映了家长的影响，因为他从小模仿家长。讲到家长对孩子的坏的影响，中国有个传统说法——“上梁不正下梁歪”。我的心理学老师给我讲过一个研究的案例：他调查了57个家庭，这些家庭的父母有一方，甚至两方有过不同的违法犯罪的行为，受过公安机关的处理，有的判过刑。调查父母之后，就调查这些家庭孩子的表现。这些家庭的孩子长大了以后，到了相当于中学生年龄的时候，也开始出现违法、违纪、犯罪的事了。有多少家的孩子出了问题？54家。54/57，这很符合我们说的“上梁不正下梁歪”。我们家长都是上梁，我们要“正”，孩子才能“正”。做家长的，第一是人生态度，怎么做人。现在我们看电视、上网、看微信，经常会看到一些青少年违纪甚至违法的案例。究其原因，大多离不开家庭的影响：要么是疏于管教，要么家长就是违法乱纪之人。前国家副主席宋庆龄讲过这么一段话：父母、教师以及社会各方面人士，都要为孩子树立好的行为榜样。为了教育下一代，更应该严格要求自己。

这是对我们家长、老师的要求，因为我们是直接接触孩子，培养教育

孩子的人。我们的言行都是孩子的好榜样的话，当然孩子的发展就会好。著名教育家陶行知说过，父母是天然的教师，他们对儿童特别是幼儿的影响最大。父母教育孩子的过程也是自身不断感悟和学习的过程。你是老师，你是家长，你要学习，你要感悟，你要总结。有的家长，以“第一任教师”自居，而不讲家庭教育的科学，能把孩子教育好吗？教育部长陈宝生，在讲话里讲了这么一段话：“我希望家长们尽好自己的职责，是孩子的第一任导师，孩子成才，家长的职责至高无上，无人替代。现在有很大的缺失，要把这个短板补上。”这个缺失是什么？首先是家长本身教育意识、教育思想缺失。另外的缺失是什么？家长的修养不够，所以一定要把这个短板补上，你才能做一个好的家长、好的老师。

四、家长必须尊重孩子

尊重孩子是一个很重要的问题。没有尊重，就没有成功的教育。尊重指的是尊重孩子的人格，尊重孩子的权利，尊重孩子的正当需要。我们家长都想一想，你对孩子尊重不尊重？专家们普遍认为：尊重孩子是了解孩子的前提，而了解孩子是教育孩子的前提。因此，没有尊重就没有成功的教育。你必须得尊重孩子，你不尊重他，你能了解他吗？他有心里话会跟你说吗？他心里想什么你不知道，谈何教育！

我曾经跟中央电视台科教频道去云南“智力支边”。云南省曲靖市一所中学邀请我去给初中二年级的学生、家长、教师做一场报告。我在报告之前，先做了一个调查，调查孩子们有心里话跟谁说——父母、老师（班主任）、其他长辈、要好的同学。调查的结果，200多名学生有心里话跟父母说的不超过17%，跟老师说的更少，只有5.1%，跟要好的同学说的73.5%。他们都有心里话，不跟你说，你的所谓教育不是对牛弹琴吗？而破解这个迷局最重要的是你尊重孩子，他才能有话跟你说，是不是？我在现场调查了以后，当场就表扬我们在座的家长里头有17%是懂得尊重孩子的，懂得怎么跟孩子相处的，虽然比例很少，他们是对的。

其实，咱们的孩子从小学四五年级之后，有话都不跟家长说了，但是家长每天对着孩子说三道四，甚至喋喋不休。北京有一句土话：“剃头的挑子一头热。”过去给人理发的挑一副挑子，一头是热水，准备给你扪了头发以后给你剃的。我们好多家长与孩子之间的关系就是一头热，非常热——说教、训斥、惩罚等，结果进不了孩子的心，达不到目的。一个重要的原因就是你没有做到真正的尊重孩子。

我认识一位特级教师，他跟学生之间有一个“悄悄话”的沟通方式，通过日记本跟小朋友说“悄悄话”，孩子不会写的时候，家长可以帮忙，也可以用拼音。孩子把心里想的什么都告诉老师，老师用悄悄话的方式与学生沟通，帮助学生解决问题。孩子特别欢迎，每周都特别积极地写那悄悄话，实际上跟老师之间就形成了一种非常自然的沟通渠道。这位老师有一个观点，他认为接纳一个学生，要连他的缺点一起接纳，孩子不可能没有缺点，一起接纳，再寻找帮助他、引导他的方法。他的口号是“全接纳，慢引导”。他是借鉴了国外的一些研究成果，对孩子全部身心的东西都接纳，都要了解，慢慢地加以引导。家长对自己的孩子也应该这样。孩子的成长不是一蹴而就的，要不要对孩子“全接纳，慢引导”，希望家长们很好地思考。

所以我们希望，家长必须从孩子小时候就尊重孩子的独立人格。孩子他是小公民，不是私有物。尊重孩子，要经常听听孩子的心声。年纪小的孩子，有时想法不一定正确，我们不能一下子就否定。要想办法引导他：用故事，用事实，用大人的经验；有时还可以在没有危险的情况下，让他尝试错误，获得真实的体验。

孩子是公民，不是家长的私有物，家长随便训斥甚至打骂，那是错误的。我们要认识到，孩子与家长在人格上是平等的，只不过孩子在成长过程当中有缺点有过失，这是难免的，需要的是细心科学的教育引导。不是有那么一句话吗？孩子是被允许犯错误的。大人还犯错误，何况孩子。

五、提升人格修养最重要

一个人，能否在社会立足、发展，走向成功，人格修养是第一位的。我们家长要提升自身的修养，自身修养高了，这是最好的教育资源。没有优良的人格很难说是一个“成熟的人”。我们的教育领域有一个口号，是“以人育人、以人格育人格”。

我们看几段名言。徐特立，毛泽东的老师，他说：“教育的作用就是按照一定的社会形式，培养一定的人格，为一定的社会服务。”社会形式指大学、中学、小学、幼儿园，长期、短期，学历、非学历，各种教育形式。为社会服务大家理解，关键是培养一定的人格怎样理解。我们教育确实要培养优良人格。这个人格包括什么呢？我研究过，这个人格应该包括道德品质、思想观念、性格特点、文化素养等几个方面。因为我们是文明社会，如果你的人格修养里边缺少了文化素养，缺乏现代文明的素养，那么你的人格肯定也很难优良。

有一个案例很典型，中央电视台报道：有一个农村的小伙子到北京来了，在京通高速公路上他要横穿过去。大家知道横穿马路一定要走天桥，离小伙子不远就有一个天桥。他是从农村来的，对城市里的文明规则不知道。他按照他的老办法，快跑过去。他看见有一辆大轿子车离得还比较远，于是他就快跑。没有想到的是，这辆大车后边隐蔽着一辆小轿车，开得飞快，等他跑过大车的时候，小车已经过来了，把他顶起来，顶起很高又掉在地上，摔死了，很惨。肯定是他自己的问题。细想一想，他的人格修养不够，有欠缺。我们知道，人要有规则意识，要讲规则，要讲纪律。他没有在大城市里生活的经历，不懂得过马路的规则，所以造成了悲剧。我们很心疼，这对人们是有启发的。人格修养在现代社会包括很多方面。

我们再看一段语录，俄国教育家乌申斯基说：“只有人格才能影响人格的形成与发展。”要想培养孩子有优良人格，教师、家长以及和他接触的人的人格，对孩子有直接的影响。如果家长的人格不良，孩子会怎么样？我刚才讲了54/57，很能说明问题。如果教师的人格不良，对孩子会有什么影响？前些时候微信里有一段新闻：一个老师在班里当着大家的面打某个学生一个大嘴巴。这样的老师能让他当老师吗？他的作为对学生能有什么好的影响呢？我们在传媒上经常看到有的家长对自己的孩子讽刺、谩骂、殴打、虐待，屡见不鲜，那都是与真正的教育背道而驰的。所以“以人格育人格”是非常重要的教育理念，在这里我强调，我们做老师的、做家长的，一定要努力提升自身的人格修养。怎么提升人格修养呢？我讲几个方面：道德品质，思想观念，性格特点（或者说个性品质），文化素养。这四个方面缺一不可。

六、认真学习家庭教育科学知识

家庭教育是门科学，一定要认真学习才是。我们学习的渠道很多，可以线上学习，我们现在讲的课，很多老师讲的家庭教育课都会上线上网，家长可以学习，而且可以根据需要选择。在学校里都有家长学校，办得好的家长学校，他都会根据家长的需要，列出来一套课程，我们按时上家长学校，听老师讲课，向老师学习。有问题跟班主任老师沟通，可以学到家庭教育知识。我曾经给大家讲过，山东有一位班主任老师，他每过一段时间要给家长写一篇3000字左右有关家庭教育的文章，我看了他8篇文章，很好的。他们有班级平台，家长可以在网上看。有的家长不会上网，他打印出来，让孩子带回去给家长看。我们还可以向有经验的家长学习，我在这个课程里讲了很多家长的经验，这样的经验太多了。有关家庭教育的报刊很多，有关家庭教育的书籍也很多，电视台也有家庭教育节目，这都是学习渠道。有时家长学校，也请有经验的家长现身说法。所以，我们只要想学习，机会太多了，就看你的学习愿望了。只要你肯学习，总会有收获。

还有一个重要问题，家长要善于反思，总结家庭教育的经验教训。你学得再好，修养再高，也免不了出现一些问题。所以就要不断地反思总结。我有什么经验值得肯定，我有什么教训以后要注意避免。高水平老师也好，高水平的家长也好，也可能有“失误”的时候，因为我们的时代发展很快，新事物不断地出现，孩子接受新事物往往比成年人快，而且新事物当中常常鱼龙混杂，你成年人跟不上，就可能落在孩子的后头；你缺乏辨识能力，也可能被误导。所以要不断地反思，进行总结和梳理。摒弃那些过时的不科学的做法，还要注意向孩子学习。我讲过很多案例了。家长如何总结经验教训，我也讲过一些案例。

我现在补充一个案例，这个案例也是我亲身经历的。有一个家长找我，他说他的女儿上了初中，英语学得不好，我说：“你怎么去帮她？”家长是大专毕业。他说：“我每天晚上让她听写英语单词，十几个单词她总得错七八个。”我就跟家长说：“你能不能换个方法呀？想想你的方法的缺点是

什么，能不能改进一下啊。”他问我怎么改进。我说：“你这方法有弊端，弊端是什么呢？就是孩子是被动的，你是主动的。虽然你主动是好心，孩子的积极性起不来。如果你反过来让孩子主动了，这情况就会不一样。你是不是骂过你孩子笨呢？”他说骂过，“这么十几个单词你写不会，你真够笨的”。我问：“孩子怎么说？”他说：“孩子有一次反驳我：‘我是你女儿，因为你笨，你这笨爸爸才生了我这笨女儿。’”家长没好好总结，方法不对，还瞎批评！

我说：“你要是听我的，给你出两个主意。第一，你向孩子做一次检讨，检讨你不应该骂她笨。因为你的孩子我也认识，她一点儿也不笨，她是很聪明的。第二，我让你换个方法。你大专毕业，也学过英语吧？下礼拜开始。让孩子给你听写。还是那些单词。你也准备准备，复习复习，看看效果如何？”他说：“行吗？”我说：“试试。”结果没过多久，孩子的英语成绩上去了。他说孩子积极性可高了，定的是星期三听写，吃完晚饭孩子给我听写，而且有约法三章，听写的时候不许看书。有错误一会儿再看。一到星期三吃饭的时候，这孩子就说了：“老爸，一会儿有听写任务，纸、笔都给你准备好了，别忘了。”听写的时候，孩子念一个英语单词，爸爸写一个，有时他写错了，落一个字母，孩子就说，注意落字母了。你看，孩子的英语成绩直线上升，由五六十分到七八十分。大家想一想，我帮助他，他反思了，总结教训了，改进了方法，所以孩子成绩就上去了。因为孩子由被动变主动了，为了给爸爸听写，孩子不仅认真听讲，还认真复习，成绩能不提高吗？其实这样的案例我讲过很多了，就是希望家长学习家庭教育科学知识，总结经验教训，向孩子学习。

关于家校合作，引领孩子健康成长，我一共写了六讲，涉及家长，也涉及老师。那么我讲这些内容不一定都符合大家的需要，也不一定都是科学的。我一直提倡我们要讲究科学，遵循教育规律是非常重要的。

【作者简介】

王宝祥：著名教育专家，北京教育科学研究院研究员。《班主任》杂志创刊人，担任社长、主编17年。教育部教师工作司国家级班主任培训专家，

教育部高等师范院校师资培训资质评委，清华大学、北京师范大学、首都师范大学、北京教育学院中小学师资培训专家。北京教育科学研究院基础教育科学研究所党总支原书记、原副所长，北京班主任研究会原副会长，中国家庭教育学会常务理事、讲学团专家，北京家庭教育研究会顾问，北京老教育工作者协会家长教育研究会执行理事长。荣获教育部、全国妇联等九部委青少年社会教育“银杏杯”终身成就奖。

图书在版编目(CIP)数据

如何指导家庭教育：上、下 /孙云晓等编著. —郑州：河南科学技术出版社，2019. 7
（2024.6重印）
ISBN 978-7-5349-9583-5

Ⅰ.①如… Ⅱ.①孙… Ⅲ.①家庭教育 Ⅳ.①G78

中国版本图书馆CIP数据核字(2019)第129636号

出版发行：河南科学技术出版社
地址：郑州市郑东新区祥盛街27号　邮编：450016
电话：（0371）65737028　65788686
网址：www.hnstp.cn
策划编辑：冯俊杰
责任编辑：冯俊杰　许　静
责任校对：田成方　刘　霞
整体设计：张　伟
责任印制：张艳芳
印　　刷：三河市腾飞印务有限公司
经　　销：全国新华书店
开　　本：787 mm×1092 mm　1/16　总印张：29　字数：480千字
版　　次：2019年 7月第1版　2024年 6月第2次印刷
定　　价：158.00元（上、下册）